JN429211

SKILLS FOR SOCIAL WORK PRACTICE

사회복지실천기술론

머리말 PREFACE

〈사회복지실천기술론〉은 사회복지를 전공하는 학생들이 실무 기술을 습득함에 있어 가장 기본적이고 핵심적인 교과목이자, 사회복지사 자격 취득을 위한 필수 교과목입니다. 그럼에도 실습 위주의 교재가 많지 않았기에, 필자들은 '학생들이 이해하기 쉽고, 사회복지현장에서 요구되는 실천 역량을 갖출 수 있도록 이론과 더불어 적용을 위한 실습 내용을 강화한 실제적인 교재를 써보자'고 수년 전에 뜻을 모았습니다. 그러나 사회복지교육협의회에서 제시한 교과 지침을 준수하면서, 그 방대한 양을 한 학기 동안 교육할 수 있도록 어떻게 담아낼 수 있을지 고민하고 망설이다 이제야 그 결과물을 내놓게 되었습니다.

본 교재는 사회복지사로서 개인, 가족, 집단 등 다양한 클라이언트 체계를 지원하기 위해 필요한 기본 역량을 갖출 수 있도록 내용을 구성하였습니다. 총 12개의 장으로 이루어져 있으며, 제1장은 사회복지실천기술의 전문적 기반에 대해 다루었고, 제2장은 사회복지사가 클라이언트 체계를 지원함에 있어 꼭 필요한 대화 기술인 동기면담을, 제3장부터 제7장까지는 인지행동모델, 과제중심모델, 임파워먼트실천, 해결중심모델, 위기개입모델 등 주요 개입 모델들을, 제8장부터 제10장까지는 집단사회복지실천에 대해, 제11장과 제12장은 가족 대상 사회복지실천 내용으로 구성하였습니다. 그리고 각 장마다 예비 사회복지사로서의 자기 성찰과 현장에서의 적용 역량을 높일 수 있도록 토의, 사례 제시와 연습 활동 등을 제시하였고, 문제 풀이란을 통해 학습자가 배운 내용을 점검할 수 있도록 하였습니다.

코로나 19 사태를 겪으며 우리 사회뿐 아니라 사회복지현장 또한 여러 변화가 진행되고 있습니다. 현장에 진입하는 신입 사회복지사가 갖추어야 하는 역량 역시 다양화되고 있습니다. 그럼에도 불구하고 변하지 않는 것은, 사회복지실천에 있어 가장 중요한 도구는 사회복지사 자신이며, 사회복지사는 클라이언트들을 지원하며 또 클라이언트와 함께 성장해 나아가는 의미 있는 과정을 만들어 간다는 것입니다. 그렇기에 학생들이 사회복지실천현장에 한 걸음 더 다가서며 예비 사회복지사로서 성장할 수 있도록 본 교재가 미력하나마 도움이 되기를 소망합니다.

부족한 책을 출판할 수 있도록 오래 기다려 주시고 애써 주신 파워북 출판사 여러분께 고마운 마음을 전합니다.

2023. 1.

저자 일동

차례 CONTENTS

Part 3 집단사회복지실천

PART

1

사회복지실천기술 개관

CHAPTER

1

사회복지실천의 전문적 기반

학습 목표

1. 사회복지실천의 지식적 기반에 대해 설명할 수 있다.
2. 사회복지실천기술에 대해 이해한다.
3. 윤리 기반 사회복지실천을 실행할 수 있다.
4. 사회복지사로서 자기 이해와 성찰을 한다.

1. 개요

최근 우리나라는 사회적 양극화 심화, 실업률과 빈곤층 증가, 고령화 인구 증가 등 급속한 사회적 변화를 경험하고 있다. 더욱이 초기 사회화의 장(場)인 가정과 학교에서 겪는 어려움의 증가는 사회 문제의 심화에도 영향을 미친다. 가정 폭력이나 아동 학대 등은 건강한 애착 관계나 안전함을 기반으로 한 사회성 습득이나 대인관계 교류에 있어 어려움을 가져올 수 있다. 왕따나 학교 폭력으로 인해 또래관계 형성이나 학교 적응에 어려움을 겪을 경우, 성인기 사회생활 적응의 문제나 사회적 고립으로 이어지기도 한다.

특히 코로나 19 이후, 사회적 · 경제적 불평등, 돌봄 공백, 아동 학대나 가정 폭력, 정신 건강 이슈 등 문제가 더욱 심화되고 있어 이를 해결하기 위한 사회복지실천의 필요성 또한 증가하고 있다(윤민화, 2021). 이는 사회복지서비스를 필요로 하는 대상의 증가와 범위의 확장, 그리고 그들을 돕기 위한 사회복지실천의 내용과 방법 또한 다양해져야 함을 의미한다.

사회복지현장 또한 위와 같은 사회적 변화와 요구에 대응하기 위해 급속하게 변화하고 있다. 사회복지실천 대상과 영역이 확대되었고, 사회복지사가 종사하는 현장의 범위와 기능 또한 확장되었으며, 사회복지사의 역할 또한 다양해졌다.

이처럼 급변하는 사회와 다양하고 복잡한 클라이언트 체계의 욕구 충족 및 문제해결을 지원하기 위해 사회복지사가 갖추어야 하는 지식, 역량과 기술, 즉 전문성에 대한 요구도 변화하고 있다. 이에 따라 사회복지실천의 주요 요소인 실천의 주체(운영 주체인 기관과 실행 주체인 인력), 객체(실천 대상), 실천의 목적 그리고 내용 및 방법이 어떻게 변화하고 있는지 살펴보면 표 1-1과 같다.

표 1-1 사회복지실천의 변화

변화	내용
사회복지실천의 운영 주체의 변화	– 관련 제도와 정책의 변화를 기반으로 사회복지서비스 운영 주체의 변화가 나타나고 있다. 과거에는 주로 민간 단체나 조직이 위수탁 형태나 공공 재정을 지원받아 사회복지시설을 운영하였다면, 최근 공공에서 직영하는 기관이 증가하는 등 공공의 책임이 확대되고 있다. – 비영리를 추구하던 사회복지실천현장은 사회서비스 바우처 제도가 도입되면서 영리 추구를 위한 서비스 운영까지 그 범위가 확장되고 있다.
사회복지실천의 주체와 객체의 개념 및 역할의 변화	– 사회복지사 인권 존중, 강점기반 사회복지실천의 중요성이 강조되면서, 사회복지사는 클라이언트 체계의 문제해결을 주도하는 주체이기보다는 클라이언트 체계의 파트너로서의 역할이 강조되고 있다. 클라이언트 체계를 사회복지실천의 주체로서 인정하고 이들의 임파워먼트를 위해 촉진자의 역할을 수행하는 것이다. 사회복지사는 클라이언트 체계 지원을 위한 전문성은 갖추되 전문가주의는 경계해야 한다[1]. – 클라이언트 체계 과거의 전통적 사회복지실천(클라이언트의 문제해결 과정)에서는 클라이언트 체계는 문제해결능력이 취약하고 결핍 요소가 많아 스스로 문제를 해결할 수 없으므로, 사회복지사 등 전문가의 도움을 받아야 하는 실천의 객체, 즉 대상으로 인식되었다. 그러나 최근 소비자 운동, 강점관점, 임파워먼트모델 등의 영향으로, 클라이언트 체계를 사회복지실천의 주체로 인정하는 움직임이 확산되고 있다. 이에 따라 사회복지실천과정에 있어 클라이언트 체계가 주체로서 역할을 수행할 수 있도록 클라이언트 체계의 참여, 권리와 책임이 강조된다. 클라이언트 체계를 지칭하는 용어 또한 대상이 아닌 당사자로 변화되고 있으며, 당사자 참여나 당사자 운동이 활성화되고 있다.
사회복지실천의 목적과 실천 방법 및 내용의 변화	– 사회복지실천 목적 사회복지현장에서 주류화되었던 병리적 관점의 한계에 대한 논의가 활발해지면서 강점관점을 기반으로 하는 실천으로 실천 틀이 변화되고 있다. 관점의 변화는 실천 목적에도 영향을 주었는데 이제 사회복지실천은 클라이언트 체계의 문제해결뿐 아니라 클라이언트 체계와 지역사회의 임파워먼트를 목적으로 한다. – 사회복지실천 방법 및 내용 다양하고 복잡한 클라이언트 체계의 현안을 해결하고 임파워링하기 위해 적용하는 실천 이론 및 모델은 더 다양화되고 있다. 지역 내 빈곤 사각지대를 예방하고 통합적 지원을 하기 위해 민간뿐 아니라 공공에서도 사례관리 서비스를 진행하고 있다. 특히 코로나 19 이후 대면 위주 실천에서 비대면 실천까지 클라이언트와의 접촉 방식 또한 다양해지고 있다.

1) 전문가주의: 전문가주의(professionalism)란 전문가의 전문성이라는 권위가 부당하게 권력화됨을 의미한다. 전문가의 전문성이 클라이언트 체계를 위해 길러지고 사용될 때 전문가로서의 권위가 마땅히 인정받게 된다. 그러나 사회구조를 유지하거나 집단 생존을 위한 것으로 사용될 경우 변질된 권력이 될 수 있고, 이때 전문가주의에 빠진 사회복지사는 클라이언트의 순종을 요구하거나 자신의 권력을 만용하여 클라이언트 체계나 사회에 문제를 일으킬 수 있다.

출처 : 웰페어이슈(welfareissue, http://www.welfareissue.com).

표 1-1과 같은 사회복지실천현장의 변화에도 불구하고 사회복지실천의 전문성을 담보하기 위해 불변의 세 가지 기본 요소가 존재하는데, 바로 실천 지식, 기술, 가치이다. 이 세 가지 요소가 통합적이고 유기적으로 연결될 때 사회복지실천의 전문성을 확보할 수 있다. 그러므로 본 장에서는 사회복지실천의 전문적 기반인 실천 지식, 기술, 가치와 윤리, 그리고 이를 실천하는 사회복지사의 역할과 자기 이해 등에 대해 살펴보고자 한다.

생각해봅시다

여러분의 생각이 정리되면 학우들과 여러분의 생각을 나누어 주세요.
(정답을 찾기보다는 각자가 생각하는 사회복지실천의 목적, 본질적 의미, 사회복지사의 역할에 대해 깊이 생각하고 함께 이야기를 나눠 주시기 바랍니다.)

1. 여러분이 생각하는 사회복지실천의 목적은 무엇인가요? 사회복지실천의 본질적 의미는 무엇이라고 생각하나요?
2. 사회복지사의 역할은 무엇인가요? 사회복지사는 클라이언트 체계와 일하면서 어떤 역할을 수행해야 할까요?

2. 사회복지실천의 지식적 기반

1) 사회복지실천 지식

사회복지사는 사회복지 전문 지식을 기반으로 실천을 수행하는 전문직이다. 즉, 사회복지사는 과학적 이론과 지식을 바탕으로 실천해야 함을 의미한다. 환경 속의 인간 human in environment을 강조하는 사회복지는 개인과 개인을 둘러싼 환경체계, 그와 관련된 다양한 이슈를 다루기 때문에 그만큼 확장된 지식이 기반이 되어야 한다. 인류학, 정치학, 철학, 사회학, 심리학, 정신의학, 경제학 등 타 학문 분야의 지식도 포함하기 때문에 사회복지는 절충적이고 다학문적인 특성을 가졌으며, 응용 학문이다. 사회복지는 또한 실천 학문이다. 대학에서 배운 지식을 실무에 적용해야 하므로, 사회복지를 전공하는 학생들은 처음부터 실무자로 교육받고 훈련받는다. 그러므로 클라이언트 체계를 효과적으로 지원하기 위해 실천과 관련된 이론과 개념, 모델 등을 숙지하고 이를 활용할 수 있어야 한다. 헵워스, 루니와 라슨(Hepworth, Rooney & Larson, 2009; 이영실 외 재인용, 2015)은 사회복지사의 전문적 실천을 위한 지식의 범주를 제시하였으며, 이는 사회복지 교육에 있어 핵심 교과과정 내용으로 채택되었다. 그 구체적인 내용은 표 1-2와 같다.

표 1-2 사회복지사의 전문적 실천 지식

실천 지식	내용
인간행동과 사회환경에 대한 지식	– 개인이 생활하는 사회 체계(가족, 집단, 조직, 지역사회) 영역에서 인간의 생태, 심리, 사회적 발달 등에 대한 내용 – 인간발달단계별 욕구와 자원, 다양한 문화와의 상호작용 방법에 대한 이해
사회정책과 서비스에 대한 지식	– 사회경제적 정의의 원칙 내에서 정책, 정책형성과정, 정책분석 등에 대한 지식, 사회복지 관련 정책 형성 과정에 영향을 미치는 다양한 요인들에 대한 이해 – 사회복지사는 가치와 윤리뿐 아니라 전체적 조화 속에서 클라이언트 체계와 지역사회의 임파워먼트를 위한 사회정책 개발과 활성화에 참여할 책임이 있음
사회복지실천 방법에 대한 지식	– 클라이언트 체계의 욕구 충족 및 임파워먼트 촉진을 위한 지식과 실천 기술 – 사회복지실천 수준인 미시, 중범위, 거시 수준에 모두 적용됨
사회복지조사 및 연구 지식	– 사회복지실천과정 및 성과를 객관적으로 평가하기 위해 필요한 지식 – 조사 및 연구에서 얻은 정보를 사회복지실천에 반영할 수 있어야 함 – 사회조사 설계 지식, 자료 분석 및 결과 해석이 가능해야 함

출처 : Hepworth, Rooney & Larson(2009).

2) 사회복지실천 지식의 차원

사회복지실천 지식은 사회복지실천에 영향을 주는 구체성의 정도에 따라 패러다임, 관점, 이론, 모델, 실천 지혜, 운영 지침 등으로 구분할 수 있다.

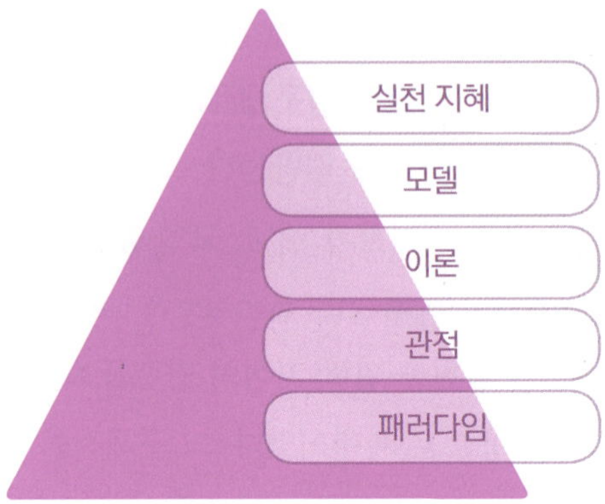

그림 1-1 사회복지실천 지식

(1) 패러다임

패러다임paradigm은 실천 지식 중 가장 추상적 수준의 개념적 틀이다. 개인의 세계관을 지배하고 현실에 대한 인식 방향을 결정하는 역할을 한다. 패러다임에 따라 인간과 상황에 대한 해석이나 인식이 달라진다. 개인과 사회는 상호 영향을 미치며, 특히 개인은 주류 사회의 패러다임에 영향을 받는다.

(2) 관점

관점perspective은 패러다임보다는 좀 더 구체적 수준에서 사회복지실천에 영향을 미친다. 사회복지실천에 영향을 미친 관점들은 병리적 관점, 강점관점, 생태체계적 관점 등이다. 관점은 실천의 기반으로 작용하며, 실천의 목적, 실천과정과 결과 모두에 지대한 영향을 미친다. 사회복지사가 어떠한 관점을 기반으로 클라이언트 체계와 작업하는가에 따라 클라이언트 체계에 대한 사회복지사의 인식과 해석, 사정 내용, 지원 목표 및 방법, 사회복지사와 클라이언트의 역할 등이 달라지기 때문이다.

(3) 이론

이론theory은 특정 현상을 설명하기 위한 가설 또는 개념이다. 이론은 특정 현장에 대한 이해를 돕지만 실천 방법을 제시하지는 못 한다. 이론은 예측 가능성이 중요하나 인문학이나 사회과학 분야에서의 연구는 완벽한 객관성에 도달할 수 없기 때문에 이론의 완벽한 예측성을 확보하는 것은 불가능하다. 결국, 사회복지실천에 있어 완벽한 이론은 존재하지 않기 때문에 사회복지사는 다양한 이론을 탐구하여 절충적으로 실천에 적용할 필요가 있다.

(4) 모델

모델model은 실천 활동의 원칙과 방식을 구조화시킨 것으로, 구체적 개입 방법과 기술을 포함한다. 모델은 이론을 기반으로 만들어지기도 하고, 다양한 이론들이 절충되어 하나의 모델이 생성되기도 한다.

(5) 실천 지혜 / 실천지(實踐知)

실천 지혜는 실천현장에서 경험적으로 만들어지는 지식을 의미한다. 사회복지사의 직관에 따른 비구조화된 지식이지만, 클라이언트 체계와 함께 작업한 경험에서 나온 유용한 지식으로 사회복지실천에 중요한 영향을 미친다. 사회복지실천은 클라이언트 체계의 특성과 상황에 맞게 유동적이고 창의적으로 진행되므로 사회복지사의 실천 지혜가 필요하다. 하지만 사회복지사가 자신의 실천 지혜만 의존하는 것은 지양해야 한다. 사회복지사는 과학적 지식을 수용하고 자신의 경험적 지식을 공유하는 개방적 태도와 전문가로서 발전하기 위해 지속적으로 노력해야 한다.

생각해봅시다

여러분의 생각이 정리되면 학우들과 여러분의 생각을 나누어 주세요.
(정답을 찾기보다는 각자의 생각을 자유롭게 이야기해 주세요. 학우들과 이야기를 나누며 나와 학우 모두 더 깊이, 더 넓게 사고하게 됩니다.)

1. 사회복지실천에 있어 패러다임, 관점, 이론, 모델, 실천 지혜의 차이는 무엇일까요?

2. 여러분의 삶, 실천에 영향을 미치는 패러다임, 관점은 무엇일까요?

3. 우리가 알고 있는 이론, 모델은 무엇이며, 언제, 어떻게 적용 가능할까요?

3. 사회복지실천기술

1) 사회복지실천기술의 개념

사회복지실천기술social work skill은 사회복지실천의 구성 요소 중 하나로, 실천 목표를 달성하기 위해 필요한 방법을 활용하는 기술 역량skills competence을 의미한다. 즉, 모든 상황에서 같은 방식으로 단순하게 진행되는 기법적technical 활동이 아닌, 사회복지 가치를 반영하며 전문적 지식과 숙련성을 갖춘 역량을 강조하는 개념이다(Johnson & Yanca, 2010).

존슨(Johnson, 2001; 이영실 외 재인용, 2015)은 사회복지실천기술이란 사회복지사가 실천 활동을 수행함에 있어 지식을 효과적으로 이용하고 적용할 수 있게 하는 능력이나 방법이라고 설명하였다. 즉, 클라이언트 체계의 문제, 욕구, 강점이 무엇인지 사정하고, 클라이언트 체계와 함께 수립한 목표를 달성하기 위한 과정에서 클라이언트 체계를 지원하거나 자원을 개발하고 사회구조를 변화시키는 데 있어서의 숙련성을 의미한다.

배리 코노이어(Barry Cournoyer, 1991)는 사회복지실천기술은 첫째, 사회복지실천의 지식, 가치, 윤리, 의무에 기반하고, 둘째, 사회복지사에게 필요한 핵심 역량, 또는 핵심 자질과 일치해야 하고, 셋째, 전문적 통합성의 특성을 반영해야 하며, 넷째, 실천 단계나 과정의 맥락을 고려하여 사회복지실천의 목적에 부합되어야 한다고 설명하였다.

사회복지실천현장은 실로 방대하여 각 실천 영역이나 특정 인구 집단, 이슈 등에 따라 다양한 기술들이 필요하다. 그러므로 사회복지사는 특정 상황에 적합한 기술을 선택하고 활용하는 능력 또한 갖추어야 한다. 자신이 가진 해당 기술들을 클라이언트 체계와 문제, 욕구, 상황에 맞게 조합하여 활용해야 하기 때문이다.

위의 내용을 종합해 볼 때, 사회복지실천기술은 사회복지 지식에 기반하여 개발된 것으로 사회복지사의 가치, 숙련도, 개인적 특성이나 업무 수행 방식과도 관련이 있다. 사회복지사의 숙련성은 다양한 실천 지식, 기술과 방법론에 대해 개방적인 자세를 가지고 끊임없이 배우려는 자세와 학습, 적용을 위한 지속적인 노력과 슈퍼비전, 다년간의 실천 경험 등을 통해 성취될 수 있다.

2) 사회복지실천기술의 유형과 내용

(1) 사회복지실천의 기초 기술

사회복지 현장의 다양성과 광대함에도 불구하고 모든 사회복지실천현장에서 공통적으로 적용되는 사회복지실천기술 또한 존재한다. 이러한 기본 사회복지실천기술은 사회복지 전문직에 있어 통일성을 가져다 준다(Barry R. Cournoyer; 김용석 외 공역, 2013).

바커(Barker, 2003)는 사회복지사가 기본적으로 갖추어야 하는 실천 기술로 의사소통 기술, 문제사정 관련 기술, 클라이언트와 함께 일하는 데 필요한 기술, 욕구와 자원을 연결하는 기술, 자원개발 기술, 사회구조 변화를 위한 기술 등을 제시하였다.

기본적으로 사회복지사는 인간과 사회에 대한 지식을 기반으로 클라이언트 체계와 관계를 맺고 교류하기 위해 필요한 대인관계 기술과 의사소통 기술을 갖추어야 한다.

또한 클라이언트 체계의 현안을 파악하고, 문제해결이나 임파워링을 위한 기술들이 필요한데, 이러한 기술들은 어떤 영역에서든 기본적으로 요구되는 기술이다.

사회복지실천에 있어 기본적으로 요구되는 기초 기술은 표 1-3과 같다.

표 1-3 사회복지실천의 기초 기술

기초 기술	내용
면담 기술	의사소통 및 관여 기술
사정 기술	개인, 집단과 환경의 상호작용 맥락에서 문제나 어려움, 욕구를 파악하는 기술
지원 기술	클라이언트 체계의 문제해결이나 임파워먼트를 촉진하는 기술
팀워크 기술	클라이언트 체계 지원을 위해 다른 전문직과 협력하는 기술
지지 체계 구축 기술	클라이언트 체계에 필요한 지지 체계를 구축하는 기술
협상 기술	필요할 경우 주변 체계와 협상하는 기술
평가 및 종결 기술	클라이언트 체계와 사회복지사의 협력적 실천과정과 결과에 대해 평가하고 실천과정을 마무리하는 기술

슐먼(Shulman, 1984), 쉐퍼 등(Sheafor et al., 1997)은 사회복지사가 가진 기술들을 종합적으로 잘 활용할 때 클라이언트와의 긍정적 원조관계 형성이 가능하다고 보았다. 사람과 사람의 만남을 통해 이루어지는 사회복지실천에 있어 긍정적 원조관계는 실천과정과 성과에 영향을 미치는 가장 중요한 요소이자 실천의 기반이라 할 수 있다. 그러므로 사회복지사는 실천에 필요한 기술들을 익히고 원조관계 형성이라는 일차적 목표 달성을 위해서만이 아닌, 실천의 전 과정에서 이 기술들을 적절히 사용해야 한다.

(2) 개입 차원에 따른 실천 기술

사회복지사는 다양한 클라이언트 체계 수준과 일하게 된다. 미시micro, 중범위mezzo, 거시macro 등 다양한 수준에서 효과적인 실천을 하기 위해, 이 세 영역을 포괄하는 총체적 지식과 기술이 필요하다. 그 구체적 내용은 표 1-4와 같다.

표 1-4 개입 차원에 따른 기술

개입 차원	실천기술
미시적 차원	– 미시적 차원에서 사회복지사는 개인, 부부, 가족, 소집단 등을 지원하게 된다. – 사회복지사는 직접 실천을 주로 하게 되므로 대인관계 기술이나 면접 기술, 집단역동 활용기술 등이 필요하다.
중범위 차원	– 중범위 차원은 미시적 차원과 거시적 차원의 중간 수준으로, 미시적 차원에 영향을 주는 환경(이웃, 직장, 학교 등)이나 서비스를 제공하는 사회복지기관, 기타 조직 등을 포함한다. – 사회복지사는 클라이언트 체계에 직접적 영향을 미치는 집단의 변화를 촉진하는 기술을 활용한다. – 기관 행정 기술, 자원 연계 기술, 프로그램 개발 기술, 계획, 행정, 평가 등의 역량이 필요하다.
거시적 차원	– 거시적 차원에서 사회복지사는 사회 문제나 제도, 법, 정책 등을 다루며, 이를 위해 개인, 집단, 조직으로 구성된 지역사회 행동 체계를 지원하는 전문적 변화매개자 역할을 수행한다. – 주민 조직 기술, 자원 연계 및 동원 기술, 행동 주도 기술, 협상 기술, 클라이언트 옹호 기술, 대변 기술 등이 필요하다.

(3) 실천과정별 필요 기술

클라이언트 체계를 지원하는 과정별로 필요한 일반적 기술들은 표 1–5와 같다.

표 1-5 실천과정별 필요한 기술

과정	기술
1	준비 단계의 기술
2	초기 단계와 탐색 단계의 기술
3	사정 단계의 기술
4	계약 단계의 기술
5	개입 단계의 기술
6	평가와 종결 단계의 기술

(4) 사회복지사의 역할에 따른 기술

사회복지사는 다양한 영역에서 저마다의 독특성을 가진 클라이언트 체계와 개별화된 목표 달성을 위해 일한다. 따라서 상황에 따라 주어지는 역할 또한 다양하고, 이때 필요한 기술 또한 달라진다. 그 구체적 내용은 표 1-6과 같다.

표 1-6 사회복지사의 역할에 따른 기술

역할	기술
조력자(enabler)	클라이언트 체계가 자기 스스로 문제를 해결하고 필요한 자원을 찾아낼 수 있는 역량을 강화할 수 있도록 돕는 기술
중개자(broker)	클라이언트 체계에 필요한 자원과 서비스를 연결하는 기술
현장 활동가(outreach worker)	지역사회의 욕구를 확인하고 적절한 지원을 실행하는 기술
옹호자(advoate)	클라이언트의 권익을 대변하고, 불이익을 당하지 않도록 지원하며 적절한 서비스나 자원을 확보하는 역량
평가자(evaluator)	욕구와 자원을 평가하고, 평가 결과를 실천에 반영하여 욕구 충족을 위한 대안을 창출하는 기술
교사(teacher)	클라이언트 체계에 새로운 정보나 지식, 기술을 배울 수 있도록 도와주고 직접 가르치는 기술
행동 변화가(behavior changer)	변화가 필요한 클라이언트의 행동이 변화할 수 있도록 촉진하는 기술
자문가(consultant)	효과적인 실천을 제공하도록 지원하는 기술
지역사회 계획가 (community planner)	해당 지역의 사회복지 욕구 충족을 위해 효과적으로 계획하는 기술
보호제공자(care giver)	자신의 문제를 해결하기 어려워하는 사람들의 문제를 해결하고 욕구를 충족하기 위해 서비스를 제공하는 기술
정보 관리자(data manager)	필요한 정보를 수집하고 분석하는 기술
행정가(administrator)	프로그램을 계획하고 수행하는 데 필요한 행동들을 실행하는 기술
활동가(activator)	클라이언트의 이익이나 권리가 침해당하는 사회적 인식 등을 이해하고 클라이언트의 인권을 보호하는 활동에 관한 기술

생각해봅시다

여러분의 생각이 정리되면 학우들과 여러분의 생각을 나누어 주세요.
(정답을 찾기보다는 각자의 생각을 자유롭게 이야기하며, 사고의 확장과 더불어, 말하기, 듣기, 이해하기라는 의사소통의 기본 요소들도 더욱 성장할 수 있습니다.)

1. 현장에서 가장 필요로 하는 실천기술은 어떠한 것들이 있을까요?

2. 내가 실제 적용할 수 있는 실천 기술은 무엇이 있을까요?

3. 앞으로 내가, 우리가 갖추어야 하는 실천 기술에는 무엇이 있을까요?

4. 사회복지실천에서의 가치와 윤리

1) 인권 기반 사회복지실천

(1) 인권 실천

사회복지학은 인간과 사회를 대상으로 하는 실천적, 가치 지향적 학문이다. 특히 클라이언트 체계의 인권이 강조되면서 사회복지실천의 의미와 목적에 대한 논의 또한 활발해지고 있다. 인권人權, human rights은 보편적이고 절대적인 인간의 권리 및 지위와 자격을 의미하는 개념이다(위키백과, 2022). 즉, 인권이란, '사람은 사람답게 살 수 있는 권리가 있으며, 법의 관할 지역이나 민족이나 국적 등 지역적인 변수나, 나이에 관계없이 적용되는 보편성을 지닌다'고 정의된다. 대한민국 헌법 제10조에도 인권 보장을 명시하고 있다[1]. 결론적으로 사회복지실천은 인권 실천이 기반이 되어야 한다.

그렇다면 클라이언트 체계의 임파워먼트를 목적으로 하는 사회복지실천에서 인권

1 대한민국 헌법 제10조: 모든 국민이 인간으로서 존엄과 가치를 가지며, 행복을 추구할 권리를 가진다. 국가는 개인이 가지는 불가침의 기본적 인권을 확인하고 이를 보장할 의무를 진다.

실천이란 무엇일까? 결론적으로, 클라이언트 체계가 인간으로서 권리를 갖는 것, 자기 존엄의 상태를 회복하여 사회복지실천이 종료되었을 때 주체적 삶을 사는 것을 의미한다. 자기 존엄의 상태를 회복한다는 의미는 타인의 존엄 또한 존중함을 의미한다. 따라서 자신뿐 아니라 타인의 존엄을 존중하고 자신의 선택권을 발휘하되 자신의 선택 결과에 대해 본인이 책임을 다하는 것까지 포괄한다.

임파워먼트 기반 : 사회복지실천 = 인권 실천

- 인간으로서의 권리
- 자기 존엄의 상태, 그리고 타인의 존엄을 존중하는 것(존중, 인정, 결정권)
- 나의 삶에 대한 책임 또한 내가 지는 것(책임)
  → 책임과 권한의 균형
  → 사회복지사와 당사자 모두 존중받는 존엄 실천

(2) 존엄 실천

인권 실천을 이루기 위해서는 존엄 실천이 기반이 되어야 한다. 존엄이란 인간의 타고난 가치이기 때문에 그 사람이 어떤 행동을 하든 상관없이 마땅히 누려야 하는 인간 존재의 의미이다. 존엄은 인간을 인간답게 만드는 원동력으로, 인간이라면 누구나 자기 가치를 존중받고 싶어하는 공통의 욕구를 가지고 있다(Donna Hicks; 이종민 역, 2019). 그러므로 어떤 상황에서도 인간은 서로를 존엄한 존재로 대해야 한다. 즉, 나의 존엄뿐 아니라 타인의 존엄을 존중할 때 서로 관계의 안전함을 인식하게 되고, 스스로 참모습을 드러낼 수 있게 되는 것이다. 존엄은 관계에 지대한 영향을 미친다. 상대가 나를 존엄하게 대할 때 그 사람을 신뢰하게 되고 관계는 더 견고해진다. 반대로, 상대가 나를 존엄하게 대우하지 않을 경우, 상대를 의심하며 서로 체면치레를 하게 되고 관계는 어려움을 겪게 된다.

생각해봅시다

존엄과 존경의 차이는 무엇일까요?[2]

특히 클라이언트 체계는 사회복지사로부터의 존엄이 확보될 때, 사회복지사를 믿을 수 있는 존재로 인식하며 관계의 안전함을 느끼게 되고, 자신의 취약한 부분을 더 드러내고 위험을 감수하며 진실을 말할 수 있게 된다. 이 과정에서 클라이언트 체계의 잠재력과 강점 또한 발견될 수 있고, 이를 발휘하여 문제를 해결하고 성장 발전하도록 사회복지사는 클라이언트를 촉진할 수 있다. 클라이언트는 사회복지사와의 관계를 통해 자신의 존엄을 자각하고, 변화와 성장을 위해 주도적 역할을 수행하며 창의적 문제해결 또한 가능해진다.

우리가 하고자 하는 사회복지실천이 과연 당사자인 클라이언트 체계와 사회복지사인 나 자신이 존엄을 누리고, 모두의 주체적 삶, 주인되는 삶을 지향하고 있는지, 또 이를 촉진하는 전문성을 제공할 준비가 되었는지 점검할 필요가 있다. 클라이언트에 대한 개별화, 무조건적 수용과 존중, 공감, 자기결정권 존중을 준수해야 하는 사회복지사로서 존엄 실천은 필수적 요소라 하겠다. 표 1-7은 도나 힉스(Donna Hicks, 2019)가 제시한 존엄의 열 가지 요소이다. 표 내용을 살펴보면 사회복지실천에서 중요시하는 요소들이 다 포함되어 있음을 알 수 있다.

2 존엄: 인간이 가진 무조건적 가치. 인간이라면 누구나 이유를 막론하고 가치 있고 존중받고 윤리적 대우를 받을 수 있는 권리를 타고 났고 이를 누려야 한다.
존경: 타인의 인격, 사상, 행위 등을 받들어 공경한다는 의미. 즉 어떤 대상을 존경할 때는 반드시 이유가 존재한다.

표 1-7 존엄의 열 가지 요소

항목	존엄의 열 가지 요소
1. 정체성 수용	누구나 중요하다! 타인을 나보다 열등하지도 우월하지도 않은 존재로 대한다. 부정적으로 평가받을지도 모른다는 두려움 없이 자신의 참모습을 드러낼 수 있는 자유를 보장한다. 선입견이나 편견 없이 소통한다.
2. 인정	타인의 재능과 노력, 배려와 도움에 대해 인정한다. 칭찬에 인색하지 않고, 타인의 기여와 아이디어, 경험을 합당하게 평가한다.
3. 공감	사람들에게 온전히 주의를 기울여 그들의 관심사와 경험에 귀를 열고 인정하고 반응한다.
4. 포용(소속감)	타인이 모든 차원(가족, 지역사회, 조직, 국가 등)의 관계에서 소속감을 느낄 수 있도록 한다.
5. 안전	신체적, 심리적으로 해를 입을 염려가 없음을 느끼고 안심하여 보복의 두려움 없이 자유롭게 자신을 표현하도록 돕는다.
6. 공정	정해진 법률과 규정에 따라 치우침 없이 공정하고 평등하게 대우한다.
7. 독립(자주성)	자기 주도성 회복, 스스로를 위해 행동할 수 있게 함으로써 자기 삶을 주도하고 있다고 느끼고 희망과 가능성을 품게 돕는다.
8. 이해	타인의 생각이 중요하다는 사실을 믿는다. 그들에게 자신의 입장을 설명하고 견해를 표현할 기회를 주고, 이해하기 위해 적극적으로 경청한다.
9. 호의적 해석	사람들을 신뢰한다. 사람들을 믿을 수 있는 존재로 대한다. 타인이 선한 동기로 진실하게 행동한다는 전제에서 출발한다.
10. 책임	자신의 행동에 책임을 진다. 다른 사람의 존엄을 침해했다면 사과하고, 상처를 주는 행동을 바로잡겠다고 약속한다.

표 1-7의 내용을 기반으로 예비 사회복지사로서 나 자신이 평상시에 얼마나 존엄 실천을 하고 있는지 점검할 수 있다.

연습활동

존엄 실천에 대한 자기 평가

1 표 1-7의 존엄의 열 가지 요소에 대해 자기 평가를 실행해 봅시다.

항목	존엄의 열 가지 요소	나의 수준 (1~10점)
1. 정체성 수용	누구나 중요하다! 타인을 나보다 열등하지도 우월하지도 않은 존재로 대한다. 부정적으로 평가받을지도 모른다는 두려움 없이 자신의 참모습을 드러낼 수 있는 자유를 보장한다. 선입견이나 편견 없이 소통한다.	
2. 인정	타인의 재능과 노력, 배려와 도움에 대해 인정한다. 칭찬에 인색하지 않고, 타인의 기여와 아이디어, 경험을 합당하게 평가한다.	
3. 공감	사람들에게 온전히 주의를 기울여 그들의 관심사와 경험에 귀를 열고 인정하고 반응한다.	
4. 포용 (소속감)	타인이 모든 차원(가족, 지역사회, 조직, 국가 등)의 관계에서 소속감을 느낄 수 있도록 한다.	
5. 안전	신체적, 심리적으로 해를 입을 염려가 없음을 느끼고 안심하여 보복의 두려움 없이 자유롭게 자신을 표현하도록 돕는다.	
6. 공정	정해진 법률과 규정에 따라 치우침 없이 공정하고 평등하게 대우한다.	
7. 독립 (자주성)	자기 주도성 회복, 스스로를 위해 행동할 수 있게 함으로써 자기 삶을 주도하고 있다고 느끼고 희망과 가능성을 품게 돕는다.	
8. 이해	타인의 생각이 중요하다는 사실을 믿는다. 그들에게 자신의 입장을 설명하고 견해를 표현할 기회를 주고, 이해하기 위해 적극적으로 경청한다.	
9. 호의적 해석	사람들을 신뢰한다. 사람들을 믿을 수 있는 존재로 대한다. 타인이 선한 동기로 진실하게 행동한다는 전제에서 출발한다.	
10. 책임	자신의 행동에 책임을 진다. 다른 사람의 존엄을 침해했다면 사과하고, 상처를 주는 행동을 바로잡겠다고 약속한다.	

- 자신이 이미 잘하고 있는 요소와 보완이 필요한 요소에 대해 생각해 봅시다.
- 그 내용을 학우들과 이야기 나눠 주세요.
- 이야기를 나눈 뒤 느낀 점과 깨달은 점이 무엇인지도 정리해 봅시다.
- 그리고 자신이 보완이 필요한 요소들에 대해 보완을 위한 실천 전략을 제시해 봅시다.
- 이 연습 활동을 통해 느끼고 깨달은 점이 무엇인지 정리해 봅시다.

2) 사회복지실천에서의 가치와 윤리

실천 현장에서 사회복지사는 일상적으로 윤리적 결정 상황에 직면하게 되고, 사회적 흐름에 따라 변화하는 가치, 클라이언트 상황의 특수성과 다양성을 반영하여 최선의 지원을 해야 하는 직업이다. 그러므로 사회복지실천의 가치와 윤리를 이해하고, 이를 기반으로 한 실천을 수행하는 것이 필요하다.

지식

증명할 수 있는 세계와 인간을 관찰한 결과를 객관화시킨 사실

윤리

가치에서 비롯됨 (가치의 사회화)

도덕적 지점 : 옳고 그른 것, 좋고 나쁜 것을 구분해 주는 행동 지침

공동체(사회, 전문가 집단)의 합의에 바탕을 둠

가치

증명할 수 없는 주관적 선호

우리가 무엇을 어떻게 해야 하는지에 대한 믿음을 확인해 주는 역할

바람직한 것, 우선적인 것, 선한 것의 의미

당위성 : 인간의 적절한 행동을 선택하는 데 있어 지침이나 기준이 됨(신념 : 행동의 기준)

그림 1-2 가치, 윤리, 지식에 대한 설명

가치는 지식 및 기술과 함께 사회복지실천의 3대 중심축 중 하나이자, 실천의 기반이 되는 가장 중요한 요소라 할 수 있다. 사회복지실천에서 가장 중요시되는 가치는 인간의 존엄성, 인간의 자율성, 기회의 균등성, 사회적 책임성 등이다. 사회적 책임성은 개인 문제에 대한 책임이 개인에게만 있다고 보지 않는다는 것이다. 문제의 특성에 따라 개인이 아무리 노력해도 사회구조적 문제 때문에 해결하지 못하는 경우도 많다. 특히 스스로 판단, 행동, 결정하기가 어려운 사회적 약자에 대한 복지는 사회가 책임져야 함을 의미한다(엄명용 · 노충래 · 김용석, 2020).

사회복지실천의 가치는 사회복지사의 활동에 반영되며, 실천 방향을 제시한다. 리머(Reamer, 1999; 장수미 등 재인용, 2017)는 사회복지실천에서 가치가 중요한 이유로, 첫째, 사회복지실천 사명의 본질과 관련이 있고, 둘째, 사회복지사가 가진 가치가 클라이언트 체계, 동료, 다른 성원에게 영향을 줄 수 있으며, 셋째, 개입 방법을 결정함에 있어서도 영향을 미치며, 넷째, 실천에서 경험하는 윤리적 딜레마 해결에 도움을 주기 때문이라고 설명하였다.

사회복지실천의 가치는 사회복지사에게 이상적 방향성을 제시하며, 윤리는 사회복지사가 전문가로서 지켜야 하는 행동 지침을 제공한다. 그린우드(Greenwood, 1957; 정수미 등 재인용, 2015)는 전문직의 요건으로 첫째, 체계적 이론, 둘째, 권위, 셋째, 지역사회의 재가, 넷째, 윤리강령, 다섯째, 고유 문화를 제시하였다. 사회복지직 또한 전문성을 갖추기 위해 이론적 체계, 고유한 가치와 문화, 윤리강령을 갖추기 위해 노력해왔다. 사회복지의 핵심 가치를 반영한 실천 윤리의 세 가지 핵심 요소는 표 1-8과 같다(김기덕 · 최소연 · 권자영, 2018).

표 1-8 사회복지실천 윤리의 세 가지 핵심 요소

분류	핵심 요소	내용
1	개인에 대한 존중과 개인적 서비스 윤리 (individualism and the ethic of personal service)	– 클라이언트를 개별적 인간으로 존중하며 이들이 행복한 삶을 영위할 수 있도록 전문적 실천을 한다. – 관련 핵심 가치 : 자율과 자유 개개인이 가지는 본래적 가치는 존중되어야 하고, 자신과 관련된 문제를 스스로 결정하고 판단할 수 있어야 한다. – 자기결정, 비밀 보장, 사생활 존중, 고지에 입각한 동의, 정보 보호의 원칙 등의 윤리적 원칙과 관련된다.
2	온정적 개입 (paternalistic intervention)	– 사회복지 전문직은 어려움에 처한 사람을 돕는 선행의 의무를 전문적으로 체계화한 것이다. – 관련 핵심 가치 : 서비스 사회복지사의 역할은 도움이 필요한 사람들을 돕고, 사회적 문제에 대응하는 것이라는 윤리적 원칙과 관련된다. – 사회복지사의 온정주의는 전문적 역량을 전제로 한다. (한국사회복지사윤리강령 : 사회복지사가 최상의 서비스 제공을 위해 지식과 기술을 개발하는 데 최선을 다하며, 이를 활용하고 전파할 책임이 있다.)

분류	핵심 요소	내용
3	공적 책임성의 윤리 (the ethic of public responsibility)	– 사회복지는 개인의 행복과 더불어 사회 전체의 복지에 관심을 가진다. – 핵심 가치 : 평등과 사회 정의 – 사회복지사의 복합적 책임성을 의미한다 : 클라이언트의 행복을 추구하면서 동시에 타인과 전체 사회의 복지 향상을 위해 노력해야 한다. – 사회복지사에게 공적 책임이 강조되는 이유 : 공적 자원으로 실천하며 개인과 사회 문제해결에 관여하는 전문직이기 때문이다.

사회복지사윤리강령은 사회복지사가 지켜야 할 전문적 행동 기준과 원칙을 제시한다. 전문가들이 합의한 내용으로, 윤리적 행위 여부를 판단할 수 있는 기준을 제시한다. 미국사회복지사협회(NASW, National Association of Social Workers, 2021)가 제시한 사회복지실천의 핵심 가치와 그에 기반한 윤리 원칙은 표 1–9와 같다.

표 1–9 사회복지실천의 핵심 가치와 윤리 원칙

핵심 가치	윤리 원칙
서비스(service)	사회복지실천의 주요 목표는 도움이 필요한 사람들을 돕고 사회문제를 해결하는 것이다.
사회 정의(social justice)	사회복지사는 사회적 불의에 도전한다.
인간의 존엄성과 가치 (dignity and worth of the person)	사회복지사는 개인의 고유한 존엄성과 가치를 존중한다.
인간관계의 중요성 (importance of human relationships)	사회복지사는 인간관계의 중요성을 인식한다.
온전함 또는 진실성(integrity)	사회복지사는 신뢰할 수 있는 방식으로 행동한다.
역량(competence)	사회복지사는 자신의 역량 내에서 실천하고 전문 지식을 개발하고 향상시킨다.

출처 : 미국사회복지협회(https://www.socialworkers.org/About/Ethics/Code-of-Ethics/Code-of-Ethics-English).

한국사회복지사협회에서 제시한 윤리강령의 가치와 기본적 윤리 기준은 다음과 같다. 사회복지사로서 인본주의, 평등주의 사상, 인간 존엄성과 가치 존중, 자유권과 생존

권 보장 활동에 대한 헌신, 사회적·경제적 약자들 편에 서서 사회 정의와 평등, 자유, 민주주의 가치 실현, 도움을 필요로 하는 사람들의 사회적 지위와 기능을 향상시키기 위해 함께 일하며, 사회 제도 개선과 관련된 활동에 주도적으로 참여, 개인의 주체성과 자기 결정권 보장, 전문적 지식과 기술 개발, 사회적 가치를 실현하는 전문가로서의 능력과 품위 유지 등을 위해 노력해야 함을 제시하고 있다.

사회복지사의 기본 윤리 기준으로 전문가의 자세, 전문성 개발을 위한 노력, 경제적 이득에 대한 태도에 대해 제시하고 있고, 클라이언트, 동료, 사회, 기관에 대한 윤리 기준, 사회복지윤리위원회 구성과 운영에 대해 명시하고 있다(한국사회복지사협회).

3) 사회복지사의 윤리 기반 실천

사회복지사는 클라이언트 체계와 작업함에 있어 항상 법적, 윤리적 테두리boundary 안에서 전문직의 윤리강령을 준수해야 한다. 그러나 실천현장에서 경험하게 되는 다양한 윤리적 딜레마를 해결하는 데 있어, 사회복지사 윤리강령은 행동 지침으로서 한계를 가진다. 윤리강령의 세부 내용들이 각기 상충되는 가치를 반영하고 있기 때문이다.

여러 가치가 상충되는 상황에서 최선의 결정을 해야 할 때, 원조 전문직human service professional으로서의 법적 의무에 대한 점검이 우선적으로 필요하다. 그 구체적 내용은 표 1-10과 같다.

표 1-10 원조 전문직의 법적 의무

분류	법적 의무	내용
1	보호의 의무	타해의 위험이 있거나 자살, 자해 등 자기 보호가 불가능한 클라이언트를 보호해야 함(법적 보호 포함)
2	사생활 존중의 의무	클라이언트의 물리적 공간과 상징적 영역 등에 대해 사생활을 존중해야 함
3	비밀 보장 유지의 의무	정보 공개 시 동의를 구해야 하고, 비밀 보장을 유지해야 함
4	공지의 의무	서비스 내용과 정도, 관련 정책, 법 등에 대해 클라이언트에게 정보를 제공해야 함

분류	법적 의무	내용
5	보고의 의무	인권 침해, 범죄 행위 등에 대해 상사 또는 상위 기관에 보고해야 함
6	경고의 의무	클라이언트로 인해 해를 입을 가능성이 있는 자에게 경고할 의무가 있음

또한, 의무의 우선순위를 정함에 있어 로웬버그와 돌고프(Lowenberg & Dolgoff, 1996; 길귀숙 외, 2015)의 윤리적 결정 지침을 적용할 수 있다. 그 구체적 내용은 표 1-11과 같다.

표 1-11 로웬버그와 돌고프의 윤리적 결정 지침

윤리 원칙	결정 지침	내용
윤리 원칙 1	생명 보호	모든 권리 중 가장 기본적인 것으로, 생명 권리가 침해되면 어느 누구도 다른 권리를 누릴 수 없다.
윤리 원칙 2	평등과 불평등	동등한 사람들은 평등하게 처우되어야 하는 권리를 가진다. 동등하지 않은 사람들은 불평등하게 처우되어야 한다(예 : 장애인 우대 정책, 여성 우대 정책).
윤리 원칙 3	자율과 자유	사회복지사는 개인의 자율성과 독립성, 자유를 보장하는 실천적 결정을 해야 한다. 그럼에도 자신이나 타인의 생명 존중과 생존이 우선되어야 한다.
윤리 원칙 4	손실의 최소화	사회복지사는 최소한의 손실을 초래하는 기회를 선택해야 한다. 위기 개입이나 조기 개입은 이런 원칙에 근거한다.
윤리 원칙 5	삶의 질	사회복지사는 지역사회뿐 아니라 개인과 모든 사람의 삶의 질을 향상시키는 기회를 선택한다.
윤리 원칙 6	사생활 보호와 비밀 보장	모든 사람의 사생활 보호의 권리를 보장하는 실천적 결정을 한다. 비밀 보장은 사생활 보호 의무를 지킨 직접적 결과이다.
윤리 원칙 7	진실성과 정보 개방	클라이언트와 관련된 사람들에게 진실을 말하고 모든 관련 정보를 충분히 개방한다.

표 1-11의 내용을 살펴볼 때, 사회복지사가 가장 우선시하고 중요시해야 하는 원칙은 생명 보호임을 알 수 있다. 생명 보호를 기반으로 다른 원칙과 의무를 수행해야 함을 시사한다.

사회복지사가 윤리적 딜레마를 해결하는 과정별 과업을 살펴보면 표 1-12와 같다.

표 1-12 윤리적 딜레마 해결 과정

단계	내용
1단계	– 다양한 관점으로 상황에 대한 정보 수집 – 다면적이고 총체적인 상황 파악 : 무엇이 문제인지, 문제를 야기하는 요인은 무엇인지 확인 – 윤리적 쟁점은 무엇인지 확인
2단계	– 윤리적 갈등 상황에 포함된 사람이 누구인지 확인 – 클라이언트, 지지 체계, 다른 전문가 등 해당 이슈와 관련된 사람과 단체 파악
3단계	– 진정한 수혜자는 누구여야 하는지 확인
4단계	– 윤리적 원칙과 우선순위에 기반하여 다양한 대안 모색
5단계	– 동료나 타 전문직에게 자문 요청
6단계	– 결정을 내리고 실천
7단계	– 모니터링

연습활동

윤리적 딜레마 상황에서의 의사 결정

다음 사례에서 사회복지사가 경험하게 될 윤리적 딜레마는 무엇인가요? 이 상황에서 최선을 결정을 하기 위해 윤리적 딜레마 해결 과정에 기반하여 팀원들과 토의를 진행해 봅시다. 토의를 마치고 느끼고 깨달은 점에 대해 함께 이야기를 나눠 봅시다.

1 드림스타트를 이용하는 영이는 일용직에 종사하며 매일 술을 마시는 아버지와 지적 장애가 있는 어머니와 함께 생활하고 있다. 사례관리자가 가정방문 시, 어머니는 타박상과 발목 골절, 그리고 영이 또한 팔 골절을 입어 움직이기 힘든 상황이었다. 사례관리자는 영이 어머니에게 가정 폭력에 대해 조사를 시작하였다. 영이는 아버지가 종종 모녀에게 폭력을 행사한다고 말했으나 영이 어머니는 처음 있는 일이었고, 자신은 가정이 유지되기를 바란다며 신고하지 말아 달라고 강하게 이야기하였다.

- 윤리적 딜레마 상황 : 상충되는 윤리 원칙은 무엇인가요? 어떤 윤리적 딜레마 상황이 존재하나요?

- 윤리적 딜레마 해결 과정에 기반한 개입 과정 및 결과는 무엇인가요?

- 토의를 마치고 느끼고 깨달은 점은 무엇인가요?

2 자살예방센터에서 일하는 정신건강사회복지사 A씨는 면담 중이던 순일 씨로부터 자신은 말기 암 환자로 회복 가능성도 없는데 계속 치료를 받아야 하는 상황이 너무 힘들어 오늘밤 자살을 계획하고 있다는 이야기를 들었다. 순일 씨는 A씨에게 "저를 이해해 주는 사람은 선생님뿐이었어요. 저의 선택을 이해하시지요? 가족들에게도 말하지 말아 주세요"라고 이야기하였다.

- 윤리적 딜레마 상황 : 상충되는 윤리 원칙은 무엇인가요? 어떤 윤리적 딜레마 상황이 존재하나요?

- 윤리적 딜레마 해결 과정에 기반한 개입 과정 및 결과는 무엇인가요?

- 토의를 마치고 느끼고 깨달은 점은 무엇인가요?

4) 사회복지사의 자기 이해

사회복지실천은 사회복지사와 클라이언트 체계, 그리고 사회와의 교류를 통해 이루어진다. 이때 가장 중요한 도구는 바로 사회복지사 자신이다. 그러므로 사회복지사의 자기 이해는 사회복지실천의 전문성 확보에 있어 필수적 요소라 할 수 있다.

사회복지사는 다양한 클라이언트 체계와 작업하게 되는데, 자신에 대한 이해가 부족할 경우, 클라이언트 지원 과정helping process에서 여러 가지 문제나 제약이 발생할 수 있다. 그러므로 사회복지사는 전문역량강화를 위해 슈퍼비전과 새로운 지식과 이론에 대한 학습도 중요하지만, 한 인간으로서의 자기 이해, 그리고 성숙을 위한 지속적 투자 또한 필요하다. 이를 위해 자기 자신과 실천에 대한 끊임없는 자기 반성적 고찰(자기 성찰)이 필요하다.

표 1-13 사회복지사의 자기 인식 향상을 위한 질문

질문	내용
1	나는 나 자신에 대해 어떻게 생각하고 느끼는가? (자존감 점검)
2	나는 나 자신의 기본적 욕구를 어떻게 다루고 있는가? (신체적, 정신적, 사회적, 영적, 지적 욕구)
3	나의 가치관은 어떠하며, 나의 가치관은 나의 행동이나 타인과의 관계를 어떻게 규정하고 있는가? (가치관 인식과 가치관의 영향력 인식)
4	나는 내가 살고 있는 사회와 직장과 어떻게 관계하고 있는가?
5	나의 생활 양식은 어떠한가?
6	나의 기본적 철학관은 무엇인가?
7	나는 내가 상대하는 사람들에게 나 자신을 어떻게 보여 주고 있는가?

참고 : Brill, N. I.(1997).

사회복지사로서 각각의 클라이언트에 대해 그들이 가진 특성, 욕구, 문제에 대해 민감성, 유연성, 적절성, 직관력을 가지고 반응하는지, 또한 자신의 가치관이 실천에 어떤 영향을 미치고 있는지, 그리고 선입견이나 편견을 가지고 있다면 이를 해결하기 위해 노력하고 있는지 점검해야 한다.

사회복지사는 자신이 가진 선입견, 편견, 자기 경험 등에 대한 자기 이해를 통해, 실천에 있어 방해가 되는 요인들을 점검하고 예방할 수 있다. 자기 인식을 통해 클라이언트 체계와 전문적 관계를 형성할 수 있고, 지나친 책임감이나 클라이언트에 대한 불신으로 인한 과도한 역할 수행이나 부적절한 개입 또한 예방할 수 있다. 그러므로 사회복지사의 자기 인식은 사회복지사가 업무를 효과적으로 진행하고, 전문역량을 향상시키는 데 있어 원동력이 된다(Trevithick, 2000).

쿼노이어(Cournoyer, 2000; 엄명용 외 재인용, 2020)는 사회복지사가 자기 이해를

위해, 자신을 둘러싼 상황 평가, 자존감, 타인의 수용 정도, 책임 있는 자기주장, 자기통제 정도, 자신의 원가족 등에 대해 점검해 볼 것을 제안하였다.

브릴(Brill, 1997; 엄명용 외 재인용, 2017)은 인간봉사전문직으로서 신체적, 정신적, 사회적, 영적, 지적 욕구 충족 대한 자기 점검의 필요성을 강조하였다. 브릴이 제시한 항목에 대한 자기 점검(표 1-13)을 통해 자신에 대한 깊이 있는 이해뿐 아니라, 앞으로 보완이 필요한 부분 또한 통찰할 수 있다.

연습활동

예비 사회복지사로서 나 자신에 대한 점검하기

다음 영역별로 자신에 대해 점검해 봅시다. 자신이 잘하고 있는 부분과 보완이 필요한 부분에 대해 정리해 보세요. 보완을 위한 구체적 전략도 설정해 봅시다. 점검 후 동료들과 이야기를 나눠 주세요. 토의를 마치고 느끼고 깨달은 점에 대해서도 함께 이야기를 나눠 주세요.

1 욕구

1) 안정의 욕구 : 물질적 욕구, 건강 보장, 애정 및 정서적 안정, 사회적 관계 유지, 지적, 영적 욕구
2) 성장의 욕구 : 물질적, 정서적, 사회적, 지적, 영적 상태를 성장시키고자 하는 욕구

- 나는 안정의 욕구와 성장의 욕구 중 어디에 더 집중하고 있는가?
  나의 이 욕구들에 대해 얼마나 인식하고 있는가?
- 영역별 나의 욕구들은 얼마나 충족된 상태인가?
- 이 욕구들을 충족시키기 위해 어떤 방법을 활용하는가?
- 욕구 충족을 위해 내가 잘하고 있는 것과 보완이 필요한 것은 무엇인가?

2 나의 주변 상황 평가

1) 나의 신념, 믿음, 가치, 행동에 가장 직접적 영향을 준 사람은 누구인가?
2) 나의 삶에 가장 많은 영향을 미친 사람이나 주변 환경, 상황은 무엇인가?
3) 나의 가계도와 생태도를 작성해 보기
   * 가계도와 생태도는 객관적으로 나를 볼 수 있는 도구이자 사정(assessment)의 도구

3 타인에 대한 수용 정도

- 내가 대하기 편한 클라이언트는 어떠한 사람인가? 대하기 편한 클라이언트의 성격이나 행동 양식이 있는가?

- 내가 대하기 불편한 클라이언트는 어떠한 사람인가? 그러한 클라이언트 유형이 있는가?
- 다양한 성격 및 행동 양식을 가진 클라이언트를 만남에 있어 나의 행동 양식이 어떤 영향을 미칠 수 있는가?
- 클라이언트와의 교류에 있어 불편함이나 취약함에서 자유로워지기 위해 내가 노력할 부분은 무엇인가?

4 비차별적, 비심판적 행동과 태도

- 나 자신과 클라이언트 간의 다양한 차이점과 공통점을 이해하기 위해 나는 어떠한 노력을 해야 하는가?
- 나 자신과 차이를 가지고 있다고 클라이언트를 비난하거나 차별하지 않기 위해 나는 어떠한 노력을 해야 하는가?

5 책임 있는 자기주장

- 클라이언트 체계에 대한 옹호, 지원, 지도, 격려 등을 수행하는 사회복지사로서 적절한 자기주장은 필수적 요소이다.
- 나는 평소에 적절한 자기주장을 잘하는가?
- 공격이나 비난이 아닌 생산적 자기주장을 잘할 수 있도록 어떠한 노력을 할 것인가?
- 자신과 타인의 권리를 존중하며 자신의 입장을 분명히 밝히는 것을 연습하기

6 자기 통제

- 나는 나 자신의 말, 행동, 감정 등을 적절하게 조절하는가?
  ① 긍정적인 감정을 잘 표현하는가? 어떻게 표현하는가?
  ② 부정적인 감정을 잘 표현하는가? 어떻게 표현하는가?
  ③ 자기 통제가 비교적 잘되는 경우와 그렇지 않은 경우는 언제인가?
  나의 자기 통제를 방해하는 요소들은 무엇인가?
  ④ 과거 자기 통제를 실패했던 경험이 있는가? 있다면 언제 어떤 상황이었나?
  나 자신을 통제할 수 없게 만드는 자신의 특성, 기질, 습관 등은 무엇인가?
  ⑤ 성숙한 자기 통제를 위한 실천 방안을 제시하고 실제 적용해 보기

문제 풀이

1. 실천 지식의 구성 수준을 추상성에서 구체성의 방향으로 순서대로 나열한 것은?

(2018년 기출 문제)

① 패러다임—관점—이론—모델—실천 지혜
② 패러다임—이론—관점—모델—실천 지혜
③ 관점—패러다임—이론—모델—실천 지혜
④ 실천 지혜—모델—이론—관점—패러다임
⑤ 실천 지혜—이론—모델—관점—패러다임

정답 : ①
해설 : 사회복지실천 지식의 구성 수준 중 추상성이 높은 순으로 나열하면 패러다임—관점—이론—모델—실천 지혜 순

2. 다음 사례에서 사례관리자가 수행한 역할로 옳지 않은 것은?

(2012년 기출 문제)

사례관리자는 중도 장애를 가진 A가 재활 동기를 갖도록 면담을 지속하면서 생활 기술 훈련 프로그램에 참여하도록 지지하였다. 또한 사례회의를 통해 인근 직업재활기관과 일자리지원센터의 취업 관련 서비스를 받도록 협의하고 장애인 일자리를 확대하기 위한 지역사회 인식 개선 캠페인을 기획하였다.

① 중재자
② 상담가
③ 조력가
④ 조정자
⑤ 옹호자

정답 : ①
해설 : 중재자 – 개인이나 조직 등 양자 간의 논쟁에 개입하여 차이점을 조정 혹은 합의점을 도출해 내는 역할

3. 사회복지실천의 전문적 특성으로 옳지 않은 것은?

(자체 개발 문제)

① 사회복지실천 지식, 가치, 윤리와 연결성을 갖는다.
② 동일한 문제를 가진 클라이언트라 할지라도 개별적 상황이나 특성이 다르기 때문에 사회복지실천기술도 다르게 적용되어야 한다.
③ 문제에 따라 적절한 방법을 선택하는 능력을 포함한다.
④ 사회복지실천기술은 특정 이론에만 제한되어서는 안 된다.
⑤ 사회복지사의 기본적 자질이 중요하며, 학습을 통해 습득하지 못한다.

정답 : ⑤
해설 : 사회복지사의 기본적 자질도 중요하지만 지식을 기반으로 하기 때문에 실천 기술은 개발 가능하고 또한 학습으로 습득할 수 있다.

참고문헌

김기덕 · 최소연 · 권자영(2018). 사회복지윤리와 철학. 양서원.

엄명용 · 노충래 · 김용석(2020). 사회복지실천기술의 이해. 학지사.

윤민화(2021). 코로나 19 상황에서의 사회복지실천경험: 대구지역사회복지관 사회복지사 실천경험을 중심으로. 한국사회복지질적연구, 15(1), 41~68.

이영실 · 윤순이 · 신준옥 · 오현숙 · 노길희 · 조명희 · 홍성희(2015). 사회복지실천기술론. 양서원.

장수미 · 최정숙 · 박형원 · 김주현 · 홍현미라 · 이혜경 · 이영선 · 한인영(2017). 사회복지실천기술론. 학지사.

Barry R. Cournoyer; 김용석 · 이석호 · 전종설 공역(2013). 사회복지실천기술. 박영사.

Brill, N. I.(1997). Working with People: The Helping Process(6th ed.). New York: Longman.

Donna Hicks; 이종민 역(2019). 일터의 품격. 한빛비즈.

Johnson, L. C., & Yanca, S. J.(2010). Social work practice: A generalist approach(10th ed). Boston: Allyn & Bacon.

Sheafer, B., Horejsi, G., & Horejsi, C.(2005). Techniques and Guideline for Socail Work Practice. Boston: Allyn & Bacon.

Shulman, L.(1984). The Skill of Helping Individuals and Groups. Itasca, IL: Peacock.

미국사회복지사협회 https://www.socialworkers.org

웰페어이슈 http://www.welfareissue.com

위키백과 https://ko.wikipedia.org

한국사회복지사협회 https://www.welfare.net

PART

2

사회복지실천모델의 이해

CHAPTER

2

동기면담

학습 목표

1. 동기면담에 대해 이해한다.
2. 클라이언트와의 대화 시 동기면담 기술을 적용할 수 있다.

1. 개요

동기면담MI, motivational interview은 1980년대 중독상담영역에서 직면 접근의 문제점을 발견한 윌리엄 밀러William Miller가 대안으로 제시한 모델이다(신성만 외, 2015). 기존의 중독전문가들은 약물중독자들이 현실감이 떨어지고 미성숙한 방어 기제를 사용하며 자신들의 문제를 부인denial한다고 인식하여 문제를 직면하고 충고하는 권위적이고 지시적 상담을 주로 하였다. 그러나 밀러는 중독자들의 이야기에 귀를 기울이며 그들로부터 배우려 하였다. 그 과정에서 클라이언트에 대해 깊이 이해하게 되었으며, 기존 상담가들의 인식과 달리 클라이언트가 자신의 문제를 잘 알고 있음을 발견하였다. 더불어 밀러는 상담자가 클라이언트와 이야기하는 방식이 클라이언트의 개방성에 직접적인 영향을 미침을 깨달았다.

밀러는 상담에 대한 클라이언트의 저항이나 문제에 대한 부인은 상담자와의 관계에서 유발된다고 보았다. 상담자의 지시적 태도가 클라이언트의 저항을 심화시키고 변화 가능성을 감소시킨다는 것이다. 그러므로 클라이언트의 변화 동기를 촉진하는 상담 접근이 필요함을 인지하였다(신성만 외, 2015). 따라서 직면적 접근 대신 칼 로저스Carl Rogers의 인간중심상담을 적용하여, 철저히 클라이언트가 중심이 되는 상담을 진행하였고, 이것이 동기면담의 시작점이 되었다. 동기면담 초기에는 알코올중독 치료의 대안으로 개발되었으나 그 이후 다양한 영역에 확장되어 적용되었다.

동기면담에서는 클라이언트가 '변화'에 있어 자율성을 가지고 스스로 목표를 설정하고, 목표 달성을 위해 자기 행동의 변화가 필요함을 인식하고 실행하는 것이 중요함을 강조한다. 이처럼 동기면담은 인간의 존엄성과 자기결정권 존중, 강점기반실천 등 사회복지현장의 가치와 맥락을 같이한다. 클라이언트는 자기 삶의 전문가로 변화의 주체이며, 사회복지사는 변화 과정의 촉진자로서 협력적 파트너십을 형성해야 한다는 것 또한 사회복지실천의 주요 방향과 일치한다.

표 2-1 사회복지와의 적합성

사회복지실천원칙	동기면담
개인의 가치와 존엄성 존중	개인 안에 내재된 가치 존중
자기결정권	자율성을 높이 평가하고 존중
인간관계의 중요성	협력관계 강조, 저항은 병리적인 것이 아닌, 상호작용의 결과
문화적 다양성	클라이언트에게 있어 어떠한 가치관이 중요하고, 그 가치관이 현재 문제가 되는 상황과 어떤 관련성이 있는지 질문
클라이언트 입장에서 시작	협력적 대화는 클라이언트의 입장보다 앞서가지 않으며, 클라이언트가 있는 곳에 같이 머무는 것
강점관점	변화의 자원과 동기 측면에서 클라이언트의 전문성을 인정하고 촉진하기
서비스	타인의 복지와 이익을 위해 심사숙고 하는 노력

출처 : motivational interviewing(Corcoran, 2016 재구성).

전통적 병리적 접근에서 벗어나 클라이언트 중심의 사회복지실천을 실행함에 있어 동기면담은 매우 효과적이다. 특히, 변화에 대해 준비되지 않았거나 변화의 필요성을 느끼지 못하는 비자발적 클라이언트와 작업하는 데 있어서도 유용한 대화 방법이며 일회성 면담에서도 사용 가능하다.

동기면담은 약물 남용, 우울과 불안장애, 정신장애 등 정신건강현장뿐 아니라 다양한 현장에서 활용 가능하고, 그 효과가 입증되었다. 또한 임상현장에서만 사용되지 않고, 다양한 범주의 문제들에 적용 가능하고, 실천현장에서 효과적으로 사용할 수 있다.

2. 주요 개념 및 특성

1) 동기면담의 정의

동기면담의 초기 정의는 “클라이언트의 문제 음주 행동에 대한 변화 동기를 강화하기 위해, 인간중심상담과 인지 부조화 및 자기효능감의 사회심리학적 원리를 기반으로 한 상담 접근"이었다(Miller, 1983; Julie A. 외 재인용). 이후 동기면담이 다양한 영역과 클라이언트들에게 적용되면서 동기면담의 정의 또한 달라졌다. 2013년 밀러와 롤릭이 정의한 동기면담은 다음과 같다.

첫째, 상담자와 클라이언트 사이에서 이루어지는 변화에 대한 대화로, 변화에 대해 클라이언트가 가지고 있는 동기를 촉진하기 위해 클라이언트와 협력한다.

둘째, 클라이언트의 동기에 초점을 맞추고, 특히 변화에 대한 양가감정을 중요시한다. 변화에 대한 양가감정을 다루지 못하면 변화가 나타나기 어렵기 때문이다.

셋째, 상담자는 클라이언트의 파트너로서 대화에 참여하며, 클라이언트의 현재 상태를 유지하려는 언급(유지대화)을 축소하고 변화에 대한 언급(변화대화)을 하도록 클라이언트를 촉진하고, 변화 이유를 탐색하도록 의사소통을 전략적으로 사용한다(Miller, W. R., & Rollnick, S., 2013). 클라이언트가 유지대화를 많이 말하고 탐색할수록 변화로부터는 멀어지게 되기 때문이다. 그러므로 동기면담에서는 클라이언트가 현재 상태를 유지하고자 하는 이유를 이끌어 내고 탐색하는 것은 필요 요소가 아니다.

슈마허Julie A. Schumacher는 시대적으로 변화한 동기면담에 대한 정의의 공통 요소를 다음과 같이 정리하였다(신성만 외, 2017).

첫째, 동기면담은 변화에 대한 의사소통법이다. 이 대화법은 상담, 평가, 피드백, 슈퍼비전 등 모든 상황에서 적용할 수 있다.

둘째, 동기면담에서 사회복지사는 클라이언트의 파트너로서 클라이언트와 협력한다.

셋째, 동기면담은 촉진적(유발적)이다. 사회복지사가 변화에 대한 클라이언트의 동기와 생각을 촉진하는 데 초점을 두고, 진단, 제안, 처방을 하지 않는다.

결론적으로, 동기면담은 클라이언트 스스로 변화 이유를 탐색하도록 돕는 과정으로, 동기면담의 목적은 유지대화를 감소하고 변화대화를 촉진하는 것이다.

2) 동기면담의 두 가지 요소

(1) 관계적 요소

칼 로저스의 인간중심상담에 근거를 둔 동기면담에서는 사회복지사와 클라이언트 간의 건강하고 신뢰할 수 있는 관계를 중시한다. 클라이언트가 자신의 어려움, 두려움, 불안, 희망 사항 등을 자유롭게 탐색할 수 있도록 사회복지사가 안전한 환경을 제공해야 한다. 이를 위해 공감, 인정, 비판단적인 태도와 클라이언트의 자율성을 지지하는 대화를 실시한다. 사회복지사는 제안, 조건적 수용, 지시, 논쟁, 직면 등을 지양하고 클라이언트의 이야기를 충분히 경청한다.

특히 동기면담에서는 상담이나 치료라는 용어를 쓰지 않고 면담 또는 대화라는 용어를 사용한다. 그 이유는 클라이언트를 자신의 문제에 대해 가장 잘 알고 있는 파트너로 존중하며 사회복지사와 클라이언트 간의 수평적 관계를 강조하기 때문이다(Rollnick, Miller, & Butler, 2008)

(2) 기술적 요소

관계적인 요소를 토대로, 클라이언트의 변화대화를 촉진하고 유지대화를 감소하는 전략을 사용한다. 경청과 더불어 동기면담기술을 활용하여 클라이언트가 변화에 대한 열망, 능력, 이유, 필요에 대한 이야기를 스스로 할 수 있도록 촉진하고, 이를 강화하는 전략을 사용한다(Moyers & Martin, 2006).

동기면담과 다른 심리 치료들을 비교한 내용을 표로 정리하면 표 2-2와 같다.

표 2-2 동기면담과 다른 심리치료의 비교

특징	동기면담	인간중심	인지	행동
지시 수준	안내하기	따라가기	지시적	지시적
주로 다뤄지는 주제	변화대화	감정	인지	행동

특징	동기면담	인간중심	인지	행동
상담의 형태	의사소통 양식	심리치료	심리치료	심리치료
기간	단기	장기	단기	단기
필수 요소	정신 [협동, 수용, 연민, 촉진(유발성)]	네 가지 핵심 조건 (절대적 가치 인정, 공감, 자율성 지지, 인정하기)	부적응 사고와 신념에 도전하기	문제행동에 반대되는 건강한 행동학습
상담의 초점	변화대화 증가 및 유지대화 감소	탐색	부적응적 사고와 신념	문제행동
변화시키는 요소	변화대화	불일치 해결하기	적응적 사고 및 신념 학습하기	건강한 행동 학습

출처 : Madson, M. B., Schumacher, J. A., & Bonnell, M. A.(2010).

3) 동기면담의 기본정신

동기면담의 기본정신은 협동, 수용, 연민, 촉진 등이며 이는 사회복지사와 클라이언트의 관계에서 꼭 실현되어야 하는 것들이다. 기본정신이 지켜졌을 때 동기면담의 성과를 도출할 수 있다.

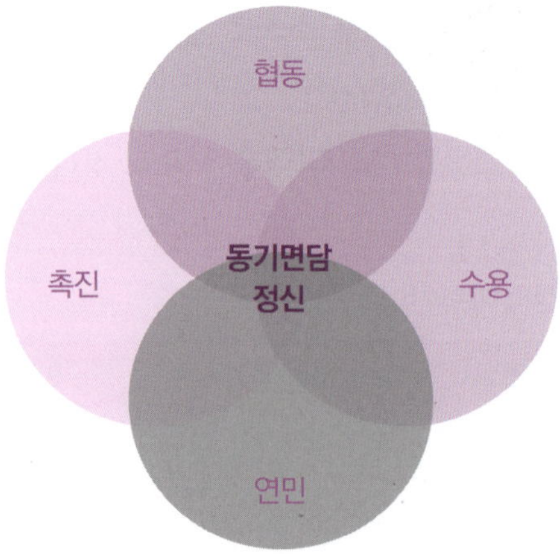

그림 2-1 동기면담의 정신

(1) 협동

사회복지사와 클라이언트 간의 파트너십을 강조한다. 클라이언트의 관점을 존중하고 협력하여 함께 탐색하고 해결해 나아가는 과정을 중시한다. 사회복지사는 행동 변화의 전문가가 아닌, 파트너, 안내자, 촉진자의 역할을 수행한다.

(2) 수용

수용은 클라이언트가 말하는 내용의 진가를 인정하는 것이다(Julie A. Shumacher, Michael B. Madson, 2015). 사회복지사가 수용적 태도로 클라이언트를 대할 경우, 클라이언트는 긍정적인 면뿐 아니라 자신의 부정적 측면에 대해서도 편안하게 탐색할 수 있게 된다. 칼 로저스는 수용의 네 가지 요소로 인간에 대한 절대적 가치, 정확한 공감, 자율성 지지, 인정하기 등을 제시하였다.

참고하기

수용의 네 가지 요소

- 절대적 가치 인정 : 인간의 내재된 가치와 잠재력에 대한 인정은 협력적 파트너십을 강화시키고 수용을 전달하는 필요 요소이다. 무조건적 긍정적 존중 – 모든 인간은 신뢰할 수 있는 존재이고 변화에 대한 잠재력을 가지고 있으며 자신을 위해 최선을 다하는 존재이다.
- 공감 : 클라이언트에 대해 정확히 이해하고, 인정한다.
- 자율성 지지 : 변화에 대한 선택권과 최종결정권은 클라이언트에 있음을 인정하고 존중한다.
- 인정하기 : 강점관점의 접근 방식을 취한다. 클라이언트의 강점과 자원, 성공 경험 등을 파악하고 이를 클라이언트가 인정할 수 있도록 언급하고, 이를 촉진하기 위해 노력한다.

(칼로저스, 1980b; 밀러 등 재인용, 2015)

(3) 연민

연민은 타인의 어려움을 보고 느끼는 진실된 정서적 반응이며, 연민이 있어야 타인을 돕고자 하는 마음이 생긴다(Seppala, 2013). 사회복지사 또한 클라이언트에 대한 연민을 가질 때 클라이언트를 도우려는 동기가 강화된다. 그러므로 사회복지사는 클라이언트에 대해 선의를 가지고, 클라이언트의 복지와 이익을 위해 노력해야 한다.

(4) 촉진(유발성)

동기면담에서는 모든 사람은 자기 삶의 전문가로서 변화를 위한 동기를 가지고 있고, 자신만의 포부나 가치, 관심사가 있다고 본다. 그러므로 사회복지사의 역할은 클라이언트와 함께 클라이언트의 인식, 느낌, 가치관, 목표 등을 탐색하고, 클라이언트 스스로 내부의 동기와 자원을 발견하고 이를 활용할 수 있도록 촉진하는 것이다.

4) 동기면담의 네 가지 안내 원리(RULE)

롤릭과 밀러, 버틀러 등(2008, 2017)은 동기면담 진행에 있어 네 가지 안내 원리를 제시하였다.

(1) 교정반사에 저항하기(Resisting the righting reflex)

교정반사란, 자신이 생각했을 때 이해되지 않거나 부적절하다고 판단한 타인의 결정이나 방향을 중단시키고, '올바른 방향'으로 이끌거나 교정해 주려는 자동적 반응을 의미한다(Miller & Rollnick; 신성만 외, 2007).

사회복지사와 같은 인간봉사전문직human service professional들은 대체로 타인을 돕고자 하는 이타적 동기가 높은 사람들이다. 이타적 동기가 높은 사람들이 빠질 수 있는 함정이 바로 '교정반사'이다. 클라이언트의 복지 증진을 위한 선한 의도였다 하더라도, 클라이언트를 바로잡고자 하는 사회복지사의 교정반사 행동은 전문적 관계에 균열을 일으키고 클라이언트의 저항을 심화시킬 수 있다. 인간이라면 누구나 자신의 행동에 영향력을 미치려는 타인의 노력에 저항하는 자연적 경향이 있기 때문이다. 클라이언트를 기분 나쁘게 하고 관계가 나빠진 상태에서 변화를 도울 수는 없다(이경아 · 하경희,

2018).

특히 변화에 대해 양가감정을 느끼는 클라이언트가 사회복지사의 교정반사 반응을 만나면 더 큰 저항을 보인다. 알코올 문제가 있는 클라이언트가 단주에 대해 고민하지만 아직 시도하지 못하고 있는 경우에 대해 살펴보자. 술의 부정적인 영향을 알고 있기 때문에 단주의 필요성은 느끼지만, 술이 주는 기쁨이나 위로 또한 포기할 수 없어 변화에 대해 양가감정을 느끼는 상황이다. 이때 사회복지사가 단주의 필요성을 강조하고 단주를 요구하면, 클라이언트는 자연스럽게 그와 반대되는 주장, 즉 현 상황을 유지하겠다며 논쟁을 하게 된다. 사람들은 자신들이 하는 말을 믿으려 하는 경향이 있기 때문에 오히려 단주보다는 그냥 술을 마시는 쪽으로 결정이 기울어지는 것이다. 그러므로 사회복지사는 클라이언트의 양가감정이 자연스러운 감정이자 반응임을 이해하고, 교정반사 반응을 하지 않도록 주의를 기울여야 한다.

(2) 클라이언트의 동기를 이해하고 탐색하기(Understanding and exploring the client's motivation)

사회복지사는 클라이언트가 생각하는 변화의 이유, 즉 동기와 가치를 잘 이해해야만 클라이언트의 변화와 임파워먼트를 촉진할 수 있다. 따라서 사회복지사가 변화해야 하는 이유나 필요성을 말해 주는 것이 아닌, 클라이언트 스스로 변화가 필요한 이유가 무엇이고, 왜 변화에 대해 관심을 가지는지 말할 수 있도록 촉진해야 한다.

(3) 공감적 경청하기(Listening with empathy)

사회복지사가 공감적 경청을 할 경우, 클라이언트는 자신을 공감해 주는 사회복지사를 신뢰하고 마음을 열게 되며, 안전한 환경이라고 인식하여 자신의 이야기를 편하게 할 수 있다. 사회복지사의 공감적 경청은 클라이언트의 변화대화를 가능하게 하는 기본 요건이자 촉진 요소이다.

(4) 클라이언트를 임파워링하고, 희망과 낙관주의를 북돋아 주기(Empowering the client and encouraging hope and optimism)

클라이언트가 변화에 있어 주도적인 역할을 수행하고, 그 과정에서 자신이 임파워링됨을 느낄 때, 기대한 성과를 도출할 수 있다. 클라이언트는 자신의 삶에 있어 전문가이기 때문에 변화 목표 달성을 위해 자신에게 맞는 방법 또한 잘 알고 있을 가능성이 높다. 그러므로 사회복지사는 클라이언트가 할 수 있다는 믿음을 가지고 클라이언트와 함께 변화를 위한 과정을 만들어 가며, 클라이언트의 자기신뢰 또한 강화되도록 촉진한다.

참고하기

동기면담의 주요 원칙

- 공감 표현하기 : 사회복지사가 클라이언트에 대해 충분히 공감하고 수용할 때, 클라이언트는 안전함 속에서 자기 문제를 바라보게 되고, 스스로 변화해야겠다는 생각을 할 수 있다. 사회복지사는 클라이언트를 변화시켜야 한다는 부담감에서 벗어나 사회복지사의 소진 또한 감소된다.
- 불일치감 만들기 : 클라이언트가 변화에 대해 양가감정을 느낄 때, 사회복지사는 클라이언트 스스로 자신의 가치와 자기 행동 간의 불일치감에 대해 검토할 수 있도록 도와주어야 한다.
- 저항과 함께 구르기 : 클라이언트가 저항을 보일 경우, 사회복지사는 자신이 클라이언트의 저항을 유발하지는 않았는지 성찰하고, 클라이언트와의 논쟁은 피하고 저항을 감소시키는 전략을 활용해야 한다.
- 자기효능감 지지하기 : 사회복지사가 클라이언트의 강점, 역량, 특성, 과거 성취 경험이나 노력 등에 대해 파악하고 이를 언어적으로 인정할 때 클라이언트의 자기효능감과 미래에 대한 희망이 촉진된다.

3. 주요 실천과정과 기법

동기면담은 네 가지 단계들로 구성된다(Schumacher & Madson, 2017). 관계 형성하기, 초점 맞추기, 촉진하기, 계획하기 등 이 네 가지 과정은 서로 단절된 상태로 순차적으로만 진행되지 않고 때로는 중복되거나 반복적으로 진행되기도 한다. 예를 들면, 초기에만 관계 형성이 필요한 것이 아닌, 지속적으로 관계 형성의 노력이 필요하다. 대화 중 이전 단계에 대해 언급이 필요하다면 다시 내려가거나 또는 다음단계로 진행할 수도 있다.

(1) 관계 형성하기(engaging)

협력적 관계 형성은 클라이언트 지원에 있어 핵심 과정이다. 클라이언트와 관계를 형성하기 위해, 'OARS(열린 질문하기, 인정하기, 반영하기, 요약하기) 전략'을 사용할 수 있다.

OARS 전략

A. 열린 질문(Openig Questions)

- 개방형 질문을 통해 클라이언트가 자신에 대해 설명할 수 있도록 촉진한다.
- 이 과정에서 사회복지사는 클라이언트의 걱정이나 어려움, 변화 동기를 파악할 수 있고, 클라이어트의 동기와 변화 노력 또한 촉진할 수 있다.
- "왜" 라는 질문보다는 "어떻게", "무엇을" 등의 질문을 활용한다.

예시) 열린 질문하기

사람들과 어울리는 게 힘든가요? (×)
왜 사람들과 어울리지 못한다고 생각하세요? (×)
사람들과 어울릴 때 무엇이 힘든가요? (○)
사람들과 어울릴 때 무엇이 당신을 걱정하게 하나요? (○)
사람들과 잘 어울리고 싶은 이유가 무엇인가요? (○)
지난번에는 사람들과 이야기나누는 것이 편했다고 하셨는데, 그때는 무엇이 달랐나요? 어떻게 달랐나요? (○)
사람들과 어울릴 때 어떻게 하면 좀 더 잘 어울릴 수 있었나요? (○)

구체화하는 질문하기

예를 들어 주시겠어요?

지난번에도 비슷한 상황이었는지 말씀해 주시겠어요?

어떻게 그걸 견딜 수 있으셨어요? 어떻게 성공하실 수 있었어요?

B. 인정하기(Affirming, 또는 강점 찾기)

- 클라이언트의 강점을 찾아 스스로 인정하도록 도와 클라이언트 자기효능감을 촉진한다.
- 클라이언트의 행동이나 상황에 대해 긍정적 재구성(reframing)을 한다.
- 클라이언트 스스로 자신이 변화된 점이나 노력한 점을 이야기하며 자기 인정, 자기 강화가 이루어지도록 촉진한다.

상황) "저희 딸이 저를 걱정해요. 술도 그만 마시라하고… 근데 직장도 힘들고, 승진도 안 되고 쉽지 않죠. 때때로 우울하고 잠도 잘 못 자고… 그래서 술을 마시는 거예요. 그리고 저는 혼자 술마시는 게 아니에요. 집에 죽치고 앉아서 우울해 하는 사람도 아니고… 사람들과 어울리고… 술을 많이 마시면 직장도 못 나가고, 사람들도 못 만나고 그러지 않나요?"

예시) 긍정적 행동에 대한 언급

음주 문제가 있다고 생각하지는 않지만, 따님의 부탁으로 오셨군요. 따님을 사랑하는 마음이 크시네요. 혼자 술을 드시는 게 아니라 사람들과 잘 어울리시고, 사회생활도 계속 잘 하고 계시는군요.

예시) 긍정적 재구성

쉽지 않은 직장생활 때문에 우울감도 느끼고, 때로 잠도 못 이룰 때도 있지만, 잘 견디고 계시네요. 매일 회사도 잘 나가시고, 스트레스를 잘 해결하시는 것 같아요. 친구들과 만나기도 하고요.

예시) 클라이언트로부터 이끌어 내기

어떻게 그렇게 스트레스를 잘 해결하실 수 있었어요?

직장 때문에 많이 힘드신데 그래도 꼬박꼬박 출근하시는 비결이 무엇일까요?

C. 반영하기(Reflecting)

- 클라이언트가 이야기한 바에 대해 사회복지사가 이해하고 있음을 언어적, 비언어적 의사소통을 통해 전달하는 것을 의미한다.
- 사회복지사는 클라이언트가 표현하는 말을 정확히 이해하여, 말하는 사람이 의도했던 본래의 의미가 무엇인지 파악하여 반영한다(Miller & Rollnick, 2002).
- 반영하기를 통해 주제에 대해 더 깊이 있게 논의할 수 있도록 촉진할 수 있다.

- 반영은 클라이언트의 저항을 다루는 방법 중 하나이다.
- 클라이언트가 의미하는 핵심적 내용과 클라이언트의 감정 등을 반영할 수 있다. : 내용 반영, 감정 반영
- 사회복지사는 단순 반영, 복합 반영(양면 반영, 확대 반영) 등을 활용할 수 있는데, 특히 동기면담에서 클라이언트의 변화대화를 촉진하기 위해서는 양면 반영을 잘 활용할 필요가 있다.

① 단순 반영 : 클라이언트의 말을 반복하거나 약간 재구조화한 형태로, 클라이언트의 감정, 생각 등을 포함한다. 단순 반영만 사용할 경우, 더 깊이 있는 대화로 진전하는 속도는 느려질 수 있지만, 클라이언트가 전달하고자 하는 메시지와 그가 처한 상황까지 공감하고 있음을 전달하여 신뢰적 관계를 형성할 수 있다.

예시) 클라이언트 : 아내는 제가 늦게 들어온다고 자꾸 잔소리를 해요. 그러면서 저보고 선생님을 만나라고 하니 참 어이가 없죠.

사회복지사 : 아내께서 선생님이 늦게 들어오는 것을 싫어하시는군요. (일반적 단순 반영)

사회복지사 : 그런 문제로 저를 만나라고 했으니 어이가 없으시군요. (동기면담에 부합하는 단순 반영)

② 복합 반영 : 클라이언트가 직접 표현하지 않았거나 미처 깨닫지 못했던 말의 의미를 찾아내는 것이다. 클라이언트의 생각, 감정을 강조하는 재진술을 하거나 긍정적 변화로 나아갈 수 있도록 클라이언트의 말에 의미를 덧붙여 이야기하는 것이다. 동기면담에서는 복합 반영 중 양면 반영과 확대 반영을 많이 활용한다.

ㄱ. 양면 반영 : 클라이언트가 가진 양가감정의 두 가지 면을 모두 반영하는 것으로 클라이언트가 자신의 마음 상태를 잘 자각할 수 있도록 도울 수 있다. 즉, 클라이언트가 저항 쪽의 말을 한다면, 사회복지사는 저항에 대한 반영뿐 아니라, 클라이언트가 느끼고 있는 저항 반대편 감정 또한 반영하는 것이다. 이때는 '그러나'보다는 '그리고'를 사용하는 것이 중요하다. 그리고 변화와 관련된 내용을 마지막에 제시하는 것이 효과적이다. 사람들은 나중에 언급된 내용을 더 다루고자 하는 경향이 있기 때문이다.

예시) 클라이언트 : 사람들은 제가 술을 끊기를 바라지만, 저는 술을 끊을 생각이 없어요.

사회복지사의 양면 반영 : 술을 완전히 끊을 준비가 되지 않았군요. 그리고 동시에 다른 사람들이 당신의 술 문제로 걱정하고 있다는 사실도 잘 알고 있네요.

ㄴ. 확대 반영 : 클라이언트가 전달하고자 하는 내용을 더 극단적으로 재진술하는 것이다. 확대 반영을 통해 클라이언트는 약간 뒤로 물러나게 되고, 양가감정의 다른 측면에 대해 생각할 수 있는 여지가 생긴다. 확대 반영은 특히 유지 대화를 말하는 클라이언트와 대화할 때 활용될 수 있다. 단, 확대 반영은 지지적 태도를 기반으로 진행되어야 하며, 빈정거리는 것으로 들리지 않도록 주의한다. 잘못하면 클라이언트의 적대감이나 저항을 강화할 수 있다.

예시) 클라이언트 : 사람들이 제 술 문제를 걱정하는데 왜 그러는지 이해가 안돼요. 술 때문에 제 일을 못하고 있는 것도 아닌데….

사회복지사의 확대 반영 : 사람들이 선생님의 술 문제에 대해 쓸데없이, 지나치게 걱정하고 있네요.

D. 요약하기(Summarizing)

- 클라이언트가 한 이야기의 핵심을 간결하고 정확하게 클라이언트에게 전달하는 것이다.
- 회기 시작, 주제 전환, 회기 마무리 시 클라이언트 스스로 자신이 한 말에 대해 생각해볼 필요가 있을 때 활용된다.
- 낙인을 찍지 않으면서 클라이언트가 한 말을 정리하고, 긍정적 변화를 촉진할 수 있는 클라이언트의 말(변화 관련 진술)에 초점을 둔다.

예시) 동기면담에 부합하는 '요약하기'

이번 일로 술을 마시는 것이 선생님의 인생을 망가뜨린다는 것을 알게 되셨네요. 선생님의 문제를 인정하는 게 첫 단계인데… 언제부터 술을 마셔 왔나요? (×)

이번 일로 후회를 많이 하시고 계신 것 같아요. 다행이네요. 그런데 지난번 상담에는 오지 않으셨더군요. (×)

이번 일로 술 문제를 해결하고 싶어하시네요. 더 이상 후회하고 싶지 않고 도움을 받고 싶어하시네요. 술을 끊으면 삶이 나아질 거라고 생각하고 계시고요. (○)

초기 단계에서 사회복지사는 구체적인 변화를 논의하기 전에, 클라이언트와 클라이언트의 상황을 이해해야 한다. 클라이언트가 사회복지사와 만나는 이유, 만남에서 무엇을 바라고 목표는 무엇인지, 그게 클라이언트에게 있어 어떤 가치가 있는지 파악해야 한다.

특히, 클라이언트가 자신의 문제를 인식하고 있으나, 변화를 시도할 자신이 없거나 변화에 대한 양가감정을 느끼며 내적 갈등을 경험할 때, 사회복지사는 이를 적절히 다루어야 한다. 사회복지사의 양면 반영을 통해, 클라이언트는 자신의 양가감정에 대해 충분히 탐색하고 좀더 편안하게 변화의 필요성에 대해 생각하며 깊이 있게 논의할 수 있게 된다.

연습활동

반영하기 실습

세 사람이 한 팀이 되어 주세요.

1 한 사람이 자신이 현재 변화를 고민하는 이슈에 대해 이야기합니다.
A : 나는 요즘 이런 게 고민이야. 그래서 요즘 ○○하네.
예) 나는 요즘 자꾸 살이 쪄서 다이어트를 해야 할지 말아야 할지 고민이야.
나는 요즘 취업을 생각하면 머리가 아프고 막막해져.

2 두 사람은 앞 사람이 이야기한 것의 의미를 파악하고 자신의 언어로 이를 반영해 줍니다.
B : ○○하다는 의미이군요.
C : ○○ 때문에 ○○하다는 것이군요.
예) 살이 쪄서 다이어트의 필요성을 느끼고 있구나. 먹는 즐거움도 있으니 아직 시도를 안 하고 있나 봐.
졸업반도 되어서 취업에 대해 생각하게 되니까 걱정이 된다는 의미구나.

3 A는 B, C 두 사람이 반영해 준 내용에 대해 "예", "아니오"로 답하고 추가 설명을 합니다. (반영한 내용이 맞는지 확인하는 과정)
예) A : 맞아, 맞는 옷이 없어서 다이어트를 필요하긴 한데… 난 워낙 먹는 것을 좋아해서 과연 내가 할 수 있을까 자신이 없어.
A : 맞아, 취업에 대해 아직 아무것도 준비된 것이 없어서… 막막해.

4 A는 자신이 말한 내용이나 마음, 의미를 잘 반영해 준 사람이 누구인지 말해 주고, 공감받았을 때 어떤 마음이 들었는지 이야기하며 발언권을 넘깁니다.

5 역할 바꾸기를 합니다.

6 실습을 마치고 무엇을 느끼고 깨달았는지 세 사람이 함께 이야기를 나눕니다.

⇒ 실습을 통해 말하는 사람은 자신이 미처 깨닫지 못했던 의미를 발견할 수 있고, 듣는 사람들은 말하는 사람을 깊이있게 이해할 수 있게 됩니다.

(2) 초점 맞추기(focusing)

초점 맞추기는 클라이언트가 다루기 원하는 고민이 '무엇'인지를 구체화하는 것이다. 이를 통해 실천 방향을 명료화하고, 그 방향으로 나아갈 수 있다. 사회복지사가 클라이언트와 함께 만남의 목적을 설정하는 것은 협력적 파트너십을 형성함에 있어서도 필수적 요소이다.

사회복지사와 클라이언트 간에 목표가 다를 경우, 서로의 차이와 맥락을 정확히 인식한 뒤 함께 공동 목표를 설정하는 과정을 가질 수 있다. 이때 사회복지사가 원하는 목표가 아닌, 클라이언트가 원하는 것에 초점을 맞추어야 한다. 비자발적인 클라이언트일 경우, 목적을 공유하고 목표를 설정하는 공동 작업은 클라이언트로 하여금 사회복지사와의 만남이 불필요한 것이 아니며, 자신이 진정 원하는 것이 무엇인지 심도 깊게 생각하는 기회가 된다. 클라이언트가 자신만의 목표를 설정하는 데 도움이 되도록 사회복지사는 초점 맞추기 질문을 활용할 수 있는데, 그 구체적 내용은 표 2-3과 같다 (Schumacher & Madson, 2017).

표 2-3 초점 맞추기 질문

질문	특징
• 선생님께서 변화하고자 하는 것은 무엇인가요? • ________에 대해 가장 염려하는 것은 무엇인가요?	• 클라이언트가 사회복지사를 찾아오게 된 이유에 초점을 맞출 수 있게 됨 • 관계 형성을 촉진함
• 선생님께서 ________을 변화시키는 데 있어 걱정되는 것이 있다면 그게 무엇인가요?	• 클라이언트의 태도, 행동, 문제의 이유, 맥락 등을 파악할 수 있음
• 선생님께서 ________을 하기 위해 노력할 때 어떤 일들이 일어나나요?	• 클라이언트가 생각하는 잠재적 장애물이나 걱정들을 파악할 수 있음

• ______에 대해 처음으로 알게 된 것은 무엇인가요?	• 클라이언트가 자신의 경험에 대해 설명할 수 있음

(3) 촉진하기(유발하기, evoking)

초점 맞추기를 통해 변화 목표가 설정되면 촉진하기(유발하기) 과정이 진행된다. 촉진하기는 동기면담의 핵심 과정으로, 변화에 대한 클라이언트의 동기를 촉진하는 것이다. 클라이언트가 변화 시도 여부를 결정하고 변화 목표를 설정하면, 변화의 이유와 방법들에 대해서도 스스로 생각하게 된다. 변화를 위해 자신을 동기화하기 때문이다(신성만 · 권정옥 · 김성재, 2016). 이때 사회복지사의 역할은 클라이언트가 변화에 대한 생각, 감정, 방법 등을 발전시켜 나가도록 돕는 것이다. 변화의 중요성과 변화에 대한 자신감 또한 촉진해야 한다.

촉진하기의 핵심은 변화대화를 이끌어 내고, 그에 반응하여 긍정적 변화로 나아가도록 촉진하는 것, 유지대화에 대해 적절히 반응함으로써 저항이나 기존 문제 상황으로 돌아가는 것을 예방하는 것, 성공에 대한 희망을 고취하고 클라이언트의 현재 행동과 가치 간의 불일치를 탐색하는 것 등이다.

촉진하기의 전략으로는 변화대화 활성화하기(DARN과 CAT 진술 촉진을 위한 질문하기), 척도 질문, 그리고 결정저울 등을 활용할 수 있다. 코코란(Corcoran, 2017)이 제시한 변화 촉진 질문과 척도 질문 활용의 예시 내용은 표 2-4와 같다.

표 2-4 변화 준비 및 변화대화 촉진을 위한 질문들

질문	변화 언어	
어떤 이유로, 무엇 때문에 이러한 변화를 원하시나요?	D : 변화 열망	저는 ○○하고 싶어요. 제 소원은 ○○이에요. 10년 후에는 ○○가 되고, ○○처럼 사는 거예요. 제가 원하는 것은 ○○이에요.

질문	변화 언어	
어떻게 하면 그 변화가 가능할까요? 변화에 대한 자신감은 10점 만점 중 몇 점인가요?	A : 변화 능력	○○를 해본 경험이 있어요. ○○는 할 수 있을 것 같아요. ○○가 ○○를 할 수 있도록 도와주거든요.
변화해야 하는 긍정적 이유 한 가지를 말씀해 주시겠어요?	R : 변화 이유	제가 변화하면 ○○것이 좋아질 것 같아요. ○○한 행동이 감소하면 가족들이 좋아할 거예요. 부모님으로부터 인정받을 것 같아요.
1~10 중 그 중요도를 얼마라고 하실 수 있나요? 1점이라도 높이기 위해 어떤 것이 필요할까요? 얼마만큼 중요한가요?	N : 변화 필요	절실해요. ○○하지 않으면 가족들이 저를 버릴 거예요. ○○해야만 해요. ○○할 필요가 있어요.
무엇을 하실 생각이세요?	C : 변화 결심 공약	○○부터 해보려고요. ○○을 하려고 계획하고 있어요. ○○가 첫 걸음일 것 같아요.
어떤 준비를 하고 계신가요? 변화에 대한 의지는 1~10 중 어느 정도라고 생각하시나요? 지금 변화 준비 상태는 10점 만점 중 몇 점이라고 생각하시나요?	A : 실행 활성화 언어	정보를 찾아보고 있어요. ○○를 경험한 사람들에게 물어도 보고 있고요. 병원도 다니려고요. 10점 만점에 현재 의지는 8점 정도 되는 것 같아요.
벌써 시도하신 부분이 있으신가요? 어떤 시도를 하셨는지요? 실천하신 부분에 대해 말씀해 주시겠어요?	T : 구체적 실천	어제부터 운동을 시작했어요. 오늘 아침부터 담배를 피우지 않았어요. 친구들에게 술을 마시지 않겠다고 문자를 돌렸어요.

연습활동

변화대화 진행 실습

두 사람이 짝이 되어 진행해 봅시다.

1 A : 자신이 현재 변화를 고민하는 이슈에 대해 이야기합니다.

2 B : 표 2-4에 제시된 '변화대화 활성화하기' 순서대로 질문하며 변화대화를 진행해 봅시다.

질문
지금 일상에서 해결에 대해 고민하거나 변화가 필요한 상황이 있을까요?
그 상황에 대해 구체적으로 이야기해 주시겠어요?
어떤 이유로, 무엇 때문에 이러한 변화를 원하시나요?
어떻게 하면 그 변화가 가능할까요? 변화에 대한 자신감은 10점 만점 중 몇 점인가요?
변화해야 하는 긍정적 이유 한 가지를 말씀해 주시겠어요?
1~10 점 중 변화의 중요도를 몇 점이라고 하실 수 있나요? 1점이라도 높이기 위해 어떤 것이 필요할까요? 얼마만큼 중요한가요?
원하는 변화, 문제해결을 위해 무엇을 하실 생각이세요?
어떤 준비를 하고 계신가요? 변화에 대한 의지는 1~10 중 어느 정도라고 생각하시나요? 지금 변화 준비상태는 10점 만점 중 몇 점이라고 생각하시나요?
벌써 시도하신 부분이 있으신가요? 어떤 시도를 하셨는지요? 실천하신 부분에 대해 말씀해 주시겠어요?

3 대화를 마치고 다시 역할을 바꾸어 진행합니다.

4 실습을 마치고 무엇을 느끼고 깨달았는지 두 사람이 함께 이야기를 나눕니다.

– 당사자로서

– 실천가로서

촉진하기 과정에서 변화에 대해 주저하며 양가감정을 느끼고 있는 클라이언트의 선택을 돕기 위해 결정저울 활동지를 활용할 수 있다. 결정저울은 클라이언트가 변화하는 것과 변화하지 않는 것의 장단점을 충분히 고려하여 선택할 수 있도록 돕는 방법으로 중립적 상담을 할 때 사용할 수 있다. 중립적 상담의 기본은 가능한 대안들 사이에서 균형을 잡으면서 장점과 단점을 모두 충분히 탐색하도록 돕는 것이다. 따라서 사회복지사는 클라이언트로 하여금 고민하고 있는 각 대안의 이득과 손실을 체계적으로 생각해 보도록 촉진해야 한다. 표 2-5에서처럼 서로 대각선에 위치하는 빈칸(유지할 때의 이득과 변화할 때의 손실)은 서로 상보적이라 비슷한 내용이 들어가기 쉽다. 진행 시 구체화를 위한 질문과 반영하기를 통해 각각의 요소를 탐색하면서 각 빈칸에 들어갈 내용을 클라이언트로부터 끌어낼 수 있다. 이때 중요한 것은 모든 빈칸에 동일한 관심을

표 2-5 결정저울 활동지

현재 행동을 유지할 때의 이득	현재 행동을 멈추고 변화할 때의 이득
– 행동 유지의 결과로서 클라이언트가 경험하게 될 긍정적 경험, 결과 등을 기록	– 행동 변화 결과로서 클라이언트가 경험하게 될 긍정적 효과 기록
현재 행동을 유지할 때의 손실	**현재 행동을 멈추고 변화할 때의 손실**
– 행동 유지의 결과로서 클라이언트가 경험하게 될 부정적인 결과 기록	– 행동에 변화를 줌으로써 클라이언트가 예상하는 부정적 결과 기록

표 2-6 결정저울 활동지 예시

술을 계속 마셔야 하는 이유	술을 마시지 않아야 하는 이유(단주 이유)
• 술로 스트레스를 풀 수 있다. • 사람들과 어울리는 데 좋은 매개체이다. • 술을 마시면 릴렉스가 된다.	• 가족들이 바란다. • 직장에서도 더 이상 문제를 만들어서는 안 된다. • 건강을 지켜야 한다.
술을 계속 마실때의 손실	**단주 시 손실**
• 가족과 멀어진다. • 일에 몰입하기 힘들어진다. • 건강이 나빠진다	• 술을 마시지 않으면 저녁 시간이 무료하다. • 사람들과 술 없이 대화가 어렵다. • 스트레스 해소 방법을 새롭게 찾아야 한다.

쏟는 것이다. 이 과정을 통해 사회복지사의 판단이나 지시, 제안에 의지하지 않고도 클라이언트 스스로 자신의 행동에 대해 평가하고 어떤 변화가 가능할지를 생각해 볼 수 있다.

연습활동

결정저울 활동지 작성해 보기

파트너와 함께 실습해 봅시다.

1 자신이 현재 고민하는 이슈에 대해 결정저울 활동지를 작성합니다.
2 활동지를 작성한 뒤, 파트너와 내용을 공유해 주세요.
3 파트너는 반영, 질문하기를 적절히 사용하여 당사자가 결정저울 활동지 작성을 구체화할 수 있도록 도와주세요.
4 활동지 작성을 마무리한 뒤, 파트너와 함께 결정저울 활동지에 대해 이야기를 나눕니다.
   – 자신이 고민하는 이슈, 그 이유
   – 결정저울 활동지 내용 설명
5 결정저울 활동지에 대한 발표를 마무리 한 뒤, 느끼고 깨달은 점에 대해 이야기를 나눠 주세요.
   – 결정저울 활동지를 작성하며 느끼고 깨달은 점
   – 파트너의 반영과 질문하기를 통해 느끼고 깨달은 점
   – 파트너의 결정저울 활동지 발표를 들으며 느끼고 깨달은 점 등

(4) 계획하기(planning)

클라이언트가 변화를 결정하였다면, '어떻게' 실행할지 구체적 계획을 수립한다. 동기면담에서는 클라이언트의 변화 동기가 촉진되고 행동 실천을 결심하게 되면 사회복지사의 지원이 종결되어도 변화 실행 가능성이 높다고 보기 때문에 계획하기 과정은 생략될 수도 있다(신수경 · 조성희, 2017).

계획하기 단계에서 사회복지사는 파트너로서 클라이언트와 함께 다양한 선택지에 대해 탐색해 볼 수 있다. 클라이언트가 원할 경우, 여러 대안이나 정보를 제공할 수 있

으나 클라이언트의 선택권과 자율성을 보장해야 한다. 변화 목표와 계획, 정보 교환 등을 통해 실행을 위한 다음 단계들이 구체화된다.

표 2-7 변화 계획을 위한 대화

목표	적절한 질문	고려 사항
클라이언트가 원하는 변화가 무엇인지 확인	어떤 점이 변화하고 싶으세요?	목표는 구체적이어야 하고 긍정적인 언어로 기술
변화의 이유 강조	변화가 필요한 이유를 여러 가지 이야기했는데, 가장 중요한 이유가 있다면 그게 뭘까요?	클라이언트가 이전에 언급한 이유들을 근거로 진행
변화를 원하는 이유 확인 : 변화 목적	변화를 통해 얻고 싶은 게 있다면 뭘까요? 성취하고자 하는 목표가 있다면 무엇일까요?	목표는 현실적이고 달성 가능해야 함
변화를 위해 어떤 계획을 세울 것인지 확인	목표 달성을 위해 많은 것을 하실 수 있어요. 어떤 활동들을 해야 할까요?	클라이언트 스스로 아이디어를 내놓을 수 있도록 촉진
제일 먼저 가능한 활동 도출	말씀한 활동 중 가장 먼저 할 수 있는 게 뭘까요? 가장 먼저 실행할 수 있는 게 뭘까요? 언제 어디서 누구와 어떻게 시작할 수 있을까요?	구체적이고 실제적인 활동 이끌어 내기
방해 요소들 확인	변화를 실천함에 있어 어떤 방해 요소들이 있을까요? 어떻게 하면 계획한 것을 잘 실천할 수 있을까요?	방해물을 피할 수 있는 방법을 찾는 것이 중요
계획 실천을 도와줄 지지체계 확인	계획한대로 실천할 수 있도록 도와줄 사람은 누구일까요?	구체적으로 누구인지, 어떻게 도와줄 수 있는지 확인하기
계획의 효과성을 평가할 수 있는 방법 확인	계획이 효과가 있다는 사실을 어떻게 알 수 있을까요?	계획의 효과성을 알 수 있는 구체적이고 실제적인 지표를 확인하기

출처 : Schumacher, Michael B. Madson(2017).

연습활동
변화 계획을 위한 대화 진행 실습

파트너와 함께 실습해 봅시다.

1 A : 자신이 지금 결심한 변화에 대해 이야기합니다.

2 B : 표 2-6에 제시된 변화 계획 대화 순서대로 질문하며 대화를 진행해 주세요.

1) 어떤 점이 변화하고 싶으세요?
2) 변화가 필요한 이유를 여러 가지 이야기했는데, 가장 중요한 이유가 있다면 그게 뭘까요?
3) 변화를 통해 얻고 싶은 게 있다면 뭘까요?
   성취하고자 하는 목표가 있다면 무엇일까요?
4) 목표 달성을 위해 많은 것을 하실 수 있어요. 어떤 활동들을 해야 할까요?
5) 말씀한 활동 중 가장 먼저 할 수 있는 게 뭘까요?
   가장 먼저 실행할 수 있는 게 뭘까요? 언제 어디서 누구와 어떻게 시작할 수 있을까요?
6) 변화를 실천함에 있어 어떤 방해 요소들이 있을까요?
   어떻게 하면 계획한 것을 잘 실천할 수 있을까요?
7) 계획한 대로 실천할 수 있도록 도와줄 사람은 누구일까요?
8) 계획이 효과가 있다는 사실을 어떻게 알 수 있을까요?

3 대화를 마치고 다시 역할을 바꾸어 진행합니다.

4 실습을 마치고 무엇을 느끼고 깨달았는지 두 사람이 함께 이야기를 나눠 봅시다.

문제 풀이

1. 동기면담의 일반 원리에 대한 설명으로 맞는 것은?

(자체 출제 문제)

① 클라이언트를 임파워링하고 희망과 낙관주의를 북돋아 주어 클라이언트의 자기신뢰가 강화되도록 촉진한다.

② 클라이언트의 변화에 대한 양가감정은 변화 노력을 저해하는 요소이므로 직면시켜야 한다.

③ 동기면담을 만든 밀러는 프로이트의 제자로, 클라이언트 중심의 '반영적 경청'의 중요성을 인식하고 있었다.

④ 클라이언트에 대한 공감적 경청은 클라이언트의 의견에 무조건 동의하는 것을 의미한다.

⑤ 동기면담에서는 저항을 클라이언트의 자기 통찰의 부족에 의한 것으로 보았다.

정답 : ①

해설 : ② 직면이 아닌 저항과 함께 구르기 전략 필요, ③ 프로이트가 아닌 칼 로저스, ④ 무조건 동의가 아닌, 클라이언트 입장에서 이해하는 것, ⑤ 저항은 클라이언트와 사회복지사 간의 상호작용적 의사소통에 대한 반응

2. 동기면담에 대한 설명을 옳지 않은 것은?

(자체 출제 문제)

① 동기면담의 목적은 클라이언트 스스로 변화에 대해 이야기하는 것이다.

② 동기면담의 정신으로는 협동 정신, 수용, 연민, 유발성 등이 포함된다.

③ 유지대화에는 CAT(결심, 실행 활성화, 실천하기) 등의 내용이 포함된다.

④ 유지대화와 불화에 반응하는 데 있어 반영, 초점 바꾸기, 관심 재구조화, 사과하기, 개인의 통제력 강조하기 전략을 활용할 수 있다.

⑤ 동기면담은 인간의 존엄성, 자기결정권 존중, 강점기반실천 등 사회복지현장의 가치와 맥락을 같이한다.

정답: ③

해설 : CAT는 변화 실행 대화 내용

3. 동기면담에 대한 설명으로 옳은 것은?

(자체 출제 문제)

① 동기면담에서는 직면의 중요성을 강조한다. 클라이언트의 자신의 문제를 인정할 수 있도록 사회복지사가 직면을 시키는 지시적 상담을 진행한다.
② 양면 반영은 클라이언트가 자신이 가진 두 가지 면을 모두 반영하는 것으로 자신의 마음 상태를 잘 자각하도록 도울 수 있다.
③ 요약할 때 클라이언트 말보다는 상담자가 해석하거나 평가한 내용을 기반으로 대화 내용을 정리한다.
④ 유지 대화와 불화에 반응하기 위해 교정반사 반응은 필수적이다.
⑤ 열린 질문을 많이 할 경우 클라이언트가 혼란스러워 하고 주제에 대해 깊이 있는 대화를 하기 어렵다.

정답 : ②

해설 : ① 동기면담은 직면이나 지시적 상담을 지양함, ③ 요약할 때, 클라이언트 말을 판단하거나 낙인찍지 않으면서 클라이언트의 말을 정리하고 긍정적 변화를 촉진할 수 있는 말에 초점을 둠, ④ 동기면담에 있어 교정반사 반응은 지양해야 함, ⑤ 열린 질문은 주제에 대해 깊이 있는 대화를 가능하게 함

참고문헌

신성만 · 조성민 · 남지혜 · 이하림 · 박준영 공역(2017). 동기강화의 핵심. 시그마프레스.

이경아 · 하경희(2018). 강점기반실천과 사례관리. 공동체.

Bruce A. Berger, William A. Villaume; 신성만 · 이상훈 · 박상규 · 김성재 · 배다현 공역(2017). 건강관리전문가를 위한 동기면담. 박학사.

Christopher C. Wagner, karen S. Ingersoll; 신성만 · 권정옥 · 김성재 공역(2016). 집단동기면담. 박학사.

Julie A. Schumacher, Michael B. Madson; 신성만 · 조성민 · 남지혜 · 이하림 · 박준영 공역(2017). 동기면담의 핵심. 시그마프레스.

Madson, M. B., Schumacher, J. A., & Bonnell, M. A.(2010). Motivational interviewing and alcohol. Healthcare Counselling and Psychotherapy Jounal, 10, 13~17.

Miller, W. R., & Rollnick, S.(2013). Motivational in terviewing in health care: Helping patients change behavior(3rd ed). New York: Guilford Press.

Moyers, T. B., & Martin, T.(2006). Therapist influence on client language during motivational interviewing sessions: Support for a potential causal mechanism. Journal of Substance Abuse Treatment, 30, 245~251.

Rollnick, S., Miller, W., & Butler, C. C.(2008). Motivational in terviewing in health care: Helping patients change behavior. New York: Guilford Press.

Seppala, E.(2013, June). The Compassionate mind. Observer, 26, 20~25.

William R. Miller, Stephen Rollnick; 신성만 · 권정옥 · 이상훈 공역(2015). 동기면담. 시그마프레스.

CHAPTER

3

인지행동모델

학습 목표

1. 인지행동모델의 기본 개념과 실천 원칙에 대해 이해한다.
2. 인지행동모델의 개입 과정과 기법을 사례에 적용할 수 있다.

1. 개요

과거의 정신분석 이론은 인간의 심리와 행동을 지나치게 심리내적인 요인으로 설명하여 환경의 영향을 무시하였다는 비판을 받아 왔다. 이후 1950년대에 등장한 행동주의 이론은 인간의 행동을 유발하는 원인이 외부 환경에 있다고 보았으나, 인간을 환경에 의해서만 결정되는 기계적인 존재로 간주한다는 한계를 보였다. 1960년대에는 인간의 경험과 사회적 상호작용의 결과로 인지 능력이 발달한다고 보는 인지 이론이 등장하면서 인간의 감정이나 행동을 사고, 즉 인지의 산물로 간주하였고, 이를 근거로 한 다양한 치료법이 개발되었다.

그러나 기존 이론에 대한 한계들이 계속 지적되어 왔으며, 다양한 클라이언트와 복잡한 문제에 효과적으로 적용하기 위해서는 인간의 내적 요소와 환경 간의 상호작용에 대해 포괄적인 관점으로 이해할 수 있는 이론과 모델의 필요성이 대두되었다. 이에 개인의 심리와 환경 모두를 동시에 다루는 이론 및 접근 방법으로 인지의 변화로 감정의 개선을 일으키고, 여기에 행동주의적 요소를 결합시켜 행동 변화의 지속성을 유지하는 인지행동모델이 탄생하게 되었다.

즉, 인지행동모델은 인간이 생각하고 느끼고 행동하는 것이 상호 관련되어 있다는 전제하에, 인지 이론과 행동주의 이론의 개념들을 통합 적용한 절충적 접근 모델이다. 따라서 인지행동모델은 하나의 실천 모델만을 지칭하는 것이 아니라 합리 정서적 행동치료(REBT), 문제해결모델, 스트레스 관리 훈련 등 다양한 실천 모델을 포함하고 있다.

2. 주요 개념 및 특성

1) 이론적 배경

인지행동모델은 인간의 인지, 정서, 행동이 상호 관련되어 있다는 전제하에 정보처리 과정에 주목하는 인지 이론과 사회 학습에 초점을 두는 행동주의 이론의 절충적 접근이다(장수미 외, 2017). 이러한 인지행동모델에 대해 이해하기 위해 인지 이론과 행동주의 이론에 대해 먼저 살펴보도록 하겠다.

(1) 인지 이론

인지 이론은 환경에서 발생하는 일에 대해 수동적이고 기계적으로 반응하는 것이 아니라 스스로 환경에 대해 의미를 부여하고 구성해 가는 방식을 강조한다. 인지 이론은 인지의 획득과 기능에 초점을 두어 한 개인이 무엇을 어떻게 알게 되고 생각하게 되는지, 그리고 무엇을 느끼고 행동하는지에 초점을 둔다(권중돈, 2014).

따라서 인지 이론에서는 인간을 매우 주관적인 존재로 본다. 즉, 세상에는 객관적인 현실이란 존재하지 않으며, 각 개인이 나름대로 의미를 부여한 주관적 현실만이 존재한다고 규정한다. 예를 들어, 어떤 사람에게는 쥐가 더럽고 불결한 것의 상징일 수도 있지만, 누군가는 귀여운 햄스터를 떠올릴 수도 있다. 이와 같이 인지 이론에서는 각 개인의 정서, 행동, 사고가 개인이 현실 세계를 창조해 내는 방식에 따라 달라진다고 본다. 따라서 인지 이론의 관점에서는 왜곡된 인식이나 해석 때문에 인간의 문제가 발생한다고 본다.

인지 이론에서는 인간이 유전적 요인에 의해 결정되는 존재가 아니며, 환경적 영향을 받기는 하지만 이러한 환경적 자극을 인지를 활용하여 능동적으로 중재하고 재구성할 수 있는 능력이 있어 지속적으로 성장, 발달할 수 있는 잠재력을 지니고 있다는 긍정적 관점을 가지고 있기도 하다. 대표적인 학자로는 피아제Piaget와 엘리스Ellis가 있으며, 벡Beck은 인지 발달과 기능에 대한 개념을 임상적 영역으로 확대하여 인지 치료에 적용한 학자이다.

(2) 행동주의 이론

행동주의 이론은 인간의 행동을 유발하는 원인이 인간 내부에 있는 것이 아니라 외부 환경에 있으며, 인간행동의 대부분은 학습되거나 학습에 의해 수정된다는 기본전제를 가지고 있어 학습 이론이라고도 불린다.

행동주의 이론에서는 인간행동과 환경적 사건이 상호간에 영향을 미치는 방식에 초점을 두고 있다. 인간의 특정한 행동은 선행 사건과 그에 따른 결과에 의해 일어난다고 보며, 결과적 사건, 특히 강화나 벌이 특정 행동을 다시 일어나게 하거나 일어나지 않게 하는 데 영향을 미친다고 본다. 행동을 일으키는 선행 사건에 어떤 반응이 뒤따르는가에 대한 기능적 분석을 통하여 행동의 원인과 결과를 발견하고, 원인이 되는 자극을 조정함으로써 결과인 반응, 즉 행동을 수정 또는 통제할 수 있다는 것이다(권중돈, 2014). 따라서 행동주의 이론의 관점에서는 잘못된 혹은 부정적인 행동을 모방하거나 학습한 결과로 역기능적 행동을 보인다고 주장한다. 대표적인 학자로는 파블로프Pavlov, 스키너Skinner, 반두라Bandura 등이 있다.

인지 이론과 행동주의 이론을 통합하는 인지행동모델은 인간이 내적 심리 세력에 의해서만 영향을 받는 존재도 아니고, 환경적 영향에 의해서만 행동하는 것도 아닌, 개인적, 환경적, 그리고 인지적 영향력 사이의 끊임없는 상호작용에 의해 행동한다고 본다. 이는 고유한 인지 과정을 갖는 인간이 환경 속에서 자신의 경험을 독특하게 해석하고 경험하면서 행동하고, 이러한 행동의 결과는 다시 주위 반응에 영향을 받는 순환적 상호작용 과정을 갖는다는 의미이다(양옥경 외, 2018).

인지행동모델의 기본 가정은 다음과 같다(Dobson & Dozois, 2019).

① 인지 활동은 행동에 영향을 미친다.
② 인지 활동은 모니터(점검)되고 변경될 수 있다(인지를 바꿀 수 있다).
③ 인지를 변화시킴으로써 행동을 변화시킬 수 있다.

대부분의 인지행동모델들은 문제에 초점을 둔 시간 제한적인 접근으로서 클라이언트가 자신의 사고와 행동을 통제하기 위한 대처 기제를 학습하는 교육적 접근을 강조한다. 또한 인지 변화는 감정의 변화로 쉽게 이어지는 반면, 인지 변화가 자동적으로 행동 변화를 수반하는 것은 아니므로, 인지 변화를 행동 변화로 이끌기 위한 다양한 행동주의 기술과 기법들을 적극 활용한다.

2) 주요 특징과 실천 원칙

인지행동모델은 사람들로 하여금 자신의 비합리적인 부정적 사고를 자각하고 새로운 사고방식으로 대치시키며, 일상 상황에 긍정적으로 접근하도록 훈련시킨다.

(1) 주요 특징

① 클라이언트의 주관적 경험의 독특성을 중요시한다

클라이언트의 경험이나 의미를 사회복지사의 관점에서 해석하고 이해하는 것이 아니라, 클라이언트가 경험하고 느끼며 해석하는 방식, 신념 체계에 근거하여 주관적인 경험을 존중하며 이해한다.

② 클라이언트와 사회복지사의 협력을 강조한다.

클라이언트는 자기 자신 및 다른 사람들에 대한 생각, 세상을 바라보는 관점 등을 사회복지사에게 제공한다. 사회복지사는 문제와 개입, 사정, 전략 등에 대한 정보를 클라이언트에게 제공한다. 긍정적 변화에 중요한 요소인 '신뢰'는 사회복지사와 클라이언트 간의 협조적인 노력 및 관계를 통해서 성립될 수 있다.

③ 구조화된 접근을 강조한다.

개입은 구조화된 절차를 거치면서 이루어지며 일정한 방향성을 가지고 문제해결 과정이 수행된다. 개입에 있어 두 사람 간 협력이 중요하지만 궁극적 책임은 사회복지사에게 있다.

④ 클라이언트의 능동적인 참여를 강조한다.

클라이언트는 사회복지사에 의해서 '치료되는' 수동적인 존재가 아니라 스스로가 능동적으로 문제해결에 참여해야 한다. 클라이언트는 치료 세팅 내외에서 적극적인 역할을 수행하도록 기대된다.

⑤ 교육적 접근을 강조한다.

클라이언트가 문제에 대해 파악하고 인지행동 치료의 개념을 이해하는 것은 효과적인 개입에 중요하다. 즉 인지, 정서, 행동, 신체생리학적, 사회환경적인 요인 간의 상호작용적 속성과 이들이 정서적 혼란과 부적응적 행동에 미치는 영향, 사회복지사와 클라이언트 간에 기대되는 협력, 문제와 개입에 대한 클라이언트의 잘못된 시각 등에 대해 바르게 이해할 수 있어야 한다. 이를 위해 쓰기 과제, 문헌 치료, 오디오와 녹화 영상의 사용, 강의와 세미나 참여 등 직접적 교육을 포함한다(양옥경 외, 2018).

⑥ 소크라테스식 문답법을 활용한다.

소크라테스식 문답법은 상대방에게 계속 질문을 해서 결국에는 진리를 깨달을 수 있도록 도와주는 방법이다. 사회복지사는 논박을 통해 클라이언트에게 인지적 왜곡이나 오류가 있음을 밝혀내고, 질문을 통해 자기 발견과 타당화의 과정을 거치면서 사건이나 행동의 의미를 재발견하고자 함이다.

⑦ 시간 제한적인 개입이다.

인지행동모델은 기본적으로 3~4개월, 길어야 6개월 정도의 단기 개입 모델이다. 목표 지향적이고 구조화된 접근 방식으로 개입이 단기화될 수 있다.

⑧ 문제 중심적이며 목표 지향적인 현재 중심적 개입이다.

인지행동모델은 단기적 접근이기 때문에 클라이언트가 호소하는 문제 중심적, 목표 지향적으로 접근한다. 또한 개입의 초점은 과거의 경험이나 무의식이 아닌 현재를 중심으로 사정하고 문제를 파악하여 개입한다.

(2) 주요 실천 원칙

인지행동모델은 인지 치료적 방법으로 교육을 통해 상황을 왜곡하여 해석하는 방식을 변화시키거나, 기능적 차원에서 해석하는 방식을 배움으로써 정서의 변화를 꾀한다. 동시에 관찰 학습을 통해 새로운 기능적 행동 기술을 학습하고 실제 상황에 적용하도록 격려하면서 행동주의적 강화를 통해 행동의 변화를 유지시키는 것을 목적으로 한다. 이러한 목적을 갖고 있는 인지행동모델의 개입을 위해서는 다음과 같은 일반적인 원칙들이 있다(Turner, 1991; 양옥경 외, 2015 재인용).

① 인지행동모델은 클라이언트의 문제를 인지 용어로서 공식화하고 이를 기초로 이루어진다.
② 인지행동모델은 건강한 치료적 동맹을 필요로 한다.
③ 인지행동모델은 상호 협의와 클라이언트의 적극적 참여를 강조한다.
④ 인지행동모델은 목표 지향적이고 문제 중심적인 치료이다.
⑤ 인지행동모델은 지금 여기서의 상황을 강조한다.
⑥ 인지행동모델은 교육적이고 클라이언트 자신이 스스로 치료자가 될 수 있도록 교육하는 것을 목표로 하며, 재발 방지를 강조한다.
⑦ 인지행동모델은 단기적이고 시간 제한적인 치료를 목표로 한다.
⑧ 인지행동모델은 구조화된 치료이다.
⑨ 인지행동모델은 환자들이 자신의 역기능적인 사고와 믿음을 식별하고 평가하며 반응하도록 가르친다.
⑩ 인지행동모델은 사고, 기분, 행동을 변화시키기 위하여 다양한 기법을 사용한다.

그러나 인지행동모델은 클라이언트가 일정한 교육 수준 혹은 지적 능력을 가지고 있지 않거나 변화에 대한 동기나 의지가 낮은 경우 적용이 어렵다. 또한 이론적 특성상 지시적이거나 교육적인 부분의 강조는 자칫 클라이언트에 대한 공감을 상대적으로 소홀히 하고 지시하며 통제할 우려가 있어 윤리적 문제의 소지가 있다. 더욱이 인지행동모델은 서구의 상황에 맞춘 실천 모델로서, 생각이나 사고, 행동 등은 문화의 영향을 받는다는 점에서 문화적인 측면을 고려하는 것이 필요하다(정순둘 외, 2011).

3. 주요 실천과정과 기법

1) 주요 목표

인지행동모델의 목표는 클라이언트로 하여금 자기 자신, 다른 사람들, 그리고 삶에 대해 보다 현실적이고 합리적인 사고와 해석을 할 수 있도록 함으로써 클라이언트의 사회 기능을 향상시키는 것이다. 이를 위해 인지행동모델은 클라이언트가 가지고 있는 비합리적인 신념이나 인지적 오류를 발견하고 변화시킴으로써 클라이언트의 부정적 정서나 행동을 수정하도록 하고, 실제 상황에 적용하도록 격려하면서 행동의 변화를 유지시키는 것을 목적으로 한다.

2) 주요 실천과정

인지행동모델의 주요 실천과정은 치료 유형에 따라 다양하지만 일반적으로 초기 단계, 중간 단계, 종결 단계로 구분할 수 있다.

(1) 초기 단계

초기 단계의 실천 과업은 문제의 구체화, 자료 수집, 목표 설정 등을 들 수 있다.

① 문제의 구체화

초기 단계에서는 클라이언트가 호소하거나 어려움을 겪는 문제에 대해 경청하며 변화의 초점이 될 문제를 정한다. 개입에서 먼저 다루어야 할 문제의 우선순위를 결정한 후 문제의 원인이 되는 비합리적인 신념, 인지적 오류를 찾아내며, 이로 인한 문제행동이 무엇이 있는지 확인한다. 이때 문제행동은 음주, 흡연 등과 같이 가능한 한 구체적으로 설정한다.

② 자료 수집

문제의 발생 빈도와 강도 등에 대한 자료를 수집한다. 일지를 쓰거나 메모를 하도록 하는 것은 어떻게 문제행동이 발생했는지를 파악하는 데 유용하다.

③ 목표 설정

클라이언트와 사회복지사는 협력하여 변화를 위한 목표를 설정한다. 이때 목표는 측정 가능하도록 구체적으로 표현하는 것이 좋다.

(2) 중간 단계

모델의 적용 단계에서는 목표 달성을 위해 고안된 다양한 인지행동 기법을 실시한다. 뒤에 제시할 치료 유형별 기법들을 참고할 수 있으며, 여기서는 일반적인 전략들을 설명하고자 한다(김정진, 2019).

① 인지적 전략

클라이언트의 부정적 인지 체계를 분석하고 순기능적인 인지 체계로 전환하도록 한다. 예를 들어, 비합리적인 신념 논박하기, 인지적 과제 부여하기, 소크라테스식 대화법, 합리적 자기 진술 연습, 독서 및 시청각 자료를 통한 교육 등이 있다.

② 행동적 전략

클라이언트가 새롭게 습득해야 할 행동을 목표로 설정하여 행동을 연습하도록 하는 전략으로 역할 연기, 과제 부여, 행동 시연, 강화와 처벌 활용 훈련 등이 있다.

③ 정서적 전략

클라이언트에게 자신의 감정을 객관적으로 인식하게 하는 전략이다. 대표적으로 긴장 이완 훈련, 부정적 심리 상태를 조절하기 위해 상상을 사용하는 심상법, 호흡법 등이 있다.

(3) 종결 단계

종결 단계에서는 개입의 효과성 및 목표 달성 정도를 평가한다. 우선 문제가 되었던 역기능적 인지·사고 체계가 어느 정도 합리적인 대안 체계로 변화되었는지 확인하고 평가한다. 또한 종결 이후에도 클라이언트가 스스로 부정적 인지를 합리적 사고로 변화시켜 문제 발생을 예방하고 감소시킬 수 있도록 재발 방지 전략을 수립한다.

3) 주요 실천 개입

(1) 벡의 인지 치료

아론 벡Aron Beck은 정신의학 교수이자 인지 치료cognitive therapy의 대표적인 학자이다. 벡은 생활 사건에 대한 왜곡된 사고 및 비현실적 인지 평가로 인해 정신장애가 발생한다고 보고, 왜곡된 인지와 부적응적인 정보 처리를 파악하고 재구성하는 인지 치료를 개발하였다. 이 모델에서는 기본적으로 인지, 행동, 감정이 서로 밀접한 관련이 있다고 본다(남미애 외, 2013). 벡은 부정적 사고의 대표적인 세 가지 인지적 주제로 '인지 삼제'라는 개념을 적용하였는데, 자신에 대한 무가치함(나는 쓸모없고 무능해), 주변 환경도 도움이 안 된다는 무력감(아무리 노력해도 어차피 안 돼), 미래에 대한 무망감(앞으로도 달라질 건 없어)가 대표적이다.

벡은 인간의 사고 과정을 세 가지로 개념화하여 설명하였는데, 스키마schema, 자동적 사고automatic thinking, 이들의 왜곡에 의해 발생되는 인지적 오류이다.

① 스키마

스키마란 정보를 통합하고 조직화하는 인지 구조의 가장 기본 단위로, 개인의 발달 초기 단계에 형성되는 인지 도식이다. 대개 특정 대상에 대한 이전의 경험, 그 대상에 대해 타인이 겪은 경험의 관찰, 그리고 그 대상에 대한 타인과의 대화 등 다양한 경로를 통해 형성된다. 이러한 스키마는 유지된 기간과 신념 수준에 따라 '핵심 신념 체계'

와 '중간 신념 체계'로 구분되는데, 신념의 형성이 역기능적인 경우 치료과정을 통해 신념이 탈학습unlearning될 수 있으며, 보다 기능적이고 적응적인 새로운 신념을 재학습relearning할 수 있다고 가정한다.

a. **핵심 신념 체계**(core belief system)

어린 시절부터 사람들은 자신과 다른 사람들, 그리고 세상에 대해 믿음을 형성해 나간다. 이렇게 근원적으로 깊은 수준에서 형성된 신념이 핵심 신념 체계이다. 사람들은 살아오는 동안 지속적인 경험을 통해 확인하고 강화시켜 온 믿음이기 때문에 인식하지 못한 채 이러한 믿음을 의문의 여지없이 당연한 것으로 받아들인다. 또한 부정확하고 부정적이며 역기능적일지라도 그것이 절대적으로 옳다고 믿기 때문에 핵심 신념이 근거가 없고 타당하지 않다는 정보는 무시한다. 이러한 핵심 신념 체계는 모든 영역에 영향을 미쳐 경직되어 있고 지나치게 일반화되어 있다.

b. **중간 신념 체계**(intermediate belief system)

핵심 신념 체계와 자동적 사고 사이에는 태도, 규칙, 가정들로 이루어진 중간 믿음 체계가 있어 어떤 상황을 보는 관점에 따라 그 사람이 어떻게 느끼고 행동하는가에 영향을 주지만 자신은 잘 인식하지 못하는 경우가 많다.

② 자동적 사고

자동적 사고automatic thinking란 한 개인이 어떤 상황을 접했을 때 내리는 즉각적이고 자발적인 평가를 의미한다. 이 사고는 심사숙고하거나 합리적으로 판단한 결과가 아니며, 자동적으로 떠오르거나 스쳐 지나가는 생각이다. 한 개인이 가지고 있는 핵심 신념 체계가 태도, 규칙, 가정 같은 중간 신념 체계를 거쳐 자동적 사고로 나타난다.

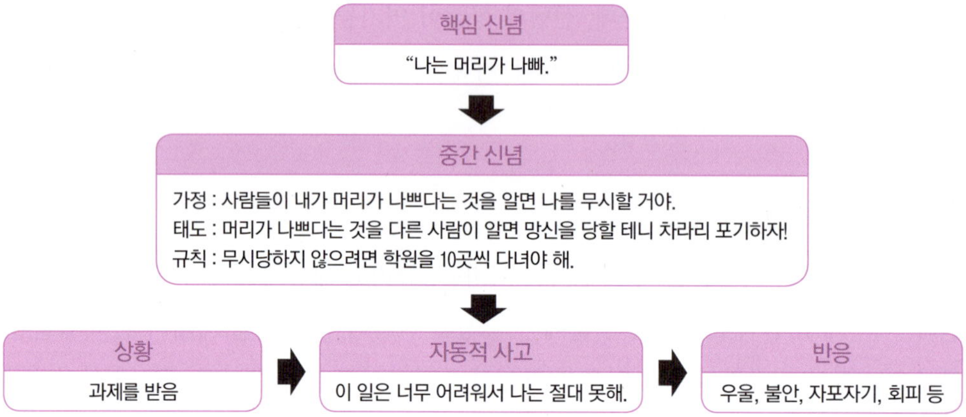

그림 3-1 벡이 제시한 스키마, 자동적 사고와 인지적 오류의 과정

③ 인지적 오류

벡은 왜곡된 사고, 즉 인지적 오류를 제시하면서 치료자가 상담 및 평가 과정을 통해 클라이언트의 왜곡된 사고를 밝혀내는 것을 돕고, 이러한 왜곡된 사고가 감정, 행동에 부정적 영향을 미치는 것을 인식하게 하여 개입을 통해 인지적 오류를 일으키는 부정적 사고를 교정하는 것이 중요하다고 강조하였다.

인지적 오류의 종류 및 내용을 살펴보면 표 3-1과 같다.

표 3-1 인지적 오류의 개념과 예

	내용	예시
① 이분법적 사고	어떤 경험을 단순히 양 극단으로 해석하려는 것. 중간이 없이 흑백 논리로 현실을 해석하는 것	성공하지 못했으니 난 실패한 거야. 완벽하지 않으니 잘못한 거야.
② 과잉 일반화	한두 번의 사건으로 일반적인 결론을 내려 버리고, 그것과는 관련없는 상황 전반에 적용하는 것	(데이트 신청 후 거절당한 경우) 나는 제대로 하는 것이 하나도 없어.
③ 임의적 추론	결론을 지지하는 증거가 없거나 반대 증거가 있음에도 불구하고 그와 같은 결론을 내리는 것(근거가 없는 성급한 추론)	오늘 시험인데 미역국을 먹었으니 나는 떨어질 거야.

	내용	예시
④ 극대화와 극소화	어떤 사건의 의미를 지나치게 축소하거나 과장하는 것. 자신의 단점은 큰 문제로 평가하고 자신의 장점은 과소평가하는 것	이번에 시험에 1등을 한 건 그냥 운이 좋아서야(극소화).
⑤ 개인화	외부 사건이 자신과 관련이 없음에도 자신과 연관시키는 것	엄마가 기분이 나빠 보이네. 내가 뭘 잘못한 것이 틀림없어.
⑥ 선택적 추상화	전체 맥락은 무시하고 부분에만 초점을 두어 결론을 내리는 것	[면접에서 모든 질문에 성공적으로 답변했음(전체 맥락)에도 불구하고] 목소리가 작으니(부분) 나는 면접에서 떨어질 거야.

생각해봅시다

두 사람씩 짝을 짓고 일상생활에서 본인이 주로 사용하는 인지적 오류의 예들을 나열해 보고, 인지적 오류가 들 때마다 느꼈던 감정들과 행동들을 생각해 보세요. 그리고 인지적 오류를 변화할 수 있는 방법들에 대해서 논의해 보세요.

1. 이분법적 사고
2. 과잉 일반화
3. 임의적
4. 극대화와 극소화
5. 개인화
6. 선택적 추상화

(2) 엘리스의 합리 정서적 치료

합리정서적 치료RET, Rational-Emotive Therapy는 1960년대 알버트 엘리스Albert Ellis가 개발한 것으로, 비합리적 신념을 합리적 신념으로 바꾸는 것에 초점을 둔다. 즉, 클라이언트가 가지고 있는 비합리적 생각과 그에 근거한 자기 언어를 찾아서 비합리성을 확인하고 논박하며 합리적 생각과 자기 언어로 바꾸고, 이를 토대로 적절한 정서와 행동을 할 수 있도록 하는 것이다. 이후 엘리스는 1990년대에 합리 정서적 치료에 행동주의적 요소를 더하여 '합리 정서적 행동 치료REBT, Rational-Emotive Behavior Therapy'로 발전시켰다(남미애 외, 2013).

합리 정서적 치료는 인지, 정서, 행동이 서로 구분되는 것이 아니라 본질적으로 통합된 것이라고 본다. 이 모델은 ① 사람은 합리적 신념, 비합리적 신념 모두를 가지고 있는데, 비합리적 신념이 많고 깊이 뿌리박혀 있을수록 고통을 겪게 되고, ② 비합리적 신념을 합리적 신념으로 대체함으로써 심리적 고통은 감소된다는 가정을 가지고 있다(오창순 외, 2010). 따라서 합리 정서적 치료의 개입 목표는 부정적 감정의 뿌리가 되는 비합리적 신념을 찾아서 반박함으로써 비합리적 신념을 합리적 신념으로 재구조화하는 것이다. 대표적인 비합리적 신념으로는 당위적 사고, 자신 및 타인 비하, 파멸적 사고 등이 있다.

① 비합리적 신념

비합리적 신념에는 '반드시', '절대로', '모든', '완전히', '전혀', '파멸적인', '○○ 해야만 한다' 등이 저변에 깔려 있다. 사회복지사는 교육적 환경에서 클라이언트의 비합리적 신념을 합리적인 신념으로 바꾸도록 원조한다. 먼저 클라이언트가 자신의 부정적 감정 혹은 행동과 연관된 비합리적 신념을 찾아내고, 비합리적 신념이 옳은지 그른지에 대해 사회복지사와 토론함으로써 비합리적 신념과 합리적 신념을 구분해 내도록 교육한다. 토론 과정에서 사회복지사는 일방적으로 클라이언트에게 교육시키는 것이 아니라 소크라테스식 질문법을 사용하여 클라이언트가 자신의 논리를 비판적으로 검토하도록 원조한다(김혜란 외, 2022).

② ABCDE 모델

엘리스는 사람들이 어떤 사실 자체가 아니라, 그것을 바라보는 시각에 의해 혼란을 경험하고 장애가 유발될 수 있다고 보며 인간의 정서적 · 행동적 결과에 영향을 미치는 원인으로 신념 체계의 중요성을 강조하였다.

합리 정서적 모델에서 개입이 이루어지는 과정은 ABCDE 모델로 제시하였는데, 각각이 의미하는 바는 다음과 같다.

- Aactivating event : 선행 사건. 인간의 정서를 유발하는 어떤 사건이나 현상 또는 행위
- Bbelief : (비합리적) 신념 체계. A에 대해서 가지고 있는(비합리적인) 신념, 생각
- Cconsequence : (정서적 · 행동적) 결과. 개인의 믿음, 인식 등으로 인해 초래된 감정이나 행동
- Ddispute : 논박. 비합리적인 신념 체계를 논박
- Eemotional consequence : 정서적 결과(효과). D를 통하여 합리적인 신념으로 재구조화된 이후에 갖게 되는 태도와 감정의 결과, 효과

③ 논박의 유형

논박은 클라이언트의 생각이 논리적으로 맞는지, 현실적으로 가능한 생각인지, 실생활에 무슨 도움이 되는지 질문을 던짐으로써 인지적 왜곡을 수정하는 기법으로 다음의 세 가지 유형이 대표적이다.

a. 논리성에 기반한 논박

클라이언트가 가지고 있는 비논리적인 면을 지적하는 것이다. 그 생각의 논리의 근거는 무엇인지, 그 생각이 맞다는 것을 어떻게 확신하는지, 그 생각의 증거는 무엇인지 등을 질문한다.

> 예 "당신이 그렇게 생각하는 근거는 무엇이죠?"
> "당신이 원하는 것은 반드시 이루어져야 한다는 근거는 어디에 있죠?"

b. 현실성에 기반한 논박

클라이언트가 '항상 ○○야 한다'는 절대적인 요구가 현실적으로 거의 일어날 수 없는 것임을 지적하는 것으로, 이 질문을 받으면 클라이언트는 자신의 생각을 지지할 만한 증거가 없음을 인식하게 된다(김정진, 2019).

예 "모든 사람이 원하는 대로 다 이루어진다는 것이 가능한 일일까요?"
"당신이 끔찍할 것이라고 하셨는데, 실제로 어떤 끔찍한 일이 일어났나요?"

c. 실용성에 기반한 논박

이것은 클라이언트가 염려하는 비합리적인 생각들이 실제로 자신에게 어떤 도움이 되는지 지적하고자 하는 것이다. 비합리적인 생각이 현실적으로 도움이 되기보다는 오히려 자신에게 방해가 된다는 것을 인식하도록 돕는다.

예 "당신이 계속 그런 생각을 하는 것이 스스로에게 어떤 도움이 되나요?"
"모든 사람에게 인정받아야 한다고 생각하는 것이 당신을 힘들게 하진 않나요?"

출처 : 양옥경 외(2015).

엘리스는 '한 개인이 가지고 있는 규범의 경직성으로 인해 자신과 타인에게 극단적이고 자기 파괴적 평가를 내리는 행위'의 역기능적인 면인 평가적 신념의 오류, 즉 비합리적 신념을 문제의 핵심으로 가정한다. 반면, 벡은 자신과 세계에 대한 개인의 정보 처리 과정에 나타나는 오류와 왜곡을 문제의 핵심으로 가정하였다는 차이가 있다(정원식 외, 1999).

A(activating event)	선행 사건	수업 시간에 발표를 하게 되었다.
B(belief)	비합리적 신념 체계	발표를 하다가 실수를 하면 어쩌지? 바보 같은 내 모습에 모두 나를 비웃을 거야.
C(consequence)	결과	불안감, 우울감, 수치심
D(dispute)	논박	학생들이 나를 보고 비웃는다는 증거는 어디에 있지? 그런 생각들이 내게 어떤 도움이 되지?
E(emotional consequence)	정서적 결과	불안감이 감소되고 우울감이 완화됨

그림 3-2 엘리스의 ABCDE 이론

연습활동

실습을 위해 두 사람이 서로 짝이 되어 줍니다.

1 두 사람씩 짝을 지어 일상생활에서 자신이 주로 쓰는 비합리적 신념('반드시', '절대로', '모든', '완전히', '전혀', '파멸적인', '○○ 해야만 한다')의 예를 나열해 봅시다. 과거에 비합리적 신념이 들 때 드는 감정과 행동들을 함께 생각해 봅시다.

스트레스 사건(A)	비합리적 신념(B)	결과(감정, 행동)(C)

2 자신의 비합리적 신념 중 가장 많이 쓰는 것 하나를 골라 ABCDE 모델을 적용해서 다양한 방법으로 논박해 봅시다. 논박을 통해 비합리적 신념이 어떠한 새로운 합리적 신념으로 변화하였는지 적어 봅시다.

비합리적 신념(B)	논박(D)	새로운 합리적 신념(B)

(3) 스키너의 행동주의 모델

스키너Skinner는 인간의 행동은 학습된 것이며, 학습 조건의 변화와 조작에 따라 수정이 가능하다고 보았다. 즉, 인간의 행동 변화를 가져오는 것은 조작적 조건화에 의한 학습으로 가능하다고 보았다(장수미 외, 2017). 어떤 행동은 그 결과에 의해 통제된다는 것이다. 예를 들어, 어떤 행동을 했을 때 칭찬과 같은 긍정적인 반응이 주어지면 그 행동은 반복되는 경향이 있고, 처벌과 같은 부정적인 반응이 주어지면 그 행동은 감소하게 된다. 이와 같이 행동의 증가 또는 감소는 강화와 처벌에 따르게 된다.

강화는 바람직한 행동을 증가시키기 위해 사용하며, 처벌은 바람직하지 않은 행동을 감소시키기 위해 사용한다. 강화의 종류로는 정적 강화와 부적 강화가 있으며, 처벌 역시 정적 처벌과 부적 처벌이 있다.

- 정적(+) 강화 : 긍정적 결과물을 제공(+)함으로써 행동을 증가시킨다.
  예 : 방 청소를 한 아이에게 용돈(긍정적 결과물)을 제공(+)한다.
- 부적(−) 강화 : 혐오하는 결과물을 제거(−)함으로써 행동을 증가시킨다.
  예 : 지각을 하지 않는 학생에게 화장실 청소(혐오적 결과물)를 빼(−)준다.
- 정적(+) 처벌: 행동을 감소시키기 위해 혐오하는 결과물을 제공(+)한다.
  예 : 숙제를 하지 않은 아이에게 화장실 청소(혐오적 결과물)를 시킨다(+).
- 부적(−) 처벌 : 행동을 감소시키기 위해 긍정적 결과물을 제거(−)한다.
  예 : 숙제를 하지 않은 아이에게 용돈(긍정적 결과물)을 깎(−)는다.

(4) 기타

① 인지 재구조화

인지 재구조화cognitive restructuring는 역기능적이고 자기 패배적인 사고와 잘못된 신념을 인식하여, 그것을 현실과 부합되며 클라이언트의 기능을 향상시킬 수 있는 신념과 행동으로 대체시키는 개입 기법이다(장수미 외, 2017). 예를 들어, 스트레스에 직면한 어떤 한 개인이 그가 처해 있는 상황과 결과를 부정적으로 평가(자기 패배적 사고와 잘못된 신념)하는 대신에, 그가 생각할 수 있는 가진 클라이언트 등에게 적용하기 효과적이다.

인지 재구조화의 절차는 다음과 같다.

a. 클라이언트는 생활 사건에 대한 자신들의 정서적 반응을 매개할 가정이나 신념을 갖고 있으므로, 사회복지사는 클라이언트가 이 점을 수용할 수 있도록 돕는다.
b. 클라이언트가 문제에 내재해 있는 역기능적 신념과 사고 과정의 유형을 파악할 수 있도록 돕는다.
c. 클라이언트가 자신의 역기능적 인지를 유발한 상황을 파악할 수 있도록 돕는다.
d. 클라이언트가 자학적인 인식을 대치할 만한 순기능적인 대안적 자기 진술로 대체할 수 있도록 돕는다.
e. 클라이언트의 정서적인 대처 노력을 클라이언트 스스로 보상할 수 있도록 돕는다.

사회복지사는 클라이언트의 인지적 오류에 대해서 '역기능적 사고 일지DRDT, daily record of dysfunctional thoughts'를 통해서 클라이언트가 자신의 일상생활에서 불쾌한 감정을 경험할 때마다 상황, 감정에 선행한 자동 사고, 자동 사고에 대한 합리적 반응, 합리적 반응에 따르는 결과를 작성하도록 교육할 수 있다(김혜란 외, 2022).

표 3-2 역기능적 사고 일지

날짜	상황	감정	자동 사고 (역기능적 인지)	합리적 반응 (대안적 자기 진술)	결과
	당신이 불쾌했을 때, 어디에 있었으며, 어떤 일이 있었나요?	그때 어떤 감정(슬픔, 불안, 분노 등)을 느꼈나요? 각 감정의 강도(0~100%)를 등급화하세요.	마음에 어떤 사고 혹은 이미지가 떠올랐나요? 자동 사고를 믿는 정도(0~100%)를 등급화하세요.	자동적 사고에 대해 합리적 반응을 해보세요. 합리적 반응에 대한 믿음(0~100%)을 등급화하세요.	자동 사고를 믿는 정도(0~100%)와 감정의 강도(0~100%)를 재등급화하세요.
4.18	친구에게 영화를 보러 가자고 하였는데 안된다고 함	슬픔 70 분노 20	"나랑 영화 보러 가기가 싫은가 봐." "나만 항상 친구가 하고 싶어하는 걸 맞춰 주고…." 자동 사고 80	"그 친구도 나를 좋아하지만 오늘은 시간이 없는 걸 거야." 합리적 반응 70	자동 사고 30 슬픔 20 분노 0

출처 : 김혜란 외(2022).

② 체계적 둔감화

체계적 둔감화systematic desensitization는 불안을 촉발하는 자극을 대하면서 반복적으로 이완하도록 함으로써 불안을 점진적으로 제거하는 기법으로 고전적 조건화(반응적 조건화)의 원리를 활용한 기법이다. 클라이언트에게 가장 덜 위협적인 상황에서 가장 위협적인 상황까지 상황들을 순서대로 제시하면서, 불안 자극과 불안 반응 간의 연결이 없어질 때까지 불안을 일으키는 자극을 반복적으로 이완 상태와 짝짓는다. 공포증phobia을 치료하는 데 많이 사용한다.

- 1단계 : 치료자는 불안을 촉발하는 말하기 상황의 위계를 구성한다.
- 2단계 : 점진적 이완법(progressive relaxation)을 사용하여 치료자는 근육들을 하나씩 차례로 이완시켜 완벽한 이완과 편안함이라는 나른한 상태에 다다르도록 훈련시킨다. 그런 다음 눈을 감고 경미하게 불안을 유발하는 상황을 상상해 보도록 요청한다. 불안을 느끼게 된다면 치료자는 다시 심상을 지워 버리고 깊은 이완 상태로 되돌아가라고 지시한다.
- 3단계 : 불안 위계를 단계적으로 올라가면서 이완 상태를 이용하여 상상하는 장면 각각에 둔감해지도록 만든다. 여러 회기를 시행한 후에는 상상이 아닌 실제 장면에서 실행하도록 한다. 실제 상황에서 불안을 극복하는 것은 자신감을 고양시킨다.

불안을 일으키는 자극에 반복적으로 노출시켜 불안을 제거하는 행동 치료 기법으로 홍수법flooding도 있는데, 공포증 환자를 안전한 환경에서 계획적으로 공포의 원인에 직면시켜 치유하는 방법으로 체계적 둔감법과 함께 사용한다. 예를 들어, 차를 타는 데 무서움을 겪는 사람에게 강제로 차를 타게 함으로써 공포를 불러일으키는 장면에 자신을 노출시켜 익숙해지도록 만드는 것이다. 다만 홍수법은 윤리적 문제를 일으킬 수 있다는 측면에서 적용 시 전문가의 특별한 고려가 필요하다.

③ 모델링

관찰 학습 과정을 통해 클라이언트가 시행착오 학습을 거치지 않고 원하는 행동을 학습할 수 있도록 하게 하는 것이다. 보통 사회복지사는 클라이언트에게 특정 행동에 대해 시범을 보이고, 클라이언트가 이를 따라해 보도록 한 다음 다시 피드백을 제공한다.

모델링은 다음과 같은 구성 요소를 가지고 있다(Granvold, 1994; 엄명용 외, 2020 재인용).

a. 변화를 필요로 하는 구체적인 행동을 파악한다.
b. 모델을 제시한다.
c. 클라이언트가 모델링에 주의와 관심을 갖도록 한다.
d. 모델의 행동을 따라 하도록 한다.
e. 따라한 행동을 강화한다.

④ 이완 훈련

이완 훈련은 근육의 수축과 이완, 깊고 규칙적인 호흡, 즐거운 사고나 심상 등을 훈련함으로써 일상생활에서 유발되는 스트레스에 대처할 수 있도록 가르치는 것이다. 이완 훈련은 만성적으로 불안하거나 긴장감이 높은 클라이언트, 위기 상황에 처한 클라이언트, 우울이나 분노 등을 느끼는 클라이언트에게 효과적이다.

⑤ 사회기술훈련

사회기술훈련social skill training은 대인관계에서 불편함을 느끼거나 다양한 이유로 원만한 대인관계 및 사회적 관계를 맺기 어려운 사람을 대상으로 사회기술을 향상시키기 위해 실시하는 훈련이다. 사회기술훈련에서 다루는 사회기술의 예로는, 대화를 시작하고 유지하는 기술, 분노를 조절하는 기술, 문제해결 기술, 친구를 사귀는 기술, 타인에게 도움을 요청하거나 거절하는 기술, 버스나 지하철 등 대중교통을 이용하는 기술 등이 있다.

사회기술을 향상시키기 위해 다양한 행동주의 기법이 사용되는데, 모델링, 역할 연습, 행동 시연, 강화, 코칭, 과제 부여 등이 활용될 수 있으며, 개인으로도 진행 가능하나 주로 집단 프로그램이 효과적인 것으로 알려져 있다.

- 1단계 : 사회기술훈련의 필요성에 대한 이해
  예 "직장 내 대인관계에 있어 어려운 상황이 많이 발생할 수 있습니다. 직장에서 잘 적응하기 위해서는 대인관계가 매우 중요하므로 오늘은 직장 내 대인관계에 대해 연습해보도록 하겠습니다."
- 2단계 : 문제가 발생하는 실제 상황에 대한 확인
  예 "상사가 업무 지시를 하였는데 이해가 잘되지 않는 상황이 발생할 수 있습니다. 그럴 때 어떻게 해결해야 할까요?"
- 3단계 : 사회기술의 구성 요소에 대한 확인[1)]
  예 "이 상황에서는 우선 상사의 업무 지시를 경청하기, 잘 이해가 되지 않는 부분에 대해 추가 설명 요청하기 등의 기술이 필요합니다."
- 4단계 : 역할 연습의 활용
  예 "자, A씨가 직장 상사의 역할을 맡고, B씨는 신입 직원의 역할을 해봅시다. 상사가 업무 지시를 하는 상황이라고 가정하여 역할극을 진행해 봅시다."
- 5단계 : 긍정적 강화
  예 "(역할극을 마친 후) B씨의 모습을 보았을 때, 업무 지시를 경청하기 위해 상대방의 눈을 맞추고 자신이 이해하고 있는 부분을 되물으며 확인하는 부분은 매우 좋았습니다."
- 6단계 : 모델링
  예 "제가 시범을 보이도록 하겠습니다. (또는) 비디오 영상을 보며 영상에서 나온 사람들이 어떻게 행동하는지 잘 관찰해 봅시다. 어떤 부분이 좋았나요?"
- 7단계 : 반복 연습
  예 " 앞서 관찰한 …한 부분을 잘 기억하여 다시 연습해 봅시다."
- 8단계 : 과제 부여
  예 "오늘 연습한 부분에 대해 다음 회기까지 실제 상황에서 적용해 보고 기록지에 적어 오도록 합니다."

1) 예를 들어, '효과적으로 대화하기' 기술이라면, 그 구성 요소는 상대방의 말을 잘 듣는 기술, 상황에 맞게 판단하는 기술, 적절하게 반응하는 기술 등으로 세분화할 수 있다.

⑥ 행동 시연

행동 시연rehearsal 또는 시연은 발달시키고자 하는 행동을 반복적으로 연습함으로써 행동으로 숙달되도록 하는 것이다. 클라이언트는 자신이 습득한 행동 기술을 사회에서 직접 실행하기에 앞서 반복적으로 연습해 볼 수 있다.

4. 사례 연습[1]

20세 여대생 A는 어려서 활발한 성격이었으나 고등학생 때부터 낯을 가리는 성격을 갖게 되어 대인관계에 어려움을 경험하고 있다. 또 이러한 대인관계 문제는 미래에 선택하게 될 진로에서도 문제가 될 것처럼 느껴져 불안해 하였다. 특히 다수의 사람에게 집중을 받거나 친하지 않은 사람과 마주할 때마다 불안을 느낀다고 표현하였으며, 최근 발표 수업이 늘어나면서 이러한 불안이 가중된다고 호소하였다.

1) 주요 문제

A는 타인의 평가에 대해 느끼는 사회적 상호작용 불안과 발표를 할 때 수행 불안 증상을 보였다. 특히 '실수하면 안 돼', '나는 대처할 수 없을 거야'라는 생각으로 불안을 느꼈으며, 사회적 상황을 마주할 때마다 호흡이 빨라지며 손발이 떨리는 신체 반응이 동반되었다. A는 이로 인해 자리를 피하거나 웃으며 말을 하지 않는 회피 행동을 보였다.

A가 최근 경험한 사건에 대한 자동적 사고와 그 결과(감정, 행동)을 정리하면 다음과 같다.

	상황	자동적 사고	감정	행동
사건 1	아르바이트를 시작했는데, 혼자 일하는 것이 아닌 4명의 사람들과 함께 일해야 함	'불편해.' '누가 먼저 말 걸어 줬으면 좋겠다.' '나를 안 좋게 보면 어떻게 하지?'	불안, 초조	– 가만히 있음 – 시계를 계속 쳐다봄 – 사람들을 쳐다보지 않음
사건 2	아르바이트 면접 때 매니저가 대답하기 곤란한 질문을 함	'왜 이런 질문을 하시는 거지?' 내가 마음에 안 드나?' '솔직하게 말하면 나를 싫어할 거야.'	불안, 긴장	– 정확한 대답이 아닌 애매한 대답을 함 – 웃으며 넘김

1 본 사례는 「사회불안 증상 여자 대학생의 인지행동치료 사례연구」(황인희, 2020)를 요약 · 발췌한 것이다.

	상황	자동적 사고	감정	행동
사건 3	교양 수업 때 처음 보는 사람들만 있는 곳에서 발표를 해야 함	'다들 나를 이상하게 볼 거야.' '어떻게 해야 하지?' '이 상황에서 벗어나고 싶다.' '실수하면 안 돼.'	초조, 긴장	– 상대방의 말에 고개를 끄덕임 – 행동이 자연스럽게 나오지 않음 – 손에 땀이 남

2) 개입

초기 단계는 1~3회기로, 1회기에는 클라이언트의 주 호소를 더 구체적으로 파악함으로써 함께 회기에서 다룰 문제를 정하였다. 이후 2회기에는 사회적 상호작용 불안을 나타내는 상황을 탐색하였다. 3회기에서는 감정과 신체 반응, 생각을 구분하고 연결시키는 인지행동치료에 대한 교육을 실시하였다.

중간 단계는 4~9회기로, 자기 관찰, 감정표현 훈련, 불안에 대한 교육, 인지 재구조화를 실시하였다. 불안에 대한 교육 시 사고에 따라 감정이 달라지는 인지행동모델을 적용하여 교육하였다. 8회기에서는 클라이언트가 '진로'에 대해 이야기하고 싶다고 하여, 진로에 대한 탐색을 실시하였다.

종결 단계인 10~12회기에는 불안 위계를 설정하고 이완 및 노출 훈련을 진행하였다.

회기 내에서 인지행동모델 실천 기법을 활용한 내용을 구체적으로 소개하면 다음과 같다.

(1) 비합리적 사고 → 합리적 사고로 대체

치료자는 인지적 오류를 찾아내 비합리적 사고를 합리적 사고로 바꾸는 것에 목표를 두었다. 클라이언트는 여러 상황에서 공통적으로 나타나는 자동적 사고와 감정을 찾아보니 '나를 좋지 않게 생각하면 어떻게 하지?'라는 자동적 사고가 공통적으로 나타났으며, '불안'의 감정이 항상 나타난다는 것을 확인하였다.

(2) 소크라테스식 질문

자동적 사고에 대해 치료자는 소크라테스식 질문을 사용하여 비합리적 사고를 합리적 사고로 수정하면서 인지적 오류를 파악하였다. 클라이언트가 "말실수를 하는 것이 두렵다"라고 보고한 것에 대해 치료자는 "말실수를 하면 어떻게 돼요?", "A씨가 생각하는 말실수는 무엇인가요?", "A씨가 생각하는 안 좋은 모습은 무엇인가요?", "안 좋은 모습이 보여지면 어떻게 되나요?" 등의 질문을 통해 클라이언트가 생각하는 '안 좋은 모습'에 대한 생각을 구체화하였다.

(3) 인지적 오류 수정

상대방의 기분을 나쁘게 했던 말과 기분이 나빴던 말의 정도를 퍼센트로 나타내 보니, 처음에는 기분 나쁘게 했던 말이 90%, 기분 나빴던 말이 80%로 나쁜 말이라고 보고하였으나, 클라이언트가 생각했을 때 가장 기분 나쁜 말을 기준으로 100%로 맞춘 후 클라이언트의 나쁜 말의 정도를 살펴보니 각각 70%와 60%로 줄어들었다. 이어 클라이언트는 자신이 '과장'이라는 인지적 오류를 가지고 있음을 확인할 수 있었고, 피드백으로 "상대의 감정에 대해 과하게 생각하고 있었다. 오늘 중요한 발견을 한 것 같다"고 보고하였다.

문제 풀이

1. 인지행동모델의 개입 기법에 관한 설명으로 옳지 않은 것은?

(2019년 기출 문제)

① 행동 형성은 강화원리를 따른다.
② 모델링은 관찰 학습 과정을 통해 이루어진다.
③ 경험적 학습에는 인지 불일치 원리가 적용된다.
④ 타임아웃은 정적 강화 원리를 이용한 것이다.
⑤ 체계적 탈감법은 고전적 조건화에 근거한다.

정답 : ④
해설 : ④ 정적 강화 원리는 클라이언트가 원하는 보상을 제공함으로써 행동을 강화하는 원리로, 타임아웃은 부적 처벌의 원리(좋아하거나 원하는 자극을 제거함으로써 행동을 감소시키는 원리)를 이용한 것이다. ③의 경험적 학습은 클라이언트가 잘못된 생각과 일치하지 않는 구체적인 행동을 할 때 불편을 느끼게 되고 이를 해소하기 위해 자신의 생각을 바꾸도록 하는 기법으로, 인지 불일치 원리가 적용된 것이다.

2. 인지행동모델에 관한 설명으로 옳은 것을 모두 고르시오.

(2016년 기출 문제)

ㄱ. 행동적 과제의 부여를 중시한다.
ㄴ. 클라이언트의 주관적 경험과 인식을 강조한다.
ㄷ. 인지 체계의 변화를 위해 구조화된 접근을 한다.
ㄹ. 불안감을 경험하는 상황에 노출시킨다.

① ㄱ, ㄴ, ㄷ　② ㄱ, ㄷ　③ ㄴ, ㄹ
④ ㄹ　⑤ ㄱ, ㄴ, ㄷ, ㄹ

정답 : ⑤

해설 : ㄱ – 인지행동모델은 인지변화를 통해 변화된 행동을 유지하고 강화하기 위해 행동적 과제를 부여한다.
ㄴ – 인지행동모델에서는 클라이언트 개개인이 생각하는 내용과 방식 부여하는 의미를 중요시하며, 이것이 클라이언트의 행동과 문제에 영향을 미치는 근본적 요소가 된다고 본다.
ㄷ – 인지행동모델은 단기 모델로, 구조화된 접근을 한다.
ㄹ – 인지행동모델의 기법인 체계적 둔감화는 클라이언트를 불안을 경험하는 상황에 노출시킨다.

3. 인지행동모델의 한계점에 관한 설명으로 옳지 않은 것은?

(2015년 기출 문제)

① 지적 능력이 낮은 클라이언트에게는 효과성이 제한적이다.
② 즉각적인 위기개입을 해야 하는 클라이언트에게 적용하기 어렵다.
③ 사회복지사의 적극적 역할 수행이 어렵다.
④ 특정 개입 기술 사용에서 윤리적 문제가 발생할 수 있다.
⑤ 새로운 시도에 대한 의지가 약한 클라이언트에게 적용이 어렵다.

정답 : ③

해설 : 인지행동모델은 구조화된 적극적 과제 활용과 교육적 접근을 실시하고 사회복지사의 적극적 역할 수행을 강조한다. ④의 경우, 클라이언트가 공포를 느끼는 자극에 대해 강하게 노출시키는 홍수법과 같은 개입은 윤리적 문제를 일으킬 수 있으므로 주의를 요한다.

참고문헌

권중돈(2014). 인간행동과 사회복지실천. 학지사.

김정진(2019). 사회복지실천기술론. 학지사.

남미애 · 윤숙자(2020). 사회복지실천기술론. 학지사.

양옥경 · 김정진 · 서미경 · 김미옥 · 김소희 (2018). 사회복지실천론. 나남출판.

오창순 · 신선민 · 장수미 · 김수정(2013). 인간행동과 사회환경. 학지사

엄명용 · 노충래 · 김용석(2020). 사회복지실천의 이해. 학지사.

장수미 · 최정숙 · 박형원 · 김주현 · 홍현미라 · 이혜경 · 이영선 · 한인영(2017). 사회복지실천기술론(2판). 학지사.

정순둘 · 김고은 · 김미영 · 김은정 · 김지혜 · 박근혜 · 박향경 · 박현정 · 박현수 · 우재희 · 이혜숙 · 홍나미(2011). 일상사회복지이론. 학지사.

정원식(1999). 카운슬링의 원리. 교육과학사.

김혜란 · 홍선미 · 공계순 · 박현선(2022). 사회복지실천기술론. 학지사.

황인희(2020). 사회불안 증상 여자 대학생의 인지행동치료 사례연구, 아동가족치료연구, 19권, 103~125.

Dobson, K, S, & Dozois, D. J. A.(2019). Handbook of Cognitive−Behavioral Therapies, 4th Edition, Taylor & Francis Group.

CHAPTER

4

과제중심모델

학습 목표

1. 과제중심모델의 발달 배경과 특징을 이해한다.
2. 표적 문제를 설정하고 과제를 계획하여 개입 단계별 과업을 수립할 수 있다.

1. 개요

과제중심모델은 1970년대 미국 시카고 대학의 리드Reid와 앱스타인Epstein의 프로젝트로 탄생하게 되었다. 당시 이 모델은 ① 시간 제한적인 단기 치료에 대한 관심의 고조, ② 집중적이고 구조화된 개입 형태 선호 경향, ③ 전통적 장기 치료가 효과성을 입증하지 못한다는 비판, ④ 이론보다 경험적 자료를 통해 개입의 기초를 마련하려는 움직임 등의 결과로 나타난 것이다. 리드와 앱스타인이 수행한 프로젝트는 ① 사회복지사들이 효율적으로 학습할 수 있는 원조 기술을 개발하는 것, ② 사회복지실천의 효과성을 증진하는 것, ③ 사회복지실천 평가와 같이 실증적인 연구와 조사에 의해 검증되고 지지되는 것을 중시하였다.

1980년대 이후 과제중심모델은 실천현장 및 대상에 따라 다양하게 수정되면서 확대, 발전하였다. 과제중심모델은 특정 이론이나 특정 개입 기법에 국한되지 않는다. 이 모델은 오히려 여러 이론에 대한 개방성을 특징으로 절충주의적인 접근을 강조한다(Tolson, Reid, & Garvin, 1994). 즉, 과제중심모델은 일반 체계 이론, 인지 이론과 정신분석 이론, 문제해결 이론 등의 기본 원칙을 통합하여 절충주의적인 접근을 시도함으로써 문제사정이나 해결 과정에 있어 인간행동과 실천에 관한 다양한 여러 이론을 융통성 있게 사용한다(Reid, 1996).

이 장에서는 과제중심모델이 가지고 있는 실천 이론으로서의 특성과 주요 개념, 실천 기술을 살펴봄으로써 사회복지실천현장에서의 사례 적용에 대해 학습해 보고자 한다.

2. 주요 가정 및 특성

1) 주요 가정

과제중심모델의 가치전제는 클라이언트의 자기결정권 존중에 있다. 과제중심모델을 활용하는 사회복지사는 자신이 클라이언트의 문제해결에 대한 최선책이 무엇인지 알고 있다고 가정하지 않는다. 오히려 클라이언트가 문제라고 인정하고, 함께 해결하고자 하는 문제에 제한하여 접근한다. 즉, 사회복지사는 과제중심모델을 적용함에 있어서 클라이언트가 동의한 해결 방법을 사용하며, 클라이언트 또한 어떤 도움이 어떤 방식으로 제공될 것인지에 대해 알 권리를 가진다는 점을 인정한다(엄명용 외, 2011).

2) 과제중심모델의 특성

① 시간 제한적 단기 개입

주 1~2회 면접을 6~12회 정도로 구성하여 대개 4개월 이내에 사례를 종료한다.

② 클라이언트가 문제라고 인식한 문제에 초점

클라이언트와 사회복지사가 표면적으로 계약한 구체적 문제의 해결에 초점을 둔다. 이때 문제는 클라이언트가 관심을 가지고 있으며, 스스로 명확히 문제라고 인식하는 문제에 초점을 둔다.

③ 과제 중심

문제해결 활동은 클라이언트가 수행하기로 동의한 과제를 중심으로 조직되며, 사회복지사 및 클라이언트 각자의 과제가 단계별로 구체화된다.

④ 경험적 기초

이론보다는 조사에 근거한 경험적 자료에 근거하여 클라이언트 스스로 실행 가능한 과제로 수행할 수 있도록 돕는다.

⑤ 협조적 관계

사회복지사의 역할은 제한된 기간 내에 가능한 한 건설적으로 자신의 문제를 완화시킬 수 있는 활동을 할 수 있도록 지원하는 것이다. 즉, 사회복지사와 클라이언트의 관계는 보호가 아닌 협조적인 노력이 강조된다.

⑥ 클라이언트의 자기결정권 강조

클라이언트는 과제의 선정과 실행, 평가 과정에서 주체적인 역할을 하며, 클라이언트와 사회복지사가 함께 개입 방향을 계약한다.

⑦ 절충적 · 통합적 접근

특정한 하나의 이론이나 모델만을 고수하지 않으며 다양한 문제해결 방법으로부터 경험적으로 확인된 이론과 방법을 선택적으로 사용한다.

⑧ 구조화된 체계적 접근

타 실천모델에 비해 실천과정이 매우 구조화[1]되어 있다.

⑨ 클라이언트의 환경에 대한 개입 강조

클라이언트에게 문제가 발생하는 것은 자원이나 기술이 부족하기 때문으로 보기 때문에 사회복지사는 클라이언트의 공식적, 비공식적 환경에 적극 개입하여 문제해결과 관련된 자원을 탐색, 활용한다.

⑩ 개입의 책임성 강조

과제중심모델은 개입의 모든 과정을 객관적으로 기록하고 진행 상황을 면접마다 점검하고 모니터링하는 등 개입의 책임성을 증진하기 위한 활동을 지속한다(나눔의 집, 2020).

3. 주요 실천과정과 기법

과제중심모델은 시작 단계를 포함하여 총 5단계로 구성되나, 필요에 따라 이전 단계로 돌아가는 등 융통성 있게 변형할 수 있다.

---

1 '구조화'란 개입 방법, 방향, 제한 조건, 클라이언트와 사회복지사의 역할 등이 일정한 형식이나 틀로 짜여진 정도를 의미한다(나눔의 집, 2020).

단계	과정	내용
시작 단계	면접	• 자발적 클라이언트 → 문제 규명 단계로 • 비자발적 클라이언트 → 의뢰 기관의 의뢰 이유와 목표 확인
초기 단계	1단계 표적 문제 규명	• 클라이언트 표문 문제 규정과 예비적인 신속한 사정
	2단계 계약하기	• 목표, 표적 문제(최대 3개), 일반적 과제, 기간, 일정, 참가자 등
중간 단계	3단계 실행	• 문제해결, 과제 개발, 과제 수행, 점검 및 모니터
종결 단계	4단계 종결	• 개입 과정을 통해 성취한 것 점검하기 • 필요한 경우 개입을 연장하거나 사후 지도

그림 4-1 과제중심모델의 실천과정

1) 시작하기

클라이언트는 자신의 문제를 해결하기 위해 스스로 찾아오는 경우와 다른 기관으로부터 의뢰되는 등 비자발적으로 참여하게 되는 경우가 있는데, 일반적으로 사회복지 현장에서는 비자발적인 경우를 많이 볼 수 있다. 과제중심모델은 클라이언트의 적극적 참여와 자기결정권이 강화된 모델로, 문제해결에 대한 클라이언트의 자발성에 따라 시작 단계에서의 작업은 달라질 수 있다.

(1) 클라이언트가 스스로 기관에 찾아온 경우(자발적 참여)

클라이언트가 스스로 문제해결 또는 변화를 원하여 찾아온 경우는 다음 단계인 '문제 규명' 단계로 넘어간다.

(2) 클라이언트가 다른 기관으로부터 의뢰된 경우(비자발적 참여)

클라이언트가 다른 기관으로부터 의뢰된 경우는 의뢰하는 이유, 의뢰 기관에서 제시하는 클라이언트의 문제와 클라이언트가 생각하는 자신의 문제 간 일치 여부, 의뢰 기관에서 제시하는 개입 목표와 클라이언트가 원하는 개입의 목표 간 일치 여부를 탐색한다.

클라이언트와 의뢰 기관이 제시하는 내용이 일치하지 않는 경우, 사회복지사가 서로의 의견을 조정하거나 협상할 수 있다. 법원의 명령과 같이 위임된 목표가 있는 경우 클라이언트가 그 목표를 분명히 이해하고 있는지 확인이 필요하다. 이외 목표 달성을 위해 의뢰 기관이 지원해 줄 수 있는 자원을 확인한다.

2) 1단계 : 표적 문제 규명

표적 문제는 클라이언트와 사회복지사가 변화에 대해 상호 동의한 구체적 행동 또는 상황으로 정의된다. 다시 말해, 표적 문제는 클라이언트가 제시하는 문제 또는 해결하고자 하는 문제 중 클라이언트가 변화를 원하고 사회복지사의 전문적 판단에 의해서도 인정되어 상호 동의한 문제가 선정된다. 표적 문제는 사회복지사와 접촉하지 않는 상황에서도 클라이언트가 할 수 있는 다른 행위들을 통해 해결될 수 있어야 한다. 특히 표적 문제는 외부인보다는 클라이언트 자신의 '충족되지 않은 욕구'에서 나와야 한다(Payne, 2005). 즉, 오직 클라이언트에게 문제라고 인식된 문제만이 클라이언트의 동기와 협력을 충분히 끌어낼 수 있으며 그렇기 때문에 클라이언트의 자기결정이 강조된다.

표적 문제 선정 시 고려해야 할 사항!

- 클라이언트의 견해가 최대한 반영되어야 한다.
- 클라이언트와 사회복지사의 의견이 다를 경우, 클라이언트의 관심과 사회복지사의 전문적 판단을 최대한 반영할 수 있는 방향으로 협의해야 한다.
- 표적 문제는 우선순위를 고려하여 최대 3개까지 선정하여 시간 제한적인 단기개입이 가능토록 한다.
- 표적 문제 선정 기준 : 클라이언트가 인정한 문제, 클라이언트 자신의 노력으로 해결 가능한 문제, 구체적인 문제
- 표적 문제가 여러 개인 경우 : 클라이언트가 중요하게 생각하고 있으며, 현실적으로 변화 가능성이 높은것부터 우선순위를 결정한다.
- 하나의 표적 문제에 대해 하나의 목표를 설정한다.

과제중심모델은 시간 제한적인 단기 개입으로, 이 단계에서 중요한 것은 문제의 우선순위를 결정하며 신속히 사정하는 것이다. 표적 문제는 우선순위를 고려하여 최대 3개까지 정한다. 표적 문제의 우선순위가 정해지면 다음 단계를 위해 신속한 초기 사정이 이루어지게 된다. 본격적인 사정은 3단계(실행 단계)에서 이루어지며, 여기서는 클라이언트의 장점과 단점, 환경, 가족 관계, 의사소통 패턴 등 클라이언트를 파악하기 위한 최소한의 정보만을 탐색하되 과도한 탐색을 피함으로써 클라이언트를 섣불리 정형화하지 않도록 한다.

3) 2단계 : 계약하기

계약은 표적 문제, 목표, 클라이언트와 사회복지사의 과제, 개입 일정 및 지속 기간, 면접 일정, 참여자, 장소 등 문제해결에 필요한 사항에 대한 사회복지사와 클라이언트 간의 동의이다. 계약은 서면 계약 혹은 구두 계약으로 이루어지는데, 서면 계약은 내용을 명확히 제시하고 서류가 남는 등 통제 수단이 될 수 있다. 반면, 구두 계약의 경우 일반적으로 많이 활용되는 방식이나, 계약 내용이 문서화되어 있지 않아 나중에 어려움이 발생할 수 있으므로 구두 계약이라고 할지라도 계약 내용은 구체적으로 구성하고 기록에 남기는 것이 좋다. 계약을 통해 개입에 대한 클라이언트와 사회복지사 간의 상호 동의를 확인할 수 있으며, 개입 목표와 과정이 클라이언트의 자기결정에 따른 것임을 확인할 수 있다. 계약은 개입 과정 중에 상황의 변화가 있거나 중대한 문제가 발생하면 클라이언트와의 상의를 통해 변경하거나 수정할 수 있다.

계약에서 다루는 주제

- 우선순위가 되는 주요 문제 : 최대 세 가지
- 구체적 목표(클라이언트와 사회복지사가 동의한 내용이어야 함)
- 클라이언트의 과제(클라이언트가 수행해야 할 활동)
- 사회복지사의 과제(사회복지사가 수행해야 할 활동)

- 개입 기간(개입 순서 및 제한 시간 표기)
- 면접 일정
- 개입 일정
- 참여자
- 장소(면접 장소)

출처 : 엄명용 외(2020).

계약 내용 중 목표 설정을 위해 필요한 기본 조건은 클라이언트가 변화를 원하는 것이어야 하며, 제한된 시간에 수행가능하고 구체적이어야 하며, 반드시 문제와 관련된 것이어야 한다. 또한 행동적인 용어로 '○○하기' 등과 같이 표시되는 것이 바람직하며, 성취한 후에 성취 여부를 측정할 수 있어야 한다(장수미 외, 2017).

또한, 과제는 문제해결 목표를 달성하기 위해 클라이언트와 사회복지사가 해야 하는 문제해결 활동으로, 클라이언트와 사회복지사가 함께 계획하고 동의하는 문제해결 활동을 의미한다. 과제는 개입의 주된 목표이면서 상위 목표를 성취하기 위한 수단이기도 하다. 다른 실천 모델에서도 클라이언트에게 과제가 부여되기도 하나 과제중심모델에서의 과제는 클라이언트뿐 아니라 사회복지사에게도 과제가 부여되고 이를 수행한다는 점에서 사회복지사가 일방적으로 부과하는 과제(숙제)와는 차이가 있다. 과제는 문제해결 과정이 진행되는 동안 상황이 변화하거나 개선되어 과제 수행이 의미가 없어졌거나 달성되기 어려운 것 등 필요하지 않다고 생각되는 경우 융통성 있게 바꿀 수 있다.

과제 선정 시 고려해야 할 사항!

- 클라이언트에게 과제 수행을 통해 문제를 해결할 수 있다는 희망을 부여한다.
- 과제의 실행 가능성을 고려한다. 즉, 클라이언트가 과제를 수행할 수 있는 에너지를 가지고 있는지, 현실적으로 실행 가능한 과제인지 고려한다.
- 클라이언트의 과제가 자신이나 타인에게 부정적인 결과를 초래하지는 않는지, 바람직한 것인지, 꼭 이루어져야 하는지 고려한다.
- 클라이언트가 달성하기 어려운 과제나 상황이 변화한다면 융통성 있게 과제 변경을 고려한다.

4) 3단계 : 실행

과제중심모델의 실천과정에서 대부분은 실행 단계에 해당된다. 2단계까지가 보통 면접 1회기에서 마무리되며, 2회기부터는 실행 단계에 도입하는 경우가 일반적이다. 이 단계의 주요 목표는 클라이언트가 과제를 성취할 수 있도록 원조하는 것으로, 이를 위해 클라이언트와 사회복지사는 문제에 대해 집중적으로 사정하고, 대안을 찾고 결정하며, 문제해결을 위한 과제를 수행하며, 과제 수행의 정도를 점검한다(장수미 외, 2017).

5) 4단계 : 종결

과제중심모델은 개입이 시작될 때 이미 종결의 시점이 정해지는 '계획된 종결'을 가진다. 그러나 사회복지사는 과제가 수행되는 과정 중 남은 날짜와 면접의 횟수 등을 말해 주어서 클라이언트가 인식하고 있도록 해야 한다. 사회복지사는 개입 과정을 통해 성취된 것을 점검하고, 필요한 경우 개입 기간을 연장하거나 사후 지도를 한다. 또한 클라이언트에게 개입에 대한 피드백을 요청하고 사회복지사 자신의 활동에 대해서도 평가한다.

4. 사례

윤서는 중학교 3학년 때 자퇴한 청소년이다. 윤서의 부모는 윤서가 어려서부터 갈등이 심하였고 3년 전 어머니가 가출을 하게 되었다. 어머니에게 의지를 많이 하였던 윤서는 방황을 하게 되었고, 자신을 자주 나무라는 아버지와의 갈등으로 인해 잦은 가출을 하며 문제를 일으키게 되었다. 윤서는 가출 청소년들과 어울리며 지나치게 음주와 흡연을 하였을 뿐 아니라 본드와 가스까지 하다가 경찰서에 연행되어 청소년쉼터에 입소하게 되었다. 쉼터에 입소하면서 본드와 가스, 음주는 하기 어려워졌으나 흡연은 여전히 지속되었으며, 화를 참지 못하고 쉼터 내 다른 친구들과 갈등을 종종 일으키곤 하였다.

본 사례의 주요 문제사정에 근거한 표적 문제 설정 및 과제 설정, 개입 단계에 대해 살펴보면 다음과 같다.

1) 주요 문제

(1) 클라이언트가 보는 문제

① 어머니의 가출로 인한 아버지와의 생활
② 지나친 음주와 흡연

(2) 사회복지사가 보는 문제

① 어머니의 가출과 아버지와의 갈등으로 인한 정서적 불안
② 정서 불안으로 인해 음주와 흡연을 줄이기 어려움

표적 문제
① 나는 담배를 너무 좋아한다.
② 나는 밤에 자주 깨고 다시 잠이 안 올까 봐 걱정이 된다.
③ 나는 쉼터 내 같은 방 아이들한테 소리를 지르며 짜증을 많이 낸다.

목표
① 나는 모든 것을 담배로 해결하려는 의존심을 줄이도록 노력한다.
② 나는 몸을 피곤하게 만들어 잠을 잘 자겠다.
③ 나는 친구들이 나를 좋아하게 만들겠다.

클라이언트의 과제
① 아침마다 사회복지사에게 와서 하루치의 담배를 받아 간다. 매일 같거나 한 개씩은 줄여서 받아 간다.

② 클라이언트의 불면이 의료적인 문제(본드나 가스의 부작용) 때문은 아닌지 검사를 받도록 한다.
③ 친구에게 소리를 지르고 싶을 때는 그 자리를 얼른 피한다.

사회복지사의 과제

① 매일 아침 담배를 주며 개수를 기록한다. 담배를 적게 받아 가는 날은 젤리를 준다.
② 클라이언트가 운동을 할 수 있도록 필요한 운동 기구를 제공한다.
③ 클라이언트가 같은 방 친구와 갈등이 발생하면 중재한다.

면담 계획

매주 월, 수 1시간씩 상담을 하여 과제 수행에 대하여 모니터한다.
면접 기간 : 1~11회
면접 장소 : 청소년쉼터 내 개인 상담실

2) 개입 단계

(1) 1회기

과제중심모델에 대해 설명하고 시작하였다.

(2) 2회기 : 표적 문제 규정

클라이언트로 하여금 표적 문제를 설정하도록 하고 과제를 수정하기 위한 과제 수행표를 작성하였다.

(3) 3회기 : 계약하기

클라이언트와 사회복지사는 왜 표적 문제를 고치도록 노력해야 하는지 함께 목표를 정하고, 그 목표를 달성하기 위해 매일 어떠한 과제를 수행해야 하며, 과제의 수행 여부는 항상 그 다음 상담 시간에 체크하기로 하였다. 또한 사회복지사는 클라이언트에게 지난번에 클라이언트가 제시한 문제에 대해서 함께 해결해 가기 위해 계약을 맺자고 하였다. 클라이언트는 그때그때 질문을 하며 계약이 무엇인지를 이해하고 동의하였다.

(4) 4~10회기 : 과제 수행하기

① 클라이언트의 흡연 횟수 조사

클라이언트는 흡연이 하고 싶을 때 젤리를 먹으며 조금씩 줄이기 위해 노력하였다.

② 클라이언트가 밤에 잠이 깨는 횟수

클라이언트는 규칙적인 생활을 하면서 밤중에 잠이 깨는 횟수도 점차 줄어들었다. 의료적 문제가 있는지를 확인하기 위해 병원 검진을 받았으며 특별한 이상은 관찰되지 않았다.

③ 클라이언트가 짜증내는 정도

함께 방에서 지내는 친구들이 자신의 말을 듣지 않는다고 느낄 때는 여전히 짜증스러워 했다. 클라이언트는 감정 기복이 매우 심하여 쉼터에 아버지가 방문한다는 소식을 듣고 며칠 동안은 기분이 상승되었지만 아버지를 만나고 나서는 짜증이 가중되는 결과를 가져왔다.

(5) 11회기 : 종결하기(표적 문제와 전체 문제 상황의 검토)

① 나는 담배를 너무 좋아한다.

처음에는 스트레스를 받으면 흡연 횟수가 다소 증가하기도 했지만, 일시적인 현상이었을 뿐 흡연 횟수는 초기의 절반 수준으로 줄어들었다.

② 나는 밤에 자주 깨고 다시 잠이 안 올까 봐 걱정이 된다.

사회복지사는 클라이언트의 불면 증상을 이전의 환각제 흡입으로 인한 금단 현상이나 정신적인 측면인지 사정하였다. 클라이언트는 밤낮이 바뀌어 있던 예전 생활의 폐해로 인해 불면증이 있었으며, 규칙적인 생활을 통해 불면이 상당히 완화되었다.

③ 나는 쉼터 내 같은 방 아이들한테 소리를 지르며 짜증을 많이 낸다.

클라이언트는 이 표적 문제에 대하여 과제 수행을 성실하게 하였다. 화가 날 때 자리를 피하고 친구들을 대하는 방법을 배웠다. 하지만 자신이 경험하는 직접적인 스트레스의 치료는 되지 못하였다.

과제중심모델은 몇 가지 비판을 받고 있다. 과제중심모델은 문제의 행동적 측면에만 초점을 두는 단순한 관점을 가지고 있기 때문에 문제가 장기적이며 만성화되었거나, 보다 복잡한 문제를 가진 클라이언트에게 적용하기에는 한계가 있다. 하지만 장기간의 심리사회적 개입을 하는 경우에라도 과정 중에 발생할 수 있는 위기 상황에의 적용 또는 클라이언트가 자신의 문제에 대해 통찰한 바를 행동으로 전환시키도록 원조하기 위한 방법으로 과제중심모델을 활용할 수 있다(Reid, 1996). 둘째, 클라이언트가 제시한 문제가 우선적으로 고려된다는 특성으로 인해 사회복지사들이 클라이언트의 문제에 대해 충분히 사정하지 않은 상태에서 편협하고 기계적으로 표적 문제와 목표 설정을 하는 경우가 발생하지 않도록 주의해야 한다(황미경, 1997). 셋째, 과제중심모델에서 사회환경에 대한 개입이 강조됨에도 불구하고 단기 개입이기 때문에 클라이언트의 개인적 변화에만 초점을 맞추는 경우가 많으며, 새로운 자원을 개발하기에 시간의 압박이 있다는 비판이 있다. 이를 위해 사회복지사는 가족 및 지역사회환경에 대한 지식과 자원을 함께 확장시켜 나가기 위한 노력을 지속하여야 할 필요가 있다.

문제 풀이

1. 과제중심모델에서 과제 수행의 장애물을 찾아내는 단계는?

(2013년 기출 문제)

① 시작 단계 ② 문제 규명 단계
③ 계약 단계 ④ 실행 단계
⑤ 종결 단계

정답 : ④
해설 : 과제중심모델에서 과제 개발하기, 과제 수행 지지하기, 과제 수행, 과제 점검, 모니터링, 개입 전략 수정하기 등은 실행 단계에서 이루어진다. 이때 과제 수행의 장애 요인을 파악하고 장애 요인을 제거함으로써 과제 수행을 지지한다.

2. 과제중심모델에 관한 설명으로 옳지 않은 것은?

(2021년 기출 문제)

① 개입 초기에 빠른 사정을 한다.
② 구조화된 접근을 한다.
③ 다양한 이론과 모델을 절충적으로 활용한다.
④ 조사에 근거한 경험적 자료를 중심으로 진행한다.
⑤ 사회복지사는 적극적으로 개입하지 않고 클라이언트가 주체적인 역할을 하도록 한다.

정답 : ⑤
해설 : 과제중심모델은 단기 개입 모델로 클라이언트의 적극적이고 능동적인 참여가 중요하지만 사회복지사와 협조적 관계를 맺고 클라이언트와 사회복지사 모두 적극적으로 참여하는 것을 중요하게 강조한다.

3. 과제중심모델에 대한 설명으로 옳은 것은?

(2010년 기출 문제)

① 단일 이론에 기반한다.
② 클라이언트의 심리적 문제에 초점을 둔다.
③ 개입 단계의 내용이 구조화되어 있지 않다.
④ 과제는 사회복지사가 클라이언트에게 부여한 활동이다.
⑤ 클라이언트의 문제 인식을 반영하여 표적 문제를 설정한다.

정답 : ⑤
해설 : 과제중심모델은 단일 이론이 아닌 다양한 이론을 절충적으로 사용하는 모델이며, 심리적 문제에만 초점을 두지 않고 환경적 문제에도 초점을 둔다. 또한 과제중심모델은 다른 모델에 비해 매우 구조화되어 있으며, 과제는 사회복지사가 클라이언트에게 부여한 활동이 아니라 두 사람이 함께 계획하고 동의한 후 수행하는 문제해결 활동이다.

참고문헌

권중돈(2014). 인간행동과 사회복지실천. 학지사.

김혜란 · 홍선미 · 공계순 · 박현선(2022). 사회복지실천기술론. 나남.

남미애 · 윤숙자(2013). 사회복지실천기술론. 학지사.

양옥경 · 김정진 · 서미경 · 김미옥 · 김소희(2015). 사회복지실천론. 공동체.

엄명용 · 노충래 · 김용석(2011). 사회복지실천의 이해. 학지사.

장수미 · 최정숙 · 박형원 · 김주현 · 홍현미라 · 이혜경 · 이영선 · 한인영(2017). 사회복지실천기술론(2판). 학지사.

황미경(1997). 가출청소년에 대한 효과적인 개입방안 연구. 이화여자대학교 대학원 사회사업학과.

나눔의 집(2020). 사회복지실천기술론. 사회복지사 1급 기본이론서.

Tolson, E. R. Reid, W. J., & Garvin, C. D.(1994). Generalist Prctice. a fask-centered approach. New York: columbia University press.

Payne, M.(2005). Modern Social Work Theory.(3rd ed), Palgrave Mcmillan.(2005).

Reid, W. J.(1996). Task-centered social work. In F. J. Turner(Ed.), Social work freatment(4th ed.). New York: Free Press.

CHAPTER

5

임파워먼트실천

학습 목표

1. 임파워먼트실천의 기본 가정 및 관련 개념을 학습한다.
2. 임파워먼트실천의 주요 실천과정 및 기법을 학습한다.
3. 임파워먼트실천의 적용 사례들을 검토해 보고 다양한 실천 기술들을 연습해 본다.
4. 임파워먼트실천의 한계점을 논의해 보고 보완 방안을 모색해 본다.

1. 개요

임파워먼트empowerment는 교육학, 정치학, 사회심리학, 행정학, 경영학, 사회 운동 등 여러 분야에서 활용되고 있으며, 사회복지학에서도 지난 백 년 이상 다루어진 개념이다. 임파워먼트는 하나의 실천으로 개념화하거나 달성될 수 있는 과정이라기보다는 미시적 · 거시적인 측면에서 사회복지가 추구하는 궁극적인 목적이자 이념이라 할 수 있다.

임파워먼트에서 중요한 것은 클라이언트가 자신의 삶을 스스로 결정하고 삶의 주체자로서 '힘power'을 갖게 되는 과정이다. 사회복지사는 클라이언트 삶의 임파워먼트 과정에서 변화의 매개인이자 상호협력가이며 촉진자로서 활동해야 하며, 클라이언트들이 자신의 삶에 좀 더 적극적이고 주도적으로 관여하고 스스로 힘을 가질 수 있도록 원조하는 것이 중요하다. 이 장에서는 임파워먼트 실천의 주요 가정과 특성, 주요 실천 과정과 기법, 사례 등을 소개하며, 임파워먼트 실천의 적용과 사회복지사의 역할에 대해서 모색해 보고자 한다.

2. 주요 개념 및 특성

1) 임파워먼트의 개념

임파워먼트empowerment는 역량강화, 권한 부여, 능력 고취, 세력화 등으로 다양하게 번역되어 활용되고 있다. 웹스터 사전에 따르면, '임파워empower란 힘power을 주다, 권위를 부여하다, 능력을 주다, 할 수 있게 하다, 허락하다'라고 정의되고 있다. 스테이플(Staples, 1990)은 임파워먼트는 "개인이나 집단이 심리학적, 사회 문화적, 정치적 또는 경제적 영역에서 자원을 증가시키고 자아상을 강화시키며, 자신을 위해 행동하는 능력을 세우기 위해 힘을 발달시키고 활용하는 과정"이라고 하였다. 파슨스(Parsons,

1991)는 임파워먼트란 "개인의 성장으로 시작하는 발달적 과정이고, 사회의 변화를 일으키는 힘이며, 자존감과 자기효능감과 통제감을 갖는 심리 상태"라고 정의했다. 솔로몬(Solomon, 1976)은 임파워먼트는 "문제해결을 방해하는 장애물을 다루는 것이다. 장애물이란 낙인화된 집단 정체성에 대해서 외부 사회가 부여한 것이다"라고 하였다(Gutiérrez et al., 1998).

구띠에르(Gutiérrez, 1994)는 임파워먼트는 '과정'과 '결과' 모두를 의미한다고 하였다. 즉, 임파워먼트는 "개인적 · 대인관계적 · 정치적 힘이 증가하는 과정이다. 따라서 개인, 가족, 지역사회가 그들의 상황을 개선하기 위해서 실제로 행동을 수행하는 것"이라고 하였다. '과정'으로서 임파워먼트는 사회 정치적 영역에서 사건의 방향에 영향을 미치는 것과 같이, '개인적 문제에 대한 심리적 통제감이 증가하는 것'을 의미하며, '결과'로서 임파워먼트는 '개인적인 힘이나 정치적 힘을 쟁취한 상태'를 의미한다. 임파워먼트는 마음 상태, 즉 가치 있다는 느낌과 능력감 또는 힘과 통제를 가졌다는 느낌 등을 의미한다. 또한 사회구조를 변경한 결과로서 만들어진 힘의 재배치를 의미하기도 한다(이경아 외, 2004).

임파워먼트의 정의에서 중요한 것은 '힘power'의 개념과 중요성을 이해하는 것이다. 임파워먼트에서 '힘'은 단순히 착취적이거나 부족한 자원을 의미하기보다는 오히려 사회적 상호작용 속에서 개인적 혹은 상호 관계적인 힘이 발생된다는 것이다. 임파워먼트 실천에서, '힘'은 세 가지 차원에서 발생하는데, 개인적(자신의 문제를 해결할 수 있고 이에 영향력을 미칠 수 있는 감정과 인식), 대인관계적(문제해결을 촉진시킬 수 있는 다른 사람들과의 경험), 그리고 환경(자조적 노력을 촉진할 수 있는 사회 기관 등)이다. 따라서, 임파워먼트 실천 전략에서 중요한 것은 '클라이언트 안에 있는 모든 수준의 힘을 강화'하는 데 초점을 두는 것이다(정순둘 외, 2012).

한편, 임파워먼트의 정의에서 자칫 오해될 수 있는 부분은 임파워먼트란 힘을 다른 사람으로부터 부여받을 수 있다는 것을 의미한다는 것이다. 사이몬(Simon, 1994)은 "임파워먼트란 반사적 활동이며, 힘이나 자기결정을 추구하는 사람에 의해서만 시작되고 유지될 수 있는 과정이다. 다른 사람들은 임파워먼트 과정을 원조하고 촉진시키는 일만 할 수 있을 뿐이다"라고 하며, 임파워먼트는 어떠한 전문직이나 원조자에 의해서가 아니라 "클라이언트 스스로 추진할 수 있는 과정임"을 강조하고 있다(Gutiérrez et al., 1998).

2) 기본 가정

임파워먼트 실천의 인간 체계와 변화에 대한 가정을 살펴보면 다음과 같다.

(1) 인간 체계에 대한 가정

① 모든 사람들은 수용과 존경을 받을 가치가 있다.
② 클라이언트가 자신의 상황을 가장 잘 알고 있다.
③ 모든 인간 체계 행동은 상황 내에서 잘 이해될 수 있다.
④ 모든 인간 체계의 행동은 동기화 과정에 의해서 수행된다.
⑤ 도전은 클라이언트 자신에 기인한 것보다는 인간 체계와 그들의 신체적 · 사회적 환경 간의 상호작용 과정으로부터 기인한다.
⑥ 강점들은 개인적 가치에 대한 느낌, 문화적 자긍심, 성공적인 관계와 지역사회 내 자원이 되는 상호 의존 등을 포함하여 매우 다양하다.

(2) 변화에 대한 가정

① 변화는 가능할 뿐 아니라, 필연적인 것이다.
② 생태체계의 한 부분의 작은 변화는 다른 체계의 변화를 야기시킨다.
③ 도전에는 여러 가지 해결책이 있다.
④ 문제를 해결하려고 하지 말고 해결책을 찾도록 한다.
⑤ 지속적인 변화는 강점을 기반으로 한다.
⑥ 성장에 대한 강점들과 가능성은 모든 인간 체계의 특징이다.
⑦ 인간 체계는 주어진 영역이나 기회 속에서 능력을 기른다.

⑧ 협력적 관계는 힘을 갖게 해주고 행동을 유도한다.

⑨ 문화적 차이는 더 넓은 관점, 추가 조건, 그리고 시너지를 내는 해결책의 가능성 등을 제공하는 자원이 된다(이경아 외, 2004).

임파워먼트 실천을 적용하는 사회복지사는 기본 관점으로서 '7초점 관점seven-foci of this approach'을 가질 필요가 있다.

첫째, 사회복지사는 과거로부터 현재까지 어떤 특정한 집단에 대한 사회적 억압은 무엇이었고, 사회 정책 등은 어떠하였는가 등에 대한 '역사적 관점(historical view)'을 가져야 한다.

둘째, 스트레스-대처 패러다임을 바탕으로 하여, '개인의 적응 잠재력, 개인이 낙인, 사회 학습 문제, 인지행동 문제의 국면에 부딪혔을 때 어떻게 자아 기능을 활용하고 대처하는가' 등을 인식할 수 있어야 한다. 이와 더불어 개인의 억압과 관련된 권력, 권력 남용, 구조적 불평등, 그리고 사회경제적 문제에 관한 지식을 포괄적으로 포함할 수 있는 '생태학적 관점ecological view'을 가져야 한다. 생태학적 관점은 인간과 환경과의 관계를 강조하며, 사회 현상에 대한 총체적 시각을 제공할 수 있다.

셋째, 인종 차별주의와 계층 차별주의, 그리고 이들의 상호작용 효과에 대한 날카로운 지식 등을 제공할 수 있는 '인종・계층주의적 관점ethclass perspective'을 가져야 한다. 현재 세계의 여러 지역사회에서 인종, 사회 계층적 차별이 계속해서 등장하고 있고 확산되고 있음을 고려할 때, 사회복지사는 다양한 인종별, 계층별로 어떠한 차별들이 존재하고 있는가를 이해하고 검토할 수 있어야 한다.

넷째, 클라이언트의 민족적 배경과 이것과 관련된 규범, 뉘앙스, 기대 등을 인식할 수 있는 '문화적・다문화적 관점cultural perspective'을 가져야 한다. 사회복지사는 클라이언트가 아시아, 라틴 국가 등 어떠한 전통과 뿌리를 가지고 있는가를 잘 알고 있어야 하며, 문화적 다양성을 알고 대처하는 다문화적 관점을 갖는 것이 필요하다.

다섯째, '여성주의적 관점feminist perspective'을 지녀야 한다. 여성주의적 관점에서는 여성에 대한 억압을 강조하고, 무엇보다도 여성과 남성 사이의 힘의 관계에 주목하며,

성차별을 사회구조적 맥락에서 인식하고 있다. 사회복지사는 억압된 여성에 대한 성차별을 사회구조적 맥락에서 인식할 수 있어야 한다.

여섯째, '글로벌적 관점global perspective'을 지녀야 한다. 현재, 세계는 상호 의존적이며 사회적 · 경제적 불평등은 전 세계적 문제가 되고 있다. 이러한 측면에서 사회복지사는 좀 더 글로벌적 관점을 갖는 것이 필요하다.

일곱째, 사회복지사가 모든 형태의 억압을 비판하고 개인과 사회적 변화를 연계하는 전략들을 발전시키기 위해서는 '비판적 시각critical perspective'을 가질 필요가 있으며, 비판적 시각과 더불어 많은 선택과 대안들을 제시할 필요가 있다(최승희 역, 2004).

3) 주요 목표

임파워먼트 실천의 주요 목표는 여러 가지 차원에서 논의될 수 있으나, 구띠에르 등(Gutiérrez et al., 1998)이 제시한 임파워먼트 실천의 주요 목표들을 살펴보면 다음과 같다. 첫째, 개인적 차원에서는 자기효능감, 자기 인식, 자기 수용, 자아존중감, 인권 인식, 비판적 사고 등을 향상하는 것이다. 둘째, 대인관계 차원에서는 대인관계의 지식과 기술을 습득하고 자기주장을 향상하거나 원조를 요청하고, 문제해결능력이나 새로운 기술을 실천하고 자원 접근을 향상하는 것이다. 셋째, 정치 사회적 차원에서는 정치적 참여와 행동을 확대하고 기득권을 반환하며, 지역사회에 대한 기여를 증대하고, 사회환경에 대한 통제감을 향상하는 것이다.

종합해서 보면, 클라이언트는 위와 같은 세 가지 차원에서의 목표나 목적들을 스스로 계획하고 노력하여 달성하는 것이 중요하며, 이러한 과정에서 사회복지사는 클라이언트가 스스로 목적과 목표들을 세우고 달성할 수 있도록 상호협력하고 촉진하며 도와야 한다.

표 5-1 임파워먼트 실천의 주요 목표

개인적 차원	대인관계적 차원	정치 사회적 차원
• 자기효능감 • 자기 인식 • 자기 수용 • 자아존중감 • 인권 인식 • 비판적 사고	• 대인관계 지식 및 기술 향상 • 자기주장 향상 • 원조 요청 • 문제해결능력 향상 • 새로운 기술 실천 • 자원 접근 향상	• 정치적 참여 및 행동 확대 • 기득권 반환 • 지역사회 기여 증대 • 사회환경에 대한 통제감 향상

출처 : Gutiérrez, Parsons, & Cox(1998).

3. 주요 실천과정과 기법

1) 주요 실천과정

임파워먼트 실천에서 주요 실천과정은 연구자들마다 다양하게 제시되고 있다. 이러한 실천과정에서 구분은 반드시 정해진 순서대로 시행하라는 의미는 아니며, '환경 속의 인간'의 관점에서 클라이언트의 임파워먼트를 최대화하기 위한 사회복지실천과정으로 진행될 필요가 있다.

(1) 밀리 등(Miley et al., 2007)의 임파워먼트 실천과정

밀리 등(Miley et al., 2007)이 제시한 임파워먼트 실천과정의 첫 번째는 '대화dialogue 단계'로서 관계 형성, 유기적 관계, 방향을 명확히 하며, 두 번째는 '발견discovery 단계'로서 강점 발견하기, 활용 가능한 자원 사정하기, 문제해결 계획 구축하기, 세 번째는 '발전development 단계'로서 자원 활성화하기, 협력관계 만들기, 기회 확대하기, 목표 달성에 대한 인정, 성과 통합하기 등으로 제시하였다. 이러한 단계별 과정과 활동 범위에 대한 내용은 표 5-2와 같다.

표 5-2 밀리 등(Miley et al., 2007)의 임파워먼트 실천과정

단계	과정	활동 범위
대화 (dialogue)	관계 형성	클라이언트의 존재 그 자체에 대한 존중과 클라이언트의 권한을 인정함으로써 임파워링 관계 맺기
	유기적 관계	목표를 향한 모든 활동 영역과 함께 클라이언트의 경험을 확인함으로써 변화하는 관계를 사정하기
	방향을 명확하게 하기	클라이언트의 동기 부여를 촉진하고 당면한 문제에 관련한 자원을 탐색할 수 있도록 하는 임시 목적을 설정하기
발견 (discovery)	강점 발견	힘든 상황, 문화적 정체성, 역경 극복에 대처할 수 있는 통합적 기능 차원에서 클라이언트의 강점 찾기
	활용 가능한 자원 사정	가족, 사회적 집단, 조직, 지역 제도 등을 포함하여 클라이언트와 환경과의 상호 교류 차원에서 다양한 자원 탐색하기
	문제해결 계획 구축	클라이언트와 희망하는 목적을 달성하기 위해서 사회적 자원을 최대한으로 활용할 수 있고 성취 가능한 계획을 수립하기
발전 (development)	자원 활성화	상담과 자원 관리, 교육 등을 통하여 가능한 자원을 동원함으로써 세부적인 계획을 실행하기
	협력관계 형성	클라이언트의 비공식적인 지지 체계, 서비스 전달 체계 안에서 클라이언트와 임파워링 협력관계로 발전하기
	기회 확대	프로그램 개발, 지역사회 조직하기, 사회 행동을 통하여 새로운 기회와 자원들을 개발하기
	목표 달성에 대한 인정	변화하고자 하는 노력에 대한 성과를 평가하고 지속적인 활동을 격려하기
	성과 통합	관계를 변화시키고, 성과를 인정하며, 긍정적 변화가 유지되고 안정될 수 있도록 하면서 변화 과정을 종결하기

출처 : Miley, O'Melia & Dubois(2007).

먼저 '대화dialogue 단계'에서 사회복지사는 클라이언트와 함께 '관계 형성', '유기적 관계', '방향을 명확하게 하기'를 실천해야 한다. 먼저, 사회복지사는 클라이언트와 관계 형성을 위해서는 클라이언트 존재 그 자체에 대한 존중과 클라이언트의 권한을 인정함으로써 임파워링 관계를 형성해야 한다. 또한, 유기적 관계 형성을 위해서 목표를 향한

모든 활동 영역과 함께 경험을 확인함으로써 변화하는 관계를 사정해야 한다. 다음으로 방향을 명확하게 하기 위해서는 클라이언트의 동기 부여를 촉진하고 당면한 문제에 관련한 자원을 탐색할 수 있도록 임시 목적을 설정해야 한다.

'발견discovery 단계'에서 사회복지사는 '강점 발견', '활용 가능한 자원 사정', '문제해결 계획 구축'을 실천해야 한다. 이를 위해서 사회복지사는 힘든 상황, 문화적 정체성, 역경 극복에 대처할 수 있는 통합적 기능 차원에서 클라이언트의 강점 찾기를 위해 클라이언트와 함께 노력해야 한다. 사회복지사는 클라이언트와 함께 가족, 사회적 집단, 조직, 지역 제도 등을 포함하여 클라이언트와 환경과의 상호 교류 차원에서 다양한 자원도 탐색해야 한다. 문제해결 계획 구축을 위해서 사회복지사는 클라이언트와 희망하는 목적을 달성하기 위해 사회적 자원을 최대한으로 활용할 수 있도록 성취 가능한 계획을 수립해야 한다.

'발전development 단계'에서 사회복지사는 '자원 활성화', '협력관계 형성', '기회 확대', '목표 달성에 대한 인정', '성과 통합'을 실천해야 한다. 먼저 사회복지사는 자원 활성화를 위해서 상담과 자원 관리, 교육 등을 통하여 가능한 자원을 동원함으로써 세부적인 계획을 실행해야 한다. 사회복지사는 클라이언트와 협력관계 형성을 위해서 클라이언트의 비공식적인 지지 체계, 서비스 전달 체계 안에서 클라이언트와 임파워링 협력관계로 발전해야 한다. 또한 사회복지사는 클라이언트의 기회 확대를 위해서 프로그램 개발, 지역사회 조직하기, 사회 행동 등을 통하여 새로운 기회와 자원들을 개발해야 하며, 목표 달성에 대한 인정을 위해서 변화하고자 하는 노력에 대한 성과를 평가하고 지속적인 활동을 격려해야 한다. 마지막으로 사회복지사는 클라이언트의 성과 통합을 위해서 관계를 변화시키고 성과를 인정하며, 긍정적 변화가 유지되고 안정될 수 있도록 하면서 변화 과정을 종결해야 한다(Miley, O'Melia & Dubois, 2007).

(2) 구띠에르 등(Gutiérrez et al, 1998)의 임파워먼트 실천과정

구띠에르 등(Gutiérrez et al, 1998)은 임파워먼트의 실천과정을 표 5-3과 같이 네 가지 영역의 과정으로 제시하였다. 첫 번째 영역에서는 '사회복지사와 클라이언트가 관

표 5-3 구띠에르 등(Gutiérrez et al, 1998)의 임파워먼트 실천과정

1영역 사회복지사와 클라이언트 관계 형성하기 : 즉각적인 욕구 충족	2영역 교육, 기술 개발 : 자조집단	3영역 자원 확보 : 체계 사정	4영역 사회 행동 : 정치적(거시적) 변화 : 주 · 정부 · 국제적 행동
1) 개인과 가족을 현존하는 서비스로 연결 2) 의식 향상 과정 시작 3) 필요한 자원을 찾고 요청하는 방법에 대해서 실제적인 학습하기	1) 지식 개발 2) 문제해결의 신체적, 심리적, 사회적 측면 사정 3) 새로운 기술(예 : 옹호, 중재) 개발 4) 선택한 문제에 대한 구체적인 정보 획득 5) 일반적인 문제와 해결책들을 다루기 위해 집단 활용 6) 타인을 도움으로써 자신을 도움 : 자조집단 등 7) 문제해결 기술	1) 자원과 조직들에 대한 지식의 재구성 2) 전문직, 조직들과 소통하는 기술 개발 3) 조직, 지역사회 변화 기술 개발 4) 조직 변화에 참여 5) 의사 결정 조직에 참여할 기회를 가짐 6) 공식적 조직 합류, 자조 집단, 프로그램 등 개발 및 참여	1) 정치-경제 체계, 국가적 이슈들에 대한 지식을 재구성 2) 국가적 이슈들(거시적)들을 다루거나 조직과 활동하는 기술들을 재구성 3) 개인적인 문제들의 정치적 본질을 파악하는 능력 향상 4) 캠페인, 협상, 중재하기 5) 로비 활동, 피케팅
주요 참여자			
- 개인 - 가족 - 사회복지사	- 개인 - 가족 - 소집단 - 사회복지사	- 개인 - 가족 - 소집단 - 대집단 - 문제 초점 지지망	- 개인, 가족, 소집단, 대집단, 지역사회, 전국 조직, 지방 · 주 정부 조직
주요 변화 표적			
- 개인 - 가족	- 개인 · 집단의 상황 - 공통된 문제해결	- 조직 - 기관 - 개인 - 공통 문제	- 대집단 - 지역사회 - 입법, 정책 - 지방 정부, 주 정부, 연방 정부

출처 : Gutiérrez, L. M., Parsons., R., Cox., E. O.(1998).

계를 형성하기' 과정으로서, 이때 중요한 것은 즉각적인 욕구를 충족시키는 과업이다.

이 과정에서 사회복지사는 클라이언트인 개인과 가족을 현존하는 서비스로 연결해야 하며, 의식 향상 과정을 시작하고, 필요한 자원을 찾고 요청하는 방법에 대해서 실제적인 학습을 하도록 해야 한다. 두 번째 영역은 '교육과 기술 개발' 과정으로서, 사회복지사는 클라이언트를 위한 지식을 개발하고 문제해결을 위한 신체적, 심리적, 사회적 측면을 사정하며, 새로운 기술(예 : 옹호, 중재)을 개발하고 이중에서도 클라이언트가 선택한 문제에 대한 구체적인 정보를 획득할 수 있도록 돕는 것이 중요하다. 또한, 일반적인 문제와 해결책들을 다루기 위해 집단을 활용하는 것이 필요한데, 이 중에서도 클라이언트가 타인을 도움으로써 자신을 도울 수 있는 자조집단 등에 참여를 할 수 있도록 연계하고 지지해야 하며, 문제해결 기술을 개발하고 활용할 수 있도록 해야 한다.

세 번째 영역에서는 '체계를 사정함으로써 자원 확보하기' 과정으로, 이 영역에서는 자원과 조직들에 대한 지식을 재구성하고 전문직, 조직들과 소통하는 기술을 개발하며, 조직 및 지역사회 변화를 위한 기술 개발을 하는 것이 필요하다. 또한, 조직 변화에 참여하며, 의사 결정 조직에 참여할 기회를 갖도록 하고, 조직에 합류하거나 자조집단, 프로그램 등을 개발하고 참여하도록 해야 한다.

네 번째 영역에서는 '사회 행동과 정치적 변화를 위한 활동에 참여'하는 과정으로서, 정치–경제 체계, 국가적 이슈들에 대한 지식을 재구성하고 국가적 이슈들(거시적)들을 다루거나 조직과 활동하는 기술들을 재구성한다. 개인적인 문제들의 정치적 본질을 파악하는 능력을 향상하도록 하고, 캠페인, 협상, 중재하기, 로비 활동, 피케팅 등을 실행한다. 이와 같은 네 가지 영역에서의 개입은 어떠한 영역에서든지 시작할 수 있고, 각각의 영역은 다른 영역의 개입을 촉진할 수 있다. 따라서, 이 네 가지 차원은 배타적이지 않고 단선적이거나 순환적이지도 않다.

이러한 실천과정에서 주요 참여자는 개인, 가족, 소집단, 대집단, 사회복지사, 문제초점 지지망, 지역사회, 전국 조직, 정부 조직 등 다양할 수 있다. 또한, 주요 변화 표적도 개인, 가족, 집단의 상황, 공통된 문제해결, 조직, 대집단, 지역사회, 입법, 정책, 지방 정부, 주 정부, 연방 정부 등 미시적 차원부터 거시적 차원까지 다양할 수 있다 (Gutiérrez et al, 1998).

2) 주요 실천 기법

(1) 상호협력하는 동반자 관계 형성하기

임파워먼트 실천을 함에 있어서 사회복지사는 지시자보다는 '촉진자' 혹은 클라이언트의 자기 주도적인 참여 과정을 지지하는 '파트너십 기반의 동반자'의 관계를 형성하고 이에 따른 역할을 수행해야 한다. 이때 클라이언트는 문제를 가진 사람보다는 강점을 지닌 자원으로서 이해되어야 한다.

그러나, 여기에서 동반자의 관계가 사회복지사에게 학대나 중독, 착취 행동과 같은 클라이언트의 모든 태도와 행동, 결정을 무조건적으로 수용할 것을 권하는 것은 아니다. 또한, 사회복지사와 클라이언트는 다차원적 관점에서 클라이언트의 상황에 대해 지속적인 대화와 함께 비판적 분석을 하는 관계 형성이 필요하다.

사회복지사와 클라이언트가 조화로운 동반자적 관계를 형성하기 위해서는 다음과 같은 점들을 검토해야 한다. 첫째, 의료 모델의 관점에서 클라이언트는 약점 혹은 병리의 증상을 보이는 환자라는 인식에 기초를 두고 있으며, 사회복지사와 클라이언트는 평등한 관계라기보다는 클라이언트는 전문가의 처방에 순응해야 하는 객체라는 관점을 가지고 있다. 임파워먼트 실천에서는 이러한 관점과 달리 사회복지사와 클라이언트의 협력적이고 수평적 관계를 강조하고, 클라이언트는 무한한 잠재력과 자기결정권을 가진 자신의 삶의 주체자라는 입장을 강조한다. 이러한 과정에서 사회복지사가 모든 지식을 가지고 있으며, 문제해결에 대한 전적인 책임을 져야 한다는 전문가의 역할에 대한 선입견을 우선 버려야 한다.

둘째, 사회복지사와 클라이언트의 평등한 관계에서 권력이나 지위는 상호 공유되어야 하며, 사회복지사는 권위주의적 태도를 지양해야 한다. 셋째, 사회복지사는 클라이언트의 강점을 규명하고 인정하는 능력을 갖추어야 하며 동시에 인식된 약점에 대해서 심판적 해석을 해서는 안 된다. 넷째, 다양성을 인정해야 하고, 다섯째, 정치적 차원에서 사회복지사와 클라이언트가 함께 다루어 나가야 할 문제 혹은 공통의 관심사를 상호 공유하는 것이 필요하다(김혜란 외, 2020).

상호동반자적 원조관계 형성을 위해서 필요한 역량들은 감정이입, 존중, 진실성 등이다.

① 감정이입

상호동반자적 원조관계 형성을 위해서 필요한 역량으로는 '감정이입empathy'을 들 수 있는데, 이는 공감을 위해서 필수적인 요소라 할 수 있다. empatheia라는 그리스어에서 유래한 감정이입은 다른 사람이 무엇을 어떻게 느끼고 있으며, 그러한 타인의 느낌에 참여하는 과정이라 할 수 있다. 즉, 감정이입이란 '다른 사람과 일치되는 느낌a feeling of with의 과정'이며, 이것은 다른 사람의 생각, 느낌, 경험, 환경을 이해하고 인식하는 것이다. 감정이입은 동정이나 낭만적 사랑과 같이 누구에 대한 혹은 누구를 향한 감정의 표현은 아니다. 또한 '클라이언트에 대한 진단적이고 평가적인 이해'를 말하는 것도 아니다. 감정이입이란 다른 사람의 주관적 경험에 의식적이고 의도적으로 참여하는 것이다.

물론, 사회복지사는 클라이언트의 느낌을 자신의 것으로 받아들여 클라이언트와 지나치게 동일시해서도 안 된다. 그러나 사회복지사는 클라이언트의 느낌을 느끼되 클라이언트에 대한 느낌을 떨쳐 버리는 두 가지 모두를 할 수 있어야 한다. 사회복지사는 클라이언트와의 감정이입을 통해 원조관계를 더욱 발전시킬 수 있고 생산적으로 만들 수 있다. 또한, 사회복지사는 클라이언트들이 경험하는 문제에 대한 현실적 시각을 가질 수 있다. 감정이입은 적극적 경험, 감정 반영 등 다른 상담의 기법과 함께 활용할 때 유용하게 쓰일 수 있다(김인숙 외, 2002).

연습활동

상상 기법

- 감정이입을 수행하기 위해서는 먼저 클라이언트와 유사한 상황하에 있다면 나는 어떤 감정을 느낄 것인가에 대해 상상하는 것이 좋다. 즉, '내가 이와 같은 상황에 처해 본 것이 있는가?', '그때 어떤 느낌이었나?' 혹은 '만약 이런 상황이 온다면 나는 어떻게 느낄 것인가?' 이러한 상상 기법은 감정이입적 능력을 고양시키는 데 유용하다.

- 두 사람씩 짝이 되어 예를 들어 딸을 잃은 어머니의 감정을 상상해 보고 어머니의 감정과 관련된 감정표현 단어를 나열해 보자. 이와 관련된 자신의 유사 경험이 있으면 짝과 함께 이야기해 보고, 만일 없다면 감정을 상상해 보자. 활동 후 느낀 점을 짝과 함께 나누어 보자.

연습활동

감정 찾기 훈련

- 감정을 표현하는 단어 30개 이상을 나열해 보자. 그리고 두 사람씩 짝을 지어 한 사람은 사회복지사, 한 사람은 클라이언트가 되어 자신의 어려운 상황이나 최근 상황을 대화해 보고 현재의 대화 속에 감정과 관련된 단어들을 찾아보자. 다음의 단계에 따라 연습해 본다.

1) 감정을 표현하는 단어 30개 이상 나열하기
2) 두 사람씩 짝을 지어 사회복지사, 클라이언트가 되어 최근의 상황을 대화하기
3) 대화 속에 나온 감정들은 무엇이었는지 감정을 표현하는 단어 중 찾아보고 이야기해 보기
4) 다시 대화를 하면서 상대방의 핵심의 감정에 대해서 "○○(핵심의 감정) 하셨겠어요"로 전달해 보기
5) 클라이언트 역할을 맡고 핵심의 감정을 들은 느낌을 나누고 피드백하기
6) 역할을 바꾸어서 연습해 보기

② 존중

존중이란 타인을 통제하지 않으면서 따뜻함과 보호를 느끼게 하는 사회복지사의 태도이다. 존중은 타인을 조건 없이 긍정적으로 바라본다는 점을 표현하는 것이다. 다문화적 맥락에서 존중이란 차이를 진정으로 수용하는 것을 포함한다. 차이에 대한 존중은 인간 공동체 각각이 모두 가치가 있다는 관용으로 나아가게 한다.

사회복지사는 자신과는 많은 점에서 다른 사람과 일하게 될 가능성이 높으며, 자신이 클라이언트와 같지 않음을 발견하게 될 것이다. 어떤 클라이언트는 사회복지사인 나를 싫어할 수도 있을 것이다. 그럼에도 불구하고 사회복지사이기 때문에 모든 클라이언트를 존중하고 수용해야 한다. 사회복지사는 자기결정이라는 클라이언트의 기본

적 권리를 인식하고 존중해야 한다. 특히, 사회복지사는 환경 속의 인간(PIE)의 관점에서 클라이언트뿐만 아니라 클라이언트에게 영향을 미치는 사람과 사회 체계에 관심을 가지고 존중해야 한다(김인숙 외, 2002). 사회복지사는 자신의 언어와 비언어적 의사소통 방법(목소리, 자세, 얼굴 표정, 태도, 시선 접촉 등)을 통해서 클라이언트에 대한 존중을 표현하고 전달해야 하며, 클라이언트에 대한 존중을 위해서 늘 자신의 언어와 비언어적 의사소통 방법을 돌아보고 성찰해야 한다.

그러나, 클라이언트가 비윤리적인 행동을 한 경우에도 그 행동까지 수용하라는 것은 아니다. 다만, 사회복지사는 인간이란 누구나 그들이 가진 관점이나 행동, 환경과 상관없이 개개인별로 독특하고 고유한 가치를 가진 존재라는 점을 인정해야 한다는 것이다. 특정 클라이언트의 말이나 행동이 마음에 들지 않고 인정할 수 없을지라도 그들 나름의 고유한 존엄성과 가치를 가진 존재로 수용해야 한다.

③ 진실성

진실성이란 어떤 사람이 관계를 맺을 때 보이는 성실성을 말한다. 진실한 사회복지사는 기본적으로 정직하며, 인위적이지 않고 자연스러우며, 믿을 수 있으며, 거짓이 없어야 한다. 진실한 사회복지사는 방어적이지 않고, 다른 사람의 생각에 열려 있으며, 생각과 느낌을 나누는 데 있어서도 솔직해야 한다. 진실한 사람은 자신을 타인과 관련시키기 때문에 표현이 연습을 하는 것처럼 보이거나 부자연스러워 보이지 않는다. 사회복지서비스를 찾는 사람들이 사회복지사에게 기대하는 것은 전문적으로 지식이 많고 유능한 것 이외에 누군가와 이야기하고 하소연하는 것이다. 클라이언트가 만나고 싶어 하는 사람은 미리 준비된 역할을 수행하거나 상투적인 말을 하거나 같은 말을 반복하는 사람이 아니라 그들과 마찬가지로 살아가고 숨 쉬고 느끼는 사람이다.

항상 기억해야 할 것은 원조관계는 기본적으로 사회복지사를 위한 것이 아니라 클라이언트를 위한 것이어야 한다는 점이다. 클라이언트와 사회복지사 간에 상호 합의된 목표를 달성하기 위해 클라이언트를 돕고 클라이언트와 상호협력하에 함께 일하는 것이 중요하다(김인숙 외, 2002). 사회복지실천의 전 과정에서 사회복지사가 진실성을 바탕으로 클라이언트와 상호협력관계를 형성하지 않는다면, 진정한 상호협력관계는 형성되기 어려울 것이다.

(2) 임파워먼트 사정 : 강점사정

임파워먼트 실천에서 시행하는 사정은 바로 클라이언트와 사회복지사와 함께하는 '강점사정'이며, 강점사정에서는 사회복지사가 클라이언트와 대화를 통해 함께 나누는 것이 중요하다. 일반적으로 '강점'은 재능을 주로 생각하기 쉬우나 강점은 개인적 성격이나 자질, 재능이나 기술, 환경적 강점, 흥미, 열망이나 포부 등 여러 다양한 영역을 포함한다(이경아 외, 2020 재인용). 강점의 유형과 예는 표 5-4와 같다.

표 5-4 강점의 유형과 예

자질, 성격, 기질, 특성	기술, 재능	환경적 강점	흥미, 열망
– 정직 – 배려심 – 희망적 – 근면 성실 – 친절한 – 인내심이 있음 – 민감한 – 말을 잘함 – 친밀한 – 기꺼이 도우려 함 – 대인관계가 원만함 – 신중함	– 글쓰기를 잘함 – 축구를 잘함 – 돈 계산을 잘함 – 운전을 잘함 – 꽃을 잘 가꿈 – 컴퓨터 활용 능력이 뛰어남 – 음악에 대한 조예가 깊음 – 그림 그리기를 좋아함	– 자가에서 생활함 – 거주할 임대 주택이 있음 – 가족과 함께 생활 – 형제자매들의 지지를 받음 – 교회에서 만나는 사람들의 정서적 지원을 받음 – 매월 정기적인 수입이 있음 – 성당으로부터 매월 5만 원씩 후원을 받고 있음 – 기초생활수급자로서 공적 지원을 받음 – 키우고 있는 반려견이 큰 힘이 되어 줌 – 지속적으로 대화를 나누는 친구가 있음 – 3년째 사례관리 서비스에 참여하고 있으며 사례관리자와의 관계가 돈독함	– 낚시를 좋아함 – 글쓰기를 좋아함 – TV에서 최신 영화 보는 것을 좋아함 – 카페에 가서 멍하게 있는 것을 좋아함 – 장래 인터넷 기자가 되고 싶어함 – 취업하여 경제적으로 독립하고 이성 교제를 하여 결혼하기를 원함 – 원룸 등 나만의 공간을 갖기를 원함 – 500만 원을 3년 내 저축하기를 희망함 – 자녀와 더 많은 시간을 갖기를 원함

출처 : 이경아 · 하경희(2020).

강점사정은 강점 중심으로 개인이 원하는 것, 바라는 것, 열망하는 것, 개인의 재능,

기술 그리고 지식에 대한 정보를 모으는 전체적인 관점을 취한다. 또한, 클라이언트의 상황에 대해 클라이언트의 견해로부터 정보를 모으는 것을 중요시하며, 대화식 진행으로서 목적지향적이다. 강점사정의 초점은 '지금-여기'이며, 미래 및 과거로 확대해 갈 수 있고, 어떻게 여기까지 잘 대처하고 살아왔는가가 중심이다. 강점사정에서 개인은 자신과 환경 내에서 그들이 원하는 것을 결정하는 독특한 존재로 간주되고, 사정은 계속 진행 중이라는 점과 관계의 과정 동안 결코 완전하지 않다는 과정 중심의 관점을 취한다. 강점사정에서는 격려, 코칭 그리고 확인이 필수적이고, 구체적이고 상세하며 개별화되는 것을 강조하며, 클라이언트의 권위와 오너쉽을 중요시한다(Rapp & Goscha, 2006). 반면, 문제사정은 문제 중심으로서 일반적으로 진단을 중심으로 문제를 정의하고 질문은 문제를 초점으로 진행되며, 욕구, 결점, 증상 중심이다. 문제사정은 전문가의 관점으로부터 클라이언트의 문제의 본질을 탐색하며 분석적이고, 촛점은 클라이언트의 기능의 수준을 결정하는 진단 중심이며, 클라이언트는 행동에 대한 통찰이 부족하거나 문제 혹은 질병을 부인하는 존재로 간주된다. 문제사정은 정해진 시간에 행하고 대개 완전한 것으로 간주되며, 목적은 개인을 진단적 혹은 문제 항목에 두는 것이다. 사정은 장애의 원인인 증상으로 간주되며, 보통 전문가에 의해서 통제된다. 주요 초점이나 방법은 표 5-5와 같다.

강점사정을 하는 방법은 척도 등을 활용한 양적 방법을 활용할 수도 있고, 질적 방법을 활용할 수도 있다. 일례로, 양적 방법 중 Clifton Strengths Finder은 온라인(https://www.strengthsfinder.com)에서 실시할 수 있으며, 34가지 재능 테마를 측정하는 178개의 문항쌍으로 구성되어 있다. VIA 강점 척도는 온라인(http://ppc.sas.upenn.edu 또는 https://www.viacharacter.org)에서 무료로 이용 가능하며, 약 30분 정도 걸린다. 이들 척도는 주로 성격 강점에 집중되어 있다. 한국에서도 VIA 한국판 청소년용 성격 강점 척도 등이 개발되어 있으며, 유아용, 정신장애인, 성인용 강점 척도 등도 개발되어 있다.

표 5-5 강점사정과 문제사정

강점사정	문제사정
– 강점 중심, 개인이 원하는 것, 바라는 것, 열망하는 것, 개인의 재능, 기술 그리고 지식에 대한 정보를 모음 : 전체적인 관점 – 클라이언트의 상황에 대해 클라이언트의 견해로부터 정보를 모으기 – 대화식 진행, 목적지향적 – 촛점은 지금–여기이며, 미래 및 과거로 확대해 갈 수 있음. 어떻게 여기까지 잘 대처하고 살아 왔는가가 중심 – 개인은 자신과 환경 내에서 그들이 원하는 것을 결정하는 독특한 존재로 간주됨 – 사정은 계속 진행 중이며, 관계의 과정 동안 결코 완전하지 않음 – 격려, 코칭 그리고 확인이 과정에 필수적임 – 구체적이고 상세하며 개별화됨 – 클라이언트의 권위와 오너십을 중요시함	– 문제 중심, 진단을 중심으로 문제를 정의함 – 질문은 문제를 초점으로 진행되며, 욕구, 결점, 증상 중심임 – 전문가의 관점으로부터 클라이언트의 문제의 본질을 탐색하며 분석적임 – 촛점은 기능의 수준을 결정하는 진단 중심 – 클라이언트는 행동에 대한 통찰이 부족하거나 문제 혹은 질병을 부인하는 존재임 – 정해진 시간에 행하고 대개 완전한 것으로 간주됨 – 문제사정의 목적은 개인을 진단적 혹은 문제 항목에 두는 것임 – 전문가에 의해서 통제됨

출처 : Charles A. Rapp, Richard J. Goscha(2006).

질적 방법으로서 랩 등(Rapp & Goscha, 2011)이 제시한 강점사정은 여섯 가지 일상생활 영역인 주거, 재정, 직업·교육, 사회적·영적 지지, 건강, 여가의 영역을 중심으로 '현재의 상태current status', '바람desires과 열망aspirations', '역사history'를 클라이언트와 함께 탐색하는 것이다. 강점사정에서 현재의 상태는 개인이 현재 이용하고 있는 개인적인 능력과 환경적 자원을 의미한다. 바람과 열망은 소비자가 미래에 무엇을 원하는가? 하는 것이다. 역사는 과거에 개인이 활용해 왔던 자원이 무엇인가를 상기해 보는 것이다. 과거의 역사에서 사회복지사와 클라이언트는 클라이언트가 그동안 대처해 왔던 많은 자원과 전략 중 특히 성공적인 경험들을 재탐색한다. 사회복지사는 클라이언트가 다시 세우기를 바라는 자원들을 제시해 주는 전략의 차원에서 과거의 경험들을 탐색한다. 강점사정은 구체적인 질문 방법으로도 제시될 수 있다. 예를 들면 키쏘르트(Kisthardt, 2005)가 제시한 강점사정의 질문을 활용할 수 있다. 사회복지사는 클라이언트가 과거와 관련해서 약점이나 좌절 등의 부정적이거나 과거 지향적 발언을 하는 경우에는 최대한 빨리 그것으로부터 벗어날 수 있도록 돕는다.

사회복지사는 클라이언트와 함께 강점사정을 하면서 클라이언트가 현재와 과거에 노력해 온 부분들을 최대한 끌어내어 지지해 주고 격려해야 한다. 이어서 사회복지사는 클라이언트의 인생에서 가장 즉각적이고 의미 깊게 원하고 필요로 하는 영역에 대해서 클라이언트와 이야기를 나누고, 클라이언트가 이러한 열망을 우선순위화할 수 있도록 해야 한다. 사회복지사는 우선순위화된 열망의 내용을 소비자와 함께 기록하며, 전반적인 강점사정을 수행하면서 느낀 긍정적 강화의 코멘트를 함께 나눈 후 기록해야 한다(Rapp & Goscha, 2011).

표 5-6 키쏘르트(2005)가 제시한 강점사정에서 활용할 수 있는 질문

a. 주거

1. 현재의 주거지에 대해 말씀해 보세요.
2. 현재의 주거 환경에 대해서 얼마나 만족하십니까? 계속해서 그곳에 머무르기를 바라십니까?
3. 과거에 가장 만족스러웠던 주거 환경을 떠올리고 말씀해 보세요.

b. 교통

1. 현재, 어떠한 교통수단을 활용해서 다닙니까?
2. 교통수단을 활용하는 데 있어서 어떻게 되었으면 좋겠다 하는 바람이 있습니까?
3. 과거에는 어떤 다른 방법들을 활용했었습니까?

c. 재정

1. 현재 수입의 주요 원천은 무엇입니까? 현재 받고 있는 혜택은 어떠한 종류가 있습니까?
2. 앞으로 재정 상태에 대한 바람으로는 어떠한 것이 있습니까?
3. 재정 상태에 대해 가장 만족스러웠던 시점은 언제였습니까?

d. 직업

1. 직업을 구하려고 했다면 이유는 무엇이었습니까?
2. 만일 구하고자 하는 직업이 있다면, 그것은 무엇입니까? 가능한 구체적으로 말씀해 보세요. 실내에서 하는 것인가 혹은 실외에서 하는 것인가? 그룹으로 하는 것인가 아니면 혼자 하는 것인가? 낮에 일을 하러 가는 것인가 혹은 밤에 하는 것인가?
3. 과거의 직업 경험에 대해서 말씀해 보세요. 가장 최상의 직업은 무엇이었습니까? 가장 만족스러운 직업을 가졌을때 그것을 가능하게 했던 요인들은 무엇이었다고 보십니까?
4. 과거에 왜 당신은 직업을 그만두게 되었었습니까? 어떤 패턴이 있었다면 그것은 무엇이라고 보십니까?

5. 직업을 구하거나 성공적으로 유지하는 데 필요하다고 생각되는 요인들은 무엇입니까?
6. 알코올과 약물을 사용하고 있다면 이것에 대해서 말씀해 주세요.
7. 새로운 직업을 찾는 대부분의 사람들은 이러한 경험을 어려워 합니다. 그것에 대해서는 어떠하십니까? 직업을 찾는 데 두려움이나 걱정이 있다면 어떠한 것이 있습니까?
8. 제일 잘하는 것은 무엇입니까? 즐겁게 할 수 있는 것과 잘할 수 있다고 믿는 것으로는 무엇이 있습니까? 가장 최상의 장소는 어디입니까? 왜 그곳을 좋아하십니까?

e. 사회적 지지, 관계, 친밀감, 영적 지지

1. 인생에서 가장 중요한 사람들에 대해서 말씀해 보십시오. 이러한 관계를 유지하기 위해서 어떠한 일들을 해야 한다고 보십니까?
2. 친밀한 관계를 이루기 위해 필요한 것은 무엇입니까? 그것을 이루도록 제가 도울 수 있을까요?
3. 인생에서 종교, 교회 혹은 영적인 부분이 얼마나 중요합니까? 당신은 영적인 생활을 하는 것을 좋아합니까? 제가 어떻게 도울 수 있을까요?
4. 당신이 지지가 필요하고, 이해 받고 싶고, 얘기하고 싶을 때, 당신은 어디에 갔었습니까?
5. 사회적 관계를 형성하는 데 있어서 당신이 원하고 필요로 하는 것은 무엇입니까?

f. 건강

1. 건강은 어떠합니까? 당신은 건강을 돌보기 위해서 무엇을 합니까? 흡연을 합니까? 건강과 관련된 요인들 때문에 어떠한 제한점들을 경험했습니까? 다이어트는 어떠합니까?
2. 건강 부분에서 원하고 필요로 하는 것은 무엇입니까?

g. 여가 활동

1. 당신이 긴장을 풀고 즐기기 위해서 하기를 원하는 것에 대해서 말씀해 보세요. 어떤 때가 가장 즐겁습니까? 가장 평화로운 때는 언제입니까?
2. 당신은 잠깐 동안이라도 하지 않아서 즐거웠던 것이 있습니까?
3. 여가 시간에 당신이 원하고 필요로 하는 것은 무엇입니까?

출처 : Kisthardt, W. E(2005).

이밖에도 강점사정에서 클라이언트의 강점을 찾기 위해 다음의 표 5-7과 같은 질문들을 활용하는 것도 도움이 될 수 있을 것이다(이경아 외, 2020).

표 5-7 강점 찾기를 위한 질문 목록

1. 클라이언트가 원하는 삶은 무엇인가? 미래에 자신이 바라는 자신의 모습은 무엇인가?
2. 자신이 바라는 미래의 모습을 이루기 위해 도움이 될 만한 자신의 과거 경험들은 무엇인가?
3. 자신이 바라는 삶을 실현하기 위해 현재 어떤 노력을 하고 있는가?
4. 바라는 삶을 이루기 위해 알고 있는 것들
   - 필요한 정보를 가지고 있는가? 어떠한 것들인가? 유효한 정보인가?
   - 또 어떤 정보들이 필요한가? 그 정보들을 어떻게 수집할 수 있는가? 정보 수집을 위한 계획은 존재하는가?
5. 클라이언트의 삶 속에서 의미 있었던 경험, 사건, 사람들은 무엇인가?
   - 성공과 실패의 경험들
   - 의미 있는 만남들(긍정적, 부정적 의미 모두), 사람들
   - 위의 만남, 경험 들을 통해 무엇을 배우고 깨달았는가?
6. 클라이언트가 가진 개인적 자질, 특성, 미덕, 재능 등에는 어떤 것들이 있는가?
   - 클라이언트가 이미 알고 있고 인정하는 것은 무엇인가?
   - 클라이언트가 가지고 있지만 인정하지 않는 것은 무엇인가?
7. 클라이언트가 주변이나 세상, 사회적으로 알고 있는 것은 무엇인가?
8. 클라이언트가 가진 문화적 · 개인적 스토리
   - 이 스토리는 클라이언트에게 어떤 의미를 가지는가?
   - 이 스토리 안에서 클라이언트의 어떠한 강점과 지혜를 발견할 수 있는가?
9. 클라이언트는 어려움을 겪는 상황에서
   - 어떻게 이 어려움을 견디고 또 이겨내었는가?
   - 현재는 어떠한가?
   - 앞으로 어려움을 극복하기 위해 어떤 것들을 계획하고 있는가?
10. 어려운 상황에서 도움이 된 사람들
    - 어떤 사람들이 도움이 되었는가?
    - 현재에는 어떤 사람들이 도움이 되고 있는가?
    - 또 앞으로 도움이 될 사람들은 누구인가?
11. 클라이언트의 변화와 성장을 위해 필요한 자원
    - 이미 가지고 있는 자원, 활용한 자원, 활용할 수 있는 자원은 무엇인가?
    - 또 새롭게 찾아야 하는 자원은 무엇인가?
12. 클라이언트는 어떻게 영성을 추구하고 있는가?
    - 종교 생활을 한다면 그것이 클라이언트에게 어떻게 도움이 되는가?
    - 자기 성찰이나 명상 등을 통해 자신을 돌아보고 영적인 평안을 누리도록 노력하고 있는가?

출처 : 이경아 · 하경희(2020).

연습활동

다음의 강점사정틀을 토대로 두 사람씩 짝을 지어 함께 강점사정을 실시하고 함께 기록한다.

강점사정틀

	(1) 현재 상태 : 나는 지금 어떻게 지내고 있는가?	(2) 미래의 바람과 열망 : 영역별로 내가 원하는 것은 구체적으로 무엇인가?	(3) 과거의 개인적, 사회적 자원 : 나의 과거 경험 중 강점과 자원이 되는 것은 무엇인가?
생활 상태			
직업 · 교육			
재정 · 경제			
사회적 지지, 교류			
건강 (신체적, 정신적)			
여가 · 오락 관심사			
10년 후 나의 모습			
장기 목적			
단기 목표			
소감			

(3) 기본적인 생존 욕구를 충족시키기 위한 자원 연계 및 자원 활용 방법 교육

임파워먼트 실천에서 인간의 동기는 기본적인 생존 욕구가 충족되었을 때 유지되고 변화될 수 있다고 전제한다. 따라서, 클라이언트의 기본적인 생존 욕구와 관련된 중요한 정보를 제공하고 자원을 연계하며 직접 자원을 활용할 수 있도록 교육하는 것이 중요하다(Lee, 2001). 예를 들어, 클라이언트의 의식주, 기초적 생활보장, 신체적 · 정신적 건강 등과 관련된 자원 연계 및 활용 방법 교육은 필수적이라 할 수 있다.

(4) 다양한 문제해결 기술의 교육 및 훈련

클라이언트가 일상생활에서 삶의 질을 누리며 살기 위해서는 다양한 문제해결 기술을 교육하고 훈련할 필요가 있다. 문제해결 기술에는 양육, 구직, 자아 방어 등과 같은 일상생활 기술뿐만 아니라 사회적 유능감, 자기주장 등 대인관계 기술 등도 포함되며, 전반적인 사회기술이 포함된다. 사회복지사는 클라이언트가 문제해결 기술을 향상하도록 직접적으로 교육 및 훈련을 시행하여 돕거나, 다양한 자원으로 연계해야 한다(Gutiérrez et al., 1998).

(5) 내적 · 외적 자원 발견 및 강화하기

① 자신의 삶의 꿈 달성을 위한 강점기반 선택 대안을 만들며 구체적인 계획을 세워 달성하기

사회복지사는 클라이언트가 자신의 삶의 꿈이 무엇인가를 발견할 수 있도록 도와야 한다. 그러한 과정에서 사회복지사는 클라이언트들이 자신들의 선택을 제한할 수 있는 다양한 의식들, 예를 들면, 나는 할 수 없다, 나는 부족하다와 같은 것들에 도전하고 직면하며 의식을 향상하도록 도와야 하며, 이를 통해 클라이언트의 삶의 꿈이 현실의 실재가 될 수 있도록 강점기반의 다양한 선택 대안들을 만들어 구체적인 계획으로 세우고 이를 달성하는 것이 필요하다.

② 다양한 지역사회자원을 활용하며 참여하기 : 자조집단, 소집단 참여

사회복지사는 클라이언트의 삶에서 주요한 전환점이 발생했을 때, 상당한 스트레스가 있음을 인식하고 이를 위한 다양한 도움을 제공할 필요가 있다. 클라이언트에게 가장 적합한 지역사회자원을 연계하여 활용하는 것이 하나의 방법이다. 일반적이고 공통적인 이슈를 이해하는 데 도움이 되는 것은 클라이언트가 '자조집단'과 '소집단' 등에 참여하도록 하는 것이다.

자조집단은 예를 들면, 알코올중독, 질환, 빈곤, 범죄에 대한 두려움, 주거 문제 등과 같은 문제들을 함께 공유함으로써 문제들을 경감시킬 수 있다는 점에서 장점이 있다. 또한, 여러 자원과 네트워크 등을 통해서 획득한 정보와 지식들은 개인과 집단의 지식 기반을 확장시킬 수 있다. 자조집단의 핵심 요소는 집단성원들이 수행하기로 한 어떠한 '행동'이다. 자조집단의 성원들은 문제들을 극복하기 위해서 스스로를 돕는 것뿐만 아니라 다른 성원들을 돕는 것이고, 성원들은 이러한 과정으로부터 큰 이득을 얻게 된다. 자조집단에 참여함으로써 클라이언트는 예를 들면, 상담, 경청, 그리고 옹호 등과 같은 대인관계 기술이 획득되고 발전하게 된다. 또한, 이러한 과정을 통해서 클라이언트는 문제의 공동체적 · 정치적 본질 등에 대한 의식도 향상하게 된다(김혜란 등 역, 2016). 사회복지사는 억압된 클라이언트들이 자조집단이나 다양한 집단 활동에 적극적으로 참여하도록 원조해야 하며, 이를 통해 집단연대감을 형성하고 상호지지를 통해서 임파워먼트할 수 있도록 도와야 한다.

(6) 다양한 정치 활동 참여를 통한 개인적 임파워먼트와 지역사회 변화

임파워먼트 실천에서 클라이언트는 정책 입안이나 정책결정에 영향을 미칠 수 있는 광범위한 정치적 활동에 참여할 수 있으며, 이를 통해 개인적인 임파워먼트뿐만 아니라 지역사회 제도와 정책 변화에 영향을 미칠 수 있다. 사회복지사는 클라이언트가 다양한 정치 활동에 참여할 수 있도록 직접적으로 돕거나 자원을 연계하는 등의 간접적 방법으로 도와야 한다.

① 직접 정치에 참여하기

클라이언트는 국회의원이나 시의원 등 정치 활동에 참여하여 억압받고 있는 이슈를 해결하고 정책을 형성하는 데 도움을 줄 수 있다.

② 증언하기

클라이언트는 정책 입안을 옹호하거나 정책의 변화를 이끌어 내기 위해서 현재 계획 중인 정책이나 시행되고 있는 정책에 대해서 증언할 수 있다. 예를 들어, 국회 청문회 등에서 클라이언트가 자신과 관련된 정책 관련 내용을 증언하는 것이다. 이 때 증언의 대상과 내용을 어떻게 선정하느냐가 중요하며, 전달 방법을 효과적으로 잘 설정할 수 있도록 해야 한다.

③ 로비

정책결정에 영향을 미치는 직접적인 방법 중의 하나는 정책결정자와 대화를 하거나 로비를 하는 것이다. 클라이언트나 관련 단체들은 로비 활동을 통해 정책결정에 영향을 미칠 수 있으며, 이때 로비 대상과 방법 등을 잘 선정하는 것이 중요하다(정순둘 외, 2012).

④ 권익옹호 모임이나 단체 결성 및 이를 통한 온오프 활동

오프라인이나 온라인 SNS 등을 통해서 권익옹호 모임이나 단체를 결성하거나 이를 통해 다양한 권익옹호 활동을 할 수 있다. 권익옹호 활동의 예는 성명서 발표, 토론 및 사례 발표회 개최, 언론 홍보 및 기자 회견, 시위, 집회, 소송 등을 들 수 있다.

⑤ 국민 청원이나 민원 등 활용

특정한 이슈나 문제, 정책 등에 대해서 다양한 관련 인터넷 사이트에 국민 청원이나 민원 등을 제기할 수 있다. 이러한 방법은 관련 이슈나 문제에 대해서 보다 많은 사람들의 의견이나 견해를 모으고 논의를 할 수 있다는 점에서 유용성이 있다.

⑥ 미디어 제작 및 홍보, 보급 등

영화나 공연 제작, 동영상 촬영 및 보급, 실시간 방송 등을 통해 관련 이슈나 문제를 이슈화하고 홍보하며 보급하여, 관련 이슈를 해결하기 위해 노력할 수 있다.

⑦ 집회나 시위

집회나 시위를 통해서 관련 이슈나 문제를 해결할 방법을 찾고 대중들이나 정책 입안자의 관심과 해결책을 유도할 수 있다.

⑧ 소송

개인이나 집단이 억압받고 있는 이슈나 문제에 대해서 직접 소송을 제기할 수 있다.

4. 사례

1) 빈곤 한부모 여성을 위한 임파워먼트 접근 실천 사례 연구

다음의 사례는 2004년부터 2012년까지 이화여자대학교 성산종합복지관에서 진행한 임파워먼트 실천의 사례이다(심정원 · 조지혜, 2013).

표 5-8 빈곤 한부모 여성을 위한 임파워먼트 실천의 사례

차원	구분	프로그램 내용 및 방법
개인적 차원 임파워먼트 실천	정신건강 집단상담	– MBTI, 기질 검사 등 심리 검사 및 해석 – 이혼 및 사별 과정에서의 어려움, 갈등 및 분노 상황에 대한 감정 표출 – 긍정적 감정 조절 기술에 대한 교육 및 실습
	의사소통 집단상담	– 의사소통의 규칙, 과정 살피기 – 의사소통의 걸림돌 찾기, 자신의 패턴 찾기 – 인간관계 개선, 일치적 의사소통하기
	자녀 양육 집단 활동	– 한부모 여성 가족 구조가 당사자 및 자녀에게 미치는 영향 토의 및 발표 – 남자 친구의 의미가 자녀 양육에 미치는 영향 토의 및 발표 – 자매 결연문 작성 및 자매 결연식
	미래 준비 집단활동	– 한부모 여성 가족 관련 법, 제도, 서비스 정보 안내 및 피드백 주고받기 – 유언장 작성, 미래의 자신에게 편지 쓰기, 타임캡슐 등 의지 다지기 활동
	이야기 치료	– 한부모 여성이 새롭게 쓴 자신들의 이야기를 적절하게 글로 표현할 수 있도록 글쓰기 작업 – 이미지 사진을 활용한 이야기 활동, 질문 던지기를 통한 삶의 재조명 – 가족, 건강, 성과 사랑, 결혼과 이혼 등의 주제로 글쓰기 활동
	취업/자립 지원 교육	– 한부모 여성으로서의 취업의 필요성 및 전략 – 이력서 작성 및 면접 기술 등 실질적 기술 습득 교육 – 자립 기술 교육, 보육 지원, 생계비 지원
	나들이/ 가족 캠프	– 문화 체험 활동(찜질방 체험, 영화–연극–뮤지컬–전시회 관람 등) – 여름 가족 캠프
	동아리 활동	– 동아리 구성원들의 역량과 관심에 따른 동아리 활동 진행 – 중급 과정 이후에는 각 동아리의 peer leadership 활용, 자체적으로 심화 운영하여 역량강화 – 동아리별 야유회 및 문화 체험 진행

차원	구분	프로그램 내용 및 방법
대인 관계적 임파워먼트 실천	동아리 발표회	(1) 지역 내 아동 기관과 연계한 교육 진행 – 수공예 동아리 : 아동이 실제로 수공예 용품들을 만들고 그 결과물을 전시하는 교육 진행 – 바른 먹거리 만들기 동아리 : 아동들과 함께 환경을 생각하는 음식 문화, 식사 예절 등을 교육 (2) 멘토링북 출판 및 발표회(책 쓰기 동아리) – 한부모 여성의 writing 공동 작업(자조 모임 및 편집 회의 등)을 통해 책으로 발간하고 출판. 지역 출판사와 연계하여 발간하고 출판 기념회를 진행
	인터넷 커뮤니티 활동	– 동아리별 인터넷 커뮤니티를 구성 – 메신저 등을 통한 교류 활동 진행
	정기 회의 평가 회의	– 정기 자치회의 진행 – 연말 한부모 여성 당사자 주도 평가 회의 진행
	리더 선출	– 추천 및 무기명 투표 방식을 활용하여 리더 선출 – 이후 의견 수렴, 정보 전달 등에 이를 적극 활용
사회 정치적 임파워먼트 실천	강사 파견 활동	– 홍보 및 강사 파견 요청 접수, 가능 여부 확인 후 자조 모임 대표에게 연결 – 강사 파견 진행 및 활동일지 작성
	싱글맘 페스티발	– 포토존, 정책 제안 나무 만들기 등 미니 부스 행사 – 영화 〈어떤 개인 날〉 관람 및 여성 감독과의 대화
	전국 한부모 가족 연합 캠프	– 도미노 게임, 웃음 치료, 물놀이 등 가족 활동 프로그램 – '내가 대통령이라면?'이라는 주제로 공약 개발 및 발표
	한부모 여성 대표 교류	– 전국 7개 권역 한부모 여성 당사자 대표 문화 교류 활동 – 전국 7개 권역 한부모 여성 당사자 대표 한국–일본 교류 방문
	라디오 교실	– 라디오 방송 기초 교육 및 여성 한부모 세미나 – 라디오 방송 기기 조작 교육 및 라디오 방송 실습 – 라디오 방송 프로그램 진행 및 녹음 CD 제작 · 배포
	언론 매체 인터뷰	– 언론 매체 인터뷰 요청 복지관 접수, 가능 여부 확인 후 자조 모임 대표에게 연결 – 한부모 여성 당사자 섭외(자치적으로 진행) 및 일정 조정 – 인터뷰 진행 및 당사자 섭외(자치적으로 진행) 및 일정 조정 – 인터뷰 진행 및 활동 일지 작성
	인식 개선 캠페인	– 여성 주간 및 가족의 달 행사 시 다양한 형태 가족에 대한 이해 증진을 위한 자치적인 인식 개선 캠페인 진행
	정책 참여 활동	– 2010년 지방 선거 대비 한부모 여성 가족 정책 토론회(서울) – 국회 및 유관 기관(단체) 정책 간담회 참석

출처 : 심정원 · 조지혜(2003).

2) 국내 정신장애인 당사자의 권익옹호 활동 사례

국내에서 정신장애인 당사자들은 2013년 5월에 입법 예고된 정신보건법 전부 개정안에 대한 반대 투쟁을 하였다. 당시 보건복지부는 1995년에 제정되어 시행해 오던 정신보건법을 처음으로 전면 개정하는 전부 개정안을 발표하였다. 그러나 이 개정안에는 꾸준히 문제 제기가 되어 오던 강제입원은 개선에 미온적이었고, 정신질환자의 인권 보장 강화, 의료 독점 전달 체계 개선, 재원 조달 체계 혁신의 기반 마련 등이 전체적으로 무시되었다(정신보건법 전면 개정안 반대성명서 참고).

개정안의 발표와 함께 정신장애인 당사자들은 산발적으로 활동하던 당사자 조직들을 조직화하기 시작하였다. 정신보건법 전부 개정안에 대한 보다 조직적인 투쟁을 위해 〈한국정신장애인연합〉[1]을 중심으로 하여 〈정신장애인 지역사회생존권연대〉가 결성되었다. 생존권 연대는 전부 개정안에 대한 반대성명서 발표, 기자 회견, 국회의원들과의 접촉, 토론회 개최 등의 활동을 통해 정신보건법 폐지 운동을 이어 갔다.

당사자 조직들은 정신보건법 개정 운동을 하는 한편, 강제입원 조항의 위법성을 드러내기 위해 정신보건법 제24조에 대한 위헌 법률심판 과정에 청구인이 되어 주도적인 역할을 하였다. 이전에도 정신보건법에 대한 헌법 소원은 꾸준히 진행되어 왔으나, 모두 각하되어 왔다. 〈한국정신장애연대(KAMI, Korean Alliance on Metal Illness)〉[2], 〈한국정신장애인자립생활센터〉, 〈정신장애와 인권 파도손〉 등 다양한 당사자 조직들이 참여하여 공익 소송의 형태로 이루어진 2014년의 헌법 소원 역시 각하되었으나, 당사자들은 여기에서 포기하지 않고 위헌법률심판의 청구인이 되어 끊임없이 강제입원의 위헌성을 지적하는 활동을 이어 갔다.

정신보건법 폐지 운동과 정신보건법 제24조 위헌법률심판에 참여하며 생존권 연대

1 당사자에 의한 권익옹호를 위해 임파워먼트 교육을 통해 배출된 리더급 당사자들이 모여 출범한 조직으로, 정신보건법 전부 개정안 반대 투쟁을 활발하게 하였으나, 인력 부족의 문제로 인해 점차 활동이 줄어들었다.

2 정신질환에 대한 편견으로 지역사회에서 소외되어 있는 정신병 환자 · 장애인과 가족의 회복 지원, 삶의 개선, 사회의 차별 제거를 위해 설립되어 미국의 NAMI(National Alliance on Mental Illness)를 실천으로 삼아 교육 · 훈련, 인권 옹호, 지원, 연구 사업을 펼치고 있다(KAMI 홈페이지 참고).

는 관련 전문가들과 함께 〈정신보건법 바로잡기 공동대책위원회〉를 조직하여 반대 투쟁을 이어 갔다. 반대 투쟁의 과정에서 공대위는 〈정신장애인 복지지원법추진 공동행동〉을 결성하여 '정신장애인 권리보장과 복지지원에 관한 법률' 입법 운동을 추진하였다. 이 과정에서 '정신장애인 권리보장과 복지지원에 관한 법률'에 대해서는 각 조직별 이견이 있었고, 이에 따라 일부 조직은 공동 행동 활동을 중단하여 정신보건법 폐지 운동을 계속하게 되고, 일부 조직은 '정신장애인 권리보장과 복지지원에 관한 법률' 추진 운동을 이어 갔다.

당사자 조직들의 꾸준한 활동의 결과로 2016년 5월, 정신보건법이 '정신건강증진 및 정신질환자 복지서비스 지원에 관한 법률'(이하 정신건강복지지원법)로 20년 만에 전부 개정되었고, 2016년 9월, 정신보건법 제24조는 헌법 불합치 판결을 받았다[3]. 개정된 정신건강복지지원법 역시 많은 한계를 갖고 있지만, 20년 만에 전부 개정된 정신보건법과 지속적인 위헌 소송의 실패의 경험 속에서 얻어 낸 헌법 불합치 판결이라는 성과는 당사자들이 직접 나섰기에 얻어 낼 수 있었던 의미 있는 성과이다. 이후 여러 당사자 조직들은 활발한 권익옹호 활동을 진행하고 있다(김현민 · 유진선, 2018).

3) 정신장애인 당사자 주도의 영화제작

서울 지역 주거시설 한마음의 집은 2013년부터 정신장애인에 대한 사회의 편견과 낙인, 차별을 극복하기 위해 영화제작을 활용하고 있다. 지역사회에서 이웃과 더불어 가야 하지만 정신장애인과 주거시설에 대해 반감을 가진 지역 주민들을 접하면서 시설 운영자는 정신장애인의 삶을 생생히 보여 주는 영화제작을 통해 사회의 편견과 낙인, 차별을 극복하려는 시도를 하게 되었다. 그 과정에서 정신장애인은 스스로 커밍아웃하며 그들의 일상을 생생히 공개하며, 사회의 편견과 낙인, 차별에 대해 그들만의 목소리

3 헌법재판소는 단순 위헌 결정을 통해 정신보건법의 효력을 즉시 상실시킨다면 정신질환자에 대한 보호 입원이 필요한 경우에도 보호 입원을 시킬 수 없는 법적 공백 상태가 발생하기 때문에 입법자가 정신보건법 제24조의 위헌성을 제거하고 합헌적인 내용으로 법률을 개정할 때까지 계속 적용될 필요성을 인정하여 헌법 불일치 판결을 내렸다(2016.09.29. 2014헌가).

를 영화에 담아내는 경험을 하게 되고, 심리내적인 임파워먼트, 사회를 향한 당당한 목소리 내기라는 임파워먼트 과정에 주체적으로 참여하며 변화를 경험하게 되는 것으로 나타났다(김문근, 2019).

특히, 당사자 중심의 영화제작은 여러 가지 측면에서 정신장애인을 위한 임파워먼트 실천의 특성을 잘 보여 주고 있다. 첫째, 정신장애인들이 사회의 편견과 낙인에도 불구하고 자신들의 얼굴과 이름, 일상의 삶과 내면의 목소리를 직접 드러낸다는 점에서 무력감을 대신하는 주체적, 능동적 행동을 통한 저항을 보여 준다는 점이다. 당사자들은 정신건강사회복지사의 설득과 지지에 힘입어 커밍아웃과 당당한 목소리 내기에 참여했고, 이러한 커밍아웃은 지역사회의 편견과 차별 가운데 살고 있던 정신장애인에게 해방감과 용기를 불러일으키는 계기가 되었다. 둘째, 정신장애인의 삶을 생생하게 보여 주는 영화제작 과정에서 정신장애인들이 대본 작성, 출연, 연출, 촬영 등 주요 과정에서 보조적인 역할이 아니라 주체적인 역할을 담당하였다는 것이다. 초기 영화제작을 통해 사회적 관심을 끌면서 영화전문가의 재능 기부와 크라우드 펀딩을 통한 기금 지원 등 외부의 지원과 호응이 활성화되었다.

셋째, 영화제작을 통한 편견 개선의 필요성을 체감한 정신건강사회복지사가 정신장애인 당사자, 가족, 시설의 종사자 등의 심리적 부담감과 회의감, 저항 등에도 불구하고 영화제작과 보급의 필요성을 설득하고, 적극적인 참여를 설득해 내는 과정은 전형적인 임파워먼트 실천의 한 장면을 보여 준다(한국정신건강사회복지사협회, 2021).

연습활동

- 소집단별로 모여서 인터넷, 문헌 자료 등을 활용하여 다양한 정치 활동 참여를 통한 임파워먼트의 사례들을 찾는다.
- 클라이언트의 다양한 정치 활동 참여를 확대하기 위해서 필요한 사회복지사의 역할과 역량에 대해서 논의해 보고 발표한다.

문제 풀이

1. 임파워먼트(empowerment) 관점의 문제해결 과정에서 대화 및 발견 단계의 과업이 아닌 것은?

(13회 기출 문제)

① 방향 정하기
② 기회 확장하기
③ 강점 규명하기
④ 상황 이해하기
⑤ 자원 능력 사정하기

정답 : ②
해설 : 기회 확장하기는 발전(development) 단계의 과업이다.

2. 임파워먼트 실천에 관한 설명으로 옳은 것을 모두 고른 것은?

(13회 기출 문제)

ㄱ. 해결해야 할 문제를 강조한다.
ㄴ. 클라이언트의 잠재 역량과 자원을 인정한다.
ㄷ. 클라이언트를 개입의 객체로 보고 자기결정권을 강조한다.
ㄹ. 사회복지사와 클라이언트 간의 상호협력적인 파트너십을 강조한다.

① ㄱ, ㄴ, ㄷ
② ㄱ, ㄷ
③ ㄴ, ㄹ
④ ㄹ
⑤ ㄱ, ㄴ, ㄷ, ㄹ

정답 : ③
해설 : ㄱ. 임파워먼트실천에서는 클라이언트가 가진 문제보다는 강점과 가능성을 강조한다. 문제를 도전의 전환점과 기회로 간주한다.
ㄷ. 클라이언트를 개입의 주체로 보고, 자신의 삶에 대한 전문가로서 결정과 행위에 있어서 힘을 가질 수 있도록 돕는다.

3. 역량강화 실천(empowerment model)에 관한 설명으로 옳지 않은 것은?

(14회 기출 문제)

① 클라이언트의 잠재적인 역량에 초점을 둔다.
② 변화를 위한 클라이언트의 역할이 중요하다.
③ 발견 단계—대화 단계—발전 단계의 실천과정 순서로 진행된다.
④ 이용 가능한 자원 체계의 능력을 분석하고 목표를 구체화한다.
⑤ 클라이언트의 참여를 중시하고 자기결정권을 강조한다.

정답 : ③
해설 : 대화 단계(1단계) – 발견 단계(2단계) – 발전 단계(3단계)의 순서로 진행된다.

4. 임파워먼트 실천에 관한 설명으로 옳은 것을 모두 고른 것은?

(17회 기출 문제)

ㄱ. 임파워먼트는 개인, 대인관계, 제도적 차원에서 이루어짐
ㄴ. 클라이언트를 문제해결의 협력적 파트너로 인정함
ㄷ. 클라이언트를 위해 자원을 동원하거나 권리를 옹호함
ㄹ. 실천의 이념적 근원은 레이놀즈(B. Reynolds)의 활동에서 찾을 수 있음

① ㄱ, ㄴ ② ㄴ, ㄷ ③ ㄷ, ㄹ
④ ㄱ, ㄴ, ㄷ ⑤ ㄱ, ㄴ, ㄷ, ㄹ

정답 : ④
해설 : 임파워먼트실천의 이념적 근원은 인보관 운동이다. 레이놀즈는 급진주의적 정신건강사회복지사로 손꼽히는데, 서비스 전달 과정에서의 소비자 참여를 강조하고, 사회복지사와 클라이언트는 동맹 관계가 되어야 함을 제시하는 등 강점관점 및 역량 강화의 맥락에서 사회복지실천의 발달에 기여한 것으로 평가되고 있다.

5. 역량강화(empowerment) 실천 활동으로 옳은 것을 모두 고른 것은?

(15회 기출 문제)

ㄱ. 클라이언트와 협력
ㄴ. 생태체계적 관점 적용
ㄷ. 사회 변화를 위한 행동에 참여
ㄹ. 억압받는 집단에 대한 역사적 관점 이해

① ㄹ ② ㄱ, ㄷ ③ ㄴ, ㄹ
④ ㄱ, ㄴ, ㄷ ⑤ ㄱ, ㄴ, ㄷ, ㄹ

정답 : ⑤
해설 : ㄱ, ㄴ, ㄷ, ㄹ 모두 역량강화 실천 활동에 포함된다.

6. 임파워먼트 실천에서 사회복지사의 활동으로 옳지 않은 것은?

(16회 기출 문제)

① 활용 가능한 자원 확보
② 역량강화를 위한 실천가 중심의 개입
③ 클라이언트와 사회복지사의 역할 정하기
④ 권리와 함께 클라이언트의 책임 강조
⑤ 클라이언트 감정의 구체화

정답 : ②
해설 : 임파워먼트 실천은 클라이언트 중심의 개입이다.

참고문헌

김문근(2019). 영화제작을 통한 정신장애인 편견개선 사례연구. 사회복지연구, 50(1), 5~34.

김인숙 · 김용석 공역(2002). 사회복지실천기술연습. Barry Cournoyer. 나남출판.

김현민 · 유진선(2018). 정신장애 당사자의 권익옹호 활동경험에 관한 연구. 한국장애인복지학, 59~85.

김혜란 등 역(2006). 사회복지실천과 역량강화. 나눔의 집.

심정원 · 조지혜(2013). 빈곤 한부모여성을 위한 임파워먼트 접근 실천 사례연구, 미래사회복지연구 제4권, 제1호, 77~105.

이경아 · 박정임 · 김민석 · 서홍란 · 하경희 · 이금진 · 유명이 · 강미경 공역(2004). 사회복지에서의 역량강화실천. 양서원.

이경아 · 하경희(2020). 강점기반실천과 사례관리. 공동체.

정순둘 · 김경미 · 박선영 · 박형원 · 최혜지 · 이현아(2012). 사회복지와 임파워먼트. 학지사.

한국정신건강사회복지사협회(2021). 정신건강사회복지의 이해와 실제.

Charles A. Rapp, & Goscha., Richard J.(2011). The Strengths Model: A Recovery-Oriented Approach to Mental Health Services(3판). Oxford University Press.

Gutiérrez, L. M.(1990). Working with women of color: An empowerment perspective. Social Work, 35, 149~153.

Gutiérrez, L.M., Parsons., R., Cox., E. O., Empowerment in Social Work Practice.(1998). Thomson.

Kisthardt, W. E.(2005). "The Opportunities and Challenges of Strengths-Based, Person-Centered Practice: Purpose, Principles and Applications in a climate of Systems's Integration". The Strengths Perspective, 171~195. Pearson.

Lee, Judith A. B., 최승희 역(2004). 사회복지실천의 임파워먼트 접근. 프란시스 터너 편, 연세 사회복지실천연구회. 사회복지실천이론의 이해와 적용. 나남출판.

Lee, Judith. A. B.,(2001). The empowerment approach to social work practice. New York:

Columbia University Press.

Miley, K.K, O'Melia, M., & Dubois, B.(2007). Generalist social work practice: An Empowering approach. Boston: Allyn and Bacon.

CHAPTER

6

해결중심모델

학습 목표

1. 해결중심모델의 기본 가정 및 특성을 학습한다.
2. 해결중심모델의 주요 실천과정 및 기법을 학습한다.
3. 해결중심모델의 적용 사례들을 검토해 보고 다양한 실천 기술들을 연습해 본다.
4. 해결중심모델의 한계점을 논의해 보고 보완 방안을 모색해 본다.

1. 개요

해결중심모델은 1970년대 이후 미국의 드세이저de Shazer와 버그Berg 등이 밀워키의 단기가족치료센터에서 개발하였으며, 이후 국내외 아동, 청소년, 가족, 장애인, 알코올 중독자, 노인 등 다양한 대상에게 널리 효과성이 입증되고 있다. 해결중심모델에서는 문제와 해결책은 별개이며, 클라이언트는 이미 자신들의 문제에 대한 해결책을 가지고 있다는 신념을 기초로 하고 있다. 이 모델에서는 클라이언트의 강점이나 예외 및 자원에 초점을 두고 클라이언트 스스로가 자신의 목표를 세우고 성취할 수 있도록 원조하는 데 목적이 있다.

사회복지사는 해결중심모델을 적용함에 있어서 클라이언트 스스로가 이미 인식하고 있는 강점과 예외, 자원 등을 최대한 확장하도록 지원하고, 궁극적으로는 클라이언트 스스로가 세운 목표를 달성할 수 있도록 협력하고 도와야 한다. 이 장에서는 해결중심모델의 주요 개념 및 특성, 실천과정과 기법 및 사례 등을 소개하며, 해결중심모델의 적용과 사회복지사의 역할에 대해서 모색해 보고자 한다.

2. 주요 개념 및 특성

1) 주요 가정

해결중심모델의 가정은 문제중심접근과 다음과 같은 점에서 차이가 있다(O'Connell, 2000; 김춘경 외, 2004). 첫째, 문제중심접근에서는 문제와 해결책 사이에 필수적인 관계가 있다고 본다. 그러나 해결중심모델에서는 문제와 해결책 사이에는 관계가 있어야 하는 것은 아니며, 이것은 별개라고 본다. 둘째, 문제중심접근에서는 '문제'의 진단에 관심을 두나, 해결중심모델에서는 문제보다는 클라이언트가 '원하는 바'에 초점을 맞춘다. 셋째, 문제중심접근에서는 전문가가 문제에 대한 정확한 진단과 배경이 중요하므로 진단 기준이나 평가를 필요로 한다. 해결중심모델에서는 클라이언트 문제의 배경보다는 '클라이언트의 강점이나 예외에 대한 탐색'이 클라이언트의 문제해결능력을 향상시킨다고 본다.

넷째, 문제중심접근에서는 문제에 관한 정보가 많을수록 유익하다는 관점 때문에 문제와 관련된 개인이나 사회력 조사에 많은 시간을 할애한다. 해결중심모델에서는 문제와 관련된 개인이나 사회력 조사를 최소화하고 문제가 해결된 예외 상황이나 문제가 없었던 때에 관하여 질문한다. 다섯째, 문제중심접근에서는 전문가가 클라이언트의 문제를 해결해야 하나, 해결중심모델에서는 클라이언트가 자신의 문제에 관한 전문가이다. 여섯째, 문제중심접근에서는 전문가의 준거틀을 중요시하지만 해결중심모델에서

표 6-1 문제중심접근과 해결중심모델의 비교

문제중심접근	해결중심모델
• 문제와 해결책 사이에 필수적인 관계가 있다.	• 클라이언트의 문제와 해결책은 별개이다.
• 문제의 진단에 관심을 갖는다.	• 문제보다는 클라이언트가 원하는 바에 초점을 맞춘다.
• 전문가는 문제에 대한 정확한 진단과 배경이 중요하므로 진단 기준이나 평가를 필요로 한다.	• 클라이언트 문제의 배경보다는 클라이언트의 강점이나 예외에 대한 탐색이 클라이언트의 문제해결능력을 향상시킨다고 본다.
• 문제에 관한 정보가 많을수록 유익하다는 관점 때문에 문제와 관련된 개인이나 사회력 조사에 많은 시간을 할애한다.	• 문제와 관련된 개인이나 사회력 조사를 최소화하고 문제가 해결된 예외 상황이나 문제가 없었던 때에 관하여 질문한다. – 언제 문제가 발생하지 않는가? – 문제가 발생하지 않을 때 무엇을 하는가? – 문제가 발생하는 상황과 발생하지 않은 상황의 차이점은 무엇인가?
• 상담자는 클라이언트의 문제를 해결하는 전문가이다.	• 클라이언트가 자신의 문제에 관한 전문가이다.
• 전문가의 준거틀을 중요시한다.	• 클라이언트의 준거틀을 중시한다.
• 클라이언트의 저항을 중시한다.	• 클라이언트의 저항은 존재하지 않는다고 믿는다.

출처 : 김춘경 외(2004).

는 클라이언트의 준거틀을 중요시한다. 일곱째, 문제중심접근에서는 클라이언트의 저항을 중시하지만 해결중심모델에서는 클라이언트의 저항은 존재하지 않는다고 본다(O'Connell, 2000; 김춘경 외, 2004).

2) 기본 관점

해결중심모델의 기본 관점이면서 실천 원칙은 다음과 같다.

첫째, 병리적인 것 대신에 '건강한 것'에 초점을 둔다. 잘못된 것에 초점을 두는 대신 성공한 것과 성공하게 된 구체적인 방법을 발견하는 데 관심을 두는 것이다. 이 원칙은 사람들은 삶을 살면서 어려운 문제를 성공적으로 처리하거나 해결한 경험이 있고 구체적인 대처 방안 또는 해결 방법에 관한 지식과 기술을 갖고 있는 것을 전제로 하고 있다. 개인들의 레질리언스와 치유 능력을 인정하고 존중하는 것이다.

둘째, 클라이언트의 '강점, 자원, 건강한 특성'을 발견하여 치료에 활용한다. 클라이언트가 원하는 목표를 성취하기 위해 클라이언트가 이미 가지고 있는 자원, 기술, 지식, 믿음, 동기, 행동, 증상, 사회관계망, 환경, 개인적인 특성 등을 활용하는 것이다. 이 원칙 역시 클라이언트가 아주 힘들었던 경험을 통하여 학습하고 터득한 경험을 존중하고, 그 가운데에서 자신이 가지고 있는 레질리언스를 발견하고 인식하도록 하는 것을 의미한다. 특히, 새로운 지식과 기술 습득보다는 건강한 것으로서 강점에 관한 것을 발견, 인정, 강화, 확장하는 과정을 거친다.

셋째, 탈이론적이고 비규범적이며 '클라이언트의 견해'를 존중한다. 이것은 인간 행동에 관한 가설적 이론의 틀에 맞추어 클라이언트를 사정하고 평가하지 않으며, 클라이언트가 표현하는 견해와 서술 방법을 그대로 수용하며 개별성을 최대로 존중하는 것이다. 또한 클라이언트의 진술을 전적으로 수용하며 신뢰하는 자세를 의미하며, 진술의 내용 그 자체보다는 진술하는 것을 경청하는 과정에서 클라이언트의 건강한 측면과 강점을 발견하는 것에 관심을 둔다.

넷째, '단순하고 가장 솔직한 의미'를 추구한다. 복잡한 것에서 단순한 것을 추구하지 않고 단순한 것에서부터 복잡한 것으로 개입함으로써 목표를 성취한다. 이것은 문제와 해결방안과는 상관관계가 없다고 가정하기 때문에 원인 규명을 위해 심리역동적인 분석을 할 필요가 없으며, 증거 자료를 근거로 해석하지 않는 것을 의미한다. 클라이언트의 진술 내용을 분석하거나 진실 여부를 파악하지 않는다.

다섯째, '변화'는 항상 일어나고 불가피하다. 변화는 항상 일어나기 때문에 문제가 발생하지 않을 때가 있는 것에 초점을 두는 것이다. 문제가 발생하지 않는 상황과 조건에 관심을 갖고 관찰하며 문제가 발생하지 않는 상황, 즉 강점의 영역에 해당하는 측면들을 인식, 강화, 확대시켜 나가는 것이 목적이다.

여섯째, '현재와 미래를 지향'한다. 과거의 문제보다는 현재와 미래에 적응하고 대처하는 것을 돕는 것에 초점을 두는 것이다. 사람들은 문제가 심각할수록 과거의 문제에서 벗어나지 못하며, 과거에 집착하는 것은 성장과 변화의 장애가 된다. 클라이언트를 과거와 문제로부터 멀리하고, 미래와 해결 방안을 구축하는 데 관심을 집중하도록 한다.

일곱째, 클라이언트의 '자율적인 협력'을 중요시한다. 즉, 목표 성취를 위해 클라이언트의 문제에 대한 견해, 언어적 표현, 에너지와 자원 등을 발견하고 활용하는 과정에서 클라이언트와 전문가와의 협력관계를 중요시하는 것을 의미한다. 이것은 클라이언트의 자율적인 협력은 전문가와의 대화를 통하여 존중받는다는 감정, 신뢰감, 협동적인 자세와 서비스 등을 확인할 때 가능하다고 보기 때문이다. 이 원칙은 대화와 협동, 소속감, 치유, 불신의 종식 등의 개념을 수용하고 있다고 본다(Goldenberg, & Goldenberg, 2000; 송성자, 2000).

3) 주요 목적

해결중심모델의 임상 이론은 논리적으로 사회적 구성주의에서 시작되었다. 즉, 우리는 전문가와 클라이언트 사이에서 일어나는 사회적 교류를 무시한 채 임상 문제에 접근할 수 없다는 것이다. 따라서, 해결중심상담이나 모델에서 '문제'는 전문가와 클라이언트의 언어로 함께 구성된다. 그러나 여기에서 문제라는 개념은 반드시 '문제없음 nonproblem'도 함께 내포하고 있다. 해결중심모델에서는 '문제 안에 해결이 있다'고 주장한다. 드쉐이저(de Shazer, 1991)는 다음과 같이 말하고 있다.

> *문제가 항상 존재하는 것처럼 보이는 이유는 클라이언트 자신이 문제가 항상 일어난다고 말하기 때문이다. 그러므로 불평 없는 경우가 있더라도 클라이언트가 이를 사소하게 여기거나 클라이언트의 눈에 이런 경우가 모두 가려져 있다. 실제로는 전혀 가려져 있지 않지만, 클라이언트가 예외를 보고도 그런 예외가 변화를 가져올 장점이라는 걸 모른다. 클라이언트에게는 주로 문제가 보이는 반면(예외가 보이더라도 부수적으로 보인다), 전문가에게는 주로 예외가 보인다. 개입은 클라이언트가 반전을 (문제에서 해결로) 할 수 있도록 돕는 것을 의미하며, 이를 통해 해결책이 도출될 것이다(김양현 · 김유미, 2008).*

해결중심모델에서 변화 과정은 사회복지사와 클라이언트가 함께하는 것이다. 구체적으로 해결중심모델의 변화 과정은 클라이언트와 사회복지사가 문제해결을 위해 협력하며 예외를 확인하고 증폭시키며 예외 상황을 증가시키는 것을 의미한다. 해결중심모델에서 문제해결의 기본 준거는 언어 결정 체계의 참여자들(클라이언트와 전문가)이 제시한 문제가 더 이상 문제되지 않고 충분히 개선되었다고 합의하는 경우인데, 언어 결정 체계의 참여자들이 문제가 해결되었다고 말할 때 정말로 함께 구성한 문제가 '해결된다'(Anderson & Goolshian, 1988; 김양현 · 김유미, 2008)고 본다.

3. 주요 실천과정

1) 첫회기 면담 시 주요 과업

(1) 소개 및 초기 라포 형성

사회복지사는 자신을 친절하게 소개하면서, 먼저 어떤 식으로 호칭을 부르면 좋을지 묻는 것이 좋다. 이어서 사회복지사는 방문에 대한 감사, 의뢰 경위(의뢰자 또는 자발적 방문)와 기본적 인적 사항(이름, 직업, 가족, 거주지 등) 등에 대해서 간략히 대화를 나눈다. 또한, 최근 일상을 어떻게 보내고 있는지에 대해서 짧은 대화를 나눈다. 이러한 대화의 과정 속에서 사회복지사는 클라이언트와 관계 형성을 하는 것이 중요하다. 해결중심모델의 성과 분석 연구에서 발견한 가장 중요한 요인은 클라이언트와 전문가 간의 관계이며, 전문가와 클라이언트의 협력관계에 따라 개입의 효과가 달라질 수 있다고 보기 때문에 관계의 유형이나 상호작용을 중요시하고 있다(김혜란 외, 2022 재인용). 해결중심모델에서는 전문가와 클라이언트의 관계 유형을 방문형, 불평형, 고객형으로 구분하고 있으며, 표 6-2는 방문형, 불평형, 고객형의 관계 유형에 따른 실천 지침이다. 특히, 비자발적 클라이언트의 경우에는 방문형의 특징과 실천 지침을 반영할 필요가 있다.

표 6-2 해결중심모델에서 전문가와 클라이언트의 관계 유형

관계 유형	실천 지침	
방문형	특징	– 클라이언트는 비자발적 클라이언트로 문제해결에 대한 인식이나 해결의 필요성을 인식하지 못한다.
	실천의 초점	– 클라이언트가 사회복지사와의 관계를 통해 얻고자 하는 것을 찾아내는 것이다. 상담에 온 것에 대한 어려움을 공감해 주고, 다음 회기에서 무엇을 할 것인가에 대한 메시지를 전달하는 것이 좋다.

관계 유형	실천 지침	
		– 비자발적으로 오게 된 것을 인정해 주되, 함께할 수 있는 것이 무엇인지 질문한다. 예 : "어쩔 수 없이 상담을 오게 되었다고 하더라도, 어차피 여기 온 이상 시간과 에너지가 아깝지 않으려면 오늘 이 시간 우리가 어떤 이야기를 하는 게 좋을까요?"
	과제 주기	– 과제는 주지 않는다. 클라이언트의 자율적인 의사를 존중해 주되, 만남은 계속되어야 하며, 다음 만남에서 무엇을 하는 게 좋을지를 이야기해 본다.
불평형	특징	– 클라이언트는 문제는 인지하나 해결에 대한 의지는 약하고, 타인에게 그 탓을 전가하며, 타인의 변화를 원한다.
	실천의 초점	– 클라이언트의 문제 인식에 도전하기보다는 존중하되, 문제 상황 개선을 위해 클라이언트 스스로가 노력할 과제가 무엇일지 생각해 볼 수 있도록 지원한다.
	질문 하기	– 클라이언트가 호소하는 문제가 해결된 후에 어떤 상황이 생길지 질문함으로써 문제 상황에 대한 이해를 높인다. 예 : "따님의 가출 문제가 완전히 없어진다면 선생님의 삶은 지금과 무엇이 달라질까요?"
	과제 주기	– 문제 인식은 있으나 남을 탓하므로 클라이언트가 불평하는 대상, 즉 '타인'을 관찰하는 과제를 준다.
고객형	특징	– 클라이언트는 문제 인식도 있고, 상담에서 무엇을 이루고자 하는지에 대해 스스로 생각해 보며, 이를 위해 자신의 노력이 필요하다는 것도 알고 있음을 표현한다.
	실천의 초점	– 클라이언트는 문제해결을 위해 상담자가 제시한 권고 사항이나 과제를 적극적으로 수행하기 때문에 상담자는 기꺼이 변화하려는 클라이언트를 지지하고 칭찬함으로써 문제해결 역량을 강화한다.
	질문하기	– 클라이언트의 걱정이 무엇이며, 그것을 해결하기 위하여 어떤 방법 등을 시도해 보았는지, 그 외에도 변화를 더 원하는 문제가 있는지 등을 질문하고 경청한다. 예 : "그 외에 또 다른 것을 시도한 적이 있는지요?"
	과제 주기	– 효과적인 시도에 초점을 두는 과제를 준다.

출처 : 김혜란 외 재인용(2022).

(2) 면접에 대한 간략한 오리엔테이션

해결중심모델에서는 면접에 대해서 간략한 오리엔테이션을 하고 진행을 하는 것이 필요하다. 면접의 목적 및 목표, 진행 방법, 세부적인 진행 시간, 비밀 보장, 개인 정보 및 기록에 대한 동의 등을 간략히 설명해 주고, 중요한 사항은 구두 설명뿐만 아니라 서면으로도 분명히 해놓는 것이 필요하다. 특히, 면접의 전 과정이 비밀 보장이 되지만 비밀 보장의 예외가 되는 경우 등도 설명해야 하며, 개인 정보 수집 및 기록 등에 대한 동의는 서면으로도 받아야 한다.

(3) 문제의 기술

보통 첫 번째 면접의 약 10분에서 15분 정도는 현재의 문제에 대해서 클라이언트가 기술하도록 한다. 그러나 현재의 문제를 기술하도록 할 때 다음과 같은 점들을 유의해야 한다.

① 클라이언트의 지각에 대해 묻고 클라이언트의 언어를 존중하기

사회복지사는 클라이언트의 준거틀 안에서 작업하기 위해서, 클라이언트가 어떻게 지각하고 있는지에 대해 묻고, 경청하고, 긍정하며 클라이언트에 대해서 알고 싶어하는 자세를 가져야 한다. 또한, 클라이언트가 사용하는 용어들에 주목하여야 한다.

② 그 문제가 클라이언트에게 어떤 영향을 미치는가?

사회복지사는 클라이언트가 이야기하는 지각이나 경험들이 클라이언트에게 어떤 의미를 갖고 있는지 안다고 가정하려는 유혹을 많이 받는다. 그러나 먼저 클라이언트에게 이 문제가 자신에게 어떻게 문제가 되는지를 이야기하도록 하고 적극적 경청을 하는 것이 중요하다.

③ 클라이언트는 무엇을 시도했는가?

클라이언트가 과거에 무엇을 시도하였는가에 대한 질문은 클라이언트에게는 이미 자신에게 좋은 일이 일어나게끔 하는 능력을 가지고 있다는 메시지를 전달할 수 있다

는 측면에서 의미가 있다.

④ 클라이언트가 원하는 것을 달성하기 위해서 함께 작업하는 방법

클라이언트는 어떻게 도와줄 수 있겠냐고 물으면 대부분 자신이 갖고 있는 걱정이나 문제에 대해 설명함으로써 응답한다. 클라이언트가 자신의 이야기가 경청되고 있다는 느낌을 받을 수 있을 만큼 충분히 자신의 문제를 설명할 시간을 가진 시점에 도달했을 때 사회복지사는 문제중심적 대화에서 해결중심적 대화로 전환하도록 해야 한다(노혜련 · 허남순, 2015).

(4) 목표 설정하기

해결중심모델에서 잘 형성된 목표는 첫째, 클라이언트에게 중요한 것이어야 한다는 것이다.

둘째, 인간은 타인과의 상호작용 속에서 살아가고 있고 많은 사람들이 클라이언트에게 중요한 영향을 미친다. 사회복지사는 클라이언트에게 중요한 사람들이 누구인가를 알아내고 그들과의 상호작용적인 관계를 목표에 포함시키는 것이 중요하다. 이때 활용할 수 있는 것이 '관계성 질문'이다. '관계성 질문'은 "당신을 잘 아는 사람이 누구죠?, 그 분이 여기 계신다면 ○○에 대해서 어떻게 말씀하실 것 같으신가요?"라고 물어볼 수 있다.

셋째, 클라이언트는 마치 자신들의 문제가 언제, 어디서나 일어나는 것처럼 이야기한다. 사회복지사는 그들이 어떤 특정한 상황이나 장소에서 무엇이 달라지기를 원하는가로 문제의 범위를 좁히도록 도와주어야 한다.

넷째, 클라이언트는 대개 자신이 원하지 않는 것이 무엇인가를 설명함으로써 자신이 원하는 것을 설명하기 시작한다. 잘 형성된 목표란 문제라고 인식되는 것을 없애는 것이기보다는 긍정적인 무언가가 있게 하는 것으로 묘사되는 것이다. 그 길은 '바로 문제가 해결된다면 그 대신 어떤 일이 있을까' 묻고 그 내용을 목표에 반영해야 한다.

다섯째, 많은 경우에 해결책이란 종종 클라이언트가 자신의 생활 속에서 다른 방법

을 시도하는 시작 단계와 종결 단계를 거친 후에야 얻게 되는 최종 결과이다. 사회복지사는 클라이언트에게 좀 더 성공적인 해결책 구축을 시작하는 새로운 방법을 찾도록 도와주는 것이 필요하다.

여섯째, 사회복지사가 클라이언트를 만났을 때 문제가 해결되면 무엇이 달라질 것인가에 대해서 물으면 그는 자신이 알고 있는 특정인이 달라질 것이라고 답한다. 사회복지사는 클라이언트의 인식에 동의하면서 그의 생활에서 '이러한 중요한 타인들이 어떻게 달라지는 것을 원하는 것인지'에 대해 좀 더 설명하도록 요구하는 것이 효과적이다.

일곱째, 구체적이고 행동적이며 측정 가능한 목표를 설정하도록 돕는 것이 필요하다. '문제가 해결되면 기분이 나아질 거예요'보다는 클라이언트가 행동적인 용어로 분명하게 목표를 설정하도록 돕는 것이 중요하다.

여덟째, 현실적인 목표를 설정하도록 도와야 한다. 클라이언트에게 무엇이 달라진 것을 보기를 원하는가를 물으면 클라이언트는 사회복지사가 생각하기에는 비현실적인 방법으로 반응한다. 예를 들면, "심장병이 사라질 거예요", "복권에 당첨될 거예요"라고 말할 수 있다. 현실적인 목표란 클라이언트의 능력이나 의지, 처해 있는 상황을 고려했을 때 달성 가능한 목표를 말한다. 사회복지사는 "그것은 일어날 수 있는 일입니까?", "당신 생각에 당신이 할 수 있는 일들인가요?"라고 물어봄으로써 현실적인 목표를 세우도록 하는 데 도움을 준다.

아홉째, 처음 시작할 때, 클라이언트는 자기 삶에 대해 매우 낙심하고 있다. 사회복지사는 클라이언트의 문제는 종종 해결하기 어려운 것이라는 점을 상기시켜 주는 것이 필요하다(노혜련 · 허남순, 2015).

목표 설정의 예시〉

사회복지사 : 오늘 어렵게 힘든 시간을 내주셨는데요, 뭐가 좀 달라지면 '상담받기를 잘했다'라는 생각이 들까요?
클라이언트 : 감정 조절… 그것만 잘되면 좋을 것 같아요.
사회복지사 : 아, 감정 조절… 그렇군요. 감정 조절이 어떤데요?
클라이언트 : 어, 한 번 화내면 엉망진창을 만들어 버리니까요.
사회복지사 : 어떻게 엉망진창을 만들어 버린다는 거지요?
클라이언트 : 소리를 엄청 크게 지르고, 물건을 바닥에 내동댕이쳐요.
사회복지사 : ○○는 이번 상담을 통해서 소리를 지르고 물건을 던지는 행동, 즉 화낼 때 하는 행동들을 조절했으면 좋겠다는 거군요.

2) 첫 번째 면담이후 주요 과업

첫 번째 면담 이후의 면담에서는 지난 회기에 세웠던 과제와 목표를 점검하는 것으로부터 시작할 수 있다. 먼저 과제와 목표를 수행했던 경험 속에서 지난 회기 이후 무엇이 나아졌는가를 점검하고, 어떤 예외가 있었고 어떻게 대처를 했으며, 잘한 부분은 어떻게 확장시킬 수 있을까를 지속적으로 발견하고 탐색하며 논의할 수 있도록 한다. 이러한 과정에서 예외 질문, 척도 질문, 관계성 질문, 대처 질문 등 여러 질문 기법과 칭찬, 피드백 등을 활용하며, 다음 목표 수립과 과제 등을 설정한 후 이번 회기에 대한 평가와 나눔 활동, 다음 면담 계획 등을 수행한다.

4. 주요 실천 기법

(1) 기적 질문

기적 질문은 문제 자체를 제거시키거나 감소시키지 않고 문제와 떨어져서 해결책을 상상하게 하는 것이다. 이 질문을 통해 사회복지사는 클라이언트가 바꾸고 싶어하는 것을 스스로 설명하게 하여 문제에 대한 집착으로부터 벗어나 해결중심 영역으로 들어가게 한다(정문자 등, 2006).

기적 질문 예시 1〉

사회복지사 : 자, 이제 이상한 질문을 하나 하고 싶은데요. 만약 오늘밤 당신이 잠들고 집 안이 조용한데 기적이 일어났다고 생각해 봅시다. 그 기적은 당신으로 하여금 여기에 오도록 만든 그 문제가 해결되는 것입니다. 하지만 당신은 잠들어 있기 때문에 기적이 일어났다는 것을 모르고 있습니다. 자, 당신이 내일 아침에 깨어났을 때 무엇이 달라지면 당신은 기적이 일어나서 당신을 여기에 오게끔 한 문제가 해결됐다고 생각하시겠습니까?
클라이언트 : 남편이 알코올중독에서 낫는 것, 집에 돈이 많아서 부자가 되는 거요!
사회복지사 : 정말 큰 기적이네요. 조금 더 작은 기적은 무엇이 있을까요?
클라이언트 : 남편이 나와 아이들에게 화를 안 내고 친절해지는 거요.

기적 질문 예시 2〉

클라이언트 : 아빠가 병이 낫고 엄마도 새로 왔으면 좋겠고, 집에 돈이 많으면 좋겠어요!
사회복지사 : 그래, 정말 큰 기적이구나! 조금 더 작은 기적은 무엇이 있을까?
클라이언트 : 아빠가 다른 아빠들처럼 따뜻하게 대해 주는 거요.

(2) 예외 질문

예외란 클라이언트가 문제로 생각하고 있는 행동이 일어나지 않는 상황이나 행동을 의미한다. 어떠한 문제에도 예외는 있기 마련이라는 것이 해결중심모델의 기본 전제이다. 예외 질문exception question은 한두 번의 중요한 예외를 찾아내서 계속 그것을 강조하면서 클라이언트의 성공을 확대하고 강화시켜 주는 것이다. 클라이언트가 행한 우연적인 성공을 찾아내서 계속 그것을 강조하면서 클라이언트의 성공을 확대하고 강화시켜 준다. 이것은 예외적인 상황을 찾아내어 그것을 밝히고, 클라이언트가 가지고 있는 자원을 활용하여 클라이언트의 자존감을 강화하는 것이다(정문자 등, 2006). 예외 질문은 첫 면접에서 대체로 목표 설정 후에 사용되고, 2회 면담부터는 '무엇이 더 좋아졌는가?'라는 식으로 물을 수 있다. 즉, "언제 문제가 발생하지 않았습니까?", "문제가 발생하지 않았다는 것을 어떻게 알 수 있었습니까?", "문제가 발생하는 상황과 발생하지 않는 상황의 차이점은 무엇입니까?", "문제가 발생하지 않을 때는 무엇을 하였습니까?"

예외 질문 예시 1〉

사회복지사 : 아빠가 때리지 않고, 칭찬을 해주거나 잘 지냈던 적은 언제였나요?
클라이언트 : 생각이 잘 안 나는데, 있기는 있었는데요. 아빠가 직장에 나갔을 때는 가족들에게 잘하겠다고 약속을 하셨었고, 냉장고에 다섯 가지 가족에 대한 약속을 붙여 놓았었어요. 그때는 칭찬도 해주시고 잘 지냈었던 것 같아요.

예외 질문 예시 2〉

클라이언트 : 엄마가 너무나 잔소리가 심하세요. 그것 때문에 죽고 싶다는 생각이 들 정도로. 특히, 공부 잔소리요.
사회복지사 : 아, 엄마가 잔소리가 없었거나 혹은 그래도 좀 적었을 때는 언제였나요?
클라이언트 : 최근에는 기억이 잘 안 나요. 아, 몇 달 전까지는 엄마가 잔소리해도 내가 대답을 잘 했을 때는 좀 덜했던 것 같아요. 요즘은 대답을 잘 안 하니까요.

(3) 척도 질문

척도 질문scaling question은 숫자의 마력을 이용하여 클라이언트에게 자신의 문제, 문제의 우선 순위, 성공에 대한 태도, 정서적 친밀도, 자존감, 치료에 대한 확신, 변화를 위해 투자할 수 있는 노력, 진행에 대한 평가 등의 수준을 수치로 표현하도록 하는 방법이다(정문자 등, 2008). 이러한 척도 질문을 통해서 사회복지사는 클라이언트의 문제해결에 대한 태도를 보다 정확하게 알아 볼 수 있으며, 클라이언트의 변화 과정을 격려하고 강화해 주는 구체적인 정보를 얻을 수도 있다. 첫 면담에서는 면담 전 변화 상태나 동기에 대한 파악을 한다(노혜련 · 허남순, 2015).

① 상담 전 변화 측정 질문

"일주일 전에 전화 예약을 하셨네요. 처음 전화를 하셨을 때 불안한 마음이 5점이라고 한다면 오늘 처음으로 오셨을 때 불안한 마음은 몇점인가요?"

② 동기 측정 질문

"이번에는 문제를 해결하고자 하는 마음이 얼마나 많은가에 대한 질문입니다. 10점은 해결책을 찾기 위해 무슨 일이라도 기꺼이 할 의지가 있다는 것을 의미하고, 0점은 무엇인가 할 의지가 없다는 것을 의미합니다. 0점부터 10점 사이에서 현재 마음의 상태는 몇 점이라고 생각하시나요?"

③ 문제해결에 관한 전망 질문

"1점부터 10점까지의 척도에서 10점은 문제가 다 해결되었다고 확신하는 것을 말하고, 1점은 문제가 해결되지 못할 것이라고 생각하는 경우를 말합니다. 오늘은 몇 점에 해당하십니까?"

④ 진전 상태를 평가하는 척도 질문

"1점은 처음 상담 받으러 왔을 때의 상태라고 하고, 10점은 상담 목표가 달성된 상태라고 한다면, 오늘의 목표 달성 상태는 몇 점이라고 생각하십니까?"

척도 질문 예시〉

사회복지사 : 최근 들어 함께 거주하고 계신 어머니와 관계를 잘 유지하고 향상하기 위해서 노력하시는 모습이 보이네요. 부인께서 어머니와 관계 향상을 위해서 10점은 해결책을 찾기 위해 무슨 일이라도 기꺼이 할 의지가 있다는 것을 의미하고, 0점은 무엇인가 할 의지가 없다는 것을 의미합니다. 0점부터 10점 사이에서 현재 마음의 상태는 몇 점이라고 생각하시나요?

부인 : 오늘은 4점이에요.

사회복지사 : 오늘은 4점이시군요. 몇 점이 되면 만족하시겠어요?

부인 : 8점이요.

사회복지사 : 무엇이 달라진다면 1점이 올라갈까요?

부인 : 어머니가 집에 계실 때 제가 비난하지 않고 좀 더 친절하게 대해야겠지요.

(4) 대처 질문

대처 질문은 자신의 미래를 매우 절망적으로 보아 아무런 희망이 없다고 하는 클라이언트에게 주로 사용한다. 대처 질문은 클라이언트가 어려운 상황에서 견디어 내고 더 나빠지지 않은 것을 강조하고, 위기에서 살아남기 위해 대처해 온 방법을 발견하고, 자신의 자원과 강점을 발견하여 인식하도록 돕는다(정문자 등, 2008).

대처 질문 예시〉

> 사회복지사 : 부인 이야기를 들으니 남편의 술 문제 때문에 얼마나 힘드셨는지 알겠네요. 그런 상황에서도 지금까지 어떻게 견뎌 오셨나요?
>
> 클라이언트 : 친구들에게 속마음을 이야기하고, 운동도 하고 했어요. 친구들이 위로해 주고 하면 좀 풀리더라고요.

(5) 관계성 질문

관계성 질문은 상담 현장에 참석하지 않은 사람의 생각, 의견, 가치관, 반응 등에 관해 질문함으로써 자기중심적 생각에서 벗어나고 관계 속에서 문제를 생각하고, 좀 더 현실적이며 객관적으로 판단하도록 돕는다(정문자 등, 2008).

관계성 질문 예시 1〉

> 사회복지사 : 남편이 여기에 계신다면 부인에게 뭐라고 말씀하실까요?
>
> 클라이언트 : 자기가 화났을 때 제발 자기를 혼자 놔두라고 할 것 같아요.
>
> 사회복지사 : 실제로 여기에 계셔서 그런 말씀을 하신다면 마음이 어떠실 것 같으세요?
>
> 클라이언트 : 나도 혼자 놔두고 싶지 않아서 그런 건 아니라고 말하고 싶어요. 하지만 화났을 때 일단 그 상황에서는 피하는 게 좋을 것 같아요. 남편이 생각할 수 있도록 혼자 놔두고 나가는 것도 좋을 것 같아요.

관계성 질문 예시 2〉

사회복지사 : 엄마가 여기에 계신다면 ○○에게 뭐라고 말씀하실까요?
클라이언트 : 공부를 더해야 하지 않나 쪽으로 말씀하실 것 같아요.
사회복지사 : ○○는 엄마가 그렇게 얘기하신다면 마음이 어떨 것 같나요?
클라이언트 : 그냥 내가 하고 싶은 것을 할 수 있었으면 좋겠어요. 운동선수가 되고 싶은 마음이 커요.
사회복지사 : 엄마가 이 자리에 계셔서 ○○가 솔직히 마음을 터놓는다면 엄마는 뭐라고 말씀하실까요?
클라이언트 : 운동을 좋아하는 것 만큼 공부를 열심히 해야 훌륭한 사람이 된다고 하실 것 같아요. 저도 조금은 더 공부를 열심히 하는 것이 필요하다고는 생각을 하고 있어요. 다만 운동도 같이 하면 좋을 것 같아요.

(6) 피드백

① 칭찬

칭찬이란 클라이언트를 인정해 주는 것이다. 클라이언트를 칭찬할 때 칭찬에 대한 클라이언트의 반응을 관찰해야 한다. 클라이언트의 반응은 클라이언트의 칭찬이 그에게 의미 있게 느껴지는지 아닌지를 알 수 있는 단서를 제공하기 때문이다.

칭찬 예시〉

- 직접 칭찬 : 클라이언트에 대한 사회복지사의 긍정적인 평가와 반응이다.
  - 아버님은 가족을 정말 사랑하시네요.
  - 와, 대단하네요!
- 간접 칭찬 : 질문을 통해 이용자의 긍정적인 측면을 알게 하는 것이다.
  - 어떻게 아이들이 자기 일을 알아서 할 수 있게 키우셨나요?
  - 선생님은 시간을 가지고 기다려 주는 게 아이들에게 중요하다는 것을 어떻게 아셨나요?

■ 자기 칭찬 : 간접적으로 칭찬하는 질문에 클라이언트는 자기 칭찬으로 대답한다. 클라이언트는 자기 칭찬을 통해 자신을 긍정적으로 인식하게 되고, 사회복지사는 그것을 다시 직접 칭찬으로 더 강화해 나갈 수 있다.

사회복지사 : 선생님은 학생들에게 시간을 가지고 기다려 주는 게 중요하다는 걸 어떻게 아셨나요?
클라이언트 : 제가 그동안 학생들을 가르치면서 터득한 건데요, 학생들은 시간이 좀 필요하더라고요. 저는 경험을 통해 알게 된 건 잘하는 편이에요.
사회복지사 : 굉장히 중요한 걸 파악하셨네요.

② 연결문

연결문은 처음의 칭찬과 뒤따라올 제안이나 과제를 연결해 주는 피드백의 한 부분이다. 칭찬과 마찬가지로 사회복지사의 제안은 클라이언트에게 의미 있게 느껴져야 한다. 연결문의 내용은 보통 클라이언트의 목표, 예외, 강점 또는 지각으로부터 이끌어 낸다. 사회복지사는 "나는 당신이 말한 ○○에 동감합니다"라고 하면서 연결문을 시작한다. 가능하다면 클라이언트가 사용한 단어나 어구를 집어넣는 것도 좋다.

③ 과제

피드백의 세 번째 요소는 클라이언트에게 과제를 주는 것이다. 과제는 관찰 과제와 행동 과제가 있다. 관찰 과제는 사회복지사가 생각하기에 해결책을 구축하는 과정에 도움이 될 것이라고 생각되는 특별한 부분에 클라이언트가 좀 더 주의를 기울일 것을 제안하면서 관찰할 부분에 대한 과제를 주는 것이다. 행동 과제는 클라이언트에게 일상생활에 행동 중심으로 세운 목표를 적용할 수 있도록 과제를 부여하는 것이다.

5. 사례

1) 알코올중독 사례

해결중심모델은 물질(알코올, 약물 등) 중독 분야에도 활발히 적용되고 있다. 해결중심모델에서 알코올중독 개입은 클라이언트의 결함, 문제, 단점보다는 제대로 하고 있는 것에 초점을 둔다. 알코올 문제의 예외를 증폭시키는 예외 질문들은 다음과 같다.

* 당신은 어떻게 술을 끊었었나요?
* 술을 드시지 않고 무엇을 했나요?
* 단주하기 위해서 또 무엇을 했나요?

다음은 알코올중독자 45세 된 남성의 사례이다. 오랫동안 알코올중독을 겪고 있는 남성은 스스로 상담을 요청해 왔다.

사회복지사 : 술에 대처할 수 있을 때, 다시 말하면 꽤 오랫동안 술을 멀리했던 때에 대해 말해 볼까요?

클라이언트 : 단주 모임(A.A.)에 갔을 때요.

사회복지사 : 아, 단주 모임이요.

클라이언트 : 네.

사회복지사 : 그게 도움이 되었나요?

클라이언트 : 네.

사회복지사 : 얼마나 자주 갔습니까?

클라이언트 : 제 기분에 따라 달랐어요. 일주일에 한 번 가기도 하고, 때로는 매일 가기도 했어요. 매일 갈 때도 있었어요.

사회복지사 : 술을 안 하기 위해 또 뭘 하셨나요?

클라이언트 : 바쁘게 지냈죠.
사회복지사 : 그것에 대해 좀 더 말씀해 보세요.
클라이언트 : 그냥 바쁘게 지내는 거예요. 문제를 일으키지 않고 지내는 거죠.
사회복지사 : 주로 어떤 일을 하죠?
클라이언트 : 가족들과 외출하거나 집안일을 했어요. 친구도 만나고 규칙적인 운동도 했고요.
사회복지사 : 그게 어떤 도움이 되던가요?
클라이언트 : 술을 안 마시게 해주었어요.

세 번째 회기가 끝날 무렵 클라이언트는 술을 끊고 지낼 수 있을 것 같고, 기존에 시도했었던 해결책들을 다시 실천할 수 있게 되었다고 하였다. 네 번째 회기에 클라이언트는 자신이 하루도 술을 하지 않았고, 매일 단주 모임에 참석했다고 하였다. 상담이 필요하지 않다는 데 동의했고, 사회복지사는 다음에 필요하면 또 만나자고 권유했다(김양현 · 김유미 공역, 2007).

2) 신체화 증상을 가진 초등학생에 대한 해결중심 단기상담

(1) 인적 사항

① 클라이언트

초등학교 5학년에 재학 중인 만 11세의 여학생

② 가족

주말부부 아버지, 전업주부 어머니, 초등학교 4학년 남동생

③ 주된 개인력과 가족력

클라이언트의 어머니는 이혼한 친정 부모 슬하에서 경제적으로 어렵게 자랐다. 경제적 어려움 때문에 좋은 학교에 입학할 수 없었던 어머니는 현재의 남편과 결혼할 때도

본인의 성장 배경과 학력 문제로 시댁의 반대에 부딪혔다. 클라이언트의 아버지는 지사 발령으로 인해 가족과 주말에만 만나 왔다. 아버지는 가족보다는 자신의 일과 친구에 관심이 더 많다. 어머니는 클라이언트가 태어나기 전부터 직장에 다니고 있었으며, 그로 인해 클라이언트와 동생은 외할머니 손에 양육되었다. 외할머니는 감정을 솔직히 드러내는 분으로, 클라이언트를 대할 때 욕도 서슴치 않지만, 또한 클라이언트가 친구 때문에 힘들어 할 때는 상황을 가리지 않고 나서서 클라이언트의 편을 들어주는 분이다. 그런 할머니는 클라이언트에게 고향과 같은 존재이다. 현재 클라이언트의 집에서 가까운 곳에 살고 있다. 어머니는 클라이언트 2~3학년 즈음에 다니던 직장을 그만두고 아이들의 공부와 양육을 전담하기 시작하였다. 클라이언트에 의하면 어머니는 자녀의 학업적 성취에 관심이 많다고 하였다. 현재 클라이언트의 학업 성취는 상이며, 학급에서 학교생활을 잘하고 있는 모범생이다(공은영, 2017).

(2) 현재의 상황

구분	내용	시사점
현재 문제 및 증상	비정기적인 구토 및 복통	구토가 일어나지 않는 예외 상황을 찾아 해결의 실마리 찾기
문제의 역사	초등학교 2학년 때 어머니가 사회 활동을 그만두고 클라이언트의 학업을 지원하기 시작한 때부터	어머니의 영향에서 벗어나서 독립적인 나로 행동할 수 있는 클라이언트의 자원 찾기
문제와 관련된 클라이언트의 개인적 요인	어머니의 삶의 보상해 주려는 딸로서의 책임감은 큰 반면, 학업에 대한 의욕보다 짜증이 많은 상태	어머니의 삶을 보상한다는 외적 동기가 아닌 학업에 대한 스스로의 내적 동기를 가질 수 있도록 함
문제와 관련된 클라이언트의 상황적 요인	괴로운 상황 속에서 계속해야 하는 영어 과외	영어 과외에 대한 문제에 대처하기 위해 클라이언트가 적극적으로 행동하도록 함
클라이언트의 대인관계적 특성	대인관계에서 감정표현이 원활하지 않음. 갈등 상황에서 문제를 회피하는 특성	자신의 감정을 표현하고 관계 문제에 적극적으로 대처하는 성공 경험을 갖도록 함
클라이언트의 강점	학업에 대한 의지가 강하고 성실함. 자기 조절 능력이 높음. 엄마에 대한 효심	클라이언트의 성실성과 자기 조절력을 이용하여 현재의 문제를 해결하도록 이끎

구분	내용	시사점
클라이언트의 자원	부모님의 물리적인 지원. 부모님의 관심이 큼	클라이언트의 변화를 위해 부모님의 지지를 이끌어 낼 수 있다면 클라이언트에게 도움이 될 것임
클라이언트의 관계 유형	방문형	상담에 흔쾌히 동의했으나 문제해결을 위해 자신이 할 수 있는 일은 없다고 생각하고 있어 능동적인 행동을 이끌어 내는 것이 필요함

출처 : 공은영(2017).

(3) 1~6회 해결중심 단기상담 과정 요약

회기	상담 내용
1회	• 상담 목표 : 클라이언트가 상담을 통해 나아지기를 바라는 것을 목표로 설정 – 배 아프고 토하는 것이 나아지는 것 – 자신의 비밀 이야기들을 솔직하게 이야기하는 것 • 문제 확인 : 구토와 복통 • 척도 질문 : 신체화 증상 4점 • 대처 질문 : 이제까지 어떻게 신체화 증상을 견뎌 왔나? – 신체화 증상을 참는 방법으로 대처해 옴 – 최근 대학 병원 검사를 받았고 한방 치료 중 • 강점 확인 : 학업에 대한 강한 의지. 어머니에 대한 효심 • 과제 제시 : 없음. 상담에 대한 의지를 칭찬하고 강점을 확인시켜 줌
2회	• 척도 질문 : 신체화 증상 5점 • 예외 질문 : 신체화 증상이 덜한 때는 언제인가? • 강점 확인 : 목표를 위해 어려움을 참는 성실함과 인내심, 자기 조절 능력이 높음 • 내담자의 불편감 추가 확인 – 영어 과외에서 비롯되는 학습 부담감과 과외 선생님의 엄한 지도 방식 때문에 많이 힘듦 • 과제 제시 : 자신의 마음을 솔직하게 표현해 보기
3회	• 척도 질문 : 신체화 증상 3~4점 • 과제 확인 : 동생에게 불편한 감정을 표현하자 동생이 배려해 줌 • 성공 경험 확대 : 솔직한 감정을 표현한 경험을 확대할 방법 모색 • 관계성 질문 : 솔직한 마음을 이야기하면 어머니는 뭐라고 말씀하실까? • 연결문 및 과제 제시 : 성공 경험을 칭찬함 → 다른 사람에게도 자신의 솔직한 마음을 표현해 보기

회기	상담 내용
4회	• 척도 질문 : 신체화 증상 5~6점 • 과제 확인 : 어머니에게 학업에 대한 자신의 입장을 표현함 • 성공 경험 확인 : 영어 과외에서 혼나지 않음 • 성공 경험 확대 : 영어 숙제가 어렵지만 성실하게 하였음. 계속해서 영어 숙제를 잘해 갈 수 있는 방법을 모색함 • 강점 확인 : 클라이언트의 실행 의욕을 고취하기 위한 강점 확인 • 연결문 및 과제 제시 : 클라이언트의 시도와 도전을 칭찬함 → 영어 숙제가 어려워도 성실하게 해내기
5회	• 척도 질문 : 신체화 증상 2~3점 • 과제 확인 : 영어 숙제를 해가서 덜 혼남 • 기적 질문 : 영어 책을 줄줄 읽어서 영어 과외 선생님에게 칭찬받고 어머니에게 더 이상 잔소리를 듣지 않게 되는 것 • 해결 방법 찾기 : 영어 과외 선생님에게 칭찬받고 어머니에게 잔소리를 듣지 않기 위해 지금 내가 해야 할 일 찾기 • 과제 제시 : 내가 공부를 잘하고 싶은 나만의 이유를 찾아오기
6회	• 척도 질문 : 신체화 증상 확인 2점 • 과제 확인 : 내가 되고 싶은 '조향사'의 꿈을 꼭 이루고 싶기 때문에 지금 공부를 열심히 하고 싶음 • 상담 후 변화 확인 : 영어 과외 숙제를 잘해 가서 시간에 더 이상 혼나지 않음, 아버지와의 관계 개선을 위한 의지, 신체화 증상이 나아짐

출처 : 공은영(2017).

3) 대학생을 위한 해결중심 단기 집단상담

대학생을 위한 해결중심 단기 집단 상담의 예는 다음과 같다(탁정미 · 홍경자, 2005).

(1) 대학생을 위한 해결중심 단기 집단상담 내용 요약

회기	프로그램명	회기별 세부 목표	프로그램 내용
1회	협력관계 형성하기	오리엔테이션 협력관계 형성	– 해결중심 단기 프로그램 소개 – 자기 소개 및 변화되고 싶은 점 발표 – 자신의 장점 찾기 – 메시지 전달 : 장점과 칭찬 중심으로 긍정적 자아상을 세우고 친밀감 형성 도모 – 현재 상황에 대한 척도 질문 – 과제 : 나의 역할 및 생활 계획, 변화되고 싶은 점 적어오기
2회	목표 설정하기	작은 변화들을 찾아내고, 목표를 설정한다.	– 변화에 관한 질문 – 과제 검토 : 발표 – 보람 있었던 일 회상하기 : 서로 간의 피드백을 통해 강점 자원과 잠재력 확인을 통한 정보 수집 – 기적 그림 그리기 – 기적 그림을 보고 기적 질문 및 관계성 질문을 통해 목표를 구체화 – 현재 상황에 대한 척도 질문 – 메시지 전달 : 칭찬, 격려 위주 – 과제 : 일주일 동안 보람 있었던 때나, 기적이 일어났던 때와 비슷했던 날 찾아오기
3회	문제해결 구축하기	효과가 있다면 지속한다. 성공의 경험을 생각한다. 문제해결 방법을 탐색한다.	– 변화에 관한 질문 – 과제 검토 : 한 주간의 변화에 대한 점검 – 예외 상황에 대한 대처 질문, 관계성 질문을 통한 구성원 본인의 성공 경험을 통한 문제해결 방법 인식 – 현재 상황 및 자신감에 대한 척도 질문 – 짝꿍과 나의 성공 점수 1점 높이기 – 메시지 전달 : 칭찬, 강점, 격려 위주 – 과제 : 일주일 동안 목표 점수와 1점 더 나아지기 위한 구체적 목표, 1점 더 나아짐으로 인해서 발견된 변화를 적어 오기

회기	프로그램명	회기별 세부 목표	프로그램 내용
4회	예외 상황 찾기	효과가 없다면 다른 것을 한다. 변화에 대한 자신감을 갖는다.	– 변화에 관한 질문 – 과제 발표 : 대처 질문, 관계성 질문, 예외 질문을 통한 변화에 대한 자신감을 갖도록 격려 – 목표 행동이 긍정적인 효과가 없었다면 다시 예외 탐색 – 현재 상황 및 자신감에 관한 척도 질문 – 서로 격려 및 지지 – 메시지 전달 : 작은 출발에 대한 격려 및 변화의 가능성에 대한 지지 – 과제 : 요즘 달라진 나의 모습에 대해 가족에게서 직접 듣고 적어 오기
5회	변화를 확대하기	변화를 확대시킨다 좀 더 시도해 볼 수 있는 것은 무엇인지 토론한다.	– 변화에 관한 질문 – 과제 발표 : 요즘 달라진 나의 모습에 대한 가족의 견해. 또한, 시도한 변화가 어떤 도움이 되었는지 토론, 변화에 대한 서로 간의 칭찬과 지지 – 변화 확대를 위해 해결중심 질문 – 현재 상황 및 자신감에 대한 척도 질문 – 서로 격려 및 지지 – 메시지 전달 : 여태까지의 노력 격려. 자신감을 위한 지지 – 과제 : 변화를 지속시키기 위해 자신 있는 것으로 두 가지씩 시도해 보기
6회	변화의 지속에 대한 확신하기	변화를 확대시킨다. 좀 더 시도해 볼 수 있는 것은 무엇인지 토론한다.	– 변화에 관한 질문 – 과제 검토 : 자신의 성공담을 발표. 칭찬과 지지 – 집단상담 참여 후에 나에게 어떤 변화가 있었는지 함께 이야기해 보기 : 해결중심 질문, 구성원 간 피드백 지지 – 변화를 지속시키기 위해 내가 할 수 있는 것 두 가지 약속하기 – 현재 상황 및 자신감에 대한 척도 질문 – 메시지 전달 : 변화를 이끌어 낸 집단원 개개인의 강점과 자원을 확인 – 롤링 페이퍼 : 변화를 위한 노력 격려 – 수료식

출처 : 탁정미 · 홍경자(2005).

연습활동

다음은 해결중심모델의 첫 회기와 첫 회기 이후의 양식이다. 두 사람씩 짝이 되어(한 사람은 사회복지사, 다른 사람은 클라이언트), 클라이언트의 복합적 문제(대인관계 문제, 가족 관계 문제, 주거 문제, 알코올중독 문제, 정신건강 문제, 경제적 문제, 직장 문제 등)를 포함한 상황을 설정하고 첫 회기와 첫 회기 이후의 해결중심모델 면접을 연습해 보자.

첫 회기를 위한 양식

클라이언트 성명 : ______________ 날짜 : ________________

○ 주된 문제 · 대처 노력 : 어떤 어려움이 있으십니까? 가장 어려운 점은 무엇입니까? 무엇을 보면 ______이 문제라고 생각됩니까? 어떤 시도를 해보셨습니까? 어떤 것이 도움이 되었습니까?

○ 목표 설정 : 여기에 오신 결과로 무엇이 달라지기를 바라십니까? 기적 질문 중심, 구체적

○ 예외 질문 : 문제가 일어나지 않거나 아니면 덜 심각한 때가 있습니까? 그러한 때는 언제입니까? 그런 일이 어떻게 일어날 수 있다고 보십니까? 선생님이 말씀하신 기적과 조금이라도 유사한 경우들이 있습니까?

○ 관계성 질문 : ○○가 있다면 ○○에 대해서 무엇이라고 말했을 것 같습니까?

○ 척도 질문 : 상담 전 변화, 동기, 문제해결에 대한 전망 등
- 상담 전 변화 척도 질문
- 동기 측정 척도 질문
- 문제해결에 대한 전망 척도 질문

○ 대처 질문 : 그렇게 힘든데도 어떻게 견딜 수 있었나요?

○ 칭찬

○ 피드백

○ 과제 · 제안
- 과제
- 제안

○ 다음 면접

출처 : 노혜련 · 허남순(2015).

첫 번째 이후의 회기를 위한 양식

클라이언트 성명 : ________________ 날짜 : ________________

○ 무엇이 나아졌습니까?
  * 이끌어 내기 : 무엇이 좀 나아졌습니까?
  * 확대하기 : 그런 일이 어떻게 일어났습니까? 그런 일이 일어나게 하기 위해 당신은 무엇을 하셨습니까? 이것은 당신에게 처음 있는 일인가요? 당신이 _____을 하니까, 당신과 ______와 사이에 달라진 점은 무엇입니까? 또는 당신 가정에서 달라진 것은 무엇입니까?
  * 강화 · 칭찬 : 모든 사람이 다 _____와 같이 말하거나 행동할 수 있는 것은 아니거든요. 그러니까 당신은 ______일을 하실 수 있는 분이시군요.
  * 다시 시작하기 : 그 밖에 또 무엇이 나아졌습니까?

○ 좀 더 하기 : ______을 다시 하기 위해서는 어떤 일이 일어나야 하겠습니까? 그것을 좀 더 자주 하시기 위해서는요?

○ 좋아진 것이 없다면 : 어떻게 대처하고 계십니까? 어떻게 그렇게 하실 수 있습니까? 어떻게 더 나빠지지 않을 수 있었습니까?

○ 척도 측정
  * 현재 수준
  * 그 다음 수준 : 당신이 현재 수준에서 1점 올라가면 무엇이 달라지게 되겠습니까? 달라진 것을 누가 제일 먼저 알아보겠습니까? 알아본다면 그는 어떻게 다르게 행동하겠습니까? 마치 _____(척도상 1점이 올라간 것)이 일어난 것처럼 행동하기 위해서는 어떤 일이 일어나야 하겠습니까?

○ 칭찬

○ 연결문

○ 과업 · 제안

○ 다음 면접

출처 : 노혜련 · 허남순(2015).

문제 풀이

1. 해결중심모델에 관한 설명으로 옳지 않은 것은?

(13회 기출 문제)

① 이론적이고 규범적이다.
② 변화를 불가피한 것으로 인식한다.
③ 현재와 미래를 지향한다.
④ 클라이언트와의 협동 작업을 중시한다.
⑤ 사회복지사는 변화 촉진을 위한 질문자 역할을 수행한다.

정답 : ①
해설 : 해결중심모델은 탈이론적 · 비규범적이며, 클라이언트의 견해를 중시한다.

2. 해결중심모델에 관한 설명으로 옳은 것을 모두 고른 것은?

(14회 기출 문제)

ㄱ. 이론적이고 규범적이다.
ㄴ. 문제가 발생되지 않았던 예외적인 상황을 중요시한다.
ㄷ. 해결 과제를 수립할 때 클라이언트보다 사회복지사의 견해를 우선시한다.
ㄹ. 클라이언트의 자원과 과거의 성공 경험을 중요시한다.

① ㄱ ㄴ ㄷ ② ㄱ ㄷ ③ ㄴ ㄹ ④ ㄹ ⑤ ㄱ ㄴ ㄷ ㄹ

정답 : ③
해설 : 해결중심모델의 특징
- 탈이론적이며 비규범적
- 클라이언트를 나약하고 결점을 지닌 한 인간으로 보는 것이 아니라 문제를 해결할 수 있는 힘과 자원을 이미 가지고 있는 존재라고 봄
- 클라이언트의 자원과 과거 성공 경험을 중요시함
- 클라이언트의 견해가 중요하며 우선시됨

3. 해결 지향적 질문 유형 중 '관계성 질문'에 해당하는 것은?

(14회 기출 문제)

① "문제가 발생되지 않을 때는 언제인가요?"
② "문제와 가장 관련이 있는 상황은 어떤 경우였나요?"
③ "문제가 해결되면 당신의 생활에 어떤 변화가 있을까요?"
④ "이런 문제는 누구와의 관계에서 더 심각하게 느껴지나요?"
⑤ "당신 아버지께서는 문제가 해결된 상황에 대해 어떤 말씀을 하실까요?"

정답 : ⑤
해설 : 관계성 질문은 클라이언트와 중요한 관계에 있는 사람들의 시각에서 클라이언트를 보게 하는 질문 기법이다.

4. 해결중심모델에 관한 설명으로 옳지 않은 것은?

(17회 기출 문제)

① 클라이언트 지향적 모델이다.
② 임시 대응적 기법이라는 비판이 있다.
③ 메시지 작성과 전달, 과제를 활용한다.
④ 사회복지사와 클라이언트 간 협력적 관계를 중시한다.
⑤ 문제가 해결된 상태를 가정하는 대처 질문을 활용할 수 있다.

정답 : ⑤
해설 : 문제가 해결된 상태를 가정하고 이루어지는 질문은 기적 질문이다.

5. 해결중심모델에 관한 설명으로 옳지 않은 것은?

(19회 기출 문제)

① 사회복지사는 클라이언트를 변화시키는 전문가가 아니라 변화에 도움을 주는 자문가 역할을 한다.
② 문제의 원인과 발전 과정에 관심을 두기보다 문제해결 방안을 모색하는 것이 더 효과적이라고 본다.
③ 모든 사람은 강점과 자원, 능력을 가지고 있다고 가정한다.
④ 클라이언트의 견해를 존중한다.
⑤ 클라이언트의 과거에 대해 깊이 탐색하여 현재와 미래에 적응하도록 돕는 데 관심을 둔다.

정답 : ⑤
해설 : 해결중심모델은 과거가 아닌 현재와 미래에 초점을 맞추는 미래 지향적 모델로, 과거에 대해 깊이 탐색하지는 않는다.

6. 해결중심모델에서 사용하는 질문 기법과 이에 관한 예로 옳은 것은?

(19회 기출 문제)

① 예외 질문 : 그 어려운 상황 속에서도 견딜 수 있었던 것은 무엇이라 생각합니까?
② 관계성 질문 : 남편이 여기 있다면 당신이 어떻게 하는 것이 문제해결에 도움이 된다고 할까요?
③ 기적 질문 : 잠이 안 와서 힘들다고 하셨는데, 잠을 잘 잤다고 느낄 때는 언제일까요?
④ 대처 질문 : 지난 일주일간 어떤 변화가 있었나요?
⑤ 척도 질문 : 문제가 발생하지 않았던 때는 언제인가요?

정답 : ②
해설 : ① 대처 질문
② 예외 질문
③ 면담 전 변화에 관한 질문
④ 예외 질문

참고문헌

김양현 · 김유미 공역(2007). Jeffry T. Guterman 저. 해결중심상담. 교육과학사.

공은영(2017). 신체화 증상을 가진 초등학생에 대한 해결중심 단기상담 사례연구. 한국교원대학교 대학원 석사학위논문.

노혜련 · 김윤주(2020). 강점관점 해결중심 사례관리. 학지사.

송성자(2000). 해결중심치료의 한국적 적용에 관한 연구: 한국가족에 대한 해결중심치료 언어게임 개념의 적용. 가족과 가족치료, Vol. 8, No. 1, 87~112.

송성자 · 최중진(2003). 강점관점의 사회복지실천을 위한 해결지향적 질문기법. 한국가족복지학, 제12호.

정문자 · 송성자 · 이영분 · 김유순 · 김은영(2008). 해결중심단기치료. 학지사.

정문자 · 송성자 · 이영분 · 김유순 · 김은영 · 이주경(2006). 해결중심가족치료 사례집. 학지사.

최중진(2003). 강점관점의 사회복지실천을 위한 해결지향적 질문기법. 한국가족복지학, 제12호, 100~123.

탁정미 · 홍경자(2005). 해결중심 단기상담이 대학생들의 문제해결능력에 대한 자기평가와 자아존중감에 미치는 효과. 청소년복지연구, 제7권, 제2호, 121~141.

Goldenberg, I. & Goldenberg, H.(2000). Family therapy: Concepts and methods(5th Ed). Boston: Allyn and Bacon.

Insoo Kim Berg, Peter De Jong; 노혜련 · 허남순 공역(2015). 해결을 위한 면접. 박학사.

Jeffrey T. Guterman; 김양현 · 김유미 공역(2008). 해결중심상담. 교육과학사.

Nichols, M., and Schwartz, R.(2001). Family therapy: Concepts and methods(5th Ed). Books/Cole Publishing Company Pacific Grove, California.

O'Connell, B.(2000). Solution-Focused therapy. In S. Palmer(Ed.), Introduction to Counseling and Psychotherapy. 김춘경 · 이수연 · 최웅용 · 홍종관 공역(2004). 상담 및 심리치료의 이해. 학지사.

O'Hanlon, S., & O'Hanlon, B.(2000). Solution-oriented therapy with families. In J. Carlson & D. Kjos, Theories and strategies of family therapy. Boston: Allyn & Bacon.

Walter, J. L., & Peller, J. E.(1992). Becoming Solution-focused in Brief Therapy. 가족치료연구모임 공역(2000). 단기가족치료: 해결중심으로 되어 가기. 하나의학사.

CHAPTER

7

위기개입모델

학습 목표

1. 위기개입모델의 주요 개념 및 특성을 학습한다.
2. 위기개입모델의 주요 실천과정 및 기술을 학습한다.
3. 위기개입모델의 적용 사례들을 검토해 보고 다양한 실천기술들을 연습해 본다.
4. 위기개입모델의 한계점을 논의해 보고 보완 방안을 모색해 본다.

1. 개요

사회복지사는 사회복지현장에서 다양한 위기를 경험하는 클라이언트와 접촉하게 된다. 최근에는 코로나 19와 같은 전염병, 화재, 지진, 수재 등 자연적 재해도 늘어나고 있으며, 건물 붕괴, 사고, 폭력, 경제 위기 등 인재도 늘어나고 있어서, 이로 인해 클라이언트가 경험하는 위기도 보다 다양하고 광범위해지고 있다.

사회복지사는 위기개입모델을 적용함에 있어서 일반적인 상황보다 더욱 적극적이고 신속하고 적극적으로 개입할 필요가 있다. 이 장에서는 위기개입모델의 주요 개념 및 특성, 실천과정과 기법 및 사례 등을 소개하며, 위기개입모델의 적용과 사회복지사의 역할에 대해서 모색해 보고자 한다.

2. 주요 개념 및 특성

1) 위기의 개념

위기란 '개인의 현재 자원과 대처 기제로는 감당하기 어려운 사건이나 상황을 지각하거나 경험하는 것'이며, 만일 위기에 효과적으로 대처하지 못한다면 위기는 심각한 신체적, 심리적, 사회적 역기능을 일으킬 수 있다.

위기의 유형은 환경적 위기, 발달적 위기, 상황적 위기, 실존적 위기 등으로 구분할 수 있다.

첫째, '환경적 위기'는 일반적으로 자연이나 인간이 야기한 재해가 어떤 잘못이나 행동을 취하지 않은 개인이나 집단성원들에게 갑작스럽게 닥칠 때 발생하는 것으로 같은 환경에 사는 사람 모두에게 사건의 부정적 여파가 미치는 것을 말한다. 예를 들어, 허리케인, 홍수, 폭풍, 지진, 화산 폭발, 회오리바람, 눈보라, 산불과 같은 자연재해나 전염병이나 기름 유출과 같은 생물학적 문제, 전쟁이나 민족 말살 등 난민이 경험하는 정치적 문제, 심각한 경제 불황 등을 들 수 있다.

둘째, '발달적 위기'는 인간이 성장하고 발달해 나가는 과정에서 발생하는 극적인 변화나 전환으로 인하여 비정상적인 반응이 발생하는 사건을 말하는데, 아이의 출생이나 대학 졸업, 중년기의 직업 변화, 은퇴, 노화 과정과 같은 사건들의 반응 등이다.

셋째, '상황적 위기'는 사람이 예견하거나 통제할 수 없는 드물고도 흔히 이례적인 사건이 발생할 때 나타나는데, 자동차 사고나 유괴, 강간, 기업 매각으로 인한 직업 상실, 갑작스러운 질병, 죽음과 같은 사건 등이다.

넷째, '실존적 위기'는 내적 갈등이나 불안을 포함하는 것으로 이는 삶의 목표나 책임감, 독립성, 자유, 의무와 같은 중요한 인간적 이슈와 함께 일어나는 것인데, 40세의 어떤 사람이 자신이 특정 전문직이나 조직에 중요한 영향력이 없음을 깨달으면서 경험하는 위기이거나 결혼을 하지 않고 부모와 함께 사는 것을 선택한 사람이 50세에 자신이 진정으로 독립적인 삶을 꾸리지 못하였고 완전히 행복하고도 가치 있는 인간이 될 기회를 놓쳤다는 후회일 수도 있다(한인영 외, 2008).

2) 위기의 단계

일반적으로 개인에게 위기를 촉진시킬 수 있는 외부적 위험 사건은 표 7-1과 같다.

표 7-1 개인에게 위기를 촉진시킬 수 있는 외부적 위험 사건

• 사고	• 유죄로 인정되는 범죄	• 의료적 처방 없이 정신과 약물 중단
• 알코올 남용	• 학교 폭력	• 알츠하이머 치매
• 자해적 행동	• 아동 학대	• 약물의 부작용
• 심각한 정신질환을 진단받음	• 이혼	• 성 학대
• 약물 남용	• 배우자 학대	• 물질 남용
• 자살적 사고 혹은 행동	• 노인 학대	• 정신적 혹은 신체적 질병 증상 악화
• 재정적 문제	• 원하지 않는 임신	• 노숙
• 폭력의 희생	• 인질 경험	• 폭력적인 사고 혹은 행동
• 삶과 죽음의 결정	• 전쟁 경험	• 사랑하는 사람의 상실
• 폭력 목격	• 관계의 상실	• 직장에서의 폭력
• 직업 상실	• 수입의 상실	• 재난(전염병 등) 경험

일반적으로 위기는 다섯 가지 요소들, 즉, 위험 사건, 취약 상태, 촉발 요인, 실제 위기 상태, 재통합으로 구성되어 있다. 즉, 위험 사건이 발생하고 취약한 상태에서 촉발 요인으로 인해 실제 위기 상태가 되고 시간이 지나면서 재통합이 이루어진다. 골란(Golan)이 제시한 위기의 단계는 표 7-2와 같다(Golan, 1978).

표 7-2 위기의 단계

위기 단계	내용	예
위험 사건	- 예상할 수 있는 사건이나 예기치 않은 사건 등 스트레스적 사건이 발생하여 쇼크나 내적인 변화가 일어남	구조조정으로 인해 남편의 실직을 통보받음
취약 단계	- 최초의 쇼크로 인해 혼란스러운 상태에 있음 - 개인마다 사건을 인지하는 정도에 따라 기존의 대처 방식을 중심으로 나름대로의 방법으로 대처함	회사의 결정에 대한 분노, 퇴출된 남편에 대한 원망, 미안함, 불쌍함, 앞으로 살 방법에 대한 막막함등으로 혼란한 상태에 있음. 마트에서 일하거나 저렴한 집으로 이사하는 등 노력함. 남편과 갈등이 심해지고 언쟁이 높아짐. 부부 갈등이 심화되고 자녀와의 관계도 악화됨
위기 촉발 요인	- 취약 단계를 불균형의 상태로 전환시키는 일련의 연쇄적인 스트레스 유발 사건들을 의미함	딸이 무단 가출을 하고 비행 친구들과 어울려 다니다 절도로 경찰에 구속됨
심각한 위기 단계	- 개인의 항상성 기제(homeostatic mechanism)가 무너지면서 긴장이 최고조에 달하고 불균형 상태가 시작됨 - 보통 4~6주간 지속됨 - 위기개입이 필요한 시기	딸의 소식에 엄마는 인생이 무너지는 듯한 극도의 긴장과 불안, 허탈과 무력감, 급성 우울증, 정서적 혼란 등을 경험함
재통합	- 모든 위기는 어떤 유형의 평형 상태를 회복하는 단계에 도달하게 됨 - 긴장과 불안이 점차 가라앉고 개인의 기능이 다소 재구성되는 단계 - 회복된 평형 상태는 위기 이전의 평형 상태보다 더 좋을 수도 있고 같거나 더 나쁠 수도 있음	딸과 만나 딸의 고민과 고충을 듣고 엄마로서의 미안함과 어려움을 설명하면서 관계가 더 깊어질 수 있음. 반면, 가족 문제가 딸 때문에 생긴 것이라고 책임 전가하고 딸과의 관계가 단절될 수도 있음

출처 : Golan(1978).

3. 주요 실천과정과 기법

1) 위기개입의 목표

위기개입의 목표는 여러 가지로 볼 수 있는데, 일반적으로는 상황속의 인간의 관점에서 개개인별로 맞춤형으로 설정해야 할 것이다. 일례로, 래포포트(Rapoport, 1970)는 위기개입의 목표로 처음 4개는 최소한 달성해야 하는 목표이며, 마지막 2개는 상황이나 기회, 클라이언트의 성격 등이 허락하는 경우 달성할 수 있는 목표라고 하였다. 첫째, 위기로 인한 증상을 제거하는 것이다. 둘째, 위기 이전의 기능 수준으로 회복하는 것이다. 셋째, 불균형 상태로 만든 촉발 요인에 대해 이해하는 것이다. 넷째, 클라이언트가 활용할 수 있는 개입 방안을 찾고 적용한다. 다섯째, 클라이언트의 현재의 스트레스를 과거의 생애 경험이나 갈등과 연결하도록 지원한다. 여섯째, 클라이언트가 현재 상황뿐만 아니라 미래 상황에서도 활용할 수 있는 새로운 인식, 사고, 정서 양식을 개발하도록 지원하는 것이다.

2) 위기개입의 원칙

위기개입의 주요 원칙에 대해서 엘(Ell, 2004)는 다음의 여덟 가지를 제시하였다. 첫째, 도움은 즉각적으로 제공되어야 하고, 흔히 아웃리치를 통해서 이루어져야 한다. 둘째, 개입은 단기적이며, 시간 제한적이다. 셋째, 실천가가 적극적인 역할을 한다. 넷째, 증상 완화가 첫 번째 목표이다. 다섯째, 실용적 정보와 명확한 지지를 제공해야 한다. 여섯째, 사회적 지지가 지원되어야 한다. 일곱째, 되도록 빨리 회복할 수 있는 충분한 능력에 대한 효과적인 대처 방법이 지원되어야 한다. 여덟째, 위기 경험에 직면하도록 현실 인식에 대한 인지적 문제를 설명해야 한다 등이다(연세사회복지실천연구회, 2004).

3) 위기개입모델

로버츠(Roberts, 2005)는 7단계 위기개입모델을 제시하였는데 다음과 같다.

1단계에서는 '위기의 심각성 및 생물심리사회적 사정하기'를 수행하는데, 심각성 사정은 가장 중요하고 우선적으로 이루어져야 하며, 클라이언트의 자살 시도 유무와 자살 잠재성, 자해나 타해 위험성 등을 사정하는 것이 중요하다. 또한 생물심리사회적 사정으로서 최소한의 클라이언트의 환경적 지지 체계와 스트레스 요인, 의료적 욕구와 복용 중인 처방약, 알코올 및 약물 사용, 대처 방법 및 대내외 자원에 관한 사정을 하는 것도 필요하다.

2단계에서는 '신속하게 라포 형성하기'로 사회복지사는 신속한 라포 형성을 위해 편안한 환경을 조성하고, 공감적 반응을 보이며, 클라이언트와 동맹 관계를 형성하고 클라이언트가 자신의 역할을 이해할 수 있도록 도와야 한다.

3단계는 '주요 문제 확인하기'로 위기를 촉발한 클라이언트의 현재 문제를 중심으로 무엇 때문에 클라이언트가 현시점에서 도움을 요청하게 되었는가를 알아보는 것이 중요하다.

4단계는 '클라이언트의 정서와 감정 다루기'로 사회복지사는 클라이언트가 자신의 감정을 환기하고 위기 상황에 대한 자신의 이야기를 충분히 설명할 수 있도록 원조해야 하며, 이를 위해 반영하기 기술, 공감하기 기술 등 적극적 경청 기술을 사용해야 한다.

5단계는 '가능한 대안 탐색하기'로 사회복지사는 클라이언트와 함께 다양한 대안들(예 : 비자살 계약서 작성, 지역사회 기반 지지 체계 활용, 입원, 상담, 임시 주택, 다양한 중독 문제 치료프로그램의 장단점 분석 등)을 검토하고 마련해야 한다.

6단계는 '실행 계획 실천하기'로 사회복지사는 클라이언트와 함께 대안을 검토하고 실행 계획을 수립하고 실천하도록 지원해야 한다.

7단계는 '사후 계획 수립하기'로 위기가 해결되었다는 확신이 들면 사회복지사는 클라이언트와 함께 사후 관리 계획을 세우고 개입이 종결된 이후에도 클라이언트의 상태를 점검해야 한다(엄명용 외, 2020 재인용).

각 단계별로 사회복지사가 수행해야 할 구체적인 활동 과업들을 요약하면 표 7-3과 같다.

표 7-3 로버츠(2005)의 위기개입모델

단계	내용
1단계	• 위기의 심각성 및 개인의 생물심리사회적 사정하기 – 자살 시도 유무와 자살 잠재성, 자해나 타해의 위험성 등을 사정 – 생물심리사회적 사정 : 최소한의 클라이언트의 환경적 지지 체계와 스트레스 요인, 의료적 욕구와 복용 중인 처방약, 알코올 및 약물 사용, 대처 방법 및 대내외 자원 등
2단계	• 신속하게 라포 형성하기 – 편안한 환경을 조성하고, 공감적 반응을 보이며, 클라이언트와 동맹 관계를 형성하고 클라이언트가 자신의 역할을 이해할 수 있도록 도와야 함
3단계	• 주요 문제 확인하기 – 위기를 촉발한 클라이언트의 현재 문제를 중심으로 무엇 때문에 클라이언트가 현시점에서 도움을 요청하게 되었는가를 알아보는 것이 중요
4단계	• 클라이언트의 정서와 감정 다루기 – 클라이언트가 자신의 감정을 환기하고 위기 상황에 대한 자신의 이야기를 충분히 설명할 수 있도록 원조해야 하며, 이를 위해 반영하기 기술, 공감하기 기술 등 적극적 경청 기술을 사용
5단계	• 가능한 대안 탐색하기 – 클라이언트와 함께 다양한 대안들(예 : 비자살 계약서 작성, 지역사회 기반 지지 체계 활용, 입원, 상담, 임시 주택, 다양한 중독 문제 치료 프로그램의 장단점 분석 등)을 검토하고 마련
6단계	• 실행 계획 실천하기 – 클라이언트와 함께 대안을 검토하고 실행 계획을 수립하고 실천하도록 지원
7단계	• 사후 계획 수립하기 – 위기가 해결되었다는 확신이 들면 사회복지사는 클라이언트와 함께 사후관리 계획을 세우고 개입이 종결된 이후에도 클라이언트의 상태를 점검

출처 : 엄명용 외 재인용(2020).

4) 주요 실천 기술

(1) 초기 신속한 라포 형성과 '안전'과 '안녕' 사정

위기개입에서 먼저 사회복지사는 클라이언트 및 주요 보호제공자와 신속히 초기 라포를 형성하고 클라이언트의 안전과 안녕에 관심을 가지고 관찰과 사정을 병행할 필요가 있다. 특히, 신속히 응급 개입의 필요 여부와 '자살 위험'이나 '자해'나 '폭력' 등 안전에 대한 사정을 시행해야 한다. 이때 정보를 줄 수 있는 정보원informants이 중요한데, 클라이언트뿐만 아니라 주요 보호제공자 등을 포함하는 것이 중요하며, 응급 증상을 보이는 클라이언트의 경우에는 주요 보호제공자와 협력하에 즉시 입원 등 응급 개입 등을 시행해야 한다. 이러한 과정에서 사회복지사는 클라이언트가 자해나 폭력에 대한 생각을 부인하더라도 의심이 될 만한 행동 등이 있는가를 잘 관찰해야 하며, 안전과 관련된 부분은 지속적으로 관심을 두고 부가적인 정보를 수집할 필요가 있다.

다음으로 사회복지사는 클라이언트 자신이나 다른 사람에게 즉각적인 위험이 없다고 판단된다면, 두 번째 단계로 클라이언트의 안녕을 사정하기 위해서 '제시한 문제' 및 '정서 상태', '행동 기능', '인지 상태' 등에 초점을 두고 좀 더 심도 있는 사정을 해야 하며, 이때 면담뿐만 아니라 관찰, 관련 척도 등을 활용할 수 있다. 사회복지사는 클라이언트를 원조하기 위해서 얼마만큼의 시간을 활용할 수 있는가 등 제한된 시간도 고려해야 한다. 사회복지사는 제시된 문제의 해결을 위해서 클라이언트의 생각과 감정을 존중해야 하며, 신속히 클라이언트의 강점과 내적, 외적 자원에 대해 사정을 하고, 과거의 대처 전략을 파악하며, 이용 가능한 지역사회자원을 파악하여 연계 방안을 모색해야 한다.

(2) 지역사회자원과 관련된 최신 정보 활용 및 자원 연계하기

위기개입을 하는 사회복지사는 평소에 지역사회 내에서 다양한 기관들이 제공하는 위기 서비스 내용, 수준 및 범위, 서비스, 어떠한 대상이 이용할 수 있는가, 접촉할 수 있는 방법, 의뢰할 수 있는 방법 등을 구체적으로 파악해서 최신의 자원 파일을 만들고 위기개입 시 즉시 활용할 수 있도록 해야 한다. 위기개입 시에 활용할 수 있는 자원으로는 119, 앰블런스, 응급실 서비스, 아웃리치 서비스, 사례관리 서비스, 중간 센터, 법률 서비스 기관들, 알코올 및 약물 남용 치료 센터, 쉼터, 성폭행 상담 센터, 아동 학대 및 보호 서비스, 주민센터, 경찰, 소방서, 정신과 입원 부서, 외래 치료 서비스 등이 있다. 사회복지사는 평소 파악해 놓은 자원들을 바탕으로 하여, 클라이언트의 위기개입의 목표 달성에 도움이 될 수 있는 다양한 지역사회자원들을 우선 순위별로 나열하고 클라이언트 및 주요 보호제공자와 함께 연계를 시도해야 한다. 이때 중요한 것은 클라이언트와 주요 보호제공자의 견해이며, 최대한 사회복지사는 이를 존중하고 협력해야 한다.

(3) 위기 상황과 관련된 법에 대한 정확한 지식을 바탕으로 팀 협력하기

위기개입을 하는 사회복지사는 위기 상황과 관련된 법을 정확히 알고 실천할 필요가 있다. 위기개입 전에 자살, 신체적 응급 상황, 정신질환 등 위기개입과 관련된 법의 내용이나 관련 이슈들을 잘 알고 있어야 하며, 이를 바탕으로 위기 시 효과적으로 대처해야 한다. 예를 들어 정신질환 증상을 보이는 경우에 자의입원을 동의하지 않거나 비자발적 입원이 필요하다고 판단되는 경우에는 최신의 정신질환 관련 법(예 : 강제입원 등) 등에 대해서 사전에 정확히 알고 있어야 한다. 위기개입 시 사회복지사는 혼자서 대처하기보다는 주요 보호제공자, 다양한 지역사회 내 자원 등과 최대한 신속히 협력해서 대처해야 한다.

(4) 기타 다양한 실천 기술

① 적극적 경청

적극적 경청은 위기를 다루는 데 중요한 기술 중의 하나이다. 위기 상황에서 클라이언트는 평소보다 더욱 당황하고, 혼란스러우며, 초조해 하기 때문에 사회복지사는 클라이언트가 말하는 것의 의미를 보통 때보다 더욱 적극적으로 경청해야 한다. 최소한의 격려로 고개 끄떡임, 으흠, 아, 예, 그래서요 등을 적극적으로 활용하는 것이 필요하며, 따뜻한 목소리와 어조, 얼굴 표정, 시선 접촉, 편안한 자세와 제스처 등을 사용하고,

몸을 약간 앞으로 숙이고 주의집중하며, 다양하며 적절한 언어적 반응을 보여 주어야 한다.

② 명료화 기술

위기개입 시 적극적 경청과 함께 사용할 수 있는 기술로는 명료화 기술이 있는데, 명료화 기술은 보통 클라이언트가 표현을 분명하게 할 수 있도록 격려함과 동시에 클라이언트가 말한 내용을 사회복지사가 잘 이해하고 있는가를 확인하기 위한 질문으로 사용할 수 있다. 예를 들어 "자녀분을 심하게 대하셨다고 하셨는데, 어떻게 심하게 대하셨다는 말씀이신가요?", "방금 남편과 관계가 끝났다고 하셨는데, 좀 더 구체적으로 설명해 보시겠어요?", "지금 중요한 말씀을 해주셨는데, 다소 이해하기 애매한 부분이 있습니다. 다시 한 번 말씀해 주시겠어요?" 등이다.

③ 개방형 질문과 폐쇄형 질문

위기개입 초반부에 사회복지사는 '무엇을', '어떻게'로 시작하는 개방형 질문을 사용하는 것이 좋은데, 개방형 질문은 클라이언트의 마음을 안정시키고 오픈할 수 있도록 하는 데 도움을 줄 수 있다. 위기개입에서 개방형 질문은 일반적으로 정보를 요청하거나(○○에 대해 이야기 좀 해주시겠어요?, ○○ 어떻게 된 것인지 얘기해 주시겠어요?), 계획에 초점을 두거나(어떻게 그것이 이루어지도록 할 것입니까?, 그것이 당신에게 어떤 도움이 될 것 같습니까?) 등의 형태로 활용할 수 있다.

한편, 위기개입에서 현 상황을 빨리 파악할 수 있는 구체적인 정보를 얻기 위해서는 폐쇄형 질문도 필요하다. 폐쇄형 질문은 보통 단답형이나 예, 아니오의 대답이 나올 수 있는 질문으로서, 위기개입 시 폐쇄형 질문은 위기 상황과 관련된 구체적인 정보를 요구하는 경우나(그녀를 해칠 생각이신가요? 등), 참여 약속을 받아 내는 경우 등에서 활용할 수 있다(○○에 대해 약속할 용의가 있으신지요?). 폐쇄형 질문에서도 부정 의문문(○○하지 않아요?)은 피하는 것이 좋으며, '왜'라는 질문은 상대방을 비난하는 것으로 들릴 수 있으므로 피해야 한다.

④ 내용 반영과 감정 반영

a. 내용 반영

내용 반영은 클라이언트가 말한 내용의 핵심을 인지적인 측면에서 재진술해 주는 것이다. 내용 반영은 주로 인지적인 측면에서 클라이언트의 메시지나 정보에 대한 이해를 전달하는 것으로서 클라이언트로 하여금 자신의 행동을 깨달을 수 있게끔 도와줄 수 있다.

내용 반영 예시〉

클라이언트 : 남편과는 더 이상 대화를 할 수 없어요. 평행선인 느낌이 들어요.
사회복지사 : 선생님은 남편과 소통을 지속할 수 없다고 생각하시는군요.

b. 감정 반영

감정을 반영한다는 것은 클라이언트가 느끼는 핵심의 감정을 요약하여 재진술해 주는 것이며, 마치 클라이언트의 감정의 거울이 되어 줌으로써 클라이언트가 자신의 감정을 인식할 수 있도록 하는 것을 의미한다. 보통 핵심의 감정의 단어와 함께 '○○하시겠어요'로 하는 것이 좋다. 이와 같은 감정 반영은 클라이언트의 핵심의 감정을 공감해 줄 수 있다는 측면에서 적극적으로 활용할 필요가 있다.

감정 반영 예시〉

클라이언트 : 어제저녁 모임에서 남편이 내 친구들 앞에서 저를 계속 비난했어요.
사회복지사 : 정말 수치스러우셨겠군요.

⑤ 정보 제공 및 정보 활용기술 교육

위기개입에서 정보 제공은 사회복지사가 클라이언트에게 의사 결정이나 과업 수행에 필요한 정보를 제공하는 것을 말한다. 특히, 위기 상황에서는 클라이언트가 자신의 상황에 대해 오해하거나 현실을 왜곡할 수 있기 때문에 클라이언트의 위기 및 주요 관심사에 직접적으로 관련되고 개인에게 최적화된 맞춤형 최신 정보를 제공하는 것이 필요하다. 특히, 클라이언트가 본인에게 필요한 정보를 직접 찾고 활용할 수 있도록 하는 것이 중요한데, 최근 디지털 기술의 개발로 중요한 보건 및 복지 정보들이 온라인화되어 가고 있기 때문에 클라이언트에게 필요한 다양한 인터넷 정보나 온라인 활용 도구 등을 활용할 수 있는 방법 등을 교육하는 것이 중요하다.

⑥ 긍정적 강화

위기개입에서 긍정적 강화는 클라이언트의 성격이 아닌 행동에 대해서 사용되는 것이 좋다. 특히, 긍정적 강화는 위기개입에서 순응하게 하기 위해서 많이 사용되는데, 클라이언트의 참여를 지지하거나 진정시키거나 위험한 행동을 멈추게 하는 단계에서 활용할 수 있다(한인영 외 역, 2008).

긍정적 강화 예시〉

- 사회복지사 : 선생님이 정말 여기 오기 싫었으리라는 것을 알고, 여기 와서 자신의 문제를 인정하는 데는 엄청난 용기가 필요하셨을 것이라 생각합니다.
- 사회복지사 : 좋아요, 깊게 심호흡을 잘하셨어요. 이제는 심하게 화를 내고 싶을 때마다 자신에게 신호를 할 수 있을까요? 적어도 세 번 심호흡을 하고, 팔을 내리고 긴장을 풀고, 행복한 장면을 그릴 수 있는지 해보세요. 바로 그렇게 하는 거예요. 잘하셨습니다.

⑦ '나-전달법(I-Message)' 교육

'나-전달법'은 의사소통의 효과성을 증진하는 메시지 구조의 한 유형이다. 이 구조는 분명하고 직접적인 메시지를 보낼 수 있도록 하며 메시지를 받는 사람이 방어적이지 않도록 하는 방법이다. 특히 '나-전달법'은 갈등이나 논쟁이 벌어지는 상황에서 토론이 무익한 말싸움이 되지 않도록 하면서 실망이나 분노, 좌절을 표현할 수 있도록 하며, 다른 사람의 행동에 의해 당황한 사람이 비난적이지 않은 방법으로 그 행동의 영향을 표현할 수 있게 해준다. '나-전달법'은 비난하거나 책임을 묻는 대신에 '나는 당신이 당신 행동에서 변화가 필요하다는 결심을 할 것으로 믿는다'는 것을 암묵적으로 전달한다(남기철 · 정선욱, 2020). 위기개입 시 사회복지사는 클라이언트에게 '나-전달법'의 의사소통 방법을 교육함으로써 클라이언트가 자신의 의견을 효과적으로 표현할 수 있도록 도와야 한다.

표 7-4 '나-전달법'과 '너-전달법'의 차이

나-전달법	너-전달법	너-전달법의 문제점
이 문제를 나에게 상의하러 온 것이 기분이 좋아.	이 문제를 나와 상의하겠다고 생각한 것은 잘한 일이야.	상대방의 행동을 평가함
내가 너에게 이야기를 할 때 네가 대답하지 않거나 쳐다보지 않으면 나는 기분이 나빠져.	너는 왜 내가 이야기하면 대답도 하지 않고 쳐다보지도 않니?	상대방의 행동을 비난하고 있음
나는 너에게 진심으로 고마워하고 있어.	너는 나에게 도움이 되는 사람이야.	내가 느끼는 감정을 바탕으로 상대방을 평가하고 있음

'나-전달법'을 사용하기 위해서는 세 가지 사항을 고려해야 하는데, 사실, 영향 및 결과, 영향 및 결과에 대한 나의 느낌이다.

* 나의 마음을 불쾌하게 하는 상대방의 행동은 무엇인가? (사실)
* 상대방의 행동이 나 자신에게 어떤 영향을 미치고 있는가? (영향, 결과)
* 그러한 영향에 대해 나는 어떤 느낌을 가지는가? (영향, 결과에 대한 나의 느낌)

표 7-5 '나-전달법'의 예

상황	예
나의 마음을 불쾌하게 하는 상대방의 행동은 무엇인가? (사실)	약속 시간을 잘 지키지 않는 것
상대방의 행동이 나자신에게 어떤 영향을 미치고 있는가 (영향, 결과)	나를 기다리게 만듦
그러한 영향에 대해 나는 어떤 느낌을 가지는가? (영향, 결과에 대한 나의 느낌)	나를 무시하는 것 같아 불쾌한 마음이 듦
나-전달법 만들기	"너와 약속을 하면 기다리게 되는 경우가 많아서 내가 힘들어. 많이 기다리다 보면 불쾌한 마음이 들어."

⑧ 네트워크 개발 및 활용기술

네트워크 개발 및 활용기술이란 클라이언트를 위한 다양한 인적 자원과 물적 자원을 개발하고 확충할 수 있도록 함으로써 클라이언트를 위한 맞춤형 네트워크를 형성하도록 돕는 것이다. 이를 위해 위기개입 시 사회복지사는 가만히 앉아서 도움이 찾아오도록 기다리는 것이 아니라, 오프라인 지역사회뿐만 아니라 온라인 지역사회에 나가 클라이언트가 필요로 하는 도움을 줄 수 있는 자원들을 개발하고 인적·물적 네트워크를 구축하여야 한다. 또한 사회복지사는 위기에 처한 클라이언트가 직접적으로 이러한 자원들을 신속히 활용할 수 있도록 도와야 한다.

⑨ 문제해결 기술 교육

문제해결은 먼저, 분명하게 문제를 정의하고, 여러 가지 해결책을 만들며, 각각의 해결책의 장단점을 평가하고 가장 효과적이고 가시적인 해결책을 선택하는 것이다. 또한, 해결책을 실행할 수 있도록 구체적인 행동 계획을 짜고 사후 지도를 위한 계획을 수립하여 실행하는 것이다. 즉, 사회복지사는 위기에 처한 클라이언트가 자신이 처한 문제를 정의하고 해결책을 만들며 장단점을 평가하고 이를 바탕으로 해결책을 선택하여 계획으로 만들고 실행할 수 있는 기술을 가질 수 있도록 교육하고 도와야만 한다.

(5) 위기개입 시 의사소통 기술

① 분명하고 구체적일 것

위기에 있는 클라이언트는 그들의 감정을 초점화하고 통제하는 데 어려움을 갖기 때문에 사회복지사는 가능하면 길고 장황한 문구와 우회적인 문구들을 피하며, 분명하고 구체적인 문구와 용어를 활용하는 것이 좋다. 예를 들어, 정신질환의 증상을 보이는 위기 상황일 때는 직접적이고 일상적인 언어를 활용하고, 한 시점에 한 가지 주제에 집중하는 것이 좋으며, 클라이언트가 이해하고 있는 것을 확인하고 검토할 수 있도록 종종 잠깐씩 쉬는 것이 좋다. 또한, 집중이 중요한 상황일지라도 사회복지사가 클라이언트를 어린아이와 같이 다루는 것은 피해야 한다.

② 비난을 피할 것

위기를 경험하는 클라이언트는 종종 그들이 그들의 상황에 대해 비난을 받고 있다고 느낀다. 따라서 사회복지사는 클라이언트가 부분적으로 책임이 있는 경우라 할지라도 누가 비난을 받아야 하는가를 생각해서는 안된다. 오히려 사회복지사는 '죄책감, 비난에 대한 논의는 생략'하고 '문제의 상황을 위한 해결책을 발견하는 데 초점을 두는 것'이 더 유용하다. 왜냐하면, 클라이언트가 비난이나 비판을 받고 있다고 느낀다면 그들은 좀 더 방어적이 될 것이기 때문이다.

③ 희망을 고취시킬 것

클라이언트는 낙관적인 것을 느낄 때, 좀 더 안정될 것이고 문제해결에 적극적으로 참여할 것이다. 따라서, 사회복지사는 침착하고 존중하는 태도로 말하고, 클라이언트가 그들의 강점과 자산을 인식할 수 있도록 도우며, 클라이언트가 이러한 위기를 해결했던 과거의 경험들을 강조함으로써 희망을 고취시킬 수 있다. 또한, 사회복지사는 클라이언트가 현재의 상황에서 가능한 대안들을 생각할 수 있도록 격려하고 이러한 것들이 더 나아질 수 있는 미래를 기대하도록 지지하고 격려해야 한다.

5) 다양한 위기개입의 실제

(1) 자살의 위기개입

① 자살 역학

우리나라에서 자살 사망자와 자살률은 매우 높은 상황이다. 2011년에는 자살 사망자 15,906명, 자살률은 인구 10만 명당 31.7명이었으며, 2019년에는 자살 사망자 13,799명, 자살률이 인구 10만 명당 26.9명(15.3%)으로 나타나고 있다(중앙자살예방센터, 2021). 따라서 통계적으로는 해마다 조금씩 줄고 있는 것으로도 보일 수 있으나 여전히 우리나라는 OECD 국가 중에서도 매년 높은 자살률을 보이고 있는 실정이다.

자살 위기에 개입하기 위해서는 일반적인 자살의 역학과 관련된 특성을 참고로 알아둘 필요가 있다.

자살 역학과 관련하여, 첫째, '성별'로는 일반적으로 남성이 여성보다 높은 것으로 보고되고 있는데(중앙자살예방센터, 2021), 실제로 죽고자 하는 의도에서도 자살을 완결하는 경우는 남성이 더 많은 것으로 보고되고 있다(육성필 · 조윤정, 2019).

둘째, '연령'별로 보면, 우리나라에서 30, 40대와 60대 이상 자살률은 OECD 회원국 중 가장 높으며, 65세 이상 노인층은 연령 집단 중 가장 높은 자살률을 보이고 있다. 또한, 2019년 기준 인구 10만 명당 46.6명이 자살하고 있는 것으로 나타나고 있다(중앙자살예방센터, 2021).

셋째, '결혼 여부'에 있어서는 결혼한 사람보다 독신인 사람이 자살 위험성이 높은 것으로 나타나고 있다.

넷째, '정신과적 장애'와 관련하여 대부분의 자살은 진단 가능한 정신장애와 연관이 높은 것으로 나타나고 있다. 자살한 사람들의 90% 이상이 자살 당시에 우울증, 양극성 장애, 알코올 및 약물중독, 조현병 등을 앓고 있거나, 이들 장애를 동시에 경험하고 있었다는 보고가 있다.

다섯째, '신체적 질병' 자체가 자살의 원인이 되는 것은 아니지만, 그 질병을 경험하는 자신을 해석하는 방법에 따라 삶에서 희망의 상실, 소속감의 좌절, 주위 사람들에게 부담을 준다는 자기 지각 등으로 인해 절망감을 가지게 되면서 자살 행동을 하게 되는 경우가 발생하고 있다(육성필 · 조윤정, 2019).

이와 같은 자살의 역학은 어떤 클라이언트가 구체적인 위기 상황에서 더 위험한가를 확인하는 견지에서 도움이 된다. 그러나, 이러한 자살의 역학은 참고 사항일 뿐 지나치게 통계적 항목으로 판단해서는 안 된다는 점을 명심해야 한다.

② 자살 위기의 특성

a. 자살 전 경고 신호

상당수의 연구에서 70~90% 이상이 '자살 전 경고 신호'를 보인다고 보고되고 있다(육성필 · 조윤정, 2019). 경고 신호들은 말(예 : 내가 없으면 모든 사람들이 행복할 것이다, 내 모든 문제들은 곧 끝날 것이다, 아무도 지금 나를 도와줄 수 없다 등), 신체적 신호(예 : 외모에 대한 무관심, 식욕부진, 수면 장애 등), 감정적 반응(예 : 절망감, 분노, 죄책감, 무가치감, 외로움, 무기력감 등), 행동적 단서(예 : 소유품을 나눠 줌, 가족이나 친구, 학교, 직장으로부터 철회, 극도의 행동 변화, 충동적 행동, 자해 등)의 형태로 나타난다(중앙자살예방센터, 2021).

사회복지사는 자살과 관련된 경고사인이나 신호들이 사전에 나타난다는 점을 인식하고 이러한 경고 신호들이 나타나면 즉시 개입을 시도할 필요가 있다. 또한, 자살에 기여하는 사건들이나 감정은 대부분 상당 기간에 걸쳐 일어나므로 가족 및 주변 사람들, 전문직들은 자살의 위험이 있는 사람에게 원조를 제공할 기회가 있다는 점도 인식해야 한다.

b. 자살에 대한 직접적인 이야기와 구체적 질문

만일 클라이언트가 자살에 대한 언급을 직접적으로 하거나 간접적으로 암시하는 말이나 행동을 한다면 자살에 대해 심각하게 받아들이고 직접적으로 이야기해야 한다. 자살에 대해 이야기함으로써 자살의 위험은 증가하는 것이 아니며, 오히려 감소한다(중앙자살예방센터, 2021). 여러 연구자들은 자살 가능성을 규명하기 위한 가장 좋은 방법으로 "자살하시려고 하나요?"와 같이 자살에 대해 직접 질문해야 하며, 처음에는 개방형 질문으로 경청하여 시작하되 차차 '언제', '어디서', '누구와', '어떻게', '무엇을' 등 구체적인 질문으로 상황에 대해 파악해야 한다. 또한, 자살을 생각하는 사람에게는 자살이 어떤 문제에 대한 해답으로 보일 수 있다는 점을 인식하여 논쟁적으로나 심판적으로 대해서는 안 된다.

c. 자살에 대한 양가감정

자살 행동을 하는 사람들은 자살을 시도하기 전에 자신의 자살 행동과 관련하여 엄청난 불안, 공포, 갈등을 경험하며, 자살하기 직전까지 자살에 대한 확신 없이 살고자 하는 마음과 죽고자 하는 마음의 두 가지 감정을 동시에 경험하는 양가감정을 갖는다. 사회복지사는 자살을 생각하는 사람들이 현재가 아니어도 언젠가는 자살을 선택할 수도 있다는 점을 알고 있지만, 오늘 사망한다면 이러한 양가감정을 고려하지 못한 채 생을 마감할 수 있다는 것을 인식시킬 필요가 있다. 또한, 자살하려는 사람이 자살 위기에 처해 있다고 해도 그들이 죽고자 하는 것이 아님을 이해하고, 양가감정에서 살고자 하는 마음에 보다 적극적으로 접근하는 전략을 활용해야 한다(육성필 · 조윤정, 2019).

d. 과거 자살 행동 및 자살 시도

치명적이지 않는 자살 시도는 절박하게 도움을 요청하는 행동일 수 있다. 이런 경우에 도움을 제공하지 않는다면 자살의 위험은 더욱 증가할 수 있다. 일반적으로 자살을 시도했던 대부분의 사람들이 다시 자살을 시도하지 않는 것이 사실이지만, 자살을 시도했던 상당수의 사람들이 다시 자살을 시도하는 것도 사실이며, 이전 자살 행동은 자살 위험을 증가시키는 주요 예측 변인이다(중앙자살예방센터, 2021). 따라서, 사회복지사는 클라이언트가 과거 자살 행동 및 자살 시도가 있었다면 이러한 점을 중요하게 인식하고 위기개입을 시도해야 한다.

e. 자살 방법의 구체성과 치명성

자살 방법이 구체적인가를 판단하며, 자살하려는 사람이 그 방법에 어느 정도 접근

했는가를 판단해야 한다. 자살 방법을 선택했고, 가까이 접근할 수 있으면 위험이 높은 것이다. 또한 치명적인 방법일수록 자살의 시도가 사망으로 갈 위험이 높은데, 예를 들어 총기 사용, 투신, 목매기, 물에 빠지기, 일산화탄소 중독, 교통사고, 아스피린, 수면제, 진정제 과다 복용 등은 치명성이 높으며, 보다 덜 치명적인 방법으로는 손목을 칼로 베기, 천연가스(요리용), 진정제 복용, 아스피린이나 타이레놀을 제외한 처방되지 않은 약 복용 등을 들 수 있다(남기철 · 정성욱, 2020).

f. 자원 고갈

자살을 시도하는 대부분의 사람들은 문제를 해결하기 위한 자원이 일시적으로 고갈된 상태에서 현실에 적응하기 위한 능력의 한계에 도달한 사람들이다. 이들은 도움을 필요로 하는 사람들로서 누군가와 자신의 상황에 대해 나누고 싶어한다. 내부 자원은 자아존중감, 자신감, 현실적인 기대, 희망, 대처 기술, 문제해결 기술, 직업 기술, 신체적, 정신적 건강, 종교적 믿음 등을 포함한다. 내부 자원이 매우 감소하거나 기능을 수행하지 못하면 자살의 위험이 증가한다. 외부 자원은 관심을 가지고 돕기를 원하는 가족과 친구들뿐 아니라 재정적 안정, 만족스러운 직업, 전문 원조, 교회나 학교, 사회 기관의 지원 등을 포함한다. 외부 자원은 절망감과 무기력감을 감소시킴으로써 자살의 위험을 줄인다. 외부 자원을 결핍한 사람은 다른 사람들, 가족, 집단, 지역사회로부터 단절된 외로운 사람으로서 스트레스 수준이 한계 이상으로 증가하면 자살 충동에 매우 취약해진다(김혜란 외, 2022).

③ 자살위기개입 연습

다음의 사례를 보고 자살의 경고 신호와 단서들을 찾아보자. 소그룹으로 모여서 이 사례에 대해 위기개입을 어떻게 해야 할지(위기개입 기술과 구체적인 방안을 중심으로) 논의해 본다. 이후 소그룹별로 발표하고 사회복지사와 클라이언트가 되어서 역할극을 수행해 본다.

자살위기개입 사례〉

35세 여성인 클라이언트는 최근 이혼한 후 실직까지 당하였으며, 어머니와 단둘이 살고 있다. 지난 한 달간 거의 잠을 자지 못했고, 자주 자살에 대한 생각과 자책감이 들었다. 어제는 유일한 가족인 어머니에게 죽고 싶다고 하였으며, 집을 나간 후 들어오지 않았다.

클라이언트 : 여보세요. 자살예방센터이지요? 저는 이제 그만 살려고 합니다만. 여기 옥상입니다. 곧 투신하려고 하는데 (흑흑) 혼자 계신 어머니가 마음에 걸려요.

(2) 전화 위기 상담

전화 위기 상담은 전적으로 클라이언트의 목소리 톤, 음조, 속도, 정서적인 내용 등 언어적 내용에 의존하여 반응할 수밖에 없고, 위기 시에 직접적인 물리적 통제를 할 수 없는 한계점이 있다. 따라서 사회복지사는 다른 상황에서의 위기개입보다 더욱 자신의 목소리와 어조, 언어적 내용에 주의를 기울일 필요가 있다.

① 빠른 라포 형성 및 지지하기

전화 위기 상담에서 사회복지사는 가능한 한 빨리 믿음을 주고 클라이언트의 신뢰를 이끌어 내어 비심판적이고, 보호적이고, 수용적이고, 감정이입적인 관계를 구축하려고 해야 한다. 그러기 위해서 우선적으로 지지를 제공해야 하고, 적극적인 경청과 반응 기술을 통하여 문제를 정의하는 것이 통합적으로 이루어져야 한다. 이때 사회복지사는 평온하고 침착하게 반응해야 하며, 목소리는 적절하게 잘 조절되고 안정적인 저음으로 하는 것이 좀 더 안정감을 줄 수 있다(한인영 외 역, 2008).

사회복지사 : (전화벨) 위기 전화입니다. 무엇을 도와드릴까요?
클라이언트 : (소리를 죽이며 흐느끼며 침묵)
사회복지사 : (충분히 기다리며) 때로 말하기 어려운 때가 있어요. 특히 상황이 너무 힘들 때는 더 그렇죠. 자, 숨을 깊게 크게 들이마시고 내뱉으세요. 어떠신지요?
클라이언트 : (한숨을 들이마시고 내뱉으며 흐느낌은 줄어든다.)
사회복지사 : (부드럽게 조절하고 달래는 어조와 따뜻한 목소리로) 아주 좋습니다. 몇 번만 그렇게 해보세요. 자, 크게 숨을 쉬고 긴장을 푸세요. 저는 선생님이 말하고 싶다고 느낄 때까지 옆에 있을게요. 시간은 매우 충분합니다.

② 사정 및 문제 정의하기

사회복지사는 간략히 메모하면서 위기와 관련된 간이 척도나 사정 척도로 신속히 사정을 하고, 동시에 현재 문제가 무엇인지 경청하고 정의를 할 필요가 있다(한인영 외 역, 2008).

클라이언트 : (소심하게) 어, 어, 어디부터 말해야 할지 모르겠어요. 갈 데가 없어서…그래서 전화했어요.
사회복지사 : 전화해 주셔서 감사합니다. 선생님은 매우 힘드신 상황에서 전화할 수 있었고, 저에게 그 상황을 얘기하고 있는 것 같습니다. 충분하게 시간이 있으니 무슨 일이 일어나고 있는지 말씀해 보세요. 선생님이 지금 무슨 일이 일어나고 있는지, 무엇을 해야 하는지 실제적이고 분명한 윤곽이 드러날 때까지 제가 듣고 있을 거에요. 선생님의 성함을 알려 주신다면 도움이 되겠습니다.
클라이언트 : ○○○예요. 남편이 계속 폭력을 행사했고, 더 이상 참을 수 없어서 지난주에 집에서 나왔어요. 임시로 모텔에 있었지만 돈이 현재 몇 만 원밖에 없는 상황이에요.
사회복지사 : 정말 몸과 마음이 많이 지치시고 힘드셨을 것 같습니다. 말씀하신 내용과 관련해서 몇 가지 좀 더 여쭤봐도 될까요?

③ 안전 보장과 지지 제공하기

문제를 정의하는 동안 사회복지사는 클라이언트의 치명성 정도를 명확하게 판단해야 한다. 신체적 상해의 가능성이 있다면 클라이언트의 안전에 대한 정보를 얻을 수 있는 폐쇄형 질문도 해야 한다(예 : 지금 약을 가지고 계신가요?, 혼자 있으신가요?, 도울 사람이 있나요? 등). 사회복지사는 클라이언트의 안전을 돕는 지지 체계로 무엇이 있는지 체크해야 한다. 많은 클라이언트에게 지지 체계는 없으며, 사회복지사가 즉각적이고 유일한 지지 체계임을 명심해야 한다(한인영 외, 역 2008).

클라이언트 : 돈도 없고, 이제 마지막이구나 하는 생각이 들었어요. 진짜 죽어야 할지….

사회복지사 : 선생님의 목소리를 들으니 너무 외롭고 두려우셨을 듯합니다. 좀 전 말씀하신 마지막이라는 말씀과 죽어야 한다는 말씀에 대해서 좀 더 이야기해 보시겠어요?

클라이언트 : 남편이 폭력을 행사하고, 다시 쫓아올까 봐 겁나요. 차라리 내 스스로 죽는 게 나을 듯해서요.

사회복지사 : 그렇군요. 혹시 어떻게 죽고자 하거나 언제 죽고자 하는 계획까지 세우신 건지요?

클라이언트 : 그렇게까지는 아니지만, 그냥 아무 생각도 안들고 아무것도 하고 싶지도 않아요.

사회복지사 : 그동안 폭력과 경제적 어려움 속에서 혼자 견디기 정말 힘드셨을 겁니다. 혹시 주위에 도와주실 분이나 다른 가족은 있으신가요?

클라이언트 : 아무도 없어요(다시 흐느낌).

사회복지사 : 선생님이 만일 동의하시면 선생님이 하실 수 있는 주거지와 직업, 경제적인 자원들을 찾을 수 있어요. 혹시 원하는 주거, 일이나 그동안의 교육, 경력 등을 말씀해 주실 수 있나요? (사회복지사는 클라이언트가 이야기할 수 있도록 돕는다.)

④ 대안 찾고 계획 세우기

사회복지사는 즉각적인 상황적 위협을 덜기 위해 단순하고 분명한 대안을 함께 탐색할 필요가 있다. 역할 연습, 언어적 리허설, 클라이언트에게 목표를 요약하게 하는 것 등을 할 수 있으며, 클라이언트가 완전히 이해하고 행동할 방법과 능력을 갖추었을 때 계획을 세울 수 있다(한인영 외 역, 2008).

사회복지사 : 알았어요, 선생님이 말씀하신 내용을 주간 근무자에게 인계하면 우리와 협력관계를 맺고 있는 고용 기관과 주거시설에 전할 거예요. 내일 오후 3시쯤 이 번호로 다시 전화하면 분명하게 알려드릴 수 있어요. 그렇게 하실 수 있나요?

클라이언트 : 네, 그렇게 할게요.

사회복지사 : 예전에 이번과 같은 어려움에 있었던 적이 혹시 있었나요?

클라이언트 : 이런 경우는 없었죠. 그래도 예전 대학에 갈 때 경제적으로 매우 힘들었는데, 겨우 해결했었어요.

사회복지사 : 그때 어떻게 했나요?

클라이언트 : 제가 해야 할 일의 목록을 적고 목표를 세우고 했었죠.

사회복지사 : 지난번에 성공적이었다면 혹시 이번에도 그때처럼 해보는 게 어떨까요? 가장 먼저 필요한 일은 무엇일까요?

⑤ 참여 약속하기

전화를 통해 세운 행동 계획에 참여하겠다는 약속은 단순하고 분명하며, 시간 제한적이어야 한다. 가능하면 클라이언트의 전화번호를 알아내고 미리 약속한 시간에 전화해서 계획을 확인하거나, 기관에서 클라이언트 방문을 허락하면 가장 가까운 시간에 클라이언트와 약속해야 한다. 또한, 다른 기관에 연결하려면 의뢰 기관에 전화해서 클라이언트가 작업을 수행했는지 확인해야 한다. 클라이언트가 주도적으로 다른 기관에 연락하게 하여 사회복지사에게 의존하지 않도록 하는 것이 좋지만 상황이 허락지 않는다면 주저없이 대신 전화해 주어야 한다(한인영 외 역, 2008).

사회복지사 : 그럼 내일 선생님이 하실 일은 두 가지네요. 첫째, 제가 드린 주거시설 전화번호로 전화해서 직접 방문하고 상담한다. 둘째, 제가 알려드린 구직 기관에 전화한 후 오후 2시에 상담 결과에 대해서 저에게 전화한다. 이 두 가지입니다. 약속 지키실 수 있을까요?

클라이언트 : 네, 알았습니다. 다시 전화할께요. 너무 고마워요.

사회복지사 : 천만에요. 잘 주무세요. 내일 꼭 전화기다리겠습니다.

연습활동

전화 위기개입 연습

소그룹으로 모인 후, 다음의 사례를 읽고 가능하면 사례 이후 면담 내용을 논의하고 작성한다. 처음부터 작성된 상황까지 역할극을 실시한다. 한 지원자가 남편의 역할을 맡고, 또 다른 지원자가 사회복지사의 역할을 한다. 이때 의자 2개를 놓고 상대방을 보지 않도록 돌아서서 전화 상담을 하고, 가능하면 면담 내용을 녹음한다. 지금까지 배운 자살 위기개입실천기술을 토대로 남편이 자살하지 않도록 다양한 방안을 이끌어 낸다. 전화 상담이 끝나면 전체 소집단 모임을 가져 토의한다.

남편과 부인, 7살인 딸은 도시에 살았다. 남편은 건설직으로 일을 하고 있고, 최근 대출이 많아서 파산을 하게 되었다. 이후 술을 많이 마시게 되었고, 음주 운전을 하고, 부인과도 자주 싸움을 일으키고, 늦게 귀가하는 등 문제를 일으키고 있다. 그는 술을 먹고 난 후에는 후회했고, 죄책감을 느꼈으며, 우울하였고, 자살을 생각하였다. 부인은 남편에게 치료를 받으라고 여러 번 권유하였으나 남편은 거절하였고, 이후 부인의 설득 끝에 겨우 사회복지사와 전화 면담을 하게 되었다.

남편 : (긴장되고 불안한 목소리로) 전화하지 않으려고 했는데 아내가 하라고 해서… 무섭고 불안해요.

사회복지사 : 전화해 주셔서 고맙습니다. 도움을 요청했으니 아주 잘하신 거예요. 자, 요즘에 무슨 일이 있었는지 말씀해 보세요.

남편 : 모든 것이 힘들었어요. 몸도 아프고 불안하고요. 내가 없으면 가족은 더 잘 지낼 거예요. 나는 늘 문제가 많았던 사람이에요.

사회복지사 : 몸과 마음이 많이 지치신 것 같아요. 이야기를 조금 더 이야기해 보시겠어요?

남편 : 요즘 스트레스가 많이 쌓였어요. 술을 끊고 싶어도 끊을 수가 없고, 집도 대출받아서 은행에 넘어가게 되었고, 되는 일이 하나도 없어요. 우울하고요. 최근에는 일하던 곳에서도 나가라고 해서 곧 그만둘 예정이에요. 죽고 싶어요.

사회복지사 : 정말 많이 힘드신 것 같네요. 죽고 싶다는 말씀에 대해서 좀 더 이야기해 보시겠어요?

남편 : 네, 내 마음대로 되는 게 없어서 죽고 싶어요.

활발한 토론을 위한 질문으로는,

- 전화 상담에서 잘한 점과 부족한 점들은 무엇이었나요?
- 전화 상담에서 전문가가 사용할 수 있는 상담 전략은 무엇이 있었나요?
- 남편을 위해 고려할 수 있는 자원들과 선택 대안들은 무엇인가요?
- 집단성원은 관찰자로서 어떤 느낌을 받았나요?

4. 사례

1) 독거노인 자기방임 사례

■ 이름 : 안돌봄(가명)

■ 성별 : 여

■ 나이 : 72세

■ 의뢰 경로 : 내과약 다량 복용으로 자살 시도 이후 사회적으로 고립된 독거노인의 계속되는 자기방임과 약 모으기 등 자살 재시도 위험성이 높아 행정복지센터에서 자살예방센터로 의뢰

(1) 사례 개요

안돌봄(가명) 씨는 72세 여성 독거노인이다. 돌봄 씨는 어릴 때 부모님 농사일을 도우면서 생활하였고, 무학으로 글을 거의 모르고, 자신의 이름을 기재할 수 있는 정도이다. 20대에 언니를 따라 대도시로 이사하여 한때 공장에서 근무하였으나 공장에서 사고로 손이 절단된 후 일을 그만두었다.

평소에도 내성적이고 대인관계가 협소한 편이었으나, 사고 이후 더욱 사람들과 만남을 꺼려하고 집 안에서 시간을 보낼 때가 많았다. 돌봄 씨는 미혼으로 친언니와 함께 생활하였고, 언니가 금전 관리, 식사 관리 등 일상생활 전반을 도맡아 관리하던 중 3년 전 언니가 사망하였고, 이후 집주인 외에 누구와도 왕래 없이 사회적으로 고립되어 생활하고 있다. 현재 거주하는 집에서 10년 이상 살고 있고, 계약 기간을 정해 두지 않은 상태로 거주 중이다.

종교 단체에서 도움을 주고자 하였으나 돌봄 씨가 거부하여 도움을 받지 못했다. 유선전화가 설치되어 있으나 거의 쓰지 않고, 전화가 걸려 오더라도 받지 않고 글을 잘 읽지 못하여 우편물 확인도 하지 않는다. 현재 통장에 약 300만 원 정도의 현금이 있으나 금전 관리를 스스로 하지 못하고 막연하게 경제 상태를 불안해 하며 지출을 꺼리고 있다.

최근에는 소화가 잘되지 않아 하루에 한 끼 정도 불규칙적으로 식사하며, 집주인이 먹을 것을 가져다 주어도 거의 먹지 않는 편이다. 올해 들어 골반, 허리 쪽에 쑤시는 느낌이 들었고, 거동할 때마다 불편감이 점차 커져서 누워서 시간을 보내고, 집 안에서도 거의 움직이지 않았다. 집주인이 봤을 때 언니 사망 이후 돌봄 씨가 눈에 띄게 체중이 감소했고, 멍해 보이며, 삶에 대한 의욕이 없는 것처럼 보였다고 한다. 또한 다리가 불편해서 이전보다 더욱 식사 준비, 씻기 등을 힘들어 하는 것 같고, 집주인이 물을 열려고 하면 정리를 하지 않아 냄새가 난다고 하며 방 안에 들어오지 못하게 하였다.

올해 초 체중이 많이 감소한 것을 집주인이 걱정하자 살고 싶은 마음이 없다며, 며칠째 굶고 있다고 대답한 적이 있다고 한다. 집주인이 걱정이 되어 우유 등을 사 주면서 안부 확인을 하던 중 약 2개월 전 내과 약을 다량 복용하여 자살 시도한 것을 집주인이 발견하여 119에 신고하였다. 당시, 응급실에서 처치 후 정신건강의학과 치료를 권유받았으나 돌봄씨가 거부하여 치료가 이루어지지 않았다. 집주인이 자살 시도한 이유를 묻자 "살만큼 살았다"라고 힘없이 말하고 깨어난 것에 대해 후회하는 반응을 보였다.

집주인이 관심을 가져도 상황이 호전되지 않아 행정복지센터에 도움을 요청하였다. 행정복지센터에서 방문하여 경제적 지원 등에 대해 설명해도 관심을 보이지 않고, 제공한 음식물도 거의 섭취하지 않았다. 속이 메스껍고, 소화가 잘되지 않아 식사를 하고 싶지 않다고 하여 행정복지센터 담당자가 병원 연계를 계획하였으나, 돌봄 씨는 노인이 죽을 때가 된 것이니 신경쓰지 말라며, 여러 사람한테 폐를 끼치는 것보다 빨리 죽는 게 낫다는 반응이다. 이전 내과 방문 후 약을 투약하지 않고 쌓아 두는 것을 발견하고 자살 재시도가 우려되어 자살예방센터로 의뢰되었다(보건복지부 · 중앙자살예방센터, 2021).

(2) 개입 과정

개입 과정	조치 내용 · 수행 내용	세부 준수 사항 · 유의 사항(tip)
대상자 발견	- 내과 약 다량 복용으로 자살 시도 이후, 계속되는 자살 사고 언급과 자기방임, 약 모으는 행동 등을 집주인 발견 → 행정복지센터 도움 요청 - 행정복지센터에서 대상자 의뢰하여 동행 가정 방문 실시	
▼		
자살 위험성 평가 (사정)	- 대상자와 초기 상담 진행됨 - K-GDRS(23점) 높은 수준의 우울감 평가되었고, 자살 사고 지속되고 있음을 파악함. 정서적 지지 체계 미약하여 자살 사고 심화되고 있음 - K-GDRS(우울증 척도 : K-geriatric rating scale)	• 대상자가 수동적이고 비협조적인 태도를 보일 경우, 대상자가 호소하는 문제해결에 초점을 맞추어 개입함으로써 서비스 중단을 예방할 필요 있음
▼		
계획 수립	▶ 계획 수립(ct와의 계획 수립) -심리 · 신체 · 사회적 환경 개선 도모 -경제적 어려움 개선 -생활 관리 및 건강 모니터링 -정서적 지지 체계 구축 ▶ 센터 계획(센터 차원 계획 수립) • 자살예방센터 - 자살 재시도 방지, 자살 사고 및 우울감 완화에 초점을 둔 자살 위기 지원 서비스 실시 - 정신건강 의학과 주치의 면담 및 증상 관리 - 자살 사고 지속적으로 평가하여 위험 수준 검토 - 집주인을 활용하여 자살 위험성 발견 시 자살예방상담전화로 연락할 수 있도록 함 • 통합 사례관리팀(컨트롤 타워) - 기초생활수급 신청하여 경제적 어려움 개선 - 공공 의료 연계를 통한 건강 상태 평가 - 유관 기관 연계한 정서적 지지 체계 구축 • 노인맞춤돌봄기관 - 노인맞춤돌봄 서비스 연계 생활 관리사 지원 • 종합사회복지관 - 반찬 서비스, 생활 지원 • 보건소 - 방문 간호사 연계 건강 모니터링	• 다양한 기관이 공동 사례관리할 경우 컨트롤 타워 기능을 수행할 기관을 선정하고 역할 분담함 • 사례회의를 통해 기관별 개입 내용을 공유하여 서비스의 중복을 방지하고 각 기관의 전문성을 발휘할 수 있도록 해야 함
▼		
개입	〈컨트롤 타워 : 통합 사례관리팀〉 - 기관 연계, 기관별 역할 수행 내용 파악, 분기별 1회 통합 사례회의를 통한 개입 상황 공유 - 기초생활수급 건 신청을 도와 생계비, 치료비 등을 지원하여 경제적 어려움 해소 - 병원 내 공공 의료팀 연계하여 상태 평가, 외래 치료 실시	• 사회복지서비스 연계, 정서적 지원, 병원 동행 등 일상생활 지원을 기관별로 구분하여 개입할 수 있도록 함 • 정신건강복지센터에서는 약물 증상 관리, 자살 이슈에 대한 지속적인 평가 실시

출처 : 보건복지부 · 중앙자살예방센터(2021).

문제 풀이

1. 위기개입모델에 관한 설명으로 옳지 않은 것은?

(17회 기출 문제)

① 다른 모델에 비해 상대적으로 단기 서비스를 제공한다.
② 위기개입의 표적 문제는 구체적이어야 한다.
③ 위기에 대한 반응보다 위기 사건 자체 해결에 일차적 목표를 둔다.
④ 절망하고 있는 클라이언트에게 희망을 고취시키는 것이 중요하다.
⑤ 위기에 개입하는 사회복지사는 적극적이고 직접적인 역할을 수행한다.

정답 : ③
해설 : 동일한 사건에 대해 사람들이 위기라고 인식하느냐 아니냐는 사람마다 다르다. 따라서 위기개입모델은 그 사건의 해결 자체에 일차적 목표를 두는 것이 아니라 위기에 대한 반응에 더 초점을 둔다.

2. 라포포트(L. Rapoport)가 제시한 위기개입 목표로 옳은 것을 모두 고른 것은?

(13회 기출 문제)

ㄱ. 위기 증상 제거　　ㄴ. 주관적 경험 증진
ㄷ. 촉발 사건 이해　　ㄹ. 대인관계 향상

① ㄱ, ㄴ, ㄷ　② ㄱ, ㄷ　③ ㄴ, ㄹ　④ ㄹ　⑤ ㄱ, ㄴ, ㄷ, ㄹ

정답 : ②
해설 : 라포포트의 위기개입 목표
- 위기로 인한 증상 제거
- 위기 이전의 기능 수준으로 회복
- 불균형 사건으로 만든 촉발 사건 이해
- 클라이언트나 가족이 사용하거나 지역사회 자원 중 이용할 수 있는 치료 기제 규명
- 현재의 스트레스를 과거의 생애 경험이나 갈등과 연결
- 새로운 인식, 사고, 정서 양식을 개발하고 위기 상황 이후에도 사용할 수 있는 새로운 적응적 대처 기제 개발

3. 골란(N. Golan)의 위기 반응 단계를 순서대로 옳게 나열한 것은?

(14회 기출 문제)

ㄱ. 취약 단계	ㄴ. 위기 단계	ㄷ. 재통합 단계
ㄹ. 위기 촉진 요인	ㅁ. 위험한 사건	

① ㄱ → ㄴ → ㄹ → ㅁ → ㄷ

② ㄱ → ㅁ → ㄹ → ㄴ → ㄷ

③ ㅁ → ㄱ → ㄹ → ㄴ → ㄷ

④ ㅁ → ㄴ → ㄹ → ㄱ → ㄷ

⑤ ㅁ → ㄹ → ㄱ → ㄴ → ㄷ

정답 : ③

해설 : 골란의 위기 반응 단계는 위험한 사건 → 취약 단계 → 위기 촉진 요인 발생 → 실제 위기 단계 → 재통합

4. 위기개입의 원칙을 모두 고른 것은?

(16회 기출 문제)

ㄱ. 신속한 개입	ㄴ. 제한된 목표
ㄷ. 초점적 문제해결	ㄹ. 희망과 기대

① ㄱ, ㄴ, ㄷ ② ㄱ, ㄷ ③ ㄴ, ㄹ ④ ㄹ ⑤ ㄱ, ㄴ, ㄷ, ㄹ

정답 : ⑤

해설 : 위기개입의 원칙은 신속한 개입, 제한된 목표, 초점화된 문제해결, 희망과 기대의 제공임

참고문헌

김혜란 · 홍선미 · 공계순 · 박현선(2022). 사회복지실천기술론. 학지사.

보건복지부 · 중앙자살예방센터(2021). 자살위기상담 서비스매뉴얼.

보건복지부 · 한국사회복지협의회(2019). 사회복지시설 종사자 폭력피해 예방 매뉴얼.

브래드퍼드셰퍼 · 찰스 호레이지 공저, 남기철 · 정선욱 공역(2020). 사회복지실천기법과 지침. 나남.

연세사회복지실천연구회 역(2004). 사회복지실천이론의 이해와 적용. 프란시스 터너 편.

육성필 · 조윤정(2019). 자살위기의 이해와 개입. 박영.

Clark, D.(1998). The evaluation and management of the suicidal patient. In P. Kleespies(Ed), Emergencies in mental health practice: Evaluation and management(75~94). New York: Guilford.

Kleepies, P., Deleppo, J., Mori, D., & Niles, B.(1998). The emergency interview. In P. Kleepies(Ed) Emergencies in mental health practice: Evaluation and management(41~72): New York; Guilford.

Richard K. James & Burl E. Guilliland.(2001). Crisis Intervention Strategies, Thomson; 한인영 · 장수미 · 최정숙 · 박형원 · 이소래 · 이혜경 공역(2008). 위기개입. 나눔의 집.

중앙자살예방센터 http://www.spckorea.or.kr

PART

3

집단사회복지실천

CHAPTER

8

집단사회복지 실천의 이해

학습 목표

1. 집단사회복지실천의 개념을 이해한다.
2. 집단사회복지실천의 모델과 집단의 유형에 대해 학습한다.
3. 집단의 치료적 효과와 집단역동에 대해 이해한다.

집단은 사회복지실천의 주요 대상이자 방법론으로 활용되어 왔다. 사회복지실천 현장에서는 아동, 청소년, 청년, 중년, 노인, 장애가 있는 사람, 중독 문제가 있는 사람, 지역사회의 문제를 해결하고 싶어 하는 지역 주민 등 다양한 집단을 대상으로 다양한 형태의 집단 프로그램이 사회복지사에 의해 운영되고 있다.

집단은 집단성원들의 개별 목표와 집단 공동의 목표 성취를 위해 집단성원들을 지지하고 격려하는 힘을 가졌으며, 이들의 성장을 촉진하는 환경이 될 수 있다(엄명용 외, 2020). 집단성원은 타인과의 관계 및 상호작용을 통해 영향을 주고받으면서 성장하고 변화한다. 집단성원 간 상호 원조 과정을 통해 역동적인 힘이 발생하고 집단의 역동이 문제해결 및 과업 달성에 기여하게 된다. 즉, 집단성원은 집단을 통해 상호 원조 관계를 경험함으로써 일상생활 속에서도 사회적 관계가 향상되고 사회 역할을 수행하는 데 필요한 능력이 향상될 뿐 아니라 생애 전환기, 문화적 차이, 질병, 이혼, 폭력과 같은 스트레스 상황에 효과적으로 대처할 수 있는 능력을 개발하게 되는 것이다(장수미 외, 2019).

집단사회복지실천을 통해 의도된 변화가 나타나기를 기대한다면 사회복지사는 집단과의 사회복지실천에서 나타나는 집단과정, 집단역동에 대해 충분히 이해하고 있어야 하며, 집단 운영에 필요한 기술을 갖추어야 한다. 본 장에서는 집단사회복지실천의 개념을 이해하고, 집단과 관련된 주요 개념에 대해 살펴보고자 한다.

1. 집단사회복지실천의 개념

1) 집단사회복지실천의 정의

집단group은 서로가 동일한 집단에 속해 있다는 인식이 있고 공통의 관심사나 목적이 있으며 이러한 목적 달성을 위해 상호작용하는 두 명 이상의 사회적 집합체를 말한다.

코놉카(Konopka, 1983)는 집단사회복지실천에 대해 "의도적인 집단 경험을 통해 개인의 사회적 기능을 향상하며, 개인 · 집단 · 지역사회 등의 당면 문제들을 더욱 효과적으로 대처할 수 있도록 원조하는 방법"으로 정의하고 있다(조학래, 2019).

토슬랜드와 리바스(Toseland & Rivas, 2009)는 집단사회복지실천을 "사회 정서적인 욕구를 충족시키고 과업 달성을 목적으로 하는 사람으로 이루어진 소규모 치료집단 또는 과업집단과 행하는 목표 지향적인 활동"이라고 하였다(장수미 외, 2019).

이를 종합해 보면, 집단사회복지실천은 ① 의도적인 집단 경험을 통해 ② 개인의 사회적 기능을 향상하고, 사회 정서적인 욕구를 충족시키며, 개인·집단·지역사회 전체의 당면한 문제 과업들을 더욱 효과적으로 다룰 수 있도록 돕는 ③ 소규모 집단을 대상으로 하는 사회복지실천의 한 방법이라고 볼 수 있겠다.

2) 집단사회복지실천의 목적

집단사회복지실천의 목적은 성원들이 집단을 활용하여 심리·사회적 기능과 관련된 문제에 대처하여 해결하도록 돕고, 예상되는 문제를 예방하거나 앞으로 악화될 위험이 있는 상황에서도 현재 상태를 유지할 수 있도록 돕는 것이다. 나아가 집단이 더욱 효과적으로 기능하도록 환경적인 장애물을 제거하는 것이다(Northen & Kurland, 2001; 조학래, 2019). 집단사회복지실천의 목적은 활용하는 집단의 형태에 따라 달라질 수 있다. 치료집단을 활용한 집단사회복지실천에서는 집단성원 개인의 성장, 교육, 행동 변화 및 사회화를 주목적으로 하는 반면, 과업집단은 조직이나 기관의 문제에 대한 해결책 모색, 새로운 아이디어 개발, 내담자와 관련된 의사 결정과 효과적인 원조 전략의 수립에 목적을 둔다(권중돈, 2014).

3) 집단사회복지실천의 초점 영역

사회복지사가 집단을 대상으로 사회복지실천을 할 때 개입의 초점은 집단에 속한 개별 구성원과 전체로서의 집단 중 어디에 두어야 할까? 집단사회복지실천에서는 집단 내 개별 성원, 전체로서의 집단, 그리고 집단이 속한 환경까지 모두 개입의 초점 영역이 된다. 즉, 사회복지사는 집단성원들이 개인적인 목표를 달성할 수 있도록 원조하여야 하며, 전체 집단이 적정 수준의 집단 기능을 유지하고 집단의 공동 목적을 달성하도록 개입해야 한다. 그리고 집단 환경을 평가하여 집단이 주위 환경에 적응하거나 환경을 우호적으로 변화시키기 위해 원조해야 한다(조학래, 2019).

4) 집단사회복지실천의 원칙

사회복지사는 집단을 대상으로 사회복지실천을 할 때 다음의 원칙을 지키려는 의도적인 노력을 해야 한다(김정진 외, 2014; 김혜영 외, 2017).

(1) 개별화의 원칙

집단사회복지사는 집단 전체의 욕구와 목표에 대한 관심과 사정뿐 아니라 집단성원 개개인의 존재 의식을 명확히 하고 집단 일원으로서 자각할 수 있도록 도와야 한다. 집단 내 개별화를 위해서는 성원 개개인의 가족·사회적 배경, 집단 활동의 경험 유무 등을 파악하고, 이를 전제로 그들의 집단 내 태도, 행동을 이해할 수 있어야 한다. 또한 성원 각자의 개성을 존중하고 집단성원 상호 간의 관계를 존중해야 한다. 타고난 조건이 다른 성원 한 사람 한 사람이 집단 안에서의 상호관계를 통해 그 이상의 힘을 만들어 갈 수 있도록 원조하는 데 개별화의 의미가 있다.

(2) 수용의 원칙

수용이란 집단성원이 어떠한 태도·행동·감정을 표현하고 어떤 가치관을 가졌다 하더라도 그 사람을 있는 그대로 인정하고 받아들이는 것이다. 수용은 반사회적·파괴적 행동을 인정하는 것이 아니라 그 사람이 그러한 행동을 할 수밖에 없었던 배경을 이해하고 감정을 충분히 받아들이는 것이다.

표현된 태도나 언어, 감정에 대한 수용도 중요하지만, 집단성원 개개인을 전체로서 이해하는 것도 매우 중요하다.

(3) 참여의 원칙

집단성원이 참여하지 않는다면 집단 활동은 의미가 없기 때문에 집단 참여 동기와 요인을 파악하고 이것이 계속 유지될 수 있도록 격려해야 한다. 참여를 촉진하기 위해 집단성원의 흥미와 욕구를 반영할 필요가 있는데, 여기서 프로그램 활동이 중요한 역할을 한다. 자신에게 긍정적이고 도움이 된다고 실감할 때 집단성원의 참가가 촉진된다. 사회복지사의 개입 및 지지의 방식도 집단성원의 참가에 중요한 역할을 한다.

(4) 체험의 원칙

집단성원들은 집단 활동을 통해 인간관계를 형성하고 목표를 달성하기 위해 인내를 하면서 협력을 통한 성취감, 자기 발견 등을 경험하게 되며, 이를 통해 성장할 수 있다. 사회복지사는 집단과정을 통해 문제해결능력을 키울 수 있도록 하고, 사회생활의 기본 태도를 학습하는 체험의 기회가 되도록 개입한다.

(5) 갈등 해결의 원칙

집단 내 갈등이 생겼을 때 갈등으로부터 도피하지 않고 문제해결을 위해 노력하는 과정을 중시하는 것이 갈등 해결의 원칙이다. 집단과정에서 갈등이 나타나는 것은 자연스러운 것으로, 사회복지사는 성원들이 이를 개인의 차이로 인정하도록 돕는다. 갈등을 직면하여 함께 해결하는 경험을 통해 문제해결능력을 습득하도록 개입한다.

(6) 규범의 원칙

어떤 공동체든 다양한 구성원이 함께 생활하기 위해서는 일정한 규범과 책임과 권한에 대한 제한적 통제 장치가 있다. 변화 목적을 가지고 제한된 기간 동안 만나는 의도적인 집단에서도 마찬가지이다. 사회복지사는 규범을 통한 제한으로 성원들이 집단에 대한 책임 및 역할 수행을 다하게 하고, 이를 통해 사회적 기능을 습득하며, 민주적 의사결정 과정을 통해 결과를 공유하는 체험을 하도록 개입한다.

(7) 계속 평가의 원칙

집단의 목적은 집단에 참가함으로써 개인의 성장과 집단 자체의 성장을 가져오게 하는 것이다. 이를 위해 집단과정에 대한 계속적인 분석과 평가로 개인과 집단의 성취도를 높이도록 개입한다.

5) 집단사회복지실천의 구성 요소

집단사회복지실천의 구성 요소로는 집단, 집단성원, 집단사회복지사, 프로그램 활동이 포함된다. 각각의 개념에 대해 살펴보겠다(김혜란 외, 2014).

(1) 집단

집단은 공통의 관심사를 가진 사람들이 공동의 목표를 달성하기 위해 지속적으로 상호작용하는 2~3인 이상의 집합을 의미한다. 집단사회복지실천이 이루어지기 위해서는 집단이 형성되어야 한다.

(2) 집단성원

집단성원은 성장하고 학습하고 변화하기를 바라는 등 다양한 목적을 가지고 집단에 참여하는 개인을 의미한다. 이들은 자발적으로 혹은 비자발적으로 집단에 참여하게 되며, 집단 내에서 다양한 역할을 수행하게 된다.

(3) 집단사회복지사

집단 지도자는 집단에 속한 개별 성원과 전체로서의 집단이 목표를 달성하기 위해 전문적 지도를 행하는 사람으로, 집단 지도자로서의 사회복지사는 집단 전체의 역동성에 영향을 주기 위해 개입하고 집단성원이 긍정적 변화를 이루어 목표를 달성할 수 있도록 지원한다.

(4) 프로그램 활동

프로그램 활동은 집단성원과 전체 집단의 목적을 달성하기 위해 실시되는 의도적인 집단 경험을 의미한다. 프로그램 활동으로 활용할 수 있는 것들은 매우 많다. 게임, 쓰기 활동, 무용 및 동작 활동, 미술 및 공예 활동, 서예, 음악 활동, 요리, 여행이나 캠핑, 역할극이나 연극, 심리극, 상상 활동, 읽기 활동, 집단성원들 서로 간에 피드백 주기 활동 등 여러 가지가 있다(조학래, 2019). 집단 지도자는 프로그램 활동 계획 수립을 위해 시기 적절성, 프로그램의 적합성, 집단성원의 참여 동의, 프로그램의 안전성 등을 고려하여 활동을 결정한다.

2. 집단사회복지실천모델

집단사회복지는 다양한 실천현장에서 각기 다른 목적으로 수행되기 때문에 그 접근 방법도 다양하다. 집단의 사회적 기능과 개입의 초점을 기준으로 사회적 목표 모델, 상호작용 모델, 치료 모델 등 세 가지로 설명할 수 있다(이필완 외, 2001 ; 조학래, 2019).

1) 사회적 목표 모델

(1) 개념

사회적 목표 모델social goal model은 집단 사회복지실천의 초기 전통에 근거를 두는 모델로서 인보관에 기원을 둔다. 이 모델에 근거한 집단사회사업의 목적은 첫째, 집단성원에게 민주적인 가치관, 사회적 양식, 공동의 선을 위한 사회적 행동을 지향하도록 영향을 주는 것, 둘째, 집단성원의 사회화를 도모하거나 개인의 건전한 성장 · 발달 학습을 강화하는 것이다(장수미 외, 2019).

(2) 특징

- 집단의 초점은 민주 시민으로서의 역량 개발과 개인의 성숙이다.
- 집단성원의 과업은 사회적 의식과 사회적 책임을 발달시키는 것이다.
- 집단 초기에는 지도자에 의해 집단 목표가 결정되지만 점차 집단에 이양된다.
- 집단의 각 성원은 사회에서 의미 있는 참여를 할 수 있는 잠재력이 있으며, 집단은 효과적인 사회 변화를 만들어 낼 수 있다고 본다.
- 토론, 참여, 합의, 집단 과제 개발 및 실행 등의 활동을 한다(엄명용 외, 2020).

(3) 사회복지사의 역할

사회복지사는 지역사회 토착 지도자를 참여시키고, 집단성원 간 단결의 중요성을 강조하며 집단성원 모두가 의사 결정에 참여하도록 한다. 이때 사회복지사는 의사 결정자가 되지 않도록 유의해야 한다(장수미 외, 2019).

또한 사회복지사는 집단성원의 사회 의식을 개발하기 위해 영향력 있는 사람으로서 역할을 하고 바람직한 역할 모델을 보여 줄 수 있다.

(4) 대표적 집단

지역사회 공동체의 문제인 빈곤, 범죄 등을 해결하기 위해 지역사회복지관이나 시민단체에서 조직하는 집단, 지역사회 네트워크로 결성된 집단, 보이스카우트, 걸스카우트 등이 있다.

2) 상호작용 모델

(1) 개념

상호작용 모델reciprocal model은 개별 성원과 집단 간의 상호 관계 또는 공생적 관계에 초점을 두는 모델로서 상호적인 관계를 통해 집단성원의 욕구와 문제해결에 초점을 두고 있다. 상호작용 모델은 사회 체계 이론, 장 이론에 이론적 기반을 두었으며, 개인과 사회 간의 유기적이고 체계적인 관계를 전제로 한다. 집단은 사회복지사와 집단성원을 포함한 하나의 사회적 체계로 개념화되며 유기체로서 이해된다(엄명용 외, 2002).

(2) 특징

- 집단의 초점은 문제해결을 위한 상호 원조 체계 개발이다.
- 사회복지사와 집단성원 간의 협력을 통해 집단 목표를 설정한다.
- 집단성원 간 상호 원조 체계 구축이 초점이고 집단의 장기적인 목적은 개인과 사회의 조화이다.

(3) 사회복지사의 역할

사회복지사는 상호 원조 체계가 되는 방법을 배우도록 돕는 조력자나 집단성원과 집단 사이의 중재자 역할을 한다. 사회복지사는 집단 내 상호 원조 체계의 구축에 초점을 두고 집단성원의 공통 욕구, 집단이 직면한 특정 문제를 명확히 규정하고 목표 성취에 방해가 되는 장해물을 제거하며, 집단성원이 욕구를 충족시킬 집단 행동을 모색하도록 돕는다. 이를 통해 사회복지사는 집단성원 개인의 욕구와 보다 큰 사회 체계의 요구 간의 중개적 역할을 수행하게 된다(장수미 외, 2019).

(4) 대표적 집단

지지집단, 가정 폭력 피해자 집단, 한부모 가정 어머니들의 모임 등이 해당된다.

3) 치료 모델

집단은 개인의 치료를 위한 수단임과 동시에 상황으로서 개념화되고 있다. 따라서 사회복지사의 전문적인 개입과 결과에 대한 상호 평가를 통해 사정이 계속되며, 이를 위해 과거의 경험, 이론적 지식, 현재의 관찰 등의 방법이 동원된다. 우울증 치료를 위한 집단, 성폭력 피해자들을 위한 집단 등이 이에 해당한다(엄명용 외, 2020).

(1) 개념

치료 모델remedial model은 사회적 기능 수행에 문제가 있거나 문제가 발생할 확률이 높은 개인에게 원조하는 것을 강조하는 모델이다. 이 모델의 목적은 집단을 활용하여 개인의 심리적 · 사회적 · 문화적 적응 문제를 해결하는 데 있다. 따라서 주로 다루는 문제는 대인관계 문제, 부적응적 일탈 행위와 같은 사회적 기능 수행에 관한 것이다. 이때 집단은 개인의 문제해결이라는 목적을 달성하기 위한 수단, 효과적인 치료의 매개물로 간주된다. 집단사회복지실천이 개인의 사회적 기능을 강화하는 주요한 전문적 실천 방법이 되도록 기여한 모델로 주로 병원, 가족 치료 기관, 사회복지관에서 활용될 수 있다. 치료 모델과 관련된 주요 이론은 정신분석학, 자아심리학, 사회적 역할 이론 등이다(장수미 외, 2019).

(2) 특징

- 집단은 개인의 목적을 달성하기 위한 수단으로 간주된다.
- 집단의 목표는 전문가와 클라이언트가 함께 결정한다.
- 집단성원의 행동 변화에 초점을 두고 구조화된 개입을 한다.
- 집단의 초점은 집단의 경험을 통해 개인을 치료하는 것이다.
- 집단성원은 전문가의 치료 계획에 따라 사전에 진단을 받아 선택되고 계약이 성립되며, 이어서 치료적 집단 활동을 하게 된다.
- 집단의 장기적 목적은 개개인의 사회 적응력 향상이다.

(3) 사회복지사의 역할

치료 모델에서 사회복지사의 역할은 지시적이고, 계획적이며, 목표 지향적이다. 사회복지사는 집단 형성과 운영에 집단 리더로서의 힘과 영향력을 기반으로 치료적인 변화를 위한 전문가로서의 역할을 수행한다.

(4) 대표적 집단

다양한 사회복지현장에서의 치료집단, 알코올중독자 회복 집단, 우울증 인지행동치료집단, 부적응 청소년 사회기술훈련집단, 성폭력 피해자들을 위한 트라우마 치료집단, 자살 유가족 집단 등이 이에 해당한다.

3. 집단의 유형

집단은 다양하게 분류될 수 있지만, 사회복지사가 자주 관여하는 집단은 크게 치료집단, 과업집단, 그리고 자조집단으로 대변된다(남미애 · 윤숙자, 2014).

각 집단의 유형별 특징을 정리하면 표 8-1과 같다.

표 8-1 토슬랜드와 리바스가 분류한 집단 유형별 특징

구분	치료집단	과업집단	자조집단
목적	– 집단성원의 사회 정서적 욕구 충족 – 집단성원에 대한 지지, 교육, 성장, 치료, 사회화	– 과업이나 목표 달성을 목적으로 함 – 조직, 기관, 지역사회 문제에 대한 해결책을 제한된 시간 내 효과적으로 마련	– 집단성원 간 상호지지 및 공통 문제해결, 문제 상황에 대한 대처 능력 향상, 사회적 인식 개선 등
특징	– 상호작용 촉진을 위해 성원들의 참여를 적극적으로 장려 – 비슷한 문제를 경험한 사람들로 집단이 구성됨 – 자기개방 수준이 높음	– 집단성원의 역할은 상호작용이나 임명을 통해 발달 – 특정 과업에 대한 논의가 주가 됨 – 자기개방 수준이 낮음	– 당사자가 자발적으로 운영 – 공통 문제해결을 위해 당사자인 참여자들의 적극적 역할 수행 – 사회복지사는 지지와 자문만 제공
평가내용	성원들의 목표 달성 정도	과업이나 명령 달성 여부, 성과물 산출	구성원의 욕구 충족 정도
종류	지지집단, 교육집단, 성장집단, 치료집단, 사회화집단	TF Team, 각종 위원회 및 자문 위원회, 협의체, 사례회의 집단, 사회 행동 집단 등	A.A.(단주 모임), 암 환우회, 희귀 난치성 질환 환우회, 소아 당뇨 환아 어머니들의 모임, 가정 폭력 피해자 모임 등

1) 치료집단

치료집단treatment group의 일반적인 목적은 집단성원의 사회 정서적 욕구를 충족시켜 주는 것으로서, 구체적으로는 지지, 교육, 성장, 치료therapy, 사회화집단 등이다. 한 집단이 한 가지 목적만 가지고 있는 것은 아니며, 두 가지 이상의 목적을 가지는 경우도 많다.

치료집단은 다른 집단에 비해 높은 수준의 자기 노출이 요구되고, 의사소통이 공개적으로 이루어진다. 사회복지사는 참여자의 의사소통과 적극적인 상호작용을 촉진하기 위해 적극적으로 참여를 격려한다. 치료집단의 성공 여부는 성원들의 목표가 성공적으로 충족되었는가에 근거한다.

집단 대상 사회복지실천에서 개인의 문제해결 및 성장을 위해 주로 활용되는 집단인 치료집단은 지지집단, 교육집단, 성장집단, 치료therapy집단, 사회화집단으로 세분화된다.

(1) 지지집단

지지집단support group은 집단성원이 스트레스를 주는 생활상의 사건에 잘 대처하고 효과적으로 적응할 수 있도록 개입하는 것을 목적으로 하는 집단이다. 지지집단은 집단성원이 유사한 문제나 경험을 가지고 있어 유대감 형성이 빠르고, 자기개방 정도가 높다는 특징을 가지고 있다. 이러한 집단에서 사회복지사의 역할은 집단성원들이 자조 및 상호 원조를 통해 자존감과 대처 기술을 향상할 수 있도록 촉진하는 것이다. 자녀 양육에 대한 어려움을 겪는 한부모 집단, 이혼 가정의 자녀 집단, 암환아 가족 집단, 취업한 정신장애인들을 위한 집단 등이 이에 해당된다.

(2) 교육집단

교육집단educational group은 집단성원들의 지식, 정보, 기술의 향상을 목적으로 하는 집단이다. 교육은 강의, 토의, 실습, 워크숍 등 다양한 형태로 이루어지고, 해당 분야의 전문가가 진행한다. 공통의 관심사를 가진 사람들로 구성되지만, 일반적으로 자기개방의 정도는 높지 않다. 이러한 집단에서 사회복지사는 교육을 통해 정보를 제공하고 집단 상호작용을 촉진하면서 교육자와 촉진자의 역할을 모두 수행한다. 교육집단의 예로는 청소년 성교육집단, 부모 역할 교육집단, 가정 폭력 가해자 교육집단, 스트레스 관리법 교육집단 등이 있다.

(3) 성장집단

성장집단growth group은 집단성원의 자기 인식 증진과 심리사회적 건강 향상을 목적으로 하는 집단이다. 집단성원은 개인 성장의 기회로 집단을 활용하려는 사람들로서 이질적 집단, 동질적 집단 모두 구성이 가능하다. 이러한 집단에서는 통찰력을 향상시키고 새로운 행동을 집단 내에서 시험해 보며, 성원들 간의 피드백을 통해 성장할 수 있는 지지적 분위기가 형성되어 있다. 집단성원들의 자기개방 정도도 높다. 사회복지사는 성원들이 잠재력과 강점을 발견하고 발휘할 수 있도록 촉진자와 조력자의 역할을 한다. 참 만남 집단, T 집단, 감수성 훈련 집단, 잠재력 개발 집단, 자아 성장집단 등이 성장집단에 해당한다.

(4) 치료집단

치료집단therapy group은 성원의 행동 변화, 개인적 문제해결, 기능 회복을 목적으로 하는 집단이다. 집단의 성원들은 심리 정서적 어려움을 가진 사람들로서 문제의 개선과 치료, 회복에 관심을 둔다. 집단의 자기개방 수준은 높지만 개별 성원의 문제, 욕구, 집단 지도자의 전문성에 따라 차이가 있다. 사회복지사는 집단성원을 사정하고, 집단 공동 목적과 개별 성원의 목표 수립 및 달성을 지원하는 전문가, 변화 매개인의 역할을 수행한다. 치료집단의 예로는 우울증 인지 치료집단, 금연 집단, 디지털 중독 치료집단, 사회 공포증을 가진 사람들의 집단 등이 있다.

(5) 사회화집단

사회화집단socialization group의 주요 목적은 성원들의 사회적 기술을 증진하도록 하는 데 있다. 사회적 기술을 습득하도록 함으로써 효과적인 사회생활을 할 수 있도록 촉진시킨다. 사회기술훈련집단, 자치집단, 여가집단 등의 형태를 띠며 이러한 집단들은 활동을 통한 학습을 지향하여 종종 프로그램 활동, 역할 기법, 야외 활동, 게임 등을 사용한다. 사회복지사는 특정 프로그램을 구성하고 운영하면서 촉진자, 교육자, 시범자의 역할을 한다. 또래관계 어려움이 있는 아동을 위한 대인관계 기술 향상 집단, 정신장애인을 위한 사회기술훈련집단, 지적 장애인을 대상으로 하는 지역사회자원 활용 훈련 집단 등이 여기에 해당한다.

치료집단의 유형별 특징과 사회복지사의 역할, 집단의 예시는 표 8-2와 같다.

표 8-2 치료집단 유형별 특징 비교

분류	지지집단	교육집단	성장집단	치료집단	사회화집단
목적	스트레스를 주는 생활 사건에 대한 대처와 적응력 향상	성원들의 지식, 정보, 기술의 향상	집단성원의 자기인식 증진과 심리사회적 건강 향상	성원의 행동 변화, 개인적 문제해결, 기능 회복	사회기술 증진
특징	- 집단성원이 유사한 문제나 경험을 가지고 있어 유대감 형성이 빠름 - 자기개방 정도가 높음	- 집단성원들이 공통 관심사 가짐 - 강의, 토의, 실습, 워크숍 등 다양한 형태로 교육이 이루어짐 - 해당 분야의 전문가가 진행 - 일반적으로 자기개방 정도는 높지 않음	- 개인 성장 기회로 집단을 활용하려는 사람들로 구성 - 이질적, 동질적 집단 모두 가능 - 통찰력 향상, 새로운 행동을 시험, 피드백을 통해 성장할 수 있는 지지적 분위기 형성 - 자기개방 정도 높음	- 심리정서적 어려움을 가진 사람들로 구성 - 문제의 개선과 치료, 회복에 관심 - 집단의 자기개방 수준은 높지만, 개별 성원의 문제, 욕구, 집단 지도자의 전문성에 따라 차이가 있음	- 사회적 기술 습득으로 효과적인 사회생활을 할 수 있도록 촉진 - 사회기술훈련집단, 자치집단, 여가집단[1] 등 - 활동을 통한 학습을 지향(프로그램 활동, 역할 기법, 야외 활동, 게임 등)

분류	지지집단	교육집단	성장집단	치료집단	사회화집단
사회복지사 역할	– 자조 및 상호 원조를 통해 자존감 및 대처 기술 향상 촉진	– 교육자와 촉진자 역할 모두 수행 – 정보 제공과 함께 집단의 상호 작용 촉진	–성원의 잠재력 및 강점을 발견하고 발휘하도록 촉진자 · 조력자 역할	– 집단성원 사정 – 집단 공동 목적과 개별 성원의 목표 수립, 달성 지원 – 전문가, 변화 매개인의 역할 수행	– 게임, 역할 연습, 레크리에이션 등 특정 프로그램 구성 및 운영 – 촉진자, 교육자, 시범자 역할
집단 예시	– 자녀 양육에 어려움을 겪는 한부모 집단 – 이혼 가정의 자녀 집단 – 암 환아 가족 집단 – 취업한 정신 장애인들을 위한 집단 등	– 부모 역할 교육집단 – 청소년 성교육 집단 – 가정 폭력 가해자 교육집단 – 스트레스 관리법 교육집단 등	– 참 만남 집단 – T 집단 – 감수성 훈련 집단 – 잠재력 개발 집단 – 자아 성장집단 등	– 우울증 인지 치료집단 – 금연 집단 – 디지털 중독 치료집단 – 사회 공포증을 가진 사람들의 집단 등	– 또래관계 어려움이 있는 아동을 위한 대인관계 기술 향상 집단 – 정신 장애인 대상 사회기술 훈련 집단 – 지적 장애인 대상 지역사회 자원 활용 훈련 집단 등

1) • 사회기술훈련 집단 : 사회적 관계나 의사소통 등에 어려움을 겪는 사람들을 대상으로 사회적 기술 습득을 지원하는 집단
• 자치집단 : 정신 병동 또는 시설 거주자들이 치료적 공동체에서 자신들의 역할, 책임, 권리 등을 분명히 수행하도록 촉진하는 집단
• 여가집단 : 스카우트 활동, 캠핑, 스포츠 활동을 통해 사회화 촉진

2) 과업집단

과업집단task group은 특정 과업을 성취하는 것을 목적으로 구성된 집단이다. 일반적으로 사회 계획이나 서비스의 조정, 정책 수립, 집단 문제해결, 사회 행동, 조직이나 기관의 문제에 대한 해결책 모색, 새로운 아이디어 개발, 효과적인 원조 전략 수립 등을 집단의 목적으로 한다. 과업집단은 조직과 기관, 지역사회의 문제해결책을 효과적으로 시간 제한적으로 마련하기 위한 집단으로 널리 활용되고 있다.

이 집단은 의사소통이 특정 과정에 관한 논의에 집중되고 과업집단 내의 각 성원들

에게 할당될 수도 있다. 또한 집단성원의 개인적 성장보다는 집단의 목적 달성 및 운영에 대한 지침을 만들어 가는 동시에 의사를 결정하고 성과물을 만드는 것에 관심이 있다.

과업 달성을 목표로 하기 때문에 집단성원 간 자기개방 수준이 낮으며, 진행 과정은 비공개적일 수도 있고, 대중에게 공개적일 수도 있다. 집단의 성공은 성원들이 그 과업이나 명령을 달성했는가 또는 성과물을 산출했는가에 근거한다. 과제가 수행되고 나면 기능이 정지되어 집단이 해체된다(남미애 · 윤숙자, 2014).

과업집단에서 사회복지사는 자문 집단과 협력하거나 클라이언트의 문제해결에 필요한 서비스를 촉진하기 위한 팀 접근에서 다른 전문가들과 협력한다.

과업단의 예로는 테스크포스팀task-force team, 위원회 및 자문 위원회, 이사회, 연합체, 대표 위원회, 협의체, 사례회의 집단, 사회 행동 집단 등이 있다.

3) 자조집단

자조집단self-help group은 유사한 어려움이나 관심사를 가진 성원들이 자발적으로 집단을 만들어 집단성원 간의 공통된 문제를 서로 이야기하고, 개인적으로 바람직한 변화를 가져오도록 서로 격려하며, 상호협력하는 집단을 말한다. 대표적인 집단으로는 익명의 알코올중독자 집단(A.A.), 단도박 집단, 암을 비롯한 희귀 난치성 질환 환우회, 장애인 당사자 자조집단, 정신장애인 가족회, 성 소수자 자조집단 등이 있다.

이러한 집단들에서 강조되는 것은 성원들 간의 상호 간의 지지, 그리고 개개인이 그들의 삶을 책임질 수 있는 환경을 만들어 주는 것이다.

같은 문제를 갖고 있는 당사자들이나 가족들의 공통된 목표, 집단성원 간 대등한 관계, 높은 자발성, 집단성원 중 리더 선출 등이 자조집단의 특징이다.

자조집단은 집단의 성원으로서 같은 이슈를 놓고 애쓰고 있는 비전문가들이 이끌어 간다. 사회복지사는 집단을 직접 이끌지 않고 지지와 상담, 자문을 제공해 주는 역할을 하거나 클라이언트를 자조집단으로 연계하는 역할을 수행한다.

참고 : 자조집단과 지지집단의 유사점 및 차이점

자조집단은 유사한 문제나 욕구를 가진 성원들로 구성되어 비슷한 관심사를 공유한다는 점에서 지지집단과 유사하다. 그러나 자조집단은 사회복지사와 같은 전문가가 주도적으로 집단 지도자 역할을 하지 않는다는 점에서 지지집단과 차이가 있다. 자조집단에서 사회복지사는 집단 형성 및 유지에 도움을 주거나 자문을 하는 등의 부분적 역할을 하며 집단에 대한 리더십과 통제는 집단 구성원에게 주어진다. 자조집단에서는 집단성원 중에서 지도자가 선출된다.

연습활동

1 집단에 참여하거나 이끌어 본 적이 있는가? 내가 경험해 본 집단에 대해서 학우들과 함께 나누어 봅시다.

예 : 학교 축제 준비 위원회에서 활동한 경험, 교내 학생상담센터에서 실시한 자아 탐색 집단 프로그램에 참여한 경험, 지역 아동복지센터에서 집단 프로그램을 계획하고 진행한 경험 등

1) 내가 경험한 집단은 어떤 형태의 집단인가요?

치료집단 ☐ 지지 ☐ 교육 ☐ 성장 ☐ 치료 ☐ 사회화	☐ 과업집단	☐ 자조집단

2) 집단에 참여해 본 경험은 어떠했나요?

집단에 참여하여 좋았던 점과 아쉬웠던 점에 대해 나누어 봅시다.

2 우리 지역의 사회복지기관(복지관, 청소년복지센터, 정신건강복지센터, 노인데이케어센터, 지역 아동센터 등)에서는 어떠한 유형의 집단이 운영되고 있나요? 인터넷으로 검색해 보고 함께 공유해 봅시다.

3 내가 사회복지사라면 누구를 대상으로 어떤 집단을 운영하고 싶은가요? 함께 이야기해 봅시다.

4. 집단의 치료적 효과와 집단역동

1) 집단의 치료적 효과

집단 활동에 참여함으로써 얻을 수 있는 여러 가지 이점이 있다. 이를 집단의 치료적 효과라고 하는데, 이를 설명한 대표적 학자인 얄롬Yalom은 집단의 치료적 효과를 다음과 같이 제시하였다(Yalom, 1985).

(1) 희망의 고취(instillation of hope)

집단성원들의 문제가 조금씩 해결되는 모습을 보면서 클라이언트는 자신의 문제도 개선될 수 있다는 희망을 갖게 된다. 즉, 집단성원은 집단에 참여하여 자신과 비슷한 문제를 겪은 다른 성원들이 문제가 경감되고 회복되는 모습을 지켜봄으로써 자신의 문제 또한 해결될 수 있으리라는 기대와 희망을 갖게 된다.

(2) 보편성(universality)

보편성은 '일반화'라고도 하는데, 집단성원들은 비슷한 문제를 가진 다른 집단성원들을 보면서 '나 혼자만의 문제가 아니구나'라고 느끼며 위안을 받는다. 즉, 집단성원들은 서로 자신들이 비슷하다고 인식하고 관심을 공유함으로써 감정의 정화를 경험한다.

(3) 정보 전달(imparting information)

집단성원은 집단에 참여함으로써 다른 성원들의 제안, 지도, 충고 등을 통해 지식과 정보를 얻고 자신의 문제에 대해 명확히 이해하게 된다. 정보 전달은 사회복지사에 의해 이루어질 수 있으며, 집단성원 간의 정보 교환도 포함된다.

(4) 이타주의(altruism)

집단성원은 집단 내에서 다른 성원들의 이야기에 공감해 주고 정보를 제공하는 등

서로 도움을 주고 받는다. 이때 성원들은 자신도 누군가를 도울 수 있음을 깨닫게 되는데, 이러한 감정이 이타주의이다. 집단에 참여하는 대부분의 성원들은 주로 타인으로부터 전적으로 도움을 받거나 타인에게 의존해 온 경험이 많다. 그러나 집단 내에서 타인을 돕는 경험으로 자존감이 높아지고 스스로 독립적으로 성장하는 치료적 효과를 가져오게 된다.

(5) 1차 가족 집단의 교정적 재현(corrective recapitulation of the primary family group)

집단은 가족과 유사한 점이 많다. 집단성원 및 집단 지도자와의 관계는 부모나 형제자매들과의 상호작용을 재현하게 되는데, 이러한 상호작용을 통해 가족 내에서 경험했던 일 중 만족스럽지 못했거나 해결되지 않은 감정 등을 이해하게 되고, 때로는 교정되는 경험을 얻기도 한다.

(6) 사회화 기술의 발달(development of socializing technique)

다른 집단성원으로부터 피드백이나 특정 사회기술에 대한 학습을 통해 사회기술을 개발하고 습득해 나가는 것을 의미한다.

(7) 모방 행동(imitative behavior)

집단 구성원과 집단 지도자의 행동을 통해 다른 사람들의 행동을 관찰하는 과정에서 새로운 행동을 학습할 수 있다.

(8) 대인관계 학습(interpersonal learning)

집단성원과의 상호작용을 통해서 자신의 대인관계에 대해 통찰력을 갖게 된다. 또한 집단은 성원들에게 새로운 대인관계 방식을 적용해 보거나 시험해 보는 경험을 제공하게 된다.

(9) 집단 응집력(group cohesiveness)

집단 내에서 발달하는 소속감이나 친밀감은 집단성원에게 긍정적인 변화를 일으키게 하며, 치료 경험에 도움을 준다.

(10) 감정의 정화(catharsis)

집단 내에서 구성원들은 비교적 안전한 분위기 속에서 그동안의 억압된 감정을 자유롭고 안전하게 표현할 수 있다. 집단성원들은 자신의 문제에 대한 불안, 감정 등을 공유하며 공통의 목적을 성취해 나가면서 문제를 보다 객관적으로 해결할 수 있다.

(11) 실존적 요인(existential factors)

집단성원과의 경험 공유를 통해 각 성원은 다른 사람들의 지지가 도움이 된다 할지라도 자기 삶에 대한 궁극적인 책임은 자기 자신에게 있음을 점차 깨닫게 된다. 즉, 인간으로서의 실존적 삶의 현실을 인식하게 되고, 삶을 스스로 계획할 자유와 그에 대한 책임이 자신에게 있다는 것을 배운다.

연습활동

1 소집단(4~6명)으로 모여서 최근 겪고 있는 여러 어려움들을 나열해 보고 이 중에서 공통으로 경험하고 있는 문제 한 가지(예 : 아르바이트하면서 겪는 스트레스 등)를 정한 후, 자신이 성공적으로 문제를 해결했던 경험이나 새로운 해결 방법 등을 논의해 봅시다.

2 활동을 마친 후에는 이러한 집단 경험을 통해 얻은 이득이 무엇인지 생각해 보고, 이것이 집단의 치료적 효과 중 어떤 것에 해당하는지 이야기해 봅시다.

집단의 치료적 효과	내가 집단 경험에서 느낀 치료적 효과
1) 희망의 고취	
2) 보편성	
3) 정보 전달	
4) 이타주의	
5) 1차 가족 집단의 교정적 재현	
6) 사회화 기술의 발달	
7) 모방 행동	
8) 대인관계 학습	
9) 집단 응집력	
10) 감정의 정화	
11) 실존적 요인	

2) 집단과정과 집단역동

집단과정group process은 집단의 시작부터 끝까지의 흐름으로 집단이 진행되는 단계이다. 성원 상호 간에 영향을 미치면서 공동 목표를 향하여 함께 움직여 가는 변화 혹은 발달의 현상을 의미한다. 이러한 집단과정은 개별 성원뿐만 아니라 전체로서의 집단에 영향을 미치는 독특한 힘을 만들어 내는데, 집단과정에서 만들어진 힘을 집단역동group dynamics 또는 집단 역학이라고 한다.

사회복지실천에서 집단을 활용하는 것은 집단의 역동을 활용한다는 의미이기도 하다. 집단역동은 집단의 목적을 달성하고 치료적인 효과를 가져오는 중요한 요인이 이기 때문이다. 집단역동을 잘 활용하면 전체로서의 집단과 집단성원 모두에게 긍정적인 영향을 미치지만, 집단역동을 잘 활용하지 못하면 역기능적인 영향을 미칠 수도 있다. 따라서 집단을 지도하는 사회복지사는 집단이 발달함에 따라 변화하는 집단역동을 잘 이해하고 활용하여 집단에 긍정적인 영향을 미칠 수 있도록 해야 한다.

집단역동의 구성 요소에 대해서는 학자마다 조금씩 다르게 설명하고 있다. 여기서는 공통적인 요소로서 집단 응집력, 의사소통, 목적, 정서적 유대, 지위와 역할, 규범, 하위집단, 긴장과 갈등을 중심으로 살펴보고자 한다.

(1) 집단 응집력

집단 응집력group cohesiveness 또는 group cohesion은 집단성원이 다른 성원과 전체로서의 집단에 대해 갖는 매력을 의미하는 것으로서(Yalom, 1975), 집단성원들이 집단에 소속됨으로써 얻는 장점이 많다고 느낄 때 높아지는 특성이 있다.

집단의 응집력이 높은 경우 집단성원들 간에 의견의 불일치가 생기더라도 응집력이 낮은 집단에 비해 더 빨리 문제와 갈등의 해결책을 모색하는 경향이 있고, 목표를 달성하는 데 있어서 훨씬 더 효과적이며, 성과도 더 좋다. 집단의 응집력이 안정적으로 형성되면 집단성원들의 시간 엄수와 출석률이 더 좋아진다. 또한 집단에 대한 소속감이 생기고, '우리 의식we-ness'이 향상되며, 성원들 간에 친밀감이 형성된다. 나아가, 집단성원들 사이에 상호 의존하려는 경향이 강해지며, 집단에 대한 만족감을 표현하게 된다. 그리고 집단 응집력이 강할수록 자기개방에 대한 저항감이 감소되고, 의사소통도 자발적이게 되어 부드러운 분위기가 지속된다(엄명용 외, 2020).

이와 같이 집단 응집력은 집단의 기능을 향상시키는 긍정적인 효과를 가지고 있기 때문에 사회복지사는 집단 응집력을 향상시킬 수 있는 다양한 실천 기술을 고려해야 한다. 집단 응집력을 향상시키는 구체적인 기술은 제10장에서 다룰 예정이다.

(2) 의사소통

의사소통은 사회적 상호작용의 가장 핵심적인 부분이다. 의사소통은 메시지를 전달하고 받고 해석하고 반응하는 복잡한 사회적 과정이다. 이것은 언어로 표현되기도 하며, 표정, 몸짓, 몸의 기울기 등 비언어적 표현으로 전달되기도 한다. 집단 내 의사소통의 유형이 어떠한가에 따라서 성원들 간의 상호작용의 질이 달라질 수 있고, 이것은 집단의 성과에 영향을 준다.

집단 내 상호작용은 집단 지도자 중심의 상호작용과 집단 중심의 상호작용이 있을 수 있다. 집단사회복지실천에서는 집단 지도자인 사회복지사에 의해 모든 의사소통이 이루어지는 집단 지도자 중심의 상호작용보다는 구성원 간에 자유롭게 상호작용이 이루어지는 집단 중심의 상호작용 형태가 더 바람직하다. 집단 중심의 상호작용을 할 때 성원 간 사회적 상호작용이 활발하고 집단 사기가 높으며, 성원들의 목표 성취를 위한 노력이 적극적으로 이루어지기 때문이다. 집단 내 의사소통을 촉진시키는 기술 역시 제10장에서 자세하게 다루도록 하겠다.

(3) 목적

모든 집단에는 목적purpose이 있다. 목적이 명확하지 않고 모호한 집단은 성공하기 어렵다. 집단의 목적은 집단성원의 선별, 집단의 규범, 집단 활동, 상호작용 방식, 집단의 평가에 영향을 미친다. 집단의 목적은 집단이 집합적으로 추구해야 할 목표와 개별 성원들이 집단 참여를 통해 얻고자 하는 희망, 기대, 목표 모두를 포괄해야 한다(노충래, 2006).

(4) 정서적 유대

집단성원들의 서로에 대한 긍정적·부정적 감정의 힘에 의해 정서적 유대emotional bonds가 형성된다. 집단성원들은 비슷한 흥미와 관심사, 가치, 이념 등을 가지고 있을 때 정서적 유대가 생겨난다. 성원들 간의 부정적 감정은 정서적 유대를 감소시키고 상호작용도 줄어들게 만든다.

사회복지사는 서로에 대한 관심과 상호작용을 높이고, 수용되는 느낌을 가질 수 있도록 하여 이것이 정서적 유대로 발전할 수 있도록 해야 한다. 또한 집단 내에서 수용하기 어려운 행동을 하는 집단성원의 경우는 그러한 행동을 수정할 수 있도록 하여 자기성장과 변화를 이루도록 도와야 한다(장수미 외, 2019).

(5) 지위와 역할

지위와 역할은 복잡하고 밀접한 관계가 있다. 지위는 한 개인 속한 집단 내의 위계체계 안에서 다른 사람과 관련하여 한 개인이 차지하고 있는 위치를 뜻한다. 반면, 역할은 사회에서 특정한 위치를 차지하고 있는 개인에게 기대되는 활동, 특정 상황에서 행동해야 하는 방식 등을 의미한다(김정진, 2014).

집단성원의 기능적인 역할로는 다음과 같은 것들이 있다(조학래, 2019).

- 지지자 · 격려자 : 다른 성원들이 집단에 이바지하는 것에 대해 지지하고 격려하는 역할
- 화합자 : 집단에서 성원 간의 갈등을 중재하는 데 도움을 제공하는 역할
- 타협자 : 의견 충돌이 있는 상황에서 자기의 뜻을 양보하거나, 잘못을 인정하면서 타협을 이끌어내는 역할
- 인도자 : 성원들의 발언 시간을 적절하게 조절하거나 대화가 잘 진행되도록 의사소통을 조절하는 역할
- 기준 설정자 : 집단이 적절한 기능을 수행하도록 어떤 기준을 설정할 것을 제안하거나 집단과정의 수준을 평가하는 데 기준을 적용하는 역할. 예를 들면 “우리가 이 문제에 대해 결정을 하려면 어떤 기준을 정해야 할 거 같습니다”와 같은 발언을 많이 한다.
- 추종자 : 집단이 움직이는 대로 따라가거나 주의깊게 경청하면서 다른 성원들의 아이디어나 제안을 수동적으로 받아들이는 역할. “집단의 뜻이 그렇다면 저도 동

의합니다.”

- 감정표현자 : 집단 내의 감정, 분위기, 관계 등을 주시하다가 적절한 순간에 집단 분위기와 자신의 감정을 표현하는 역할. “한 시간 동안 열띤 토론을 했네요. 우리 모두 지친 것 같은데 잠깐 쉬었다가 하는 것이 어떨까요?”
- 긴장 감소자 : 웃을 수 있는 상황을 유도함으로써 성원들의 긴장을 이완하는 역할

한편, 집단성원의 역기능적인 역할로는 다음과 같은 것들이 있다(노충래, 2006).

- 독점자 : 무대의 중앙을 차지해야 한다고 느끼는 사람. 모든 성원에게 할당되는 일정한 대화 시간을 혼자 독차지하는 모습을 보인다.
- 외톨이 : 다른 사람과의 유대관계가 결여된 사람. 다른 성원들이 그 성원을 거부하여 외톨이가 되기도 하고, 집단에서 스스로 소속감을 갖지 못하여 외톨이가 되는 경우도 있다.
- 희생양 : 집단성원들이 자신들이 가지고 있는 적대감과 부정적인 감정을 특정한 사람에게 투사하여 그 집단성원을 언어적 신체적으로 공격하는 것을 희생양 만들기라고 한다. 희생양이 된 사람은 집단의 긴장을 해소하고 집단 유대감을 높이는 역할을 한다.

사회복지사는 구성원이 자신의 역할을 이해하도록 도와야 한다. 역할은 일방적으로 정해지는 것이 아니라 상호 호혜적인 특성을 갖는다. 구성원 자신에게 그런 역할을 규정하는 이유, 역할 기대를 하게 된 배경을 파악하도록 하고, 집단 내에서 건설적인 역할을 할 수 있도록 해야 한다.

(6) 규범

규범은 집단에서 중요시 여기는 문제에 대한 행동의 표준을 일반화한 것이며, 가치판단으로 구체화된다. 규범은 집단 내에서 주요한 통제 수단이며, 적합한 행동을 하도

록 압력을 가한다. 집단성원이 규범을 준수했을 때 보상이 있고, 따라서 외적 통제의 필요성이 감소된다. 규범을 통해 집단성원은 집단이 중요하게 생각하는 것과 무의미한 것, 좋아하는 것과 싫어하는 것, 기대 등을 알 수 있다(엄명용 외, 2020).

집단규범의 예시〉

① 집단성원들은 서로를 존중한다.
② 가능한 진솔하고 개방적인 태도를 취한다.
③ 집단에 자발적, 적극적으로 참여한다.
④ 다른 성원들에 대해 무비판적인 태도로 대하고 비난을 삼간다.
⑤ 건설적인 피드백을 주고 받는다.
⑥ 집단에서 말할 때는 '지금-여기'에 초점을 맞춘다.
⑦ 성원들 간에 갈등이 생기는 경우 집단 내에서 다룬다.

집단규범은 명시적인 것도 있고 암묵적인 것도 있다. 명시적 규범은 위 집단규범의 예시와 같이 많은 집단에서 공통적으로 권장되는 행동 기준이다. 이에 비해 암묵적 규범은 어떤 집단에서 집단성원이 나름대로 가지고 있는 신념 혹은 선입견을 토대로 이루어지는 일련의 행동 기준이다(강진령, 2021). 예를 들어, 집단에서는 모든 것을 털어놓아야 하는 것으로 생각하여 의무적으로 자기개방을 하거나, 집단 지도자에 대한 도전은 허용되지 않는다고 생각하여 질문이나 이의 제기를 하지 않는 것 등이 암묵적 규범이 될 수 있다. 집단 초기에 이루어졌던 것들이 암묵적 규범으로 자리 잡는 경우도 있다. 예를 들면, 집단 지도자가 첫 회기에서 성원들에게 순서대로 발언하도록 했는데, 이후 순번제로 발언하는 방식이 자리 잡게 된 것 등이 암묵적 규범이다. 집단사회복지사의 말과 행동은 명시적 규범이든 암묵적인 규범이든 집단규범 발달에 영향을 미치기 때문에 주의해야 한다.

(7) 하위집단

하위집단subgroup은 일부의 집단성원들이 상호 간에 공통점을 발견하거나 매력을 느끼게 되어 서로 강한 정서적 유대를 가지게 되는 경우에 형성된다. 적게는 2명에서부터 많게는 다수의 성원들이 집단의 하위집단을 형성하여, 서로 경쟁하거나 반목하거나 협력하는 관계가 설정된다. 하위집단 가운데 다소 우위에 있는 하위집단은 집단에 대한 통제력을 행사하려고 시도하기 때문에 다른 하위집단과 갈등을 유발할 수도 있다.

하위집단 자체가 집단에 부정적 영향을 미치는 것은 아니다. 사회복지사는 하위집단이 전체 집단에 어떤 영향을 미치는지 파악하여 성원 간 갈등을 일으키거나 일부 성원만 지나치게 친밀하여 다른 성원을 소외시키는 경우, 다소 우위에 있는 하위집단이 집단에 대한 통제력을 행사하는 등의 부정적 영향을 미치는 경우 개입한다. 하위집단은 의사소통의 질, 집단성원 간의 어울림 등을 관찰함으로써 파악이 가능하며, 소시오그램 sociogram을 통해 분석이 가능하다. 소시오그램에 관해서는 제9장에서 살펴보기로 한다.

(8) 긴장과 갈등

집단에서는 성원 간 다양한 형태의 긴장과 갈등이 형성될 수 있다. 그러나 긴장과 갈등이 항상 집단에 부정적인 영향만을 미치는 것은 아니다. 긴장과 갈등을 적절하고 건설적인 방법으로 해결할 때 집단은 더욱 성장할 수 있다. 이러한 경우 갈등은 집단성원의 참여도를 높이고 진정한 관계를 맺을 기회를 줄 수 있다. 집단성원은 성공적인 갈등 조정 과정을 통해 부정적인 감정을 표출하고 수용되는 경험을 할 수 있고, 그 결과로서 응집력이 향상되고 목표 달성에 도달할 수 있는 장점이 있다. 그러므로 사회복지사는 집단성원이 갈등을 피하지 않고 성공적으로 조정할 수 있도록 도와야 한다(장수미 외, 2019). 특히, 초기 단계에 긴장과 갈등을 잘 조정하고 해결해야 집단이 안정감을 갖고 발달하게 되며, 집단성원이 지도자와 집단을 신뢰하고 계속 참여하게 된다(김정진, 2014). 갈등이 오랫동안 지속되거나 심각해지면 집단성원들의 심리적인 분열과 심리사회적 기능의 와해를 야기할 수 있기 때문에(엄명용 외, 2020) 집단 지도자가 집단 내 갈등을 다루는 기술을 아는 것이 매우 중요하다.

문제 풀이

1. 자조 모임(self-help group)의 특성에 해당하지 않는 것은?

(2016년 기출 문제)

① 자기 노출을 통해 문제의 보편성을 경험한다.

② 집단성원 간의 학습을 통해 모델링 효과를 얻는다.

③ 집단과정 촉진을 위해 성원 간의 의사소통이 중요하다.

④ 과업 달성을 위해 집단사회복지사의 주도성이 요구된다.

⑤ 집단성원의 자율적인 참여를 위해 동기 부여가 필요하다.

정답 : ④

해설 : ④ 자조집단에서 사회복지사는 주도적인 집단지도자 역할을 하지 않는다. 집단 형성 및 유지에 도움을 주거나 자문을 하는 등의 부분적 역할을 담당한다.

2. 토슬랜드와 리바스(Toseland & Rivas)가 분류한 집단 유형 중 다음 설명에 해당하는 것은?

(2016년 기출 문제)

- 비슷한 문제를 경험한 사람들로 집단을 구성한다.
- 유대감 형성이 쉽고 자기개방성이 높다
- 상호 원조하면서 대처 기술을 형성하도록 돕는다.

① 교육집단(educational group)　② 치료집단(therapy group)

③ 과업집단(task group)　④ 지지집단(support group)

⑤ 사회화집단(socialization group)

정답 : ④

해설 : 위의 설명은 지지집단에 대한 설명으로 ④이 정답이다.

① 교육집단은 집단성원들의 지식, 정보, 기술의 향상을 목적으로 하는 집단이다.

② 치료집단은 성원의 행동 변화, 개인적 문제해결, 기능 회복을 목적으로 하는 집단이다.

③ 과업집단은 특정 과업을 성취하는 것을 목적으로 구성된 집단이다.

⑤ 사회화집단은 집단성원들의 사회적 기술 증진을 목적으로 하는 집단이다.

3. 사회기술훈련에 관한 설명으로 옳은 것을 모두 고른 것은?

(2016년 기출 문제)

ㄱ. 사회화집단에서 많이 사용한다.
ㄴ. 사회 학습 이론에 근거한다.
ㄷ. 사회 재활 프로그램에 적용이 가능하다.
ㄹ. 역할 연습을 활용한다.

① ㄱ, ㄴ, ㄷ ② ㄱ, ㄷ ③ ㄴ, ㄹ ④ ㄹ ⑤ ㄱ, ㄴ, ㄷ, ㄹ

정답 : ⑤
해설 : 사회기술훈련은 사회적 관계나 의사소통 등에 어려움을 겪는 사람들을 대상으로 사회적 기술 습득을 지원하는 것을 말한다. ㄱ, ㄴ, ㄷ, ㄹ 모두 사회기술훈련에 대한 설명에 해당한다.

4. 집단의 종류와 모델에 관한 설명으로 옳은 것은?

(2013년 기출 문제)

① 지지집단성원의 자기 표출 정도는 낮다.
② 사회적 목표 모델은 개인의 치료에 초점을 둔다.
③ 치료 모델은 민주 시민의 역량 개발에 초점을 둔다.
④ 과업 달성을 목적으로 구성된 집단이 치료집단이다.
⑤ 상호작용 모델에서 사회복지사는 중재자의 역할을 담당한다.

정답 : ⑤
해설 : ① 지지집단의 자기 표출 정도는 높다.
② 사회적 목표 모델은 개인의 치료가 아니라 민주 시민의 역량 개발에 초점을 둔다.
③ 치료 모델은 집단의 경험을 통해 개인을 치료하는 데 초점을 둔다.
④ 과업 달성을 목적으로 구성된 집단을 과업집단이다.

5. 집단 대상 사회복지실천에 관한 설명으로 옳지 않은 것은?

(2013년 기출 문제)

① 목표 지향적 활동이다.

② 의도적인 집단 경험을 강조한다.

③ 집단의 영향력을 서비스의 매개물로 간주한다.

④ 집단 응집력이 강할수록 자기 노출에 대한 저항감이 증가한다.

⑤ 집단을 구성할 때는 동질성과 이질성을 함께 고려해야 한다.

정답 : ④

해설 : ④ 집단 응집력이 강할수록 자기 노출(자기개방)에 대한 저항감이 적어져 자기 노출 수준이 높아진다.

참고문헌

권중돈(2014). 인간행동과 사회환경. 학지사.

김정진(2014), 사례와 함께하는 사회복지실천기술 연습. 학지사.

김혜란 · 홍선미 · 공계순(2014). 사회복지실천기술론. 나남출판.

김혜영 · 석말숙 · 최현미 · 신인순 · 홍나미 · 황미영(2018). 사회복지실천기술론. 공동체.

남미애 · 윤숙자(2014). 사회복지실천기술론. 학지사.

노충래 역(2006). 집단사회복지실천. 학지사.

엄명용 · 노충래 · 김용석(2020). 학지사.

장수미 · 최정숙 · 박형원 · 김주현 · 홍현미라 · 이혜경 · 이영선 · 한인영(2019). 학지사.

조학래(2019). 집단사회복지실천의 이해. 신정.

Yalom, I. D.(1975). The theory and practice of group psychotherapy, 2d ed., Basic Books.

Yalom, I. D.(1985). The theory and practice of group psychotherapy, 3rd ed., Basic Books.

CHAPTER

9

집단발달단계별 사회복지실천

학습 목표

1. 집단의 발달단계인 준비, 초기, 중간, 종결 단계에서 나타나는 집단의 특성, 집단성원의 특성, 사회복지사의 역할에 대해 이해한다.
2. 각 발달단계의 특징과 각 단계에서 수행해야 할 과업에 대해 학습한다.
3. 집단의 개별 성원, 전체로서의 집단, 집단의 환경을 사정하는 방법에 대해 학습한다.

집단이 시작해서 종결되기까지 집단이 진행됨에 따라 집단 내부 구조가 확립되고 의사소통과 상호작용의 형태, 응집력, 사회적 통제, 집단 문화가 변화하는데, 이러한 집단의 변화를 집단발달이라고 한다. 집단은 여러 가지 단계를 거치면서 변화하게 된다. 집단의 발달단계를 구분하는 방법이나 명칭은 여러 가지가 있지만 대체로 집단의 초기 단계에서 목표를 설정하고 유대 관계를 형성해 나가고, 집단이 진행되면서 다양한 역동 속에 성숙기를 거쳐 구성원들이 집단의 활동과 자신의 공동 경험을 평가해보는 단계로 이동하게 된다(구혜영, 2021).

집단 실천은 개인에 대한 개입과 달리 다양한 역동과 변수가 작용하기 때문에 사회복지사는 발달단계에 대한 지식을 기반으로 개입해야 한다. 집단의 발달 상황을 지속적으로 파악하면서 역동적으로 변화하는 집단에 맞게 효과적으로 집단을 운영하여 궁극적인 집단의 목표를 성공적으로 달성하도록 해야 한다.

이 장에서는 일반적인 집단발달단계를 준비 단계–초기 단계–중간 단계–종결 단계로 구분하여 각 단계의 특징과 요구되는 과업에 대해 살펴볼 것이다.

1. 준비 단계

준비단계는 집단을 시작하기 전 집단을 계획하고 집단의 목적에 맞는 참여자를 모집하는 과정이다. 효과적인 집단을 운영하기 위해서는 집단의 형성과 관련하여 충분한 시간을 갖고 계획하고 준비하여야 한다. 사전 준비 및 계획 과정이 치밀하고 충분할수록 사회복지사는 집단 운영에 대한 자신감을 가지고 집단에 임할 수 있다(김정진, 2014).

노던과 컬랜드(Northern & Kurland, 2001)는 집단 대상의 사회복지실천의 준비 단계에서 사회복지사가 고려해야 할 집단 구성의 요소로서 다음의 여섯 가지를 제시하였다(엄명용 외, 2020).

- 욕구 : 집단에 참여할 가능성이 있는 집단성원들의 문제나 어려움, 염려하는 부분은 무엇인가?
- 목적 : 집단 전체가 추구하는 목적과 목표는 무엇인가? 집단 개별 성원의 목표는 무엇인가? 집단 전체의 목적과 목표 그리고 개별 성원의 목표는 어떤 상관성이 있는가?
- 구성 : 집단에 참여할 집단성원의 수는 몇 명인가? 집단성원들의 공통점과 차이점은 무엇인가? 집단을 이끌 사회복지사는 누구인가?
- 구조 : 집단의 운영을 촉진하기 위해 필요한 것은 무엇인가? 특히, 집단의 모임 시간 및 장소와 관련해서 고려해야 할 것은 무엇인가?
- 내용 : 집단의 목적을 성취하기 위해 활용될 도구는 무엇인가? 집단 내에서 실제로 어떤 일들이 벌어질 것인가?
- 사전 접촉 : 집단 참여에 필요한 인원은 몇 명 확보할 것인가? 집단의 참여를 위해 집단성원을 어떻게 준비시킬 것인가?

위의 내용을 토대로 한 준비 단계의 과업은 다음과 같다.

1) 집단의 목적 및 내용 선정

집단을 구성하기 위해서는 집단의 필요성과 목적이 분명해야 한다. 이를 위해 가장 먼저 고려되어야 할 것은 욕구로서, 잠재적 집단성원들이 겪는 문제나 관심사가 무엇인지 파악해야 한다. 대상자에 대한 구체적인 사정을 통해 욕구가 파악되었으면, 이를 구체화하여 충족시키는 것이 집단의 목적이 될 수 있다(Northerm & Kurland, 2001). 집단의 목적은 사회화집단, 치료집단, 지지집단, 과업집단 등 집단 유형에 따라서도 달라질 수 있으므로, 준비 단계에서 집단의 유형 역시 결정이 되어야 한다.

집단의 목적은 집단이 집합적으로 추구해야 할 목표뿐 아니라 개별 성원들이 집단 참여를 통해 얻고자 하는 기대까지도 포함할 수 있는 것이어야 한다. 집단의 목적이 설정되면 이에 따른 목표를 세우고, 목표를 달성하기 위해 필요한 활동 내용을 구성한다. 예를 들어, 알코올중독 회복자를 대상으로 하는 분노 조절 훈련 집단[1]의 경우, 집단의 목적은 '분노 조절 방법의 학습'이고 이를 달성하기 위해서 '자신이 분노하는 이유와 분노 시 나타나는 반응에 대해 인식하기'와 같은 목표를 설정할 수 있다. 또한, 이 목표와 관련된 활동 내용으로 '감정 카드를 사용하여 분노할 때의 감정 이해하기', '사고 기록지를 작성하여 분노 인식하기', '내가 분노했던 상황을 역할극으로 표현하기' 등을 계획할 수 있다.

2) 집단성원 모집과 선별

집단의 목적에 적합한 잠재적 성원을 결정하면 실제 집단에 참여할 대상자를 모집하기 위한 효과적인 방법을 모색해야 한다. 집단 구성원 모집은 기관을 이용하는 대상자 중에서 집단에 적합한 대상자를 발굴할 수 있으며, 유관 기관, 관공서 등에 공문과 참여자 모집 안내문을 발송해 집단성원을 의뢰받을 수도 있다. 지역사회에 현수막이나 안내문 게시, 인쇄물 배포, 지역사회 신문이나 기관 홈페이지나 관련된 주요 사이트, SNS 등을 활용한 접근으로 잠재적 성원에게 알릴 수도 있다(김혜영 외, 2018).

그런데 집단에 참여하고자 하는 모든 잠재적 성원이 집단 참여에 적합한 것은 아니다. 사회복지사가 집단 참여를 신청한 클라이언트를 먼저 만나 클라이언트의 특성, 문제, 집단에 대한 욕구, 기대 등에 대한 검토를 한 후 선별하도록 해야 한다.

■ 선별을 위한 질문(김정진, 2014)

- 개인적 욕구와 집단에 대한 기대, 집단에 참가하는 이유, 집단에 참가하게 된 개인의 목적과 동기, 집단에 대한 느낌, 다른 성원에 대한 수용 여부, 다른 성원과의 홍

1 이 장의 마지막에 제시된 집단 실천 사례의 [알코올중독 재발 방지를 위한 인지 행동 기반 분노 조절 훈련] 계획서에서 집단의 목적, 목표, 활동 내용을 참조하자.

미 · 관심도의 차이, 중도 탈락 가능성[2] 등에 대해 질문한다.

■ 집단 참여가 적합한지 선별하는 기준(Corey, 2003)

- 잠재적 집단성원이 집단의 목표 또는 과제를 공유하는지 고려 : 개인적 욕구와 집단에 대한 기대가 일치해야 집단에 대한 결속력과 응집력이 생기며 집단 활동에 대한 만족도가 증가한다.
- 잠재적 집단성원의 사회 정서적 능력에 대해 고려 : 개인의 사회 · 정서적 능력(현실 인식 능력, 의사소통 능력, 타인과의 감정 공유 능력 등)은 잠재적 성원이 집단 사회복지실천에서 도움을 받을 수 있는 정도에 영향을 미친다. 따라서 집단사회복지실천에는 정상적 인식, 의사소통 또는 감정 처리 능력을 갖춘 구성원들이 참여하는 것이 바람직하다. 반면, 극도의 위기 상태, 자살 가능성이 있는 사람, 비정상적으로 의심이 많거나 적대적 또는 공격적인 사람 등은 적합하지 않다.

이처럼 주의 깊게 구성원을 선별하고 사전에 접촉하는 과정은 집단의 목적 및 초점과 관련하여 강한 유대감을 형성할 수 있으며, 집단의 효과를 높일 수 있으므로 중요하다. 만약 아동 혹은 청소년으로 구성된 집단을 진행할 경우에는 집단성원뿐 아니라 그들의 부모나 보호자들이 집단의 목적과 내용 등을 알 수 있도록 정보를 제공하고 문서화된 참가 동의서와 연락처 등을 받아 두는 것이 좋다(김혜영 외, 2018).

3) 집단의 구성

(1) 집단성원의 동질성 vs 이질성

동질 집단은 연령, 지능, 성별, 관심사, 교육 수준, 직업 등이 유사한 사람들로 구성된

2 폐쇄집단으로 운영되는 경우 집단성원의 중도 탈락은 집단에 적지 않은 영향을 줄 수 있다. 중도 탈락 가능성을 알기 위해서 "집단이 마음에 들지 않으면 어떻게 할 건가요?", "집단의 처음부터 끝까지 전체 기간에 다 참여할 수 있나요?" 등과 같은 질문을 해볼 수 있다.

집단을 말하며, 이질 집단은 남녀 혼성으로 구성되거나 관심사의 다양성, 인구학적 특성과 배경이 다른 사람들로 구성된 집단을 의미한다.

집단성원들이 동질적일 경우 집단성원 간 공통점으로 인해 이해도가 높아 의사소통이 활발하고, 집단 결속력이 높아 집단의 과업 달성을 위한 참여에도 적극적일 수 있다. 반면에, 서로를 잘 안다고 생각하여 서로 자극하거나 반론을 제기하지 않아 침체되고 현실 검증의 기회가 적을 수 있다.

집단성원들이 이질적일 경우 다양한 종류의 사람으로부터 피드백을 받을 수 있어 개인의 문제를 해결하는 데 자극이 될 수 있고, 다양한 시각과 접근을 배울 수 있다. 반면 집단성원들이 너무 이질적이라면 서로의 공통점이 적어 자신의 문제를 표출하고 유대를 형성하는 데 시간이 걸리고, 집단 초기에 방어와 저항이 발생하여 집단이 유지되기 어려울 수 있다.

따라서 집단의 구성은 집단의 안정성을 위해 동질적이면서 동시에 집단의 역동을 위해 이질적이어야 한다. 즉, 연령이나 교육 수준, 사회경제적 배경 등 개인적 특성과 집단의 목적 등을 동질적인 것으로 하고, 삶의 경험, 문제에 대한 대처 능력 등을 구성한다면 보다 효과적인 집단운영이 될 수 있을 것이다(김혜영 외, 2018).

청소년 집단을 구성할 때는 가능하면 연령을 제한하는 것이 필요한데, 13~15세, 15~18세, 19세 이상으로 집단을 구성하는 것이 바람직하다. 연령 범위 내에 있는 청소년의 관심사는 서로 유사한 경향이 있으며 학업 문제, 이성 문제, 진로 문제, 부모와의 갈등 등 연령대별 발달 과정상의 문제에 초점을 맞출 수 있다. 이러한 유사함은 집단 응집력을 견고히 해주고, 소속감을 느끼게 해주며, 삶의 위기 문제를 열린 마음으로 강도 깊게 탐색하는 것을 가능하게 한다(남미애 · 윤숙자, 2014).

(2) 개방집단 vs 폐쇄집단

사회복지사는 집단 준비 단계에서 집단을 개방적으로 운영할 것인지 폐쇄적으로 운영할 것인지 정해야 한다.

개방집단은 집단이 진행되는 동안 새로운 성원이 참여할 수 있고 기존 성원이 탈퇴

할 수도 있는 집단이다. 개방집단의 장점은 집단의 도움이 필요한 사람이 유연하게 참여할 수 있고, 새로운 성원이 지속적으로 참여함으로써 다양한 자원과 아이디어가 생길 수 있다. 그러나 단점은 집단성원의 변화로 인해 폐쇄집단에 비해 안정감이 상대적으로 낮고 응집력의 형성이 더딜 수 있다. 신규 참여자의 계속적인 유입으로 인해 초기 단계를 반복해야 할 수도 있고, 이는 집단의 과업 달성에도 영향을 줄 수 있다.

폐쇄집단은 초기에 구성된 집단성원이 종결까지 참여하고 신규 성원을 받지 않는 집단이다. 시작부터 종결까지 같은 성원으로 운영되므로 집단 응집력 형성이 쉽고, 자기개방이 용이하다. 단점은 동일한 구성원으로 유지되므로 집단이 진행될수록 새로운 정보나 내용이 없어 지루해질 수 있다. 중도에 탈락하는 성원이 많을 경우 나머지 성원에게 미치는 부정적인 영향이 크고, 대체할 방법이 없어 집단 유지 자체가 어려워질 수도 있다.

(3) 구조화된 집단 vs 비구조화된 집단

집단성원들의 변화를 효율적으로 이끌어 내기 위하여 집단은 일반적으로 구조화된 집단과 비구조화된 집단으로 나눌 수 있다. 구조화된 집단은 집단을 진행하기 전에 미리 시간별로 어떤 내용을 진행할 것인지를 체계적으로 계획해 놓은 집단을 의미하며, 대부분 정해진 시간이나 순서, 내용에 따라 운영하는 형태를 의미한다. 비구조화된 집단은 목표, 과제, 활동 방법 등을 미리 정해 놓지 않고 지금-여기here & now를 중심으로 진행하는 집단을 의미한다. 그렇기 때문에 집단성원들의 자발성이 더욱 요구되며, 집단의 심리적 관계가 중요한 작업 대상이 된다.

사회복지사는 대상자의 연령이나 특성 등에 따라 구조화된 집단으로 할 것인가 비구조화된 집단으로 할 것인가를 정할 필요가 있다. 사회적 능력이나 인지적 능력에서 다소 어려움을 경험하는 경우 일반적으로 구조화된 집단이 더 적합하다.

(4) 집단 크기

집단의 크기는 집단의 목적, 집단성원들의 연령, 성숙도, 사회복지사의 경험, 다루고자 하는 문제 유형에 따라 달라질 수 있다. 집단의 규모에 따라 집단성원의 대인관계 경험, 상호작용, 만족도에 영향을 미칠 수 있기 때문에 적정한 크기를 결정하는 것이 중요하다. 집단 규모가 작을 경우 집단성원은 사회복지사에게 쉽게 접근할 수 있으며, 사회복지사도 집단성원에게 쉽게 접근하여 집단성원의 욕구를 충족시키는 것이 용이하다는 장점이 있지만, 집단성원들 간의 풍부한 상호작용을 기대하기 어렵고 활력이 적으며, 사회복지사에 대한 의존도가 높아지는 단점이 있다. 반면, 집단의 규모가 너무 크면 지도자의 개입에 한계가 생기고 하위집단의 기능이 활성화되어 집단 전체에 대한 통제와 개입이 어렵다(김정진, 2014).

따라서 집단의 규모는 집단의 목적과 집단 지도자의 능력 등을 고려하여 결정하되, 최소 5명에서 15명까지 구성하도록 한다[3]. 일반적으로 나이가 어릴수록 적은 수로 구성하는 것이 바람직하고, 성인인 경우에는 좀 더 많은 수로 구성할 수도 있다(김혜영 외, 2018).

(5) 집단의 전체 기간, 모임 빈도 및 소요 시간

집단의 전체 기간, 모임 빈도, 회기당 소요 시간은 집단의 유형과 목적, 집단성원이 누구인가(예 : 노인, 아동, 장애인, 전문가 집단 등)에 따라 달라질 수 있다.

집단의 기간이 지나치게 짧으면 집단성원들이 생산적이고 의미있는 변화를 이루기 어렵다. 반면, 지나치게 길어지면 집단에 대한 의존도가 높아져서 집단이 의미있는 변화를 이루는데 오히려 방해가 될 수 있다(김정진, 2014). 일반적으로 집단 전체의 기간은 총 6~12회, 모임 빈도는 일주일에 1~2회 정도, 1회 모임은 90분 정도[4]로 운영된다.

---

3 6~8명의 집단성원이 가장 이상적이라고 주장하는 학자가 많으나, 5~15명의 범위면 무난하다고 주장하는 전문가들도 상당수 있다(남미애 · 윤숙자, 2014).

4 모임 시간은 대개 90분 정도로 하지만 참여자의 특성에 따라 1~2시간 사이로 설정하면 무방하다. 다만, 아동은 주의집중 시간이 길지 않으므로 모임 시간을 짧게 하는 것이 좋다.

(6) 집단 모임 장소

집단이 실시되는 곳의 환경은 집단의 분위기와 집단성원들의 상호작용에 영향을 미친다. 그러므로 집단은 외부인으로부터 방해를 받지 않고 비밀이 보장되며, 성원들이 심리적 안전감과 함께 편안함을 느낄 수 있는 장소에서 이루어져야 한다. 집단 모임을 위한 장소는 기관의 물리적 환경에 따라 결정되는 경우가 많으나, 사회복지사는 최대한 적합한 물리적 환경을 마련하기 위해 노력해야 한다. 조용하고 아늑하며 집단 활동에 집중하기 적합한 공간, 적당한 밝기의 조명 등이 있는 공간이 좋으며, 의자의 배치는 원형으로 하여 집단성원과 사회복지사 모두 서로를 볼 수 있도록 하는 것이 좋다. 집단이 진행되는 동안 모임 장소의 출입문 앞에 '○○~○○시까지 프로그램이 진행 중이니 출입을 삼가해 달라'는 안내 표지를 붙여 두면 집단이 방해받는 것을 막는 데 도움이 된다.

(7) 공동 지도자 유무

집단의 목적, 크기, 성원의 특성에 따라 공동 지도자를 참여시킬 것인지 여부를 결정한다. 공동 지도자는 지도자가 둘 이상인 경우로, 각 지도자들은 전문성을 가지고 상호보완적인 역할을 담당하게 된다. 집단을 공동으로 진행하는 것은 집단성원에 대한 세심한 배려와 보완적 기능을 하는 장점이 있다. 그러나 공동 지도자 간의 보이지 않는 경쟁에 의해 집단성원들에게 혼란을 줄 위험도 존재한다. 이러한 위험을 피하기 위해서는 집단 전후로 집단 진행에 대해 자주 토의를 하고 서로의 역할을 조정해 나가는 것이 필요하다.

연습활동

1 집단의 준비 단계에서 해야 할 과업들을 체크리스트를 통해 확인해 보자.

<table>
<tr><td colspan="2">집단 준비 단계 체크리스트 (예시)</td></tr>
<tr><td>0. 집단 참가 대상자의 욕구 확인</td><td>▪ 집단에 참여할 가능성이 있는 클라이언트의 문제 특성 및 욕구는 무엇인가?
또래관계 어려움으로 낮은 자아존중감과 우울감을 경험하고 있으며, 학교 생활에도 흥미를 잃고 있는 중학생(대상과 문제 특성). 재미있는 활동을 함께할 친구가 있었으면 좋겠다(욕구).
▪ 이러한 클라이언트를 대상으로 집단을 운영할 때 유의해야 할 점은 무엇일까?
집단 프로그램에 참여하는 것이 낙인감을 주지 않도록 해야 하고, 의도적인 사회기술훈련이 아니라 흥미로운 활동을 함께함으로써 자연스럽게 긍정적인 대인관계 경험을 쌓고, 이로부터 대인관계 자신감을 가질 수 있도록 하는 것이 좋다.</td></tr>
<tr><td>1. 집단의 목적 및 내용 선정</td><td>▪ 적합한 집단 유형
사회화집단
▪ 목적과 내용
방과 후 보드게임 동아리 모임을 실시함으로써(내용) 즐거운 대인관계 경험을 함께하고 또래 사귀기 기술을 향상시키는 것(목적)을 목적으로 한다.</td></tr>
<tr><td>2. 집단성원 모집과 선별</td><td>▪ 모집 방법
청소년상담복지센터 홈페이지 및 SNS를 통한 홍보, 청소년상담복지센터에서 육성된 또래 상담자의 친구 추천, 학교 선생님 추천, 관련 기관에 참여자 모집 협조 요청 공문
▪ 선별 시 고려할 점
1) 나이 : 중학교 2학년
2) 성별 : 남성, 여성
3) 프로그램 참여 욕구가 중요. 그러나 정서적 어려움이 매우 심한 경우(심한 우울, 자해 및 자살 사고, 충동 조절 어려움, 폭력 및 비행 문제 등이 있는 경우)에는 참가를 제한하고 개인 상담을 먼저 의뢰하도록 함</td></tr>
</table>

3. 집단의 구성	
1) 집단성원의 동질성 vs 이질성	☑ 동질성 집단 □ 이질성 집단 ■ 결정 이유 : 동질적인 문제를 가진 또래들끼리 상호지지를 주는 것이 중요
2) 개방집단 vs 폐쇄집단	□ 개방집단 ☑ 폐쇄집단 ■ 결정 이유 : 또래관계 어려움이 있는 참가자들이 정서적 유대감을 형성하고, 자기개방을 하기 위해서는 집단의 안정감이 중요하기 때문
3) 구조화된 집단 vs 비구조화된 집단	☑ 구조화된 집단 □ 비구조화된 집단 ■ 결정 이유 : 보드게임을 시작하기 전 다함께 근황을 나누고, 게임이 끝난 후에는 오늘 소감에 대해 이야기하고 한 주간의 목표 등을 공유하면서 집단원들 간에 정서적 유대와 상호지지를 교환할 시간을 가질 수 있도록 프로그램을 구조화할 필요가 있기 때문
4) 집단 크기	10~12명 ■ 결정 이유 : 다양한 친구들과 교류해 볼 수 있도록 10~12명 정도의 그룹으로 구성
5) 집단 전체 기간, 모임 빈도, 소요 시간	■ 기간 : 202○.10.1~12.31(3개월) ■ 빈도 : 주 1회 12회기 ■ 시간 : 매주 목요일 16~18시
6) 집단 모임 장소	■ 장소 : 청소년상담복지센터 프로그램실 ■ 선정한 장소의 장점 : 넓고 아늑한 프로그램실이 있다. ■ 선정한 장소의 단점 : 기관 이용자가 많아서 외부 소음이 다소 크다.
7) 공동 지도자 유무	☑ 공동 지도자 유 □ 공동 지도자 무 ■ 결정 이유 : 3~4 그룹 정도로 나누어 보드게임을 진행하므로 공동 지도자가 필요하다.

2 이번에는 직접 연습을 해보자.

학생이 준비하고 있는 집단을 생각하며 연습해 볼 수도 있고, 준비하고 있는 집단이 없다면 다음의 사례를 적용하여 집단을 준비해 보자.

- 사례 1 : 스마트폰 중독 문제가 있는 대학생들이 학업 집중 및 과제 수행에 지장을 겪고 있으나 스마트폰 사용 시간을 줄이는 데 어려움을 경험하고 있다.

• 사례 2 : 조기 실직을 한 50대 초반의 가장들이 심리적인 무기력으로 인하여 잦은 음주를 하며 새로운 일자리를 찾거나, 직업 기술을 배우고자 하는 의욕을 갖지 못하고 있다.

집단 준비 단계 체크리스트	
0. 집단 참가 대상자의 욕구 확인	▪ 집단에 참여할 가능성이 있는 클라이언트의 문제 특성 및 욕구는 무엇인가? ▪ 이러한 클라이언트를 대상으로 집단을 운영할 때 유의해야 할 점은 무엇일까?
1. 집단의 목적 및 내용 선정	▪ 적합한 집단 유형 ▪ 목적과 내용
2. 집단성원 모집과 선별	▪ 모집 방법 ▪ 선별 시 고려할 점

3. 집단의 구성	
1) 집단성원의 동질성 vs 이질성	□ 동질성 집단 □ 이질성 집단 ■ 결정 이유 :
2) 개방집단 vs 폐쇄집단	□ 개방집단 □ 폐쇄집단 ■ 결정 이유 :
3) 구조화된 집단 vs 비구조화된 집단	□ 구조화된 집단 □ 비구조화된 집단 ■ 결정 이유 :
4) 집단 크기	( )명 ■ 결정 이유 :
5) 집단 전체 기간, 모임 빈도, 소요 시간	■ 기간 : ■ 빈도 : ■ 시간 :
6) 집단 모임 장소	■ 선정한 장소의 장점 : ■ 선정한 장소의 단점 :
7) 공동 지도자 유무	□ 공동 지도자 유 □ 공동 지도자 무 ■ 결정 이유 :

2. 초기 단계

집단사회복지실천의 초기 단계는 오리엔테이션과 탐색이 특징이며, 성원들이 서로를 알아가는 단계이다. 초기 단계의 집단성원들은 불안 수준이 높다. 집단성원들은 집단을 통해 얻을 수 있는 긍정적인 성과에 대한 기대를 갖고 있으나 한편으로는 성공할 수 있을지에 대한 불안감을 가지고 있다. 새로운 집단과 다른 성원들과의 만남에 대해 긴장과 불안을 경험하기도 한다. 이 단계에서 사회복지사는 기대와 불안을 동시에 느끼고 있는 구성원들을 공감하고 존중하면서 신뢰 관계를 맺고, 집단성원들이 서로 공통적인 관심을 나누며 집단 결속력을 가질 수 있도록 격려해야 한다(김혜영 외, 2018).

초기 단계에서는 집단 지도자인 사회복지사도 긴장하고 부담감을 느낄 수 있다. 매 회기의 목표, 활동 내용, 진행 절차를 사전에 꼼꼼히 숙지하고, 집단성원들의 다양한 반응을 예상하여 대비하는 것이 사회복지사가 자신감을 갖고 집단을 진행하는 데 도움이 될 수 있다.

초기 단계에서 나타나는 집단성원의 특징, 집단의 특성, 그리고 사회복지사의 역할을 정리하면 표 9-1과 같다.

표 9-1 집단 초기 단계에서 집단성원과 집단의 특성 및 사회복지사의 역할

집단성원의 특징	집단의 특징	사회복지사의 역할
• 낯선 사람에 대한 불안, 불신 • 사회복지사의 대화 시도 • 탐색 및 거리감 유지 & 친해지려는 노력을 보임 • 성공할 수 있을 것인가에 불안감 • 집단에 참여 해서 도움을 받을 수 있을지에 대한 두려움	• 집단, 사회복지사, 집단성원에 대한 오리엔테이션 • 집단의 규범, 가치, 대화 양식 등이 설정됨 • 집단의 목적 공유 • 집단성원 간 공통점 모색 : 응집력에 영향	• 비밀 보장에 대한 설명 • 집단성원이 사회복지사에게 의존하므로 사회복지사의 적극적인 개입 요구됨 • 집단성원의 불안감 감소 시킴 • 집단의 목적을 모두가 공유하게 됨 • 집단성원 간의 공통점을 찾아 연결시킴 • 집단의 규범이 설정되도록 도움

출처 : 김성이 외(2004).

1) 오리엔테이션

오리엔테이션은 신입 사원이나 신입생 등 새로운 환경에 놓인 사람들에 대한 환경 적응을 위한 교육을 의미한다. 집단 실천에서 오리엔테이션은 사회복지사가 새로 집단에 참여하게 된 성원들에게 집단 참여와 관련된 유의 사항이나 궁금한 사항, 집단과정에 대한 설명, 집단 경험을 통해 얻을 수 있는 점 등 집단 전반에 대해 설명하는 것을 말한다. 오리엔테이션은 초기 단계 집단성원들의 궁금증과 불안감을 해소하는 데 도움이

된다. 오리엔테이션에서 포함될 내용은 사회복지사 소개, 집단성원들 소개, 집단 목적에 대한 소개, 집단 규칙에 대한 소개 등이다.

(1) 사회복지사의 소개

사회복지사는 집단성원들과 처음 대면할 때 먼저 집단성원들의 참여를 환영하는 인사를 한 후, 집단 지도자로서 자신에 대해 소개한다. 사회복지사의 이름, 소속 기관에서의 직위, 앞으로 운영될 집단 프로그램과 관련된 경력 등을 소개하고 성원들에 대한 첫 느낌과 기대 등을 간략하게 전하면서 집단성원들의 소개를 준비시킬 수 있다. 사회복지사가 자신에 대한 소개를 마친 후 날씨와 같은 가벼운 주제를 잠시 나눔으로써 성원들의 긴장감과 불안감을 완화시키는 것도 좋다.

(2) 집단성원의 소개

집단성원들에게도 자신에 대해 소개할 기회를 제공한다. 자신을 스스로 소개하거나 두 사람씩 짝을 지어 상대방을 소개할 수도 있다. 두 사람씩 짝을 지어 소개하는 것은 아직 집단에 대한 신뢰감이 형성되지 않은 상태에서 집단 전체에게 자신을 개방하는 부담감을 덜어 주어 좀 더 편안하게 자신을 소개할 수 있도록 도우면서도 집단성원들 간의 상호작용을 촉진할 수 있는 좋은 방법이다.

사회복지사는 집단성원이 자기를 소개할 때 집단 활동에 대한 참여 동기, 기대하는 바, 관심사 등을 표현하도록 하며, 이후 집단성원들이 집단 활동을 통해서 개별 목표나 기대를 달성할 수 있도록 돕는다.

(3) 집단 목적 소개

집단에 참여한 성원들이 유사한 문제나 관심사를 가지고 있을지라도 사회복지사는 집단의 목적에 대해 간결하게 설명하고 안내해야 한다. 집단의 목적을 설명하면서 집단 내에서 사회복지사가 어떤 역할을 수행하는지 설명한다. 사회복지사는 회기 동안 교육자, 촉진자, 적극적인 지도자, 치료자 등의 역할을 수행할 수 있다. 예를 들어, 교육집단인 경우 사회복지사는 교육자와 촉진자로서의 역할을 수행하게 됨을 알려 준다. 집단성원이 집단에 비자발적으로 참여한 경우라면 집단을 이끄는 사회복지사와 집단성원을 이 집단에 참여하도록 한 의뢰 기관의 실무자와의 차이점에 대해 설명하는 것이 필요할 수도 있다.

(4) 집단 규칙

효과적으로 집단이 운영되기 위해서는 집단성원이 지켜야 할 규칙이 필요하다. 집단 규범과 집단 규칙의 차이점은 집단규범이 윤리나 도덕처럼 일종의 권장 사항과 같은 행동 기준이라면, 집단 규칙은 법률이나 학칙처럼 구체적으로 명시되며, 위반에 대한 벌 또는 제재 방침이 설정되어 있는 행동 기준이라고 할 수 있다.

집단에 적용되는 일반적인 규칙으로는 비밀 보장, 출석과 시간 엄수, 의사소통 규칙, 신체적 공격 금지, 음주와 흡연 금지, 핸드폰 사용 여부, 참여 태도 등이 있다. 이 중 비밀 보장은 모든 집단에서 기본적으로 적용되는 규칙이다. 집단에서 일어나는 모든 일과 논의된 내용을 집단 밖에서 논의하지 않는다는 원칙을 집단성원에게 확실하게 알리도록 한다. 이와 같이 일반적인 규칙은 사회복지사가 제시하기도 하지만 그 밖의 집단 규칙은 사회복지사와 집단성원들이 함께 논의하여 정하기도 한다. 이와 같은 과정은 성원들의 집단 참여 동기를 높이고 책임감을 가질 수 있도록 한다.

집단 규칙 예시〉

① 집단에서 이야기된 내용은 밖에서 이야기하지 않는다.
② 가능한 빠지지 않고 참석하며 시작하기 10분 전 여유롭게 도착한다.
③ 서로 예의를 지키고 존중하는 태도를 보인다.
④ 다른 집단성원이 말하고 있을 때는 경청한다.
⑤ 시작할 때 핸드폰은 무음으로 바꾸고, 집단이 진행되는 중에는 꺼내지 않는다.
⑥ 부득이 빠지게 될 경우 사전에 사회복지사에게 꼭 연락한다.

2) 신뢰할 수 있는 분위기 조성

집단의 초기 단계는 성원들이 낯선 상황에서 불안과 불신을 느끼기 때문에 친해지고자 탐색을 하면서도 거리감을 유지하고자 하는 시기이다. 그래서 성원들끼리보다는 사회복지사에게 대화를 시도하고 의존하는 경향이 있다. 사회복지사는 집단성원들이 안전감을 느낄 수 있고 서로 신뢰할 수 있는 분위기를 조성하는 것이 필요하다. 사회복지사가 집단성원들의 말을 적극적으로 경청하면서 집단성원을 있는 그대로 수용하는 태도를 보일 때 성원들은 안전감을 느낄 수 있다. 사회복지사의 이러한 태도는 집단성원들에게 영향을 미쳐 성원들 간에 신뢰감을 형성하고 응집력을 형성해 가는 데에도 기여하게 된다.

3) 집단 참여 촉진 및 저항에 대한 대처

사회복지사는 집단 첫 회기에 모든 구성원이 집단에 기여할 수 있도록 기회를 제공해야 한다. 집단에 대한 적극적인 참여를 독려하기 위해 질문보다는 자기개방과 피드백의 형식으로 이야기하도록 한다. 또한 참여하는 행동에 대해 긍정적인 강화를 제공한다(김혜영, 2018).

사회복지사는 집단성원들의 참여를 촉진하기 위해 노력하지만, 한편으로는 집단성원들이 불안으로 인하여 저항하는 현상이 일어날 수 있음을 예상해야 한다. 초기 단계에서 집단성원들이 새로운 사람들과 함께하는 것에 저항과 불안감을 느끼는 것은 자연스러운 현상이다. 집단성원이 참여에 대해 저항하는 경우 억지로 참여하게 하지 말고 시간을 주고 기다려 준다. 집단 참여에 대한 최종 결정권은 집단성원에게 있음을 알려준다. 집단 참여를 통해 얻을 수 있는 이득을 설명하여 참여를 촉진한다.

특히, 집단성원이 비자발적으로 집단에 참여한 상황인 경우, 사회복지사는 집단성원의 저항적인 태도에 대비해야 한다. 집단성원의 이야기를 경청하고 감정과 생각을 이해해 주어 자신의 의견이 존중되는 경험을 하게 함으로써 저항적인 태도를 낮출 수 있다. 사회복지사는 저항적인 성원의 태도를 집단 전체 성원의 저항으로 다루지 않아야 한다. 그리고 사회복지사가 저항하는 성원과 일대일로 논쟁하거나 법적 의무에 관해 강조하기보다는 참여 과정에서 경험한 부정적인 감정에 초점을 두고 다룰 수 있어야 한다. 오히려 적극적으로 참여할지 그러지 않을지에 대한 결정이 성원 자신에게 있다는 것을 알려 주면서 자기결정권을 부여하는 것이 바람직하다(장수미 외, 2019).

4) 집단에 대한 사정

사정은 클라이언트 체계에 대해 정보를 수집하고 조직화하여 판단하는 것을 말한다. 사회복지사는 초기 단계에서 집단성원과 집단 전체에 대한 정보를 수집하고 조직화하여 사정하여야 한다. 사정을 함으로써 성원과 집단의 특성, 문제, 잠재 능력 등에 대한 의견을 수립하게 되고, 이것은 성원의 기능을 향상하는 방법, 집단과 그 집단 환경을 변화시키는 방법에 대한 계획 수립으로 연결될 수 있다.

집단사회복지실천에서 사정은 집단성원, 전체로서의 집단, 그리고 집단 환경의 세 가지 차원에 초점을 두어야 한다.

(1) 집단성원에 대한 사정

많은 사람들이 대인관계에서 스트레스를 유발하는 역기능적인 행동 유형(예 : 다른 사람의 말을 다 듣지 않고 자신의 말을 하기, 다른 사람을 분석하고 판단하기, 섣부른 조언하기, 주제에서 벗어난 이야기하기 등)을 가지고 있지만, 스스로는 잘 인식하지 못한다. 집단에서 사회복지사의 역할은 집단성원이 자신의 역기능적 행동 유형을 인식하고, 행동을 변화하도록 도와주는 것이다.

집단성원의 역기능적 행동을 변화하도록 하기 위해 사회복지사는 집단 회기에 나타난 성원의 행동 특성과, 이러한 행동에 대한 인식 정도를 기록하여 모든 성원의 행동에 대한 프로파일을 작성한다. 이 프로파일을 통해 집단성원 개개인의 장단점을 파악할 수 있고 집단과정을 통해 어떻게 변화되는지 확인할 수 있다.

집단성원을 사정할 때, 장단점을 모두 사정하는 것이 중요하다. 사회복지사는 집단 활동을 통해서 나타난 개인의 장점과 긍정적인 변화에 대해서 집단 내에서 특별히 강조하여 성원의 자존감을 높여 주고 다른 성원이 모방할 수 있도록 한다(장수미 외, 2019). 집단성원의 기능을 사정하는 방법으로는 ① 집단성원의 자기 관찰, ② 사회복지사의 관찰, ③ 집단 외부인의 보고, ④ 표준화된 측정 도구의 사용 등이 있다(조학래, 2019).

① 집단성원의 자기 관찰

집단성원이 스스로 도표, 일지나 일기, 문제 카드, 자기 평정 척도 등을 사용하여 자신의 행동을 검사하고 사정하는 방법이다. 집단성원의 회고적인 자기 관찰은 자신의 행동에 대한 통찰력을 증진하므로 치료적 효과가 있다.

② 사회복지사의 관찰

사회복지사가 회기 동안 집단성원을 관찰함으로써 그들의 기능 정도를 사정하는 것이다.

③ 집단 외부인의 보고

집단성원을 잘 아는 집단 외부인(가족, 담임 교사, 친구, 집단성원을 이 집단에 의뢰한 다른 실무자 : 상담 교사 혹은 사례관리자 등)의 정보를 기초로 성원의 기능 정도를 사정할 수 있다.

④ 표준화된 척도의 사용

집단의 초점에 따라 간단한 사정 도구를 사용할 수 있다. 예를 들면, 우울, 자존감, 불안, 가족 내 스트레스, 또래관계 등의 척도를 활용할 수 있다.

(2) 전체 집단에 대한 사정

전체 집단에 대한 사정은 ① 집단의 상호작용 방식, ② 집단의 규범, ③ 집단 내 하위 집단 형성 등을 파악하는 것이다(장수미 외, 2019).

① 집단의 상호작용 방식

집단 전체를 관찰함으로써 집단 전체의 상호작용이 상호지지적인가, 목표 달성에 긍정적인 방향으로 가고 있는가, 권력이 집중되어 있는가, 공유되고 있는가, 의사 결정이 민주적인가 등을 파악하는 것이다.

② 집단의 규범

집단규범이란 특정 상황에서 성원이 해야할 것과 하지 말아야 할 것에 대한 성원 간의 공유된 신념이나 무언의 기대를 의미한다. 집단규범은 상황에 대한 집단의 반응이나 집단이 성원에게 제공하는 치료적 경험의 정도에 영향을 주게 된다. 그러므로 집단의 규범이 집단에 긍정적인 영향을 미치는지 파악하는 것이 중요하다.

표 9-2 기능적 규범과 역기능적 규범의 예시

기능적 규범	역기능적 규범
• 자발적으로 자기를 표출한다. • 집단사회복지사를 존중한다. • 개인적인 문제의 해결을 위해서 노력하는 데 초점을 둔다. • 모든 집단성원이 토론에 참여하고 집단의 초점이 되도록 동등한 기회를 부여한다. • 집단성원은 자신의 문제와 관련된 어떤 주제에 대해서 말할 수 있다. • 다른 성원들과 직접 의사소통을 한다. • 집단 과업을 달성하는 방식에서 방해물이 되는 것에 관해 이야기한다.	• 자기개방을 피하는 피상적인 주제만 토론한다. • 기회가 있을 때마다 집단사회복지사에 대해 불평하고 비난한다. • 문제에 대해 불평만 하고, 해결하기 위해 노력하지 않는다. • 공격적인 성원이 집단을 지배하도록 내버려 둔다. • 감정적으로 강렬하거나 미묘한 주제에 대해서는 말하지 않는다. • 집단사회복지사에게 직접 조언한다. • 장애물을 무시하고 집단 문제에 관해 이야기하는 것을 피한다.

출처 : Hepworth, Rooney & Larsen(1997); 김혜란 외 재인용(2014).

③ 하위집단 형성

집단 내에 하위집단이 형성되어 있는지 확인하고, 전체 집단에 미치는 영향을 파악해야 한다. 하위집단의 형성은 자연스러운 현상이며, 전적으로 부정적인 것도 긍정적인 것도 아니다. 하위집단이 전체 집단에 배타적이지 않다면 오히려 하위집단의 친밀감과 지지가 목표 달성에 도움이 될 수 있다.

하위집단의 형성을 파악하기 위해서 성원 간의 수용과 거부를 나타내는 소시오그램 sociogram을 이용하기도 한다. 소시오그램은 집단의 특징적 상호작용, 집단 내의 소외자, 결탁 또는 경쟁 관계를 확인하는 데 유용하다.

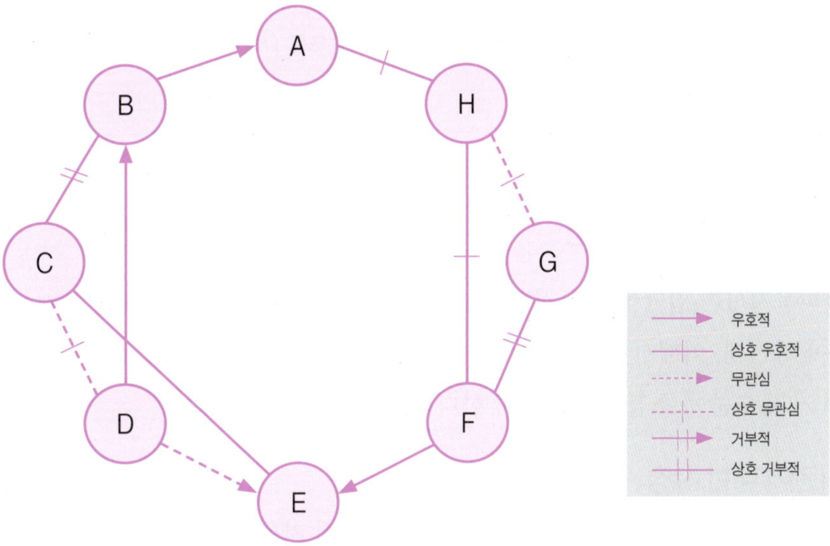

그림 9-1 소시오그램의 예

소시오그램을 그리기에 앞서 일차적으로 사회적 선호도, 즉 집단성원이 서로 간의 관계에 대해 인식하고 있는 정도를 사정하는 방법인 소시오메트리 기법을 활용할 수도 있다. 소시오메트리sociometry는 사회적 측정이라는 의미로서, 집단 내의 선택, 커뮤니케이션 및 상호작용의 패턴에 관한 자료를 수집하여 분석하는 방법이다. 소시오메트리에서 서로 좋아하거나 싫어하는 사람을 선택하게 하여 나타난 관계를 그림으로 표현한 것이 소시오그램이다.

소시오메트리 질문의 예시〉

① 이 집단의 구성원들 가운데서 당신은 누구를 가장 좋아하십니까?
② 당신이 사무실에서 함께 일하고 싶은 사람은 누구입니까?
③ 당신의 직장 동료들 가운데 당신의 고충을 상의하고 싶은 사람은 누구입니까?
④ 당신의 직장에서 함께 파트너로 일하고 싶은 사람을 우선 순위대로 고르세요.
⑤ 당신의 직장 동료들에 관해서 당신이 지닌 호감의 정도를 0%(가장 싫어함)에서 00%(가장 좋아함)까지로 표시하세요.

(3) 집단 환경에 대한 사정

사회복지사는 집단성원과 전체 집단의 기능에 중요한 영향을 미치는 환경에 대해 사정해야 하는데, 이때 ① 기관에 대한 사정, ② 기관 간 환경 사정 ③ 지역사회 환경 사정의 세 가지 수준에 초점을 맞추어야 한다(조학래, 2019).

① 기관에 대한 사정

기관이 집단의 목적에 어떤 영향을 주는지, 어떤 자원이 집단에 할당되는지, 기관에서 집단사회복지사의 지위는 어떠한지, 서비스 전달 체계인 기관이 집단에 대해 어떤 태도를 보이는지 등을 사정해야 한다.

② 기관 간 환경 사정

집단 실천과 관련된 다른 기관들의 상황에 관해서도 관심을 가져야 한다. 비슷한 집단을 운영하는 다른 기관이 있는지, 다른 기관도 집단에 대한 욕구가 있는지, 다른 기관의 서비스나 프로그램 중에서 성원이 이용할 만한 것이 있는지, 다른 기관의 집단 실천과 연계함으로써 얻을 수 있는 이점이 있는지 등을 사정한다.

③ 지역사회환경 사정

집단에서 다루고자 하는 문제나 이슈에 대해 지역사회의 입장이 어떠한지 사정하는 것이다. 집단에서 다루는 문제가 지역사회의 가치와 상반되는 것이라면(예 : 가정 폭력, 알코올중독, 도박 등을 치료하는 집단) 집단성원에게 낙인 효과가 나타날 수 있고, 이로 인해 중도 탈락이 발생할 수도 있다. 사회복지사는 지역사회에서 그 문제를 수용하는 정도와 집단에서 그 문제를 다루는 것을 어느 정도 지지하는지 사정하는 것이 필요하다.

※ 사정은 집단의 초기 단계에서만 이루어질까?
사정이 집단 실천의 초기 단계에서 집중적으로 이루어지기는 하지만, 사정은 모든 발달단계 동안 계속해서 시행해야 한다.

- 초기 단계의 사정 : 집단성원의 현재 기능의 특징, 전체 집단의 특징을 사정한다.
- 중간 단계의 사정 : 초기에 비해 성원들 개개인의 변화, 전체로서의 집단의 역동성, 개인별 목표 달성 정도, 집단의 목표 달성 정도를 사정하며, 초기 사정 내용의 타당성을 검토하여 개입 계획을 수정할 수도 있다.
- 종결 단계의 사정 : 최종적으로 성취한 것들이 무엇인지 확인하고 추가적인 개입이 필요한 영역을 확인한다.

연습활동

집단성원의 소개 연습

1 소그룹별(6명)로 모여서 2명씩 짝을 지어 자신의 강점 세 가지를 서로 이야기하고 대화를 나누었던 친구의 강점을 다른 친구들에게 소개해 보자. 다른 친구들은 적극적 경청(주의 집중, 비언어적 의사소통 활용 : 시선 접촉, 얼굴 표정, 목소리, 자세, 고개 끄덕임, 으흠, 아, 예 등 언어적 반응)을 해보자.

2 친구의 강점 소개를 들으면서 잘한 점(예 : 근거 등이 분명한 경우 등)을 칭찬해 주고 보완할 점을 제안해 보자. 그 외에 또 다른 강점이 있다면 각자 한 가지씩 추가해 보자.

3 자신의 강점을 옆 친구가 소개할 때 느낌이 어떠했는지 나누어 보자.

연습활동

소시오그램 그리기

1 위의 집단성원 소개를 소그룹으로 진행하는 동안 구성원 간에 어떠한 상호작용이 있었는지 떠올려 보자.

1) 누가 누구와 상호작용을 많이 하고 친밀해 보였나?
2) 서로 상호작용을 보이지 않았던 사람들은 누구와 누구인가?
3) 누가 누구에게 일방적인 상호작용을 하였나?
4) 가장 많은 호감을 받은 사람은 누구로 보였나?

2 1의 내용을 바탕으로 그림 9-1을 참고하여 소시오그램을 그려 보자.

3. 중간 단계

집단발달의 중간 단계는 성원 간의 친밀감과 상호 공유가 증가하고 집단 응집력이 증가하는 시기이다. 중간 단계에서는 집단의 생산성이 높아지고 집단 목적을 달성하기 위해 여러 과제를 집중적으로 수행해 나가게 된다. 중간 단계는 초기 단계에 비해 집단성원들이 자신의 감정이나 생각, 행동을 기꺼이 표현하게 되면서 집단성원들 간에 소속감이 높아지고, 성원 간의 갈등은 오히려 집단 내에서 토론의 주제, 갈등을 통해 상호 이해의 폭과 깊이를 더하게 된다. 직면과 통찰, 자기 수용과 자기개방을 통해 집단성원들은 개인적인 성장을 경험하게 되고, 집단의 치료적 분위기는 고조된다. 사회복지사는 집단과정을 계속 점검하면서 집단이 공통의 목표와 성원의 개별적 목표를 달성하도록 격려하고, 목표 달성의 방해 요인을 극복하도록 원조한다.

중간 단계에 나타내는 특성과 사회복지사의 역할을 정리하면 표 9-3과 같다.

표 9-3 집단 중간 단계에서 집단성원과 집단의 특성 및 사회복지사의 역할

집단성원의 특징	집단의 특징	사회복지사의 역할
• 집단에 대한 탐색이 점차 감소 • 집단성원 간 짝을 이루고 하위 집단 발생 • 자신의 지위 및 역할을 모색 • 집단성원의 독특성 인정, 집단에 대한 공헌 모색 • 집단의 중요성을 내면화, 집단 사회복지사에게 덜 의존하게 되고 자신의 의사 표현 시작	• 집단의 문화, 행동, 규범, 갈등이 발생하고 이를 해결 • 성원의 지위, 위계질서, 역할, 리더 등이 형성 • 성원과 리더를 실험하고 신뢰할 수 있음 • 성원 간의 공통점, 차이점 을 인정하고 존중 • 집단 응집력의 발달	• 집단의 현 위치 파악(진행 상황, 갈등, 협조 체계 등) • 성원에 대한 평가(태도, 관계, 행동, 동기, 목표 등) • 집단의 목적과 목표를 재확인하고 모든 성원의 참여 유도 • 성원 간의 공통점과 차이점 파악 • 성원이 다양한 경험을 할 수 있도록 도움 • 직면 • 집단의 갈등 해결

출처 : 김성이 외(2004).

중간 단계에서의 주요 과업은 다음과 같다.

1) 각 회기의 진행

집단의 각 회기를 진행하는 데에는 일정한 구조와 절차가 있다. 회기를 시작하면서 사회복지사는 첫째, 지난 회기에 대한 경험을 점검하고, 다루지 못한 부분이 있는지 확인하여 미해결된 부분이 있다면 오늘 회기에서 계속 다룰 것인지 집단성원과 함께 결정한다. 둘째, 지난 회기에서 부여한 과제를 어떻게 수행하였는지 보고하도록 성원들에게 요청한다. 성원들의 경험을 함께 나누며 잘한 부분과 실패한 부분들에 대해 집단성원들이 서로 칭찬과 지지, 위로를 할 수 있도록 돕는다. 셋째, 집단 회기의 목표를 상기하여 이번 회기에서는 어떤 목표를 가지고 임할 것인지를 함께 공유한다. 마지막으로 집단성원에게 공지할 사항이 있거나 함께 공유할 필요가 있는 소식을 전한다. 집단 회기의 마무리 부분에서는 적당한 시간을 안배하여 이번 회기에서 다루었던 내용을 요약하면서 정리한다. 이번 회기에서 느꼈던 점과 새롭게 배우고 알게 된 점에 대해 함

께 공유하고, 참여도가 높은 집단성원에 대해서는 긍정적인 피드백을 제공한다(장수미 외, 2019).

2) 집단성원의 목표 달성 돕기

사회복지사는 집단성원의 개별 목표와 집단의 목표를 달성하도록 독려한다.

성원들이 자신의 목표와 집단의 공통 목표를 명확히 인식하도록 돕고 구체적인 개입 목표를 발달시키며, 목표 달성을 위한 활동 중에 부딪칠 수 있는 장애물에 대해 인식하도록 돕는다. 집단성원의 대인관계 행동이나 기술을 변화시키기 위해 모델링, 역할 연기, 자원 연결, 사회관계망 확대, 물리적 환경에 대한 개입 등을 할 수 있다.

집단성원이 고루 참여하는 기회가 보장되도록 하고, 의사소통 내용이 집단 과업에 초점을 맞추도록 개입한다. 집단 내의 규범, 역할, 지위, 위계 구조에 대한 사회적 통제와 목적 성취에 도움이 되는 집단 문화를 창출하도록 개입하는 것이 포함된다. 필요한 경우 집단 환경에 대한 개입도 필요하다(구혜영, 2021).

3) 저항에 대처하기

저항이란 집단과정 중에 집단성원이 어떠한 이유에서든 불편함을 느낄 때 그것을 회피하거나 그로부터 벗어나고자 하는 행동을 말한다.

초기 단계에서 성원들이 보이는 저항과, 중간 단계의 저항은 다른 특성을 가지고 있다. 초기 단계에서 아직 집단에 대한 신뢰가 생기지 않았을 때 집단성원들이 불안해하고 저항하는 것은 자연스러운 현상일 수 있다. 집단에 비자발적으로 참여한 경우(예 : 음주 운전 수강 명령 집단 프로그램과 같이 법적 명령으로 집단에 참여하거나 가족이나 교사의 강한 권유로 참여하게 된 경우 등)에도 저항적인 태도를 보일 수 있다. 중간 단계에서 저항이 생기는 이유는 다양하다. 일반적으로 저항은 지나치게 심각한 주제, 민감하거나 논쟁적인 이슈, 사적이고 개인적인 문제 등에 대한 이야기가 진행될 때 일어날 수 있다. 문제해결을 위한 동기가 부족하거나 집단에 대한 불만족, 성공적인 치료 결과에 대한 기대가 낮을 때도 발생할 수 있다.

집단성원의 저항은 사회복지사의 태도와 관련이 있을 수 있다. 사회복지사가 집단에 대한 준비를 소홀히 하거나, 성원들에 대해 공격적이고 비판적인 태도를 보일 때 사회복지사를 신뢰하기 어려워 저항이 나타날 수도 있다(엄명용 외, 2020).

집단에서 저항이 발생하게 되면 사회복지사와 성원 모두 심리적 부담감을 느끼게 되지만 저항에 부정적인 측면만 있는 것은 아니다. 저항이 일어난 이유에 대해 이해하고 잘 대처하는 경우 집단 실천의 긍정적 효과를 높일 수 있다.

저항에 대처하는 법 예시〉

1. 지나치게 심각한 주제, 민감하거나 논쟁적인 사안, 사적이고 개인적인 문제 등에 대한 이야기가 진행될 때

집단이 안전하다는 느낌을 받지 못하면 집단성원은 자기개방을 꺼리게 된다. 이럴 때 사회복지사는 집단성원의 감정이나 생각을 지나치게 탐색하려고 하지 말고 자기개방에 저항하는 행동을 있는 그대로 수용해 주는 것이 좋다. 성원이 이야기를 꺼리거나 집단에 참여하고 싶어하지 않을 때 이에 대한 선택권은 성원 자신에게 있음을 알려 주는 것이 필요하다.

사회복지사 : 아버지는 어떤 분이셨어요?
클라이언트(집단성원) : 지금… 이야기해야 하나요? 아버지 이야기는 하고 싶지 않은데.
사회복지사 : 원하지 않으시면 지금 이야기하지 않으셔도 괜찮습니다. (선택권 주기)
나중에 이야기하고 싶을 때 이야기하셔도 됩니다. (속도 늦추기 · 선택권 주기)
클라이언트 : 네…, 감사합니다.
사회복지사 : 가족의 이야기를 하는 것이 편하지 않으실 수도 있지요. (감정에 대해 타당화하기)

2. 저항에 대한 잘못된 대처

① 집단성원들의 저항이 있다는 것을 모른 척하고 진행하는 것
② 사회복지사가 방어적인 태도를 보이는 것
③ 저항하는 성원을 비난하며 죄책감을 유발하는 것

예 : "○○ 씨의 행동이 다른 분들께 어떤 영향을 미치는 것 같으세요?"
④ 한 성원이 보이는 저항을 집단 전체의 저항으로 돌리는 것
예 : "지금 ○○ 씨가 불편하다고 말씀하셨는데, 다른 분들도 그렇게 느끼시나요?"

3. 집단성원 한 명이 집단 전체에 저항할 때

집단 회기가 끝난 후 저항을 보이는 집단성원과 따로 만나 집단에서 진행되는 과정에 또는 다른 집단성원들에 대해 불편한 점이 있는지 먼저 알아보는 것이 바람직할 수 있다. 집단성원이 집단 전체에 대해 저항하는 경우는 집단에 소속감을 느끼지 못하거나, 다른 집단성원들과 갈등이 있거나 집단과정에 따라가기 어렵거나, 개인적인 어려움이 있는 경우 등 여러 가지 원인이 있을 수 있고, 해결 방안도 각기 다를 수 있다. 집단성원이 가진 문제를 집단에서 직접 다루는 것이 도움이 되겠다고 생각되는 경우에는 당사자인 성원과 상의해 보고 동의하는 경우 집단 내에서 오픈하여 조심스럽게 다루어 볼 수 있다.

사회복지사는 때로 집단에 참여하기를 원치 않는 성원과 함께 집단 실천을 해야 하는 때도 있다. 저항하는 성원은 집단에서 자신이 달성해야 할 목표를 설정하지 않으려는 경향이 있다. 이런 경우에 사회복지사는 그 성원이 자신의 문제에 대처하지 않음으로써 발생할 수 있는 결과에 초점을 맞추는 것이 변화의 동기를 촉진하는 데 도움이 될 수 있다.

4) 집단과정에 대한 평가와 모니터링

사회복지사는 집단이 진행되는 동안 지속적으로 집단과정을 모니터링하고, 목적 달성에 장애 요소가 있을 경우 극복할 수 있도록 개입한다. 평가와 모니터링은 집단성원과 사회복지사 모두에게 피드백을 제공한다. 이런 피드백을 통해 사회복지사는 집단에 대한 개입 계획을 변경하거나 집단의 유지에 필요한 방안을 마련할 수 있다. 집단의 중간 단계에서 피드백을 얻을 수 있는 일반적인 방법은 각 회기가 끝났을 때 성원들이 그 회기에 대해 평가하거나 2~3번의 회기마다 한 번 정도 평가하는 것이다. 그러나 평가 횟수는 집단과정에 대한 성원들의 피드백이 얼마나 필요한가에 달려 있다. 이러한 평가와 모니터링은 구두로 할 수도 있고 서면으로 할 수도 있다(조학래, 2019).

4. 종결 단계

종결 단계는 집단 목표가 달성되거나 일정한 시간이 지나 집단이 해체되는 단계이다. 이 단계에서 사회복지사는 그동안 집단이 해온 성과를 정리하고 평가하며, 미해결된 과제가 무엇인지 확인하고, 집단에 대한 의존성을 감소시키면서, 종결에 대해 집단성원들의 감정을 정리한다. 또한 집단 종결 이후의 계획을 수립하는 것도 이 단계에서 이루어져야 한다.

의미 있게 집단과정을 종결하는 것은 사회복지사의 가장 어려운 과제 중 하나이다. 다른 성원들과의 집단 경험을 통해 변화되고 획득한 것들을 총체적으로 정리해서 일상생활에서 효율적으로 적용할 수 있도록 한다는 점에서 매우 중요하기 때문이다.

종결 단계에서 집단성원과 집단의 특성 및 사회복지사의 역할은 표 9-4와 같다.

표 9-4 집단 종결 단계에서 집단성원과 집단의 특성 및 사회복지사의 역할

집단성원의 특징	집단의 특징	사회복지사의 역할
• 집단성원이 자신의 성공담을 집단에서 표현함 • 대화가 자유로움 • 집단 참여가 저조해짐 • 집단의 종결에 대한 양가감정 및 퇴행 발생 • 집단 경험이 자신의 생활에서 준거틀이 됨	• 집단의 종결에 대한 논의 • 집단에서 얻은 성과를 일관되게 유지하도록 함 • 집단성원, 집단, 사회복지사에 대한 이별 준비 • 집단 종결 : 집단의 종결에 대한 논의	• 집단 종결을 준비함(집단의 종결이 임박함을 알림) • 집단 종결에 대한 욕구와 목표 달성 정도, 성과의 유지 정도 등을 점검 • 집단 종결에 대한 개별 성원의 반응 점검 • 남은 기간 성취해야 할 일과 과정을 토의 • 집단성원의 성과에 대한 논의 • 사회복지사의 감정 처리

출처 : 김성이 외(2004).

종결은 계획적이고 성공적으로 종결할 수도 있지만, 집단의 목표를 달성하지 못하고 미완결 상태에서 집단이 종결될 수도 있고, 어떠한 사정에 의하여 집단 자체가 계획되지 않은 조기 종결을 할 수도 있다. 집단성원이 중도에 탈락하는 경우도 있다. 개별

성원이 중도에 탈락하여 종결하게 된 경우 사회복지사는 그 원인을 확인하여 앞으로의 집단 운영에서 중도 탈락이 일어나지 않도록 반영해야 한다.

종결 단계에서의 과업은 다음과 같다.

1) 집단의 경험 검토, 변화를 유지하고 일반화하기

종결 단계에서 사회복지사는 집단성원 모두가 집단 경험을 통해 배운 것에 대해 요약하고 구체적으로 검토하여 피드백을 나눌 수 있도록 한다. 집단성원이 막연하게 "좋았다", "도움이 되었다"라고 말하는 경우 사회복지사는 어떤 점이 도움이 되었는지 질문하여 집단에서 경험한 것을 구체적으로 표현하여 인식할 수 있도록 돕는다.

집단을 통해 일어난 성장과 변화에 대해 스스로 인식할 수 있도록 격려하고 지지하는 과정은 집단성원들의 자존감을 높일 뿐 아니라 성원들이 현실에서 효과적으로 시도하고 활용할 수 있는 기회로 연결될 수 있다(김혜영 외, 2018).

또한 사회복지사는 집단성원들이 집단에 참여함으로써 이룬 변화를 유지하고 구체적인 변화를 주요 생활 영역으로까지 일반화할 수 있도록 도와야 한다. 집단이 종결되면 변화가 유지되기 어렵기 때문에 집단 종결 이후 변화를 어떻게 유지하고 생활의 다른 영역까지 확대하고 적용시킬 수 있는지 의논하는 시간을 갖는다.

2) 미해결 과제 다루기

집단을 종결하기 전 집단성원에게 초기 집단 참여 시 목표로 한 것 중 미해결로 남아 있는 것이 있는지 확인한다. 또한 해결되지 않고 부정적인 감정으로 남아 있는 것을 표현할 기회를 준다. 시간의 제약으로 인해 집단 종결 전에 미해결 과제를 다루기 어려울 경우, 해결할 방법을 집단 내에서 논의한다. 집단의 시간을 연장해서라도 해결하는 것, 미해결로 두고 종결하는 것, 원하는 성원이 있는 경우 집단 종결 이후 개별적으로 도움을 제공하거나 필요한 후속 서비스를 연결하는 방법 등이 있다(구혜영, 2015).

3) 집단 의존성 감소시키기

사회복지사는 집단성원들에게 집단 종결 몇 주 전부터 집단의 종결을 알리고 이에 대해 준비할 수 있는 시간을 마련해야 한다. 집단 종결 후 사회복지사가 제공할 수 있는 역할과 내용, 서비스에 대해서도 명확히 알려야 한다. 필요 시 다른 자원을 활용하고 서비스를 이용할 수 있음을 알려 주면서 집단에 대한 의존을 감소시키고 집단 종결에 대한 불안감을 완화시키도록 돕는다.

4) 종결에 따른 이별 감정 다루기

종결에 대해 집단 구성원의 반응은 다양하게 나타날 수 있다. 반응의 강도도 집단 의 기간, 폐쇄 혹은 개방집단 여부, 집단의 크기 등에 따라 다르게 나타나며 사람에 따라서도 다르게 나타난다.

집단 종결 과정에서 사회복지사와 집단성원은 다양한 감정을 느끼게 된다. 자신감, 유능감, 목표 성취에 대한 만족감 등 긍정적인 감정도 있지만 상실감, 집단의 종결로 인한 불안감, 집단과정에서 느낀 부정적 감정 등 다양하게 감정이 발생한다. 사회복지사는 집단성원들이 이별에 대한 정서를 충분히 표현하고 공유할 수 있도록 돕는다. 또한 집단을 떠나는 것이 슬프지만 집단과정을 통해 성장하였음을 기뻐하고 축하하는 것도 필요하다. 종결 단계는 사회복지사와 집단성원들 간에 감정의 흐름이 가장 강렬해지는 시기이기 때문에 감정을 잘 나누면서 마무리할 수 있도록 해야 한다.

5) 집단 종결 이후에 대한 계획 세우기

집단 종결 후 새로운 도움을 받고 싶어하는 성원들도 있다. 사회복지사는 재계약을 통해 부가적인 개입을 하거나 성원들끼리 모임을 가질 수 있도록 자조 집단을 형성하도록 촉진자 역할을 할 수 있다(예 : 유방암 환우 지지집단을 이끌던 사회복지사는 8회기로 집단이 종결된 이후에도 모임을 계속 유지하고 싶어하는 집단성원들의 욕구를 반영하여 유방암 환우 자조 모임이 만들어질 수 있도록 도움을 주었다). 집단 종결 후 위기를 경험하거나 문제가 재발할 때를 대비하여 부가적인 서비스를 받을 수 있는 방법에 대해서 안내한다. 조기에 종결하는 성원에게 대해서도 필요한 서비스를 받을 수 있도록 알려 주어야 한다.

집단 종결 후 새로운 서비스나 자원을 제공받기 원하는 성원에게 사회복지사는 다른 서비스나 기관으로 연계한다. 연계나 의뢰 과정에서 집단성원의 동의가 반드시 필요하며 의뢰 이후 서비스가 제대로 제공되고 있는지 모니터링해야 한다. 성원이 자발적으로 요청한 경우가 아니라도 후속적인 서비스나 기관이 필요하다고 판단될 경우에는 해당 성원에게 서비스의 필요성에 대해 설명하고 동의를 구한 후 관련 기관으로 연계를 할 수 있다.

6) 평가

집단이 종결된 후 사회복지사는 집단 지도자로서 개별 성원에 대한 목표 달성 정도, 집단 전체의 목표 달성 정도 등에 대해 결과 평가를 시행한다. 또한 집단과정에 대한 이해를 위해 과정 평가를 실시한다. 과정 평가는 집단과정 중에도 실시해야 하고, 집단이 최종 종결된 후에도 결과 평가와 과정 평가를 실시한다.

사전–사후 검사를 통해 수치상의 변화를 측정하는 양적 평가 방법을 사용할 수 있으며, 집단과정상의 변화를 기록한 내용, 종결 시 구성원의 주관적이고 서술적 평가, 집단 구성원의 만족도 등을 통한 질적 평가를 수행할 수도 있다(김혜영 외, 2018).

5. 집단 실천 사례

소개하는 사례는 [알코올중독 재발 방지를 위한 인지 행동 기반 분노 조절 훈련] 집단 프로그램이다.

이 집단프로그램을 활용할 때 유의할 점은 집단 지도자가 알코올중독 및 알코올중독 회복자의 특성, 알코올중독의 재발을 방지하는 데 있어 분노 조절 훈련의 중요성을 이해하고 있어야 한다는 점이다. 또한 인지 행동 접근의 기본적 개념과 기법에 대해서도 잘 알고 있어야 한다.

각 회기의 활동으로 분노를 조절하는 여러 가지 기법을 적용하는 만큼 집단에 들어가기 전 모든 기법을 직접 해보면서 적절한 시간 안배를 하도록 하고, 집단성원들이 보일 수 있는 반응에 대해 예상해 보는 것이 도움이 될 것이다. 감정표현을 격려하는 집단 프로그램인 만큼 집단성원들이 집단에 대해 신뢰감과 안전감을 느끼는 것이 중요하다. 그러므로 개방집단보다는 폐쇄집단으로 운영하는 것이 더 적합할 수 있다.

알코올중독 재발 방지를 위한 인지 행동 기반 분노 조절 훈련				
진행자		사회복지사	일시	주 1회 60분 8회기 과정
대상		알코올중독 회복자 8명	장소	집단 프로그램실
목적		분노 상황에서 자신의 반응을 인식하고 분노 조절 방법을 학습하여 실생활에서 효과적으로 감정표현을 할 수 있다.		
목표		1. 분노하는 이유와 분노 시 나타나는 자신의 반응에 대해 인식한다. 2. 생성 과정 및 분노 유발 상황에 대해 이해하고 분노를 객관적으로 바라본다. 3. 분노를 조절하는 다양한 방법을 배우고 자신의 분노 상황 시 사용한다. 4. 분노 상황에서 분노 조절 기법을 활용하여 타인에게 자신의 욕구와 감정을 정확히 전달한다.		
회기	주제	활동 내용		
1회	분노 인식하기	– 사회복지사 소개 – 집단성원 소개(짝궁 소개하기 · 내가 이 집단에 참여하게 된 이유) – 앞으로의 과정 설명 〈사고와 감정 연결하기〉 warm–up 1. 최근 내가 분노했던 상황은? (보드게임 도구, 젠가 활용)		

<table>
<tr><td>1회</td><td>분노
인식하기</td><td>main program
1. 분노할 때의 감정 이해하기 (감정 카드—상황)
2. 내가 분노했던 상황에서의 감정 공유하기 (감정 카드 활용)
→ 사고 기록지를 작성하여 분노 인식하기 (사건–의미 또는 해석–반응)
3. 내가 분노했던 상황을 역할극으로 표현 (분노를 객관적으로 바라보기)
4. 사전 척도 : 한 주간 나의 분노 척도(분노 미터기) 작성 과제 부여

sharing
1. 교육을 통해 배운 점과 소감 나누기</td></tr>
<tr><td>2회</td><td>내가
분노하는
순간을
이해하기</td><td>〈분노 상황에서 발생하는 감정 인식하기〉
warm–up
1. 분노하는 영상 시청 (무한도전—광희의 분노)
2. 영상을 보고 타인이 분노하는 이유와 분노 시 나타나는 반응에 대해 이야기 나누기

main program
1. 분노 유발 상황에 대해 이해하기
→ 분노 상황에서 발생하는 인지 과정 인식하기 : 생각—감정—행동
2. 분노 표현 방식 세 가지(분노 표출 · 분노 표현 · 분노 억제) 교육
3. 다양한 분노 상황 이해하기 : 최고의 분노 상황 경매

sharing
1. 교육을 통해 배운 점과 소감 나누기</td></tr>
<tr><td>3회</td><td>분노
상황 시
나의 반응
파악하기</td><td>〈분노 상황에 따른 인지적 오류 인식하기〉
warm–up
1. 지난 회기 복습 : 분노 유발 상황 및 분노 표현 방법
2. 과제 점검하기

main program
1. 분노 생성 과정(스트레스 + 촉발 사고 → 분노) 및 분노 반응, 인지적 오류 교육
2. 분노 시 나타나는 나의 반응에 대해 알아보기 : 시트지 작성
→ 상황을 작성하고 느껴지는 인지적 오류 연결하기 : 시트지 작성
3. 분노 외재화 : 고무 찰흙 활용하여 나의 분노 객관화시키기
4. 나의 분노에 대해 소개하기 : 고무 찰흙으로 만든 분노 소개하기

sharing
1. 교육을 통해 배운 점과 소감 나누기</td></tr>
</table>

4회	다양한 분노 조절 기법 탐색 I	〈부정적 사고 전환하기 1〉 warm-up 1. 신체 활동을 통하여 분노 해소하기(예 : 스트레칭, 마음 챙김 명상) 2. 지난 회기 복습 : 분노 생성 과정 및 분노로 인한 반응 main program 1. 분노 조절을 위한 생각 기법인 손익적 사고(손해 vs 이익 분석)에 대해 교육 → 분노의 감정 들었을 때 할 수 있는 사고 기록지 작성하기 2. 분노 조절 기법 STA(STOP-THINK AGAIN-ACT) 교육 3. 시트지 활용하여 일상생활에서 STA 적용 방법 파악하기 sharing 1. 분노 조절 기법 STA를 활용할 수 있는 장소 및 소감 나눔
5회	다양한 분노 조절 기법 탐색 II	〈부정적 사고 전환하기 2〉 warm-up 1. 명상을 통해 분노를 완화시키기 2. 지난 회기 복습 : 분노 조절 기법 STA(STOP-THINK AGAIN-ACT) 및 손익적 사고 → 한 주 동안 인지적 오류 인식하고 사고 기록지 작성하기 main program 1. 분노 조절의 여섯 가지 기술 익히기 : 걱정 멈추기, 작은 것부터 실천하기, 보상주기, 책임지기, 부정적 생각 탐색하기, 기록하기 2. 나-전달법(I-Massage)에 대해 교육 : 감정, 상황, 결과, 원하는 것 역할극 3. 나-전달법을 활용하여 역할극 진행 ■ 예시 1 : 친구가 오늘만 술을 먹자고 할 때 ■ 예시 2 : 가족이 집에만 있지 말고 일을 하라고 재촉할 때 sharing 1. 분노 조절 여섯 가지 기술 중 내가 사용할 수 있는 기술 나누기

문제 풀이

1. 집단을 구성할 때 고려할 내용으로 옳지 않은 것은?

(2016년 기출 문제)

① 집단의 응집력을 높이기 위해 참여 동기가 유사한 성원을 모집한다.
② 다양한 집단의 참여를 유도하기 위해 폐쇄형 집단으로 구성한다.
③ 집단성원의 동질성을 높이기 위해 사전에 욕구 수준을 파악한다.
④ 집단의 목표에 따라 집단의 크기를 융통성 있게 정한다.
⑤ 집단의 정서적 안정감을 높이기 위해 쾌적한 장소를 선정한다.

정답 : ②
해설 : 다양한 집단 참여를 유도하기 위해서는 개방집단이 더 적절하다.

2. 집단의 초기 단계에서 고려해야 하는 사회복지사의 과업으로 옳지 않은 것은?

(2012년 기출 문제)

① 집단성원의 의무와 책임을 명확히 한다.
② 집단 활동에 대한 참여 동기를 확인한다.
③ 집단 구성 요소를 고려하여 집단을 계획한다.
④ 상호 관심사와 집단에 대한 기대를 공유한다.
⑤ 집단 목표에 대해 성원들의 의견을 수렴한다.

정답 : ③
해설 : 집단 구성 요소를 고려하여 집단을 계획하는 것은 준비 단계이다.

3. 초등학교 학교사회복지사가 학교 폭력 피해 아동의 외상(trauma) 치유를 위한 소집단을 구성할 때 집단 구조에 대한 설명으로 옳은 것은?

(2015년 기출 문제)

① 한 학급 정원 20~30명을 하나의 단위로 운영한다.
② 아동의 기능 수준을 고려하여 매 회기 3시간으로 운영한다.
③ 아동의 참여가 가능한 방과 후에 모임 시간을 가진다.
④ 아동 행동의 의미있는 변화를 위해 개방형 집단으로 한다.
⑤ 개별 아동과의 눈맞춤과 상호작용을 위해 사회복지사는 아동들을 일렬로 앉히고 마주본다.

정답 : ③
해설 : ③번은 수업에 참여하는 초등학교 학생의 참여를 위해 고려할 부분이고 그 외 인원 20~30명, 3시간, 마주보기 자리 배치 등은 적절하지 않다.

4. 다음 설명에 해당되는 집단 사정 도구는?

(2014년 기출 문제)

집단성원 간 관심 정도를 측정하기 위한 방법으로 각 성원에 대한 호감도를 1점(가장 싫어함)에서 5점(가장 좋아함)으로 평가한다.

① 소시오메트리　② 상호작용 차트　③ 목표 달성 척도
④ 소시오그램　⑤ 사회관계망표

정답 : ①
해설 : 소시오메트리는 집단원 간의 호감도를 측정하는 사정 도구이다.

5. 집단사회복지실천의 종결 단계 과업이 아닌 것은?

(2016년 기출 문제)

① 미래에 대한 계획
② 변화 유지 능력의 확인
③ 평가 계획의 수립
④ 변화 결과를 생활 영역으로 일반화하기
⑤ 종결에 따른 감정 다루기

정답 : ③
해설 : 평가 계획의 수립은 준비 단계에서 수행되어야 한다.

6. 다음의 집단사회복지사의 활동이 주로 나타나는 단계는?

(2018년 기출 문제)

- 집단성원의 불안감, 저항감을 감소시키기 위해 노력
- 집단성원 간 공통점을 찾아 연결시킴
- 집단의 목적을 집단성원 모두가 공유하게 함

① 준비 단계 ② 초기 단계 ③ 중간 단계 ④ 종결 단계 ⑤ 사후 관리 단계

정답 : ②
해설 : 집단 사회복지사의 활동에서 집단의 초기 단계에서는 성원의 불안감, 저항감을 감소, 공통점을 찾아 연결, 집단의 목적을 성원 모두가 공유하게 해야 한다.

참고문헌

구혜영(2021). 사회복지실천기술론. 신정.

김성이 · 조학래 · 노충래(2004). 청소년복지학. 집문당.

김정진(2014). 사례와 함께하는 사회복지실천기술 연습. 학지사.

김혜란 · 홍선미 · 공계순(2014). 사회복지실천기술론. 나남출판.

김혜영 · 석말숙 · 최현미 · 신인순 · 홍나미 · 황미영(2018). 사회복지실천기술론. 공동체.

남미애 · 윤숙자(2014). 사회복지실천기술론. 학지사.

엄명용 · 노충래 · 김용석(2020). 사회 복지 실천기술의 이해. 학지사.

장수미 · 최정숙 · 박형원 · 김주현 · 홍현미라 · 이혜경 · 이영선 · 한인영(2019). 학지사.

조학래(2019). 집단사회복지실천의 이해. 신정.

Corey, G.(2003). Theory and practice of group counselling, 6th ed., Wadsworth Publishing.

Northern, H. & Kurland, R.(2001). Social work with Groups, 3rd ed., Columbia University Press.

CHAPTER

10

집단사회복지 실천기술

학습 목표

1. 집단 응집력 향상을 위한 기술을 이해하고 집단사회복지실천에서 적용하는 방법을 학습한다.
2. 집단과정 촉진 기술을 이해하고 적용하는 방법을 학습한다.
3. 탐색 기술을 이해하고 적용하는 방법을 학습한다.
4. 행동 변화를 촉진하기 위한 기술을 이해하고 적용하는 방법을 학습한다.

집단사회복지실천기술은 집단 내에서 사회복지사가 실시하는 모든 행위로서, 집단 실천과정 중에 드러나는 사회복지사의 모든 언어적 · 비언어적 메시지가 모두 기술이라고 할 수 있다.

집단사회복지실천기술은 개인을 대상으로 하는 기술과 유사한 면도 있지만, 구체적으로 사용되는 과정이나 집단 전체의 역동과 관련 있다는 점에서 차이가 있다.

이 장에서는 토슬랜드와 리바스(Toseland & Rivas, 2009), 노던과 컬랜드(Northern & Kurland, 2001)의 집단사회복지실천의 주요 기술과 코리(Corey, 2003)가 제시한 집단 기술 중에서 필수적으로 사용하는 기술을 중심으로 살펴보고자 한다.

1. 집단 응집력 향상을 위한 기술

집단성원들 사이의 응집력은 집단의 시작과 함께 점진적으로 형성된다. 하지만 시간이 지나면서 자동적으로 발달되는 것이 아니라 집단성원들끼리 모험을 감수하여 성취하는 결속의 과정이다. 그래서 집단 응집력은 갈등을 겪거나 의미 있는 경험을 함께 나누면서 높아지는 특징이 있다(Marmarosh & Van Horn, 2010; 강진령, 2021 재인용). 집단 응집력은 집단성원들 간의 신뢰 수준과 깊은 관계가 있으며, 집단에 느끼는 매력과도 관계가 있다. 집단의 매력이 높을 때 집단성원들은 집단에 애착을 느끼고 머무르고 싶어하며 적극적으로 활동하게 된다.

집단 응집력을 향상시키기 위한 방법으로 학자들은 다음과 같은 것들을 강조하고 있다(Corey & Corey, 1997; Toseland & Rivas, 2001; 엄명용, 2020; 강진령, 2021).

- 집단 상호작용 촉진 : 집단 토의와 프로그램 활동들을 적극적으로 활용하여 집단성원들 간의 공개적이고 활발한 상호작용을 하도록 한다. 사회복지사가 집단성원들과 지도력을 공유하는 것도 상호작용을 촉진하는 좋은 방법이 될 수 있다.
- 집단 내에서 자신의 생각이나 감정을 노출하도록 격려한다. 솔직하게 자신을 드러

내고 수용을 받는 경험은 집단성원들의 소속감과 응집력을 강화시킨다.

- 집단성원의 욕구가 집단 내에서 충족될 수 있도록 돕는다.
- 집단성원들의 목표가 집단을 통해 성취되고 있다는 느낌이 들게 하여 집단에 대한 만족도를 높인다.
- 지지적인 집단 분위기를 형성하고, 집단성원들이 관심있는 문제를 다룸으로써 집단성원들이 집단에 애착을 가질 수 있도록 돕는다.
- 집단에 참여함으로써 얻을 수 있는 보상을 집단성원들에게 제공하는 것도 집단의 매력을 증가시킬 수 있고 응집력 강화로 이어질 수 있다.
- 집단성원들의 상이한 인식과 관점을 인정하면서 성원들이 비경쟁적인 관계를 형성하면 집단 응집력이 높아지므로, 집단성원들이 협력하는 관계를 형성하도록 돕는다.
- 집단성원들이 현재 참여하고 있는 집단에 자부심을 느끼도록 돕는다.
- 집단성원들의 모험 시도를 통해 인정과 지지를 받게 하는 한편, 의미 있는 경험을 공유하게 하여 집단성원들 간의 친밀감을 높인다.
- 사회복지사뿐 아니라 집단성원도 집단의 내용과 방향에 책임이 있다는 것을 인식하도록 돕는다. 예를 들면, "이 집단은 여러분의 집단입니다. 여러분은 집단이 어떻게 운영되기를 원합니까?"와 같은 질문을 함으로써 집단에 대한 집단성원의 책임성을 강조하도록 한다.

2. 집단과정 촉진 기술

집단과정 촉진 기술은 사회복지사가 집단성원 간의 이해를 증진시키고 개방적 의사소통을 촉진하며 신뢰감 형성에 도움을 주기 위해 사회복지사가 사용하는 개입 기술이다(주은선 · 주은지, 2012).

1) 집단성원 참여 촉진 기술

집단사회복지설천에서는 모든 성원이 집단에 관심을 가지고 적극적으로 참여하는 것이 가장 이상적이라고 볼 수 있다. 사회복지사는 모든 집단성원이 집단 활동에 참여할 수 있도록 하여 자신의 경험을 나누고 문제해결 방법을 찾을 수 있도록 도와야 한다. 집단성원의 참여를 통해 집단의 상호작용이 증가하고, 이러한 집단역동을 통해 집단 고유의 목적을 달성할 수 있다.

이를 위해 사회복지사는 집단과정 중에 소외되거나 침묵하는 성원이 없도록 세심하게 배려해야 한다. 집단성원의 참여를 촉진하기 위해서 '초대하기'를 할 수 있다. 예를 들어, "○○ 씨가 아까부터 열심히 경청하는 모습을 보았습니다. 혹시 이번 안건에 대해서 말씀해 주실 수 있으실까요?"와 같이 말할 수 있다. 집단성원이 부담을 느끼지 않으면서 집단과정에 참여하도록 돕는 활동을 배치할 수도 있다. 순서대로 말하게 하기, 말을 이어 주는 질문하기, 손들기, 쓰기 과제 등이 부담을 적게 느끼면서 쉽게 참여할 수 있는 활동이라고 볼 수 있다. 이밖에도 사회복지사는 시선 맞추기, 몸 기울이기, 흥미와 관심 표현하기와 같은 행동을 적극적으로 하여 성원들의 참여를 촉진할 수 있다.

2) 주의집중 기술

주의집중 기술은 사회복지사가 집단성원에게 지속적인 관심을 줌으로써 집단성원이 하는 말이나 행동을 보고 그 의미를 이해하고 있다는 것을 나타내는 기술이다. 성원이 표현하는 모든 것에 주의를 집중함으로써 상대방의 말과 행동에 대한 느낌과 존중의 메시지를 동시에 전달할 수 있다. 그래서 이 기술은 긍정적인 상호작용의 관계 rapport, 수용의 분위기 및 성원 간의 응집력 형성에 유용하다.

주의집중 기술을 효과적으로 사용하는 방법은 집단성원의 말과 행동에 관심을 갖고 집단성원의 말을 반복하거나 다른 말로 표현하는 것, 좀 더 자세히 말해 달라고 요청하는 것, 성원이 말한 내용의 이면에 숨어 있는 의미에 감정이입으로 반응하는 것이다(구혜영, 2015). 이때 최소한의 격려minimal encouragement 방법[1]을 함께 활용하는 것이 효과적인데, 예를 들어, 집단성원 쪽으로 몸을 약간 기울이면서 눈맞춤을 하고 고개를 끄덕이거나, '아', '으흠', '예', '그래서요', '계속하시죠' 등을 전달하는 것이다. 사회복지사의 주의집중하기는 다른 집단성원에게 본보기가 되기도 한다.

주의집중 기술의 예시〉

클라이언트 : 저는 사남매의 장남이에요. 아버지는 지병으로 계속 아프셨고, 어머니가 동네에서 가게를 하셨지만 벌이가 좋지가 않았어요. 너무 어려워서 고등학생인 제가 아르바이트를 해서 생활비에 보태 드려야 했어요.
사회복지사 : 으음…. (이야기하고 있는 클라이언트의 눈을 바라보며 고개를 끄덕인다.)
클라이언트 : 그러던 중에 아버지가 돌아가셨어요.
사회복지사 : 오, 그러셨군요. (몸을 클라이언트 쪽으로 기울인다.) 계속해 주시겠어요?"

주의집중 기술을 사용하면서 주의할 할 점은 사회복지사가 어떤 성원에게 주의집중 기술을 사용하면서 동시에 그 성원에 대한 다른 성원들의 반응도 파악해야 한다는 점이다.

3) 표현 기술

표현 기술은 집단성원들이 생각이나 느낌을 자유롭게 표현하도록 원조함으로써 집단과정을 촉진하는 기술이다.

이 기술은 사회복지사가 집단의 중요한 문제나 과업 혹은 직면한 이슈에 대해 요약하고, 이에 대해 성원들 각자가 어떻게 생각하고 느끼는지 표현하도록 도울 때도 사용

1 최소한의 격려는 면담을 활성화하기 위해 사용되는 것으로, 사회복지사가 클라이언트의 이야기를 경청하고 있음을 나타내기 위해 사용되는 것이다. '음', '그렇군요', '계속하세요' 등의 표현과 비언어적 표현으로 머리를 끄덕이는 것 등이 포함된다(Kadushin & Kadushin,1997; 엄명용 외, 2020).

할 수 있다. 성원들이 말하기를 주저하거나 어려워하는 주제에 대해서는 사회복지사가 먼저 자기 생각, 가치, 느낌, 태도 등을 드러내는 자기개방을 함으로써 개방적인 의사소통을 촉진할 수 있다(조학래, 2019).

표현 기술 예시〉

> "오늘 모임에서는 홍보의 대상을 어디로 하느냐에 대해 이야기해야 할 것 같습니다. 어제 우리 지역만 홍보하자는 의견과 인터넷을 통해 전국적으로 홍보하자는 의견으로 나뉘었었죠. 생각이 좀 다를 수도 있을 것 같습니다."

4) 초점 유지 기술

초점 유지 기술은 집단과정의 특정 영역에 초점을 유지함으로써 집단의 흐름과 관련 없는 의사소통은 감소시키고, 주제와 관련된 내용을 심층적으로 탐색하게 하는 기술이다. 이러한 기술을 사용하는 목적은 관심의 초점을 유지하는 것으로 집단과정이 이전의 상황으로 되돌아가도록 하거나 새로운 주제로 이동할 수 있도록 하는 것이다. 집단성원은 사회복지사가 적절한 안내를 해주어 활용 가능한 시간이 최대한 생산적이기를 기대한다. 사회복지사가 시간을 효율적으로 운영하지 못하면 사회복지사의 지도력에 대한 신뢰감이 줄어들 수 있다.

사회복지사는 특정한 의사소통을 반복하고, 성원에게 심층적으로 질문하고, 명료화하고, 토론 범위를 제한함으로써 의사소통의 초점을 유지할 수 있다. 사회복지사는 집단에서 진행되고 있는 내용의 중요성을 강조할 수 있고, 특정 성원의 발언이 관심받지 못할 때 성원들이 주목하도록 요구할 수 있다. 또한 집단이 주제에서 벗어났음을 지적할 수 있고, 현재 논의되고 있는 주제를 계속하도록 요구할 수도 있다(장수미 외, 2019).

초점 유지 기술 예시〉

- "우리의 대화가 문제의 초점에서 벗어나고 있다는 느낌이 듭니다. 오늘 주제의 초점은 ○○입니다. 이 부분에 집중하면 좋겠습니다."
- "방금 □□ 씨가 오늘의 주제와 관련하여 매우 중요한 말씀을 해주셨는데 놓친 것 같아요. □□ 씨가 말씀해 주신 부분을 좀 더 이야기해 보죠."
- "지금 오늘의 주제와 관련된 토의가 매우 잘 진행되고 있습니다. 계속하시죠."

5) 집단과정의 명료화 기술

집단과정이 어떻게 이루어지고 있는지 또는 어떻게 성원들이 서로 상호작용하고 있는지에 대해 집단성원들이 인식할 수 있도록 돕는 기술이다. 사회복지사는 집단에 내재하는 규범이나 특정 성원의 역할, 상호작용 형태 등을 인식시킴으로써 집단과정을 명료화할 수 있다(주은선 · 주은지, 2012).

집단과정 내 상호작용을 성원들이 인식하는 것을 돕기 위해 사회복지사는 집단과정에서 특정한 상호작용 유형이 관찰되는지, 이러한 상호작용이 편안한지, 혹은 성원들의 상호작용 유형에 변화가 필요하다고 생각하는지 집단성원들에게 물어볼 수 있다.

집단과정의 명료화 기술 예시〉

"지금 이 안에서 다소 비난하는 상호작용이 있었습니다. 우리 집단의 규칙은 '서로 비난하지 않기' 입니다. 서로를 좀 더 존중하면서 의견을 주고 받으면 좋을 듯 합니다만 어떠신지요?"

6) 내용의 명료화 기술

집단성원의 상호작용 내용을 명료화하는 기술이다. 집단성원들이 자신을 분명히 표현할 수 있도록 돕고 성원들이 주고받는 메시지를 제대로 이해했는지 물어봄으로써 내용의 명료화를 할 수 있다. 내용의 명료화 기술을 통해 성원의 모호하거나 불분명한 진술을 성원 스스로 좀 더 분명하게 인식하도록 함으로써 효과적으로 의사소통하도록 도울 수 있다.

사회복지사는 집단성원들이 특정한 메시지를 잘 이해했는지 점검하거나, 성원들이 자신을 더 분명하게 표현하도록 도울 수 있다. 간혹 집단성원이 초점을 피하고, 불안으로부터 방어하기 위해 일반화해서 말하거나 추상적으로 표현하는 경우가 있다. 이때 집단성원에게 좀 더 구체적인 질문을 함으로써 성원이 말하고자 하는 내용을 더 명확하게 드러낼 수 있다.

내용의 명료화 기술 예시〉

- "○○ 씨께서 방금 말씀하신 내용 중 모호하게 느껴지는 부분이 있습니다. 조금 더 구체적으로 말씀해 주실 수 있을까요?"
- "○○ 씨의 말씀을 다른 분들은 어떻게 이해하셨는지요?"
- "제가 이해하기론 지금 말씀하신 부분이 □□하다는 것 같습니다. 제가 잘 이해했나요?"

7) 집단 상호작용 지도 기술

집단 상호작용 지도 기술은 집단의 상호작용을 특정한 방향으로 이끄는 기술이다.

- 집단과정 중에 하위집단성원들 간의 의사소통이 지나치게 활발해지면 다른 집단성원들은 소외되는 느낌을 경험할 수 있고, 집단 진행도 방해를 받을 수 있다. 이런 경우 사회복지사는 하위 집단 간의 의사소통을 즉시 제한하고, 전체 집단성원들이 모두 참여한 가운데 의사소통이 일어나도록 집단의 상호작용을 지도할 수 있다.

- 의사소통 방식이 집단성원과 사회복지사의 일대일 대화 방식으로 흐르는 경우 : 집단 응집력이 아직 높지 않은 초기 단계에 특히 자주 발생하는 현상으로, 집단성원들이 발언할 때 사회복지사만 바라보면서 일대일로 상호작용하고, 다른 성원들은 이에 개입하지 않는 의사소통 방식을 말한다. 이때 사회복지사는 집단성원 대 집단 전체의 대화가 되도록 상호작용 방식을 바꾸어 주어야 한다. 집단성원들이 아직 자발적으로 다른 성원들과 상호작용하는 것을 쑥스러워 한다면 다음과 같은 방식으로 연결해 줄 수 있다.

집단 상호작용 지도 기술 예시〉

- "지금 ○○ 씨가 질문하신 것에 대해 답변을 주실 분이 계실까요?"
- "지금 ○○ 씨가 말씀하신 것과 비슷한 경험을 하신 분이 계시면 이야기해 주시겠어요?"
- "방금 전에 □□ 씨도 ○○ 씨와 비슷한 고민을 말씀하신 것 같습니다. □□ 씨는 ○○ 씨의 의견에 대해 어떻게 생각하세요?"

- 특정 성원이 대화를 독점하는 현상이 나타나는 경우 : 대화를 독점하고 있는 성원이 상처받지 않도록 부드럽게 제지하고, 전체 집단성원이 골고루 발언할 수 있도록 조정한다.

8) 자기개방 기술

코리(Corey, 1995)는 집단이 건설적이고 생산적인 변화를 이루기 위해서 자기개방, 직면, 피드백을 적절하게 사용할 것을 권유하고 있다. 자기개방은 자기 자신을 그대로 내보이는 것으로, 집단과 성원에 대해 신뢰가 생겼을 때 깊이 있는 자기개방이 가능하다. 자기개방은 타인의 자기개방을 증가시켜서 상호 신뢰감을 높이고 인간관계를 촉진할 수 있도록 하며, 타인의 진정한 도움을 받을 수 있게 한다. 또한 감정의 정화를 가져오고 치료적 효과를 가진다.

■ 집단 내에서 자기개방을 돕기 위한 지침(김정진, 2014)

- 자기개방은 집단의 목적 및 목표와 관련 있어야 한다.
- 집단성원들은 자신에 관해 무엇을 그리고 얼마나 많이 개방시킬 것인지를 결정해야 하고, 자기개방으로 인해 동반되는 위험을 어느 정도 감당해 낼 수 있는지를 결정해야 한다.
- 자기개방의 수준은 집단발달단계와 관련이 있다.

성원의 자기개방과 관련하여 주의할 점이 있다. 때로 초기 단계에서 높은 수준의 자기개방을 하는 집단성원이 있을 수 있다. 초기 단계는 집단성원들 간의 응집력이 충분히 발전하지 않은 시기이기 때문에 다른 성원들은 이러한 자기개방에 대해 부담감을 느낄 수도 있고, 어떻게 대처해야 할지 몰라 적절한 반응을 보여 주지 못할 수 있다. 성원들의 이러한 반응은 자기개방을 한 성원에게 다시 부정적인 영향을 줄 수 있다. 그러므로 사회복지사는 집단성원들 간에 어느 정도 정서적 유대와 신뢰감이 생겼다고 판단될 때 적절한 방식으로 자기개방이 이루어질 수 있도록 유도해야 한다.

반면, 집단의 중간 단계에서 성원들의 자기개방 수준이 지나치게 낮다면 저항이 일어나고 있는 것은 아닌지 확인하고 개입해야 한다.

※ 사회복지사의 자기개방(엄명용 외, 2020)
사회복지사가 집단과정에서 자기 자신에 대한 정보를 의도적이고 의식적으로 누설하는 것을 의미한다. 사회복지사가 자신의 경험, 감정, 생각 등을 집단성원에게 솔직하게 개방하는 것은 집단성원의 자기개방에도 영향을 미칠뿐 아니라 사회복지사와 클라이언트 간의 신뢰 관계 향상에도 영향을 미친다.

사회복지사 자기개방의 유형

- 사회복지사가 집단에서 현재 일어나고 있는 것에 관해 자신의 생각과 감정을 집단성원에게 공개하는 것
- 사회복지사가 자신의 과거 경험 등을 집단성원에게 제시하는 것

사회복지사의 과거 경험이 집단성원과 집단과정에 도움이 된다면 이를 표현하는 것이 좋다. 사회복지사가 자기개방을 거의 하지 않으면 집단성원과의 관계가 사무적이 될 수 있다. 반면, 너무 많이 개방하는 것도 금물로서 자기개방의 정도는 신중하게 고려해야 한다.

사회복지사의 자기개방 예시〉

클라이언트 1 : 형제인데 어쩌면 그렇게 치열하게 경쟁을 했어야만 했는지. 그때는 형이 너무 원망스러웠어요. 3살 어린 동생 좀 봐주지. 형이 욕심이 좀 많았어요. 학교에서 제가 잘못한 거 있으면 부모님께 득달같이 일렀고요. 그런데 저도 똑같이 치사하게 굴었어요.

사회복지사 : 그러셨군요. ○○ 씨와 비슷한 경험을 하신 분이 있나요?

클라이언트 2 : 저는 외동이어서… 잘 상상이 안되지만 힘드셨을 것 같아요.

클라이언트 3 : 맞아요. 저도 그런 경험은 없지만, 형이 미우셨을 것 같아요.

클라이언트 1 : 여러분은 저랑 세대가 달라서 잘 이해 못하실 수도 있겠어요.

사회복지사 : ○○ 씨가 말하신 형제와의 경쟁 관련하여 저도 어렸을 때 경험이 있습니다. 한 살 차이인 언니와 경쟁으로 억울한 마음이 있었고, 이 때문에 좀 힘든 중학교 시절을 보냈답니다.

위의 예시에서 클라이언트 1은 어린 시절 형과 관련된 힘든 기억을 털어놓았으나 다른 집단성원들과 경험의 차이가 있어 자기개방 수준에 맞는 충분한 공감을 받지 못했다. 이에 사회복지사는 자신의 경험을 개방을 하여 클라이언트 1에 대해 공감적 지지를 표현했다고 볼 수 있다.

9) 피드백

피드백이란 상대방에게 그들의 역할 수행이나 행동의 결과가 어떠한지에 대해서 정보를 제공하는 것이다. 피드백을 통하여 우리는 자신의 행동이 타인에게 미치는 영향에 대해 학습할 수 있다.

■ 피드백 시 유의해야 할 점(이형득 외, 2002)

- 지금–여기 집단상담 안에서 일어난 일, 구체적으로 관찰 가능한 행동에 대해 그 행동 직후에 해줄 때 효과적이다.
- 집단성원에 대한 판단이나 평가가 반영된 피드백은 하지 않으며, 사회복지사는 집단성원이 표현한 말이나 행동을 관찰한 후, 이에 대한 느낌 혹은 생각을 피드백으로 주어야 한다.
- 피드백을 주는 이와 받는 이가 모두 피드백을 생산적으로 활용할 마음의 준비가 되어 있는지 고려 후에 사용한다.
- 변화 가능한 행동에 대해서 피드백을 주어야 하며, 가능하면 대안까지 마련해서 주는 것이 좋다.
- 한 사람에게서보다는 집단의 여러 사람들에게서 온 피드백이 더욱 의미가 있다.
- 피드백을 받을 때는 겸허해야 한다. 피드백을 주는 사람에게 관심을 기울이고, 그 내용을 확인해 보는 것이 중요하다.

피드백 예시〉

> "○○ 씨가 자기주장 훈련의 역할극을 하실 때 얼굴 표정은 부드러웠고, 시선 접촉은 잘 마주하셨으며, 전반적으로 매우 잘하셨습니다. 다만, 말씀하실 때 목소리만 조금 크게 하시면 자기주장을 좀 더 잘하실 수 있을 듯합니다."

3. 탐색에 필요한 기술

이 기술은 집단성원과 집단에 관련된 정보, 감정, 생각을 파악하고, 집단의 목적, 목표, 운영 방법에 관한 각 구성원의 이해 정도를 파악하는 데 활용되며, 집단성원 간의 관계를 파악하는 데 활용된다(장수미 외, 2019).

1) 질문 기술

사회복지사가 질문을 하는 이유는 집단성원이 자기개방을 더 많이 할 수 있도록 하고 집단 전체가 집단성원을 더 명확하게 이해하는 것을 돕기 위해서이다. 질문은 정보를 필요로 하거나 문제를 보다 깊이 탐색하기 위하여, 또는 지금까지 나온 여러 이야기들 간의 관련성을 알아보기 위하여 사용할 수 있다(정성란 외, 2013).

폐쇄 질문은 집단, 집단성원 혹은 상황에 대한 구체적인 정보가 필요할 때 사용하며, 예, 아니오, 단답형 답변으로 나올 수 있는 질문이다.

폐쇄 질문 예시〉

- "집단에 참여하기로 결정하셨나요?"
- "자녀는 지금 몇 학년인가요?"
- "지금 기분이 우울하세요?"

개방 질문은 '어떻게', '무엇을'을 활용한 질문이며, 풍부한 답변이 나올 수 있는 질문이다.

개방 질문 예시〉

- "그 일을 겪은 후 삶에서는 어떠한 변화가 있나요?"
- "그 문제를 해결하기 위해서 어떤 노력을 하셨나요?"
- "지금 기분은 어떤가요?"

집단과정에서 폐쇄 질문과 개방 질문은 모두 필요하지만 어떤 경우에는 개방 질문을 사용하는 것이 더 적합한 경우가 있다.

폐쇄 질문을 부적절하게 사용한 예시〉

클라이언트 : 언니가 용돈을 많이 쓴다고 뭐라고 했어요.
사회복지사 : 그 얘기를 들으셨을 때 기분이 좋지 않으셨겠네요?
클라이언트 : 예.
사회복지사 : 그래서 언니한테 화를 내셨어요?
클라이언트 : 아니오

위와 같이 사회복지사가 폐쇄 질문만을 반복적으로 사용하면 집단성원이 자신의 감정과 생각을 자연스럽게 표현하는 것을 방해할 수 있다.

위의 질문을 개방 질문으로 물어본다면〉

클라이언트 : 언니가 용돈을 많이 쓴다고 뭐라고 했어요.
사회복지사 : 그 얘기를 들으셨을 때 마음이 어떠셨어요?
클라이언트 : 기분이 좋지는 않았어요. 그런 소리 들으니까 좀 부끄럽고 미안하기도 했어요. 제가 아직 취준생이라 부모님이랑 언니한테 돈을 받으니까요.
사회복지사 : 그러셨군요. 그래서 언니한테는 뭐라고 대답하셨어요?
클라이언트 : 그냥 알았다고 했어요.

질문 기술을 사용할 때 유의할 점은, ① 사회복지사가 질문을 과도하게 하여 집단의 흐름이나 상호작용에 부정적인 영향을 미치지 않도록 하는 것이다. 위에 집단 상호작용 지도 기술에서 언급한 것처럼, 사회복지사와 특정 성원의 문답이 일대일 형식으로 계속 이어지면 다른 집단성원들은 소외되고 지루한 느낌을 받을 수 있다. 그러므로 이럴 때 역시 집단성원들이 서로에게 질문을 하도록 상호작용을 유도해야 한다.

또한, ② 개방형 질문을 많이 사용하여 집단성원들이 자기개방을 많이 할 수 있도록 촉진하도록 하며, ③ 한 번에 한 가지 질문만 간결하고 명확하게 질문하고, ④ 질문한 다음에는 집단성원이 답을 할 때까지 잠시 기다려 주고 집단성원의 대답에 경청하도록 한다. ⑤ 왜? 라는 질문이 필요한 경우에는 '무엇을', '어떻게'로 시작하는 질문으로 대체한다.

2) 언급 기술

언급하기commenting는 탐색이 필요한 어떤 주제에 대해 집단성원이 특정 정보를 제공하도록 사회복지사 촉진하는 것을 말한다.

① 회고하기 : "전에 혼자 집에 있는 것이 두렵다고 하셨지요?"
② 구체적인 설명 요청하기 : "남편 분을 어떻게 설득하셨나요?"
③ 사회복지사가 관찰한 것을 나누기 : "집단에서 다른 성원이 이야기할 때 ○○님이 아주 적극적으로 경청하시는 것을 보았습니다."
④ 성원의 말을 명료화하기 위해 재진술하기 : "당신이 말하고 싶은 것이…."
⑤ 주제를 요약하기 : "오늘 우리는 이혼이 자녀에게 미치는 영향에 대해 이야기했습니다", "제가 말한 것에 대해 여러분이 추가로 더 말씀하 실 수 있습니다."

4. 행동 변화를 위한 기술

행동 변화를 위한 기술은 집단의 목적과 과업을 달성하도록 원조할 때 사회복지사가 사용하는 행동 기반의 기술을 말한다.

1) 지지 기술

지지는 인간의 상호작용 가운데 가장 기본적인 형태이며, 사회복지사의 핵심 기술이다. 집단과정에서 지지는 성원들이 새로운 환경에 적응하면서 직면하게 되는 불안에 대처하고 자기 생각이나 감정을 다른 성원들과 나눌 수 있도록 돕는다.

지지 기술은 사회복지사가 집단성원 간 서로 관심사를 공유하고, 자신의 의견과 감정을 표현하도록 격려하며, 집단성원의 장점을 알려주고, 그들의 요구에 반응함으로써 집단성원을 지지하는 기술이다(조학래, 2019).

사회복지사는 지지를 표현하면서 집단성원이 말하고 있는 것이나 행하고 있는 것에 대해 집중하고 있음을 드러내도록 한다. 말을 반복하거나, 다른 말로 표현해 주거나, 추가 설명을 요청하거나, 이면에 숨은 의미에 감정이입해서 반응, 눈맞춤, 끄덕임을 나타낼 수 있다.

지지를 받은 성원은 집단 내에서 존중받는 느낌을 받고 자신의 견해와 감정을 적극적으로 표현하게 된다. 사회복지사는 자신이 집단성원을 돌보고 있다는 점을 표현함으로써 집단 전체를 지지할 수 있다(장수미 외, 2019).

■ 사회복지사가 지지를 표현하는 방법(조학래, 2019)

- 성원들이 집단에서 다루는 주제에 대해 자기 생각과 감정을 표현하도록 격려한다.
- 자신의 관심사를 공유할 기회를 제공한다.
- 성원들의 말에 반응함으로써 지지한다.
- 성원 간에 경험을 공유하도록 하고 서로에 대한 감정이입의 반응을 통하여 돕는 다.

사회복지사가 지지를 표현하는 방법 예시〉

- "○○ 씨가 해외 봉사 경험을 굉장히 생생하게 잘 전달해 주셨습니다. 특히, 얼굴 표정이나 목소리, 시선 접촉 등을 매우 현실감 있게 표현하시는 모습이 좋았습니다. 다른 분들도 이와 관련한 경험들이 있으시면 말씀해 주시겠어요?"
- "우리 집단에서 목표로 세운 자기주장 기술 향상 목표가 현재 90% 달성되어 가고 있습니다. 이러한 결과는 우리 모두 목표 달성을 위해서 엄청나게 노력하고 있다는 증거입니다. 모두 함께 격려의 의미로 박수을 치면서 '잘했다'라고 외칠까요?"

2) 재구조화 및 재정의 기술

재구조화reframing 및 재정의는 집단 혹은 집단성원이 직면한 관심사와 이슈를 다른 관점으로 바라보고 새로운 의미를 부여하는 것이다. 이를 통해 문제해결에 도움이 되는 생각이나 행동을 취하도록 원조하는 기술이다. 성원이 그 문제나 상황을 다른 관점에서 본다면 문제로 인식하기보다는 변화나 성장의 기회로 활용할 수 있고, 문제해결을 위한 적극적인 태도를 갖게 될 수 있으며, 대안적인 행동 범위가 확장될 수 있다. 사회복지사는 성원들과 다른 관점에서 집단의 상황을 고려하여 시의적절하게 대안적인 관점을 제공할 수 있어야 한다(조학래, 2019).

재구조화 및 재정의 기술 예시〉

클라이언트 1 : 직장 그만두어야 할 것 같아요. 대인관계가 너무 힘들어요.
클라이언트 2 : 무슨 일 있으셨어요?
클라이언트 1 : 부장님이 어제 냉냉한 기색을 보이시는데, 뭔가 서운한 게 있으신가 봐요. 불안한 마음이 들어서 당장 쫓아가서 물어보고 싶고 그래요.
클라이언트 2 : ○○ 씨에게 뭐 서운하실 만한 일이 있으신 것 같아요?
클라이언트 1 : 아니요. 그런 건 없어요. 부장님이 감정 기복이 원래 크시긴 해요.

클라이언트 2 : 그러면 ○○ 씨에게 서운한 것이 아니라 다른 일로 기분이 좋지 않으신 걸 수도 있겠네요.

클라이언트 1 : 네, 맞아요. 사실 그런 경우가 많았어요. 하… 이렇게 알면서도… 왜 이렇게 불안한지 당장 부장님 붙들고 저한테 서운하신 일이 있냐고 물어보고 싶은 것을 정말 꾹 참았어요. 저는 하나도 달라진 점이 없어요.

사회복지사 : 그래도 이번에는 부장님께 물어보지 않으셨네요. 어떻게 그렇게 하실 수 있었어요?

클라이언트 1 : 네? 아, 전이라면 당장 가서 물어봤겠지만 그게 늘 긁어 부스럼으로 안 좋게 끝났잖아요. 다른 사람들 표정이 안 좋을 때마다 저 때문이냐고 매번 묻지 말고 좀 참아보라고 여러분이 그러셨잖아요. 그래서 참았어요. 근데 이렇게 불안해서 못 살겠어요. 저는 변한 게 없어요.

사회복지사 : 저는 변하신 것 같은데요? 이번에도 '나 때문에 안 좋은가?' 하는 걱정이 들면서 확인해 보고 싶었지만 안 물어보셨잖아요. 물어보면 오히려 상황이 악화될 것 같다고 판단했고, 우리 집단에서 들으신 조언도 참고하셔서 행동을 제어하셨잖아요. 마음에 힘이 좀 커지신 것 같은데요?

클라이언트 1 : 그런가요? 마음이 이렇게 여전히 불안한 데도요?

사회복지사 : 불안함에도 불구하고 행동을 자제하셨다는 사실이 중요하지요.

클라이언트 1 : 아 그렇게 생각할 수도 있네요. 변한 점이 있네요.

3) 연결하기 기술

연결하기는 집단과정에서 집단성원들 간의 관련성 및 연계성에 주목하는 것을 의미하며, 집단성원 간 의사소통이 활발하게 일어날 수 있도록 돕는 기술이다. 즉, 한 성원의 말과 행동을 다른 성원의 관심사나 공통점과 연결시키고 관련짓는 기술로서, 집단 내에서 관계를 공고히 하기 위해서 사람들을 연결하는 과정이다. 예를 들면, 어떤 성원이 이야기할 때 그에 대해 다른 성원들은 어떻게 생각하는지 표현하도록 제안하는 것이다.

사회복지사가 한 집단성원의 고민을 다른 성원들이 공유할 수 있도록 연결하는 과정에서 성원들은 공감대를 형성하고, 좀 더 깊은 수준의 감정을 표현할 수 있다. 연결하기를 초기 단계에서 사용하면 서로 서먹한 사이일 때 공통의 관심사를 공유할 수 있도록 도움으로써 집단 응집력을 촉진하고 성원 간의 의사소통을 촉진할 수 있다(정성란, 2015).

또한 연결하기는 모호한 두 사건을 연결시켜 진술함으로써 집단성원들이 자신들의 행동이나 감정 또는 자신들의 행동과 타인들 간의 논리적인 연결성을 이해할 수 있도록 도울 수도 있다.

- 사회복지사는 성원들 간의 공통점을 파악하여 이에 대해 언급할 수 있다.
- 서로 갈등을 겪고 있는 해당 당사자의 공통된 욕구나 문제, 관심사에 대해 주의를 환기시킨다.
- 성원 간의 연결뿐 아니라, 한 성원의 과거 경험에 대한 기억을 현재의 상황에 연결시켜 줄 수도 있다.

연결하기 기술 예시〉

- "○○ 씨와 □□ 씨가 직장에서 겪는 상사와의 갈등 문제가 매우 유사한 듯 합니다. 다른 분들은 어떠세요? 비슷한 경험이 있으신 분이 또 있나요?"
- "여러분이 말씀하시는 걸 들으니, 아르바이트를 하면서 공통적으로 어려움을 겪는 부분은 손님의 막말과 관련된 거네요."
- "△△ 씨가 현재 직장 상사가 무섭고 어렵다고 말씀하셨는데, 그 얘기를 들으니 대학 다니실 때 지도 교수님이 무서웠다고 하셨던 말씀이 떠오르네요. 두 분 사이에 어떤 공통점이 있을까요?"

4) 지시하기 기술

지시하기는 특정한 행동을 하도록 구체적으로 일러서 시키는 기술이다. 주로 집단과정에 성원이 참여하도록 돕거나 토론을 이끌거나, 새로운 정보를 공유하거나 특정 문제를 사정할 때, 성원들의 탐색이나 도전을 촉진하기 위해 사용한다.

지시하기는 명령처럼 들릴 수도 있어서 성원들의 저항이나 오해를 유발할 수 있다. 그러므로 성원의 동의 없이 지시하기 기술을 사용하지 않도록 주의해야 한다.

지시하기 기술 예시 1〉

사회복지사 : 아버지의 입장을 이해하기 위해서, 이번에는 아버지 역할을 한번 해보셨으면 합니다만, ○○ 씨 생각은 어떠세요?
클라이언트 : 네, 한번 해볼께요.
사회복지사 : 네, 그러면 이제 아버지 역할을 하시는 겁니다.

지시하기 기술 예시 2〉

"지금부터 다같이 브레인스토밍을 해봅시다."

5) 조언과 제안

조언과 제안은 집단성원들이 새로운 행동을 습득하고, 문제를 이해하며, 문제 상황을 변화할 수 있도록 돕기 위해 사용하는 기술이지만, 아주 조심스럽게 사용해야 하는 기술들 중 하나이다. 이 기술들은 반드시 성원들이 받아들일 준비가 되었을 때만 성원들의 이해 수준을 고려하여 적용해야 한다. 그렇지 못한 경우에는 역효과가 날 수 있기 때문에 특히 조심해야 한다.

(1) 조언

조언advice은 성원에게 도움이 되는 말을 하거나 해야 할 것을 추천 혹은 제안하는 것이다. 집단성원이 사회복지사에게 조언을 직접 요청할 때 외에는 되도록 사용하지 않는 것이 좋다. 집단성원이 직접 조언을 요청한 경우라 할지라도 집단성원들이 생각할 수 있는 대안들을 먼저 고민해보도록 한 후 조심스럽게 제시해야 한다.

집단성원이 먼저 요청하지 않았으나 사회복지사가 판단하기에 조언이 필요하다고 생각하는 경우에는 다음을 유의하도록 한다.

- 집단성원이 조언을 원하는지 물어본다(조언을 원하지 않으면 제공하지 않는다).
- 조언은 집단성원의 입장을 충분히 헤아려 신중하게 말해야 한다. 어설픈 충고나 교훈적인 말은 오히려 상황을 악화시킬 수 있다.
- 조언을 제공한 후에는 이것에 대한 생각이나 감정이 어떠한지 반드시 물어보도록 한다. 집단성원도 생각했었던 부분인지, 전혀 생각하지 못했던 부분인지, 어떠한 면에서 긍정적 혹은 부정적 감정이 드는지 물어보고 다루어 주도록 한다.

조언 예시 1〉

사회복지사 : ○○ 씨가 저의 조언을 구하시니 말씀드리겠습니다. 저는 ~한 점 때문에 A가 좋을 것 같습니다. 물론, 이건 저의 개인적인 의견입니다. ○○ 씨가 여러 가지 상황을 고려해서 결정하시면 좋을 것 같습니다.
클라이언트 : 네, 감사합니다. 선생님의 조언을 참고해서 제가 잘 결정하겠습니다.

조언 예시 2〉

사회복지사 : 이럴 때 아이한테 어떻게 말씀하시면 좋은지 제가 조언 드려도 될까요?
클라이언트 : 네, 부탁드려요.
사회복지사 : 아이가 부정적인 감정을 말로 표현하는 것이 서투를 때는 부모가 먼저 적절한 감정 언어를 붙여 주시는 것이 좋습니다. 우리 ○○가 할머니집에 못 가서 '속상하구나'. 예를 들면 이런 식으로요.

(2) 제안

제안suggestion은 집단성원에게 대안적인 아이디어를 제공함으로써 변화를 이끌어 내는데 사용하는 기술이다. 어떠한 제안이라도 충분한 근거와 이유를 바탕으로 성원의 상황을 고려해서 제공하도록 한다.

제안 예시〉

(분노 조절이 잘 안된다고 하는 성원에게) "전에 집단에 참여하셨던 몇몇 분께서 분노 조절이 잘 안될 때 명상을 하는 것이 도움이 되었다고 합니다. ○○ 씨도 명상을 한번 해보시면 어떨까요?"

6) 모델링 · 역할극 · 시연 · 코칭

집단성원이 새로운 행동을 배워야할 때 모델링이나 역할 연습을 하게 함으로써 새로운 행동에 대한 학습을 촉진하는 기술이다. 집단성원이 획득해야 할 바람직한 행동의 실제적 본보기를 제공함으로써 모방 및 관찰을 통해 소기의 목표 행동을 학습하도록 하는 방법이다.

모델링, 역할극, 시연, 코칭의 특징은 다음과 같다(조학래, 2019).

(1) 모델링

모델링(modeling)은 사회복지사나 어떤 집단성원이 특정 상황에서의 행동에 대해 시범을 보임으로써 다른 성원들이 관찰하여 모방하게 하는 것을 말한다. 사회복지사가 바람직한 의사소통 방법을 직접 수행함으로써 성원들이 메시지를 전달하는 적절한 방법을 배우도록 한다.

(2) 역할극

역할극(role playing)은 집단성원들이 서로 도움이 되는 특정 상황을 실제로 연기해 보는 것이다. 역할극의 목적은 대인관계 상황에서 성원들의 기능을 사정하고, 특정한 반응 양식을 발전하도록 하는 것이다. 이러한 반응 양식은 피드백이나 새로운 반응의 시연 동안 사회복지사나 다른 성원들의 코칭을 통해 개선될 수 있다. 역할극은 우호적인 집단 환경에서의 연습을 통해 미래 상황에서 자신의 반응을 개선하도록 준비시키는 효과가 있다.

(3) 시연

시연rehearsing은 역할극 이후의 피드백을 토대로 새로운 행동이나 반응을 연습하는 것이다. 새로운 행동의 습득과 습관화된 행동을 관두는 것은 어렵기 때문에 새로운 반응을 여러 번 연습해야 한다. 역할극을 통해 습득된 적절한 개입 방법을 좀 더 잘 적용할 수 있도록 과제를 제시하기도 한다. 시연을 통해 성원들은 직면할 수도 있는 상황에 대한 두려움을 해소하고, 상황에 따라 적절히 대응할 수 있는 자신감을 향상하는 효과가 있다.

(4) 코칭

코칭coaching은 특정한 반응을 재현하도록 성원들을 원조하기 위해 언어적 및 신체적 교육으로 대인 관계에서 반응하는 방법에 대해 자세하게 알려 주고 시범을 보여서 교육하는 것이다.

7) 직면 기술

직면은 사회복지사가 집단성원의 말이나 의도, 행동에서 보여지는 불일치를 발견했을 때 그것을 사회복지사의 말로 드러내어 주는 기술이다.

직면은 피드백 중에서도 정도가 강한 피드백이다. 그렇기 때문에 가장 조심스럽게 사용해야 하는 기술 중 하나이다. 성원이 집단과 사회복지사에 대한 신뢰가 있고 피드백을 받아들일 준비가 되었을 때만 사용하는 것이 적절하다.

직면을 사용할 때는 성원에 대한 진솔한 보살핌이 드러나는 따뜻한 태도와 부드러운 어조로 구체적인 행동에 대해 느낌을 전해야 하며, 평가나 판단 없이 객관적인 사실을 있는 그대로 진술해야 한다. 직면을 통해 성원의 변화를 강요하기보다는 자신의 말과 행동, 의도 간의 어떤 불일치를 스스로 깨닫도록 보여 주는 것에 목적이 있다.

직면 기술 예시〉

- "○○ 씨는 이 집단이 좋고 집단에 참여하는 것을 가장 우선 순위에 두시겠다고 하셨어요. 그런데 오늘도 30분이나 늦으셔서 혹시 참석하시는 데 뭔가 불편한 부분이 있으신 건가 궁금합니다. 이런 점에 대해 함께 나눌 수 있을까요?"
- "○○ 씨, 조금 전에 괜찮다고 하셨는데 표정은 많이 어둡네요."

8) 자원 제공 기술

사회복지사는 집단성원이 자신의 목표를 잘 달성하도록 필요한 자원을 제공할 수 있다. 집단 안팎에 존재하는 다양한 자원에 대해 성원들에게 정보를 제공하거나 자원을 연결한다. 이용 가능한 자원들을 성원들이 직접 탐색하게 함으로써 자신에게 필요한 자원을 발견하도록 할 수도 있다.

과업집단에서는 다양한 자원을 갖춘 성원들을 포함함으로써 자원의 공유를 통해 집단목적의 달성을 도울 수 있다.

자원 제공 기술 예시〉

- "○○씨가 말씀하신 부분은 저희 집단에서도 도움을 드리겠지만 가족 전체가 가족 상담을 받는 것도 필요할 듯합니다. 가족상담소를 연결해 드리고 싶은데 어떻게 생각하시는지요?"
- "정신장애인 가족을 위한 자조 모임이 있답니다. 그곳을 활용하면 더 실제적인 도움을 받을 수 있을 듯 합니다. 오늘 모임이 끝난 후 제가 정보를 드리겠습니다."

9) 갈등 해결 기술

집단사회복지실천 과정 중에 집단성원 간 혹은 집단 외부 환경과 갈등이 발생할 수 있다. 사회복지사는 갈등이 발생했을 때 갈등을 해결하기 위해 조정, 협상, 중재 기술을 사용한다. 집단성원 간의 갈등이 발생했을 때는 서로의 입장을 듣고 타협점을 찾도록 하며, 양측의 입장에서 조정하여 해결점을 도출하도록 돕는다. 이때 사회복지사는 한 쪽에 치우쳐서 중재를 하지 않도록 주의해야 한다.

갈등은 집단 내에서 자연적으로 발생하는 것이기 때문에 갈등이 발생한 것에 대해 지나치게 염려하거나 부정적인 태도를 보이지 않도록 해야 한다. 집단지도자가 해서는 안 되는 행동 중 하나는 집단에 갈등이 있다는 것을 모른 척하는 것이다.

갈등을 마주했을 때 이것을 유용하게 활용할 기회로 삼아 보자는 태도를 갖는 것이 좋다. 실제로 갈등은 집단에 창조적인 통찰을 가져오고 집단성원 간에 보다 밀접한 관계가 가능하도록 하여 성장하는 경험을 가져올 수 있다.

하지만 불필요한 갈등을 사전에 예방하기 위해서는 집단 초기에 적절한 집단 규칙을 개발하고, 이것을 잘 유지해 나가도록 하는 것이 필요하다.

■ 갈등 중재 지침(강진령, 2021)을 적용한 예시

1. 표출된 감정을 반영한다.
   "○○ 씨는 ~한 것 때문에 화가 나신 것 같습니다."
   "□□ 씨는 ~한 부분에 대해서 실망하신 것 같습니다."

2. 다른 집단원들의 참여를 독려한다.
   "다른 분들은 이 상황이 어떻게 보이시나요? 의견을 이야기해 주시기 바랍니다."

3. 의사소통내용을 적극 경청하여 재진술 또는 명료화하여 되돌려준다.
   "○○ 씨는 무엇보다도 마감 시간을 못 지키는 것이 가장 걱정되셨던 것 같습니다."
   "□□ 씨는 당시 ○○ 씨가 □□ 씨의 뜻을 이해한 줄 알았는데 이 자리에서 ○○ 씨의 얘기를 들어보니 당시 ○○ 씨가 이해를 제대로 하지 못 하셨다는 것을 지금 알게 되신 것 같습니다."

4. 배려하지 않는 행동 또는 공격적 행동은 차단한다.
   "(□□가 분을 이기지 못하고 혼잣말로 욕을 함) □□ 씨, 그런 행동은 안됩니다. 집단 전체에 대한 예의가 아닙니다. 저희 규칙의 내용 기억하시죠?"

5. 서로 공통적이거나 일치하는 부분은 적극적으로 연결한다.
   "두 분 모두 바자회가 성공적으로 끝나도록 하기 위해서 각자 다른 방식으로 애쓰신 것 같습니다."

6. 갈등 상황에 있는 집단성원들이 상대에 관해서(ABOUT)보다는 상대에게(TO) 직접 말하도록 돕는다. 이때 나-전달법(I-Message)으로 이야기하도록 한다.
   클라이언트 1 : ○○ 씨는 자기 의견만 밀고 나가는 사람입니다.
   사회복지사 : □□ 씨, ○○ 씨에 대한 이야기를 저희에게 하지 마시고, 이 자리에서 ○○ 씨에게 직접 하고 싶은 이야기를 해보세요.
   클라이언트 1 : 아, 예. ○○ 씨, 저를 무시하지 않으셨으면 합니다.
   클라이언트 2 : 제가 언제 □□ 씨를 무시했나요?
   사회복지사 : □□ 씨, 전에 배운 나-전달법를 사용하여 말씀해 주실 수 있을까요?
   클라이언트 1 : ○○ 씨가 제가 낸 의견을 하나도 채택하지 않아서 제가 좀 무시당한 느낌이 들었던 것 같습니다. 꼭 제가 낸 의견대로 했으면 좋겠다는 뜻이 아니라 함께 의논하면서 저의 의견이 어떤지 피드백이라도 주시면 좋을 것 같습니다.

문제 풀이

1. 집단사회복지실천기술에 관한 설명으로 옳은 것은?

(2019년 기출 문제)

① 집단과정의 명료화 기술은 성원들이 어떻게 상호작용하고 있는지를 인식하도록 돕는 기술이다.
② 사회복지사와의 의사소통을 집단성원들 간 의사소통보다 중시해야 한다.
③ 사회복지사는 특정한 집단과정에 선택적으로 반응해서는 안 된다.
④ 직면은 집단 초반에 구성원의 참여를 촉진하는 기술이다.
⑤ 집단의 목표는 집단과정을 통해 성취하면 되므로 처음부터 설명할 필요는 없다.

정답 : ①
해설 : ② 사회복지사와 집단 성원의 일대일 의사소통보다 집단성원들 중심의 의사소통을 많이 할 때 집단 사기가 높고 집단성원들의 목표 성취를 위한 노력이 적극적으로 일어난다.
③ 특정한 집단과정의 목표를 달성하도록 하기 위하여 집단과정에 선택적으로 반응할 수 있다.
④ 직면은 가장 조심스럽게 사용해야 하는 기술이기 때문에 집단성원이 집단과 사회복지사에 대한 신뢰가 있고 피드백을 받아들일 준비가 되었을 때만 사용하는 것이 적절하다. 그러므로 아직 집단에 대한 신뢰도가 높지 않은 집단 초기에 사용하는 것은 적절하지 않다.
⑤ 집단의 목표는 집단 초기에 설정되어야 한다.

2. 집단 대상 사회복지실천에 적용되는 원칙과 기술에 관한 설명으로 옳은 것은?

(2013년 기출 문제)

① 피드백은 동시에 많이 주어야 한다.
② 집단 규칙은 사회복지사가 제공해야 한다.
③ 성원의 자기 노출 수준은 집단발달단계와 관련이 있다.
④ 성장 단계에서는 낮은 수준의 구조화가 효과적이다.
⑤ 종결 단계에서는 이전보다 회합의 빈도는 잦게, 시간은 길게 한다.

정답 : ③

해설 : ① 집단성원에게 지나치게 많은 피드백을 동시에 제공하는 것은 효과적이지 못하다. 한 번에 한두 가지 정도의 피드백을 제공하는 것이 적절하다.

② 일반적인 규칙은 사회복지사가 제시하기도 하지만 그 밖의 집단 규칙은 사회복지사와 집단성원들이 함께 논의하여 정하기도 한다.

④ 성장집단은 사회심리적 기능 향상에 초점을 두는 집단으로서 높은 수준의 구조화가 효과적이다.

⑤ 종결 단계에서는 회합의 빈도와 시간을 점차 줄임으로써 종결에 대비하도록 해야 한다.

3. 토슬랜드와 리바스(R. toseland & R. Rivas)가 분류한 세 가지 집단사회복지실천기술 중 집단과정 촉진 기술에 해당하지 않는 것은?

(2015년 기출 문제)

① 성원의 말이나 행동에 집중하는 반응을 한다.
② 개방적 의사소통을 위해 사회복지사가 먼저 자기 노출을 할 수 있다.
③ 토론 범위를 제한하여 집단 목표와 관련 없는 의사소통을 감소시킨다.
④ 성원의 문제 상황을 긍정적으로 인식하도록 재정의한다.
⑤ 성원이 의견을 분명하게 표현하도록 의사소통의 내용을 명확히 한다.

정답 : ④

해설 : ④는 재구조화 및 재정의 기술을 설명한 것으로서, 행동 변화를 위한 기술에 해당한다.

참고문헌

강진령(2021). 집단상담의 실제. 3판. 학지사.

김정진(2014). 사례와 함께하는 사회복지실천기술 연습. 학지사.

엄명용 · 노충래 · 김용석(2020). 사회복지실천기술의 이해. 4판. 학지사.

이형득 · 김성희 · 설기문 · 김창대 · 김정희(2006). 집단상담. 중앙적성출판사.

장수미 · 최정숙 · 박형원 · 김주현 · 홍현미라 · 이혜경 · 이영선 · 한인영(2019). 사회복지실천기술론. 학지사.

정성란 · 고기홍 · 김정희 · 권경인 · 이윤주 · 이지연 · 천성문(2013). 집단상담. 학지사.

조학래(2019). 집단사회복지실천의 이해. 신정.

주은선 · 주은지(2012). 15가지 집단상담기술. Cengage Learning.

Corey, G.(2003). Theory and practice of group counselling, 6th ed., Wadsworth Publishing.

Northern, H. & Kurland, R.(2001). Social work with Groups, 3rd ed., Columbia University Press.

Toseland. R. W. & Rivas, R. F.(2009). An introduction to group work practice 6th ed. Allyn & Bacon.

PART

4

가족 대상 사회복지실천

CHAPTER

11

가족의 이해와 실천

학습 목표

1. 사회복지실천에서 가족을 바라보는 관점을 이해한다.
2. 현대 사회 가족의 특성과 욕구를 이해한다.
3. 가족 대상 실천 개입 이론을 살펴본다.
4. 가족을 대상으로 하는 사정 방법을 학습한다.

가족은 문제와 함께 성장한다. 현대 사회에서 정상 가족the normal family이란 개념은 신화myth적인 구태의연한 개념으로 인식되고 있으며, 다양하고 유연하며 정서적인 공동체로서 가족의 기능이 부각되고 있다(양옥경, 2005). 이에 가족에 대한 정의도 가족의 기능과 관계에 초점을 두어 '스스로 가족이라고 생각하고 건강한 가족생활에 필수적인 의무, 기능, 책임을 수행하는 두 명 이상의 사람들'로 확대되고 있다(NASW 가족분과위원회, 1982; 장수미 등, 2010 재인용). 사회복지현장에서 만나게 되는 한부모 가족, 조손 가족, 재혼 가족, 알코올중독자 가족, 장애인 가족, 다문화 가족뿐 아니라 다양한 가족들이 가족 발달 주기에 따라 위기 사건을 경험하면서 가족만의 방식으로 적응한다. 어떤 적응의 형태는 사회와 가족에게 받아들여지기 쉽지만 가족을 더 고립되고 힘들게 만드는 적응의 형태도 있다. 가족에 대한 사회복지실천은 가족 발달 및 사건적 위기에 대한 개입으로 가족 안에서 공유된 의미와 과정을 확인하고 함께 해결해 가는 과정이다. 가족 대상의 개입을 할 때에는 개인을 강조하는 시각에서 벗어나 가족이라는 일차적 관계망 속에서 개인의 역할과 특성에 초점을 두고, 정신건강 관리에 대해 전인론적holistic 시각으로 개인과 가족의 전체적 · 장기적 안녕에 관심을 둔다. 본 장에서는 가족 대상 사회복지실천의 관점과 이론에 대해 살펴본다.

1. 가족 대상 사회복지실천 관점

가족 대상 사회복지실천은 가족의 욕구에 맞는 다양한 서비스를 제공하여 가족원, 가족 체계를 변화하여 클라이언트 체계의 삶의 질을 증진하는 중요한 실천 방법이다. 본 절에서는 가족 구성원의 욕구, 문제와 함께 성장하는 가족 회복 탄력성의 개념을 바탕으로 가족 대상 사회복지실천의 기본 원칙을 살펴보도록 한다.

1) 가족 구성원의 욕구 이해

가족 구성원은 기본적이고 개인적인 욕구를 가족 안에서 충족하고자 기대하고 노력한다. 기본 욕구 충족을 희망하며 가족 안에서 공동체를 이루어 협력한다. 가족 안에서 구성원이 희망하는 기본적인 욕구는 다음과 같다(Robert, C. & Daniel, B. Lee, 2008).

(1) 안전에 대한 욕구

가족 구성원이 가족 안에서 안전하다고 느끼고 자기결정권이 있을 때 각 가족 구성원은 주체성을 인정받을 수 있고 그 가운데 친밀한 관계가 가능해진다.

(2) 소속감에 대한 욕구

가족에 대한 소속감이 있을 때 안전한 기반 속에서 의사소통이 가능해진다.

(3) 의사소통의 욕구

가족 내에 의사소통이 원활할 때 다른 가족의 생각이나 감정에 반응하게 되고, 가치를 부여하면서 자신의 욕구를 표현할 수 있다. 이를 통해 적절한 선택 능력이 발달된다.

(4) 선택 욕구

자신과 다른 가족의 가치와 존엄에 대한 경계 안에서 선택 능력이 길러진다. 자기와 다른 사람의 존엄성을 존중하면서 선택할 수 있는 능력이 생길 때 인간으로 성장하고 생활 방식을 변화시키며 자신의 발달 과업을 찾아간다.

(5) 성장 욕구

인간의 성장은 서로 상호작용하면서 자신과 타인의 욕구를 살피고 역할을 분화해 가는 상황 속에서 이루어진다. 한 인간으로 성장할 수 있고, 다른 사람과 상호작용하는 능력이 있다면 자신과 타인의 욕구를 보살피면서 사랑할 수 있는 능력이 개발된다.

2) 가족 회복 탄력성의 이해

회복 탄력성은 혼란스러운 삶의 문제를 견디어 내고 다시 바닥을 치고 올라올 수 있는 능력이다(walsh, 2003). 가족 회복 탄력성family resilience 개념에서 가족은 삶의 위기를 성공적으로 극복하고 성장 잠재력을 가진 체계로 이해한다. 건강한 가족이란 문제가 없는 가족이 아니라 위기에 대처하는 문제해결능력이 있는 가족이며, 문제해결 과정에서 가족은 더 힘을 갖게 된다(양옥경 · 김연수, 2003). 가족 탄력성의 개념은 보다 긍정적인 시각에서 가족의 상황을 파악할 수 있도록 돕는다. 탄력적인 가족에게서 나타나는 '신념 체계', '가족 조직 유형', '의사소통'의 세 가지 기능 요소를 통해 다양한 위기 상황에 처한 가족에게서 이러한 요소를 끌어내고 적응할 수 있도록 돕는다(Walsh, 2003).

(1) 신념 체계

신념 체계belief system는 어떻게 위기를 바라볼지에 강력한 영향을 미친다. 가족이 갖고 있는 신념 체계는 가족의 위기 상황에 대한 대처 방식을 결정하게 되므로 가족의 신념 체계를 이해하는 것이 중요하다. 가족 탄력성은 문제를 해결하고, 치유되며 성장할 수 있도록 돕는 신념 체계에 의해 길러진다. 탄력적 가족의 신념 체계는 '역경에 대한 의미 부여', '긍정 시각', '초월성과 영성'의 과정 요소로 구성된다.

■ 역경에 대한 의미 부여

역경에 대한 의미 부여는 위기 상황에 대한 가족의 이해와 해석이다. 역경의 의미는 가족의 상호작용을 통해 혹은 사회적 맥락에서 함께 만들어진다. 또한 역경에 대한 의미는 가족 안에서 공유된 해석 과정이 중요하다. 가족들은 왜 이런 일이 일어났는지 원인이나 설명을 해보고자 노력한다. 무엇보다 닥친 역경에 대한 모호성을 명확히 하려는 노력과 이를 통해 배우고, 남아 있는 것에서 회복하고자 하는 노력에서 치유 과정이 일어난다.

■ 긍정 시각

긍정 시각은 스트레스와 위기에서 회복, 장애 상황에 대한 극복에 중요한 요소이다. 희망은 우리 폐의 산소와 같은 역할로 역경을 딛고 서는 에너지 원료와 같다. 희망은 미래를 지향하는 신념 체계로 현재가 얼마나 암울한가에 상관없이 더 나은 미래를 바라보게 한다. 탄력적인 가족들은 삶에 대해 보다 긍정적인 관점을 갖고 있는 것으로 나타났다. 가족에게는 변화할 수 없는 한계는 수용하고 변화 가능한 것에 대해 희망을 갖는 균형적 시각이 필요하다.

■ 초월성과 영성

초월성과 영성은 자신과 가족, 당면한 문제를 넘어선 의미와 목적을 제공한다. 대부분의 가족이 자신이 속한 문화적 종교적 집단과 연결되어 위안을 얻고 안내를 받으며 새 힘을 얻게 된다. 다양한 의식과 예식을 통해 더 큰 지역사회와 연결되어 변화를 이룬다. 고통 그 자체가 영적인 이슈인 것처럼 영적 자원(예 : 깊은 믿음, 기도와 묵상의 실천 등)과 종교적 · 연합적 동맹이 가족의 탄력성을 이끌어낸다.

(2) 가족 조직 유형(family organizational patterns)

다양한 형태의 현대 가족은 가족의 어려움을 해결하기 위해 여러 가지 방법으로 조직될 필요가 있다. 가족 탄력성은 가족의 '유연성', '연결성', '사회 · 경제적 자원'을 통해 강화될 수 있다.

■ 유연성

유연성은 탄력성의 중요한 요소이다. 마치 용수철처럼 이전 모양으로 되돌아갈 수 있는 능력이다. 가족의 경우 위기 이전의 모습으로 쉽게 돌아가기 힘들다. 그러므로 유연성은 변화 상황에 적합하도록 가족의 구조를 변경하고 적응해 가는 능력이다. 탄력적인 가족은 위기와 변화 속에서 가족의 규범이나 역할을 변경하여 새로운 안정을 이루어 나간다. 부모의 장애, 이혼, 재혼과 같은 상황에서 가족은 새로운 상황에 맞추어 관계를 설정하고 상호작용 형태를 새롭게 한다. 예를 들어, 아버지가 장애인이 될 경우 전통적인 부부 역할에 변화가 생긴다. 어머니가 가족의 생계를 책임지는 가장 역할을 하게 되고, 장애를 가진 아버지가 아이를 돌보는 책임을 갖게 되기도 한다.

■ 연결성

연결성은 가족이 연합, 지지, 협력하는 능력을 말한다. 탄력적인 가족은 어려운 시기를 상호협력과 지지를 통해 견뎌 내며, 또한 각 가족원의 차이와 분리, 경계를 존중한다. 이러한 과정은 가족 구성원의 나이나 잃어버린 관계의 의미에 따라서 가족마다 적응 시간이 차이가 난다.

■ 사회 · 경제적 자원

사회 · 경제적 자원은 가족의 위기 시에 실제적이고 정서적인 지지를 제공하는 친지 및 지역사회 네트워크를 말한다. 탄력적인 가족은 위기와 도전에 직면해 외부의 도움에 개방적으로 연결되어 있다.

(3) 의사소통

의사소통은 위기상황을 명확하게 인식하게 하고, 정서적 표현을 증진시키며, 가족의 문제해결능력을 증진시킨다. 민감한 정보와 정서 표현을 공유하는 데 문화적 규범이 상당히 다양할 수 있음을 주의해야 한다.

■ 명료성

명료성은 가족의 애매모호한 정보들을 분명하게 서로 대화하는 것을 말한다. 위기상황과 의료적 예후에 대한 정보를 명료하게 나누는 것은 의미를 만들고, 관계를 돈독하게 하며 의사 결정을 돕는다. 반면에 모호성은 가족의 이해와 친밀성을 차단한다. 일반적으로 가족은 좋은 의도로 자녀를 보호하는 차원에서 고통스러운 주제의 이야기를 피한다. 그러나 말하지 않은 주제에 대한 불안은 더 큰 두려움을 만들어 내기도 한다. 자녀의 연령에 따라 명료하게 대화를 나누는 것이 필요하다.

■ 개방적인 정서 표현

개방적인 정서 표현은 가족들이 상호간 신뢰와 차이를 인정하는 분위기에서 기쁨과 고통, 희망과 두려움의 다양한 감정을 나누는 것을 의미한다. 가족에서 생계를 책임지는 가장이든지 한부모이거나 돌봄을 책임지는 사람들은 가족을 위해 강한 정서적 반응들을 억누르는 경우가 있다. 이때 자녀들은 부모를 돕기 위해 자신의 질식할 것 같은 감정을 표현하지 않기도 한다. 회복 탄력성이 높은 가족은 서로 정서적 표현을 할 수 있도록 돕고 위로해 준다. 가족은 고통의 순간에도 유머와 기쁨을 찾으면서 가족의 사기가 진작된다.

■ 협력적인 문제해결

협력적인 문제해결은 창조적인 브레인스토밍 과정으로 역경을 극복하고 새로운 가능성을 발견하게 한다. 가족이 의사결정을 하고 갈등을 해결하면서, 가족 내 차이를 줄여 나가고 서로를 수용하게 된다. 탄력적인 가족은 명확한 목표를 세우고 우선순위에 따라 해결 과정을 따르는 문제해결능력이 있으며, 성공적인 문제해결 경험을 통해 실패를 학습의 기회로 삼으면서 성장한다.

표 11-1 가족 회복 탄력성 요소

기능 요소	과정 요소
신념 체계	역경에 대한 의미 부여 • 개인의 책임이라는 것에서 벗어나 관계 기반으로 바라보기 • 고난과 스트레스를 환경 맥락에서 바라보고, 일상적인 것으로 보기 • 위기를 의미 있고 다룰 수 있는 것으로 생각하기 • 원인 · 설명적 귀인 : 어떻게 이런 일이 일어났지?, 무엇을 할 수 있지?
	긍정적 시각 • 희망, 낙관적 편향(optimistic bias), 자신감 • 용기와 격려, 능력을 다지고 잠재성에 초점 • 주도성 활성화(할 수 있다는 생각) • 가능성에 대해 단련, 변화될 수 없는 것을 받아들이기

기능 요소	과정 요소
신념 체계	초월성과 영성 • 큰 가치와 목적 • 영성 : 신념, 신앙적 지지, 치료적 의식 • 영감 : 새로운 가능성 보기, 창조적 표현, 사회적 행동 • 변화 : 역경 · 문제로부터 학습, 변화, 성장
조직 유형	유연성 • 변화와 재조직에 대해 개방적 태도, 새로운 위기에 잘 적응 • 무너짐을 통해 안정성 구축, 연속성, 의존성, 계속 수행 • 강한 리더십 : 협조적 양육, 협조적 부모 관계, 동등한 파트너십
	연결성 • 상호지지, 협력과 기여 • 가족 구성원의 개별 욕구, 차이, 경계를 인정하고 존중하기 • 상처 입은 관계를 재연결하고 화해로 이끌기
	사회 · 경제적 자원 • 친척, 사회, 지역 이웃 공동체를 활성화 · 멘토 찾기 • 경제적 안정 구축, 일과 가족의 균형 세우기
의사소통 · 문제해결	명확성 • 명확한 메시지(언어 · 행동) • 모호한 정보를 명확화하기, 신뢰 구축, 진실한 말하기
	개방된 정서적 표현 • 감정의 공유(기쁨, 고통, 희망과 두려움) • 상호적 공감, 차이에 대한 관용 • 자신의 감정, 행동에 대한 책임지기, 비난을 중지하기 • 기분 좋은 교류, 유머
	협력적 문제해결 • 창조적 브레인스토밍, 충분성, 기회 포착 • 의사결정 공유, 갈등 해결, 협력, 공평함, 상호성 • 목적에 초점, 구체적인 단계 설정, 성공 구축, 실패로부터 학습 • 활성화 상태, 문제 예방, 위기 전환, 다가올 위기에 대한 준비

3) 한국 가족의 변화

가족은 살아 있는 유기체와 같아서 늘 변화를 하는 체계로 2000년대에 들어서면서

부터 나타나고 있는 한국 가족의 변화는 그전과는 질적으로 다른 양상을 보이고 있다.

(1) 가족 구조의 변화

저출산과 고령화, 핵가족화 등으로 인하여 가족 규모가 축소하고 있다. 3세대 직계 가족이 감소하고, 2세대 핵가족이 주를 이루며, 만혼이나 비혼이 증가하고, 결혼이나 출산에 대한 기피 현상, 이혼과 재혼의 증가로 인한 가족 규모 축소 및 그에 따른 혼란과 불안 등 위기를 경험하기도 한다. 가족의 형태에서도 무자녀-부부 가족, 1인 가족, 한부모 가족, 조손 가족, 재혼 가족, 입양 가족, 비혼 가족, 비혈연 가족, 동성 가족, 다문화 가족 등 기존의 가족 개념이 변화하고 가족의 구조가 다양해지고 있다. 가족의 역할도 변화하고 있다. 현대 한국 가족에서는 부부의 의식 격차가 두드러진데, 남편은 여전히 가부장적 가족 의식을 가진 반면, 부인은 평등적 가족 의식을 수용하는 추세로 여러 가지 문제를 초래한다. 부모-자녀 관계에서 부모의 권위가 약화되었다.

(2) 가족 기능의 변화

전통사회에서 가족은 다기능적이었다. 한국 가족의 문화적 특성은 가족 중심적 가족 구조, 화목한 가족 관계를 강조, 상호 의존적인 부모-자녀 관계, 관계 중심의 문화 가치, 의무 · 책임 · 위계질서 · 체면을 중시하는 가족 체계, 간접적인 의사소통 유형 등이다. 경제적 기능 중 생산은 가족의 핵심적인 기능이었지만 현대 사회에서는 소비가 가족의 주된 기능으로 남았으며 성과 출산, 보호의 기능도 점점 약화되고 있다. 가족의 경제적인 기능이 매우 강조된 반면, 가족의 정신적 기능이나 집단주의적 기능은 감소하고 있다. 사교육비 부담, 여가 생활 소비의 증가 등 가족의 경제 욕구는 증가하고 있지만 가정 교육이나 정신적 기반 구축 기능이 약화되면서 부모 역할에 혼란을 겪기도 한다. 예전에 가족에서 기대하던 부분 중 많은 부분이 아웃소싱이 가능하게 되고, 정보 기술의 발달로 가족 외 생활 경험은 확대되었으며, 가족 외 정신적 지원 체계가 다양해졌다. 개인주의로 인한 가족 결속력의 약화, 가족 이기주의, 가족 간의 평등 관계 지향, 여성의 취업 증가 등에 따라 사회적 기능과 정서적 기능에 대한 요구가 높아지고 있다.

(3) 가족 문제의 변화

가족 문제는 가족 갈등, 가족 스트레스와 관련이 있다. 한국 가족의 기반이었던 유교적 가치관이 무너지면서 가족생활 전반에 걸쳐 다양한 변화가 일어났다. 단기간에 가치관이 변화하면서 현대 가족은 개인주의, 부부 중심, 가족 간의 민주적 관계, 여성의 지위 향상 등의 변화에 대처 능력이 균형을 이루지 못하면서 개인과 가족 모두는 커다란 부담과 위기의식을 안게 되었다. 가족 가치와 가족 관계에서도 다양한 변화가 진행되고 있으며, 가족 구성과 형태에 있어서도 개인의 선택과 기획에 의한 삶의 방식으로 만들어 나가는 추세가 증가하고 있다(홍승아 외, 2016). 특히, 코로나 19 이후 돌봄 문제, 자녀 교육 문제, 재택근무 등 일 관련 문제, 가족 관계 문제 등 가족생활 전반에 영향을 미치고 있다(김영란, 2020).

한국적 가족 실천 접근을 위해서는 가족관계를 중요시, 목표 설정 시 위계질서를 존중하고 활용, 개인과 가족의 일치된 목표 설정, 가족 중심적 진단과 개입, 자녀 문제 개입에 대한 부모의 노력 인정, 문제해결을 위한 중재자로서 사회복지사의 역할을 고려한다.

2. 가족 대상 사회복지실천의 이론 개관

1) 체계 이론

가족 실천은 체계 이론에 근거하여 가족을 하나의 체계로 다루며, 가족 체계 내의 상호작용을 개선하는 데 목적이 있다. 가족 성원이 경험하는 어려움을 개인의 문제로 보지 않고 개인을 둘러싼 가족 맥락 속에서 상호작용을 이해하며, 가족의 강점과 자원을 발견하고 이해하려고 시도하는 것이 중요하다. 사회복지사는 가족 개인 구성원에 대한 행동 초점에서 가족 전체를 보려는 관점과 인식의 전환이 필요하다(Mark, 1999). 인식 전환에는 ① 개인individual에서 체계system로의 전환, ② 선형적 원인론linear causality에서 순환적 원인론circular causality으로의 이동, ③ 내용content과 과정process에 대한 구분이 중요하다.

가족은 각 가정마다 고유한 특성을 지니고 있으며 규칙, 역할, 구조, 세력, 의사소통 유형을 발전시켜 온 사회적 체계로 다음의 특징이 있다.

- 전체성wholeness : 가족의 각 부분의 특성을 합한 것 이상의 특성을 지닌 체계이다. 전체는 부분의 합 이상이다.
- 가족 체계의 움직임은 생활 습관, 암묵적 규칙 등 일반적 규칙에 의해 지배된다.
- 모든 가족 체계는 경계를 가지고 있다.
- 가족 체계 한 부분의 변화는 가족 체계 전체의 변화를 초래한다.
- 가족 체계는 완전하지 않으므로 항상 비교적 안정된 상태, 즉 항상성을 유지하려는 경향이 있다.
- 가족 체계 간의 의사소통 또는 피드백이 중요하다.
- 가족 속의 개인 행동은 순환적 인과 관계로 보는 것이 보다 이해하기 용이하다.
- 가족 체계는 목적이 있다.

체계적 관점에서 개인 가족 구성원의 행동은 가족이라는 맥락에서 형성된다. 그러므로 가족 구성원이 지칭하는 문제적 · 병적 행동은 개인의 역동이 아닌 가족 상호작용의 결과로 파악할 필요가 있다. 이때 가족은 변화에 잘 적응하기 위해 가족 구조를 변화시켜야 한다. 체계적 관점은 가족에 대한 사회복지 개입에서 정보를 수집하는 방법과 개입 계획에 도움을 준다. 개인의 행동은 가족과 분리되어 만들어지지 않고 가족 안에서 만들어진다. 가족에게 인식되는 가족 개인의 질병과 문제행동은 가족 상호작용의 결과이다. 그러므로 체계적 관점을 통해 가족 역동의 숲과 개인 역동의 나무를 구별해 내는 것이 필요하다.

예를 들어, 16살 사춘기 청소년을 둔 가족이 있다. 16살 자녀는 학교 공부는 관심이 없고 아버지에게 말대꾸를 하며 가족과 충돌이 심해지기 시작했다. 자기 방문을 잠그고 음악을 듣는 행동을 한다. 아버지는 16살 사춘기 자녀가 자신의 말을 듣지 않는 것이 문제라고 한다. 사춘기 자녀는 어머니가 자신을 억압하고 통제하는 것이 문제라고 한다. 어머니는 남편이 아들에 대해 소리 지르는 서투른 양육 행동이 문제라고 한다. 사춘기 청소년이 자기 방에서 헤드폰을 끼고 음악을 듣는 것은 발달상 아무 문제가 없는 것으로 보일 때, 사춘기 자녀의 행동이 가족 체계 역동 안에서 어떤 기능, 목적, 의미를 갖는지 가정해 볼 필요가 있다. 분명히 가족 안에서 자녀가 아이였을 때와 청소년이 되었을 때의 관계 양상은 다르다. 8살의 자녀-부모의 관계와 16살이 된 자녀-부모의 관계는 달라진다. 첫 번째 가정으로 사춘기 자녀의 행동은 '부모-아이' 관계에서 '부모-청소년' 관계로의 변화 적응의 어려움으로 볼 수 있다. 두 번째 가정으로는 사춘기 자녀의 문제행동은 오히려 부모의 결혼 상태의 문제를 숨겨 주는 기능을 할 수 있다. 세 번째 가정은 부모의 사춘기 자녀와의 관계 설정 능력이 제한된 것으로 볼 수 있다. 네 번째 가정은 사춘기 자녀가 아버지의 갈등을 통해 어머니의 억압에서 벗어나기 위한 것으로 볼 수 있다. 이러한 가정을 통해 사춘기 자녀의 행동을 가족 체계에서 바라보게 한다. 가족 규칙, 역할, 경계(개인 · 가족 · 하위집단을 보호 · 강화하는 정서적 장벽)에 대한 정적 피드백(가족에게 새로운 구조를 가져오게 하는 정보)을 통해 가족 패턴 안에서 사춘기 자녀의 행동 변화를 가져오게 한다.

체계적 관점에서는 가족 내에서 정서적 반응과 행동적 반응 사이에 단순한 직선적 인과관계를 찾기 어렵다. 가족 간의 관계는 상호 연결되어 있으며, 서로의 상호작용 패턴을 강화한다. 한 구성원의 행동은 다른 구성원에게 영향을 미치고, 다시 돌아오는 순환성을 갖고 있는데, 일종의 고리처럼 연결되어 있어서 어느 한쪽만 건드려도 전체가 움직이고 영향을 받는 거대한 체계이다. 순환론적 원인론은 개인 행동의 원인을 순환적인 피드백 과정에서 찾는 것으로, 상호작용과 상호 영향을 고려한다. 가족의 경우 가족 구성원들 사이에 관계하는 양식이 가족 전체의 모양과 형태를 만들며, 가족 구성원의 상호작용 방식은 다른 가족이나 집단과 구분되는 전체의 특성을 형성한다. 예를 들어서, 아버지는 일에 몰두하고 가정에 무관심하고, 어머니는 자녀에게 지나치게 관심을 갖고 집착을 하게 될 때 자녀는 문제행동을 드러낼 수 있다. 자녀의 문제행동은 아버지가 어머니를 비난하게 하기도 하고, 자녀에게 강압적으로 훈육하게 하며, 그런 자녀

일반 체계 이론/사이버네틱스

'체계(system)'라는 용어는 1940년대 이전부터 여러 학자에 의해 사용되었다. 오스트리아 출신 생물학자인 베르탈란피(Bertalanffy, 1968)에 의해 일반 체계 이론으로 확립되었고, 거의 동시적으로 사이버네틱스의 이론적 뒷받침으로 더욱 통용되는 패러다임의 변화를 가져왔다. 체계 이론은 하나의 전체로 상호작용하는 서로 관련된 요소에 대한 연구로 일반 체계 이론과 사이버네틱스가 포함된다.

일반 체계 이론은 분자에서 개인, 사회, 우주에 이르기까지 체계적 개념틀로 설명하고, 사이버네틱스는 기본적으로 체계에 대해 동일한 개념을 갖고 전체와 부분간의 순환적 피드백 과정으로 조직되는 것을 사이버네틱스 체계라고 보았다. 일반 체계 이론은 체계는 체계의 투입과 산출에 대한 피드백 과정을 통해 원활히 유지된다고 보았고, 사이버네틱스는 피드백 과정을 단계를 두어 설명하였고, 가장 높은 단계의 피드백 과정에서 체계는 폐쇄되어 있다고 본다. 1차 사이버네틱스는 관찰자와 관찰 대상이 분리된 개방 체계로 보았고, 2차 사이버네틱스에서는 관찰자가 관찰 대상이 합쳐진 더 큰 체계가 형성되는데, 이는 폐쇄 체계가 된다는 것이다. 이러한 생물학적 공학적 체계 이론을 가족 체계에 적용한 사람은 베이트슨(Bateson, 1972)으로, 가족에 대한 개입자가 새로운 피드백 정보를 제공하는 데 개입함으로 가족에게서 인지된 문제행동 패턴을 보다 바람직한 패턴으로 바꾸어 준다고 본다(고미영, 1998).

베르탈란피가 발전시킨 일반 체계 이론은 환경의 지속적 입력과 출력을 통해 자신을 유지해 나가려는 생물학적 모델로 시작되어 체계를 분석하는 이론으로 발전하였다. 아메바 체계를 이해할 수 있다면 국가 체계도 이해할 수 있다는 명제로 일반 체계 이론은 인간의 내면을 다루는 심리학적 접근부터 사회 체계를 이해할 수 있는 다학문적 접근이 가능하게 한 공헌을 하였다.

일반 체계 이론은 매우 추상적이며, 현실을 관찰하고 구성 요소들 간의 관련성을 파악하여 조직화할 수 있는 방법들을 제시해 주며, 세포에서부터 사회, 그리고 모든 형태의 인간 연합체에 적용될 수 있다. 매우 복잡한 체계의 관계 속성 또는 체계 내부에서 이루어지는 상호작용의 특성을 이해하기 위해 개발되었다. 즉, 체계 요소들 간의 상호 관련성과 상호 의존성을 강조하는 체계적 시각으로 단선적 원인론에서 순환적 원인론으로의 전환을 가져왔고, 원조 과정에서 수집한 정보를 조직화하고 통합할 수 있는 틀을 제시해 주었다.

를 어머니가 보호하는 행동을 더 강화하게 할 수도 있다. 이렇듯 가족의 문제는 단순하게 일직선상에서 일어나는 것이 아니라 보다 복잡하게 연결된다. 사회복지사의 관심은 가족 속에서 일어나는 관계의 연쇄 고리에 있다. 가족 평가를 통해 바람직하지 못한 가족의 연쇄 고리를 끊고 건강한 연쇄 고리를 새롭게 만들어서 악순환이 반복되지 않도록 도와준다.

2) 모더니즘(modernism)[1] 기반 이론 : 1차 사이버네틱스 이론

일반 체계 이론과 사이버네틱스를 기초로 발전하였다. 가족의 기능과 역기능을 사정하기 위한 다양한 개념을 개발하고, 가족을 변화시키기 위한 여러 가지 기법을 발전시키는 데 초점을 둔다. 사이버네틱스 이론은 자기 조절 체계에서 피드백 기제에 관한 이론으로 체계가 안정을 유지하기 위해 필요한 정보를 얻는 과정인 피드백 고리가 핵심이다. 사이버네틱스를 가족에 적용하면 ① 가족 규칙은 가족 체계가 수용할 수 있는 행동의 범위를 규정 ② 가족 내에 존재하는 규칙을 지키도록 하는 데 사용하는 부정적 피드백 기제는 죄책감, 벌, 증상 ③ 문제를 중심으로 하는 가족 구성원의 상호작용의 순서는 문제에 대한 체계의 반응을 결정 ④ 체계에 익숙한 부정적 피드백이 더 이상 효과가 없을 때 긍정적 피드백 고리가 발동하게 된다(Michael P. Nichols, 2008).

모더니즘은 특정한 사회적 맥락에서 수용되는 기준과 표준에 따라 행동을 사정하고 변화시키고자 한다. 모더니즘적 시각에서 문제는 외부 관찰자가 실제로 파악할 수 있는 것으로 정의한다. 따라서 모더니즘적 관점에서 사회복지사는 문제 중심적으로 접근하며, 인성적인 특성이나 가족 상호작용이 기능적인지에 중점을 둔다.

1차 사이버네틱스는 모더니즘을 기반으로 전통적인 사회과학의 패러다임에 근거하여, 증상은 가족 전체가 가진 역기능적 체계를 표현하는 것으로 보며, 그동안 가족이 유지해 온 잘못된 규칙과 의사소통 방식, 왜곡된 관계 형태 등으로 가족이 잘 기능하지 못

1 모더니즘 : 18세기 계몽주의로부터 시작된 이성 중심주의. 인간의 이성에 대한 믿음을 강조하며 합리적 사고를 중시한다. 본질주의, 보편주의, 이분법적 사고로 인간과 자연, 사회를 인식한다.

했음을 나타낸다고 본다. 사회복지사는 역기능적 체계의 원인을 찾아내고 그 체계를 바꾸며, 클라이언트는 스스로 문제를 해결할 수 없는 존재로 본다. 사회복지사와 가족을 2개의 다른 체계로 인식하며, 사회복지사가 가족 체계 밖에서 존재하면서 문제를 진단하고 해결하는 모형이다. 가족 체계에서는 가족 하위 체계, 경계, 가족 항상성, 가족 규칙과 가족 신화, 가족 삼각관계, 가족 의사소통, 순환적 인과 관계, 가족생활 주기, 가족의 외부 체계를 중심으로 바라본다.

모더니즘에 기반한 가족실천이론은 정신 역동적 가족 상담, 다세대 가족 상담, 경험적 가족 상담, 구조적 가족 상담, 의사소통 가족 상담, 전략적 가족 상담 등이다.

(1) 다세대 가족 상담(Bowenian family therapy)

보웬Bowen은 인간관계는 개별성과 연합성의 두 세력으로 움직이며, 이 양극단의 성공적 조화는 정서적 충동에 대한 관리를 얼마나 잘 학습하였는가, 즉 자아의 분화에 달려 있다고 한다. 가족은 하나의 정서적 단위로서 가족 구성원의 자아가 잘 분화되고 불안 수준이 낮으며, 원가족과 정서적으로 좋은 관계를 맺고 있을 때 건강한 가족이라고 본다. 가족의 분화 수준은 개인의 성장에 영향을 미치는데, 보웬은 개인이 잘 기능하려면 원가족에서의 과거 경험에서 분화되어 과거와 연결되면서도 연합성과 개별성을 동시에 확보해야 한다고 본다. 현재의 가족 문제는 원가족의 미해결된 문제가 세대를 통하여 전수된 것이다. 자기 분화, 삼각관계, 핵가족 정서 과정, 가족 투사 과정, 다세대 전수 과정, 형제 순위, 정서적 단절, 사회적 정서 과정으로 가족 체계를 변화하고 가족원 개개인의 분화를 촉진하는데 중점을 둔다. 가족 문제를 과정(서로 맞물려 있는 삼각관계의 유형)과 구조(정서적 충동에 의한 반응의 유형)에 초점을 맞춰 전체 체계의 구조와 과정에 대한 통찰을 돕고 가족의 정서 과정을 주로 살핀다(Nichols & Schwartz, 2001). 가계도genogram를 주요 개입 도구로 사용하여 가족의 정서 과정에 대한 질문(과정 질문process question), 탈삼각화, 교육, 관계 실험, 코칭, 자기 위치 지키기 등의 기법을 활용한다. 효과적 코칭을 위해서는 ① 정확한 관찰자가 되어 감정 반사를 조절, ② 개인 대 개인의 관계 발달, ③ 가족관계에서 정서적 감정 반영을 조정하는 능력 향상,

④ 중립적 · 탈삼각화된 위치를 고수하기 위해 노력하도록 돕는다.

개입 구조는 1단계 초기 사정으로, ① 핵가족 정서적 기능 패턴의 특성을 파악하고, ② 가족이 과거에 경험했던 불안 수준과 현재 경험하고 있는 수준 ③ 가족이 경험했던 스트레스의 정도와 현재 경험하고 있는 정도의 핵가족력을 파악한다(Kerr & Bowen, 1988). 그리고 확대 가족 체계의 배경을 사정한다. 2단계에서 가계도나 가족도를 작성하여 증상, 형제 관계 위치, 핵가족 정서 과정, 스트레스, 정서적 반응성, 적응성, 안정성과 상호작용성, 정서적 단절, 치료의 초점, 예후 면을 평가한다. 3단계 분화로 개별성, 연합성, 분화에 중점을 둔다(Diane & Amy, 2008).

(2) 경험적 가족 상담(experiential family therapy)

인본주의 심리학에서 시작되어 지금–여기에서의 경험을 중시하며, 가족의 갈등과 행동 양식에 맞는 경험을 제공하는데, 경험은 가족 성원이 자발적으로 자신을 열어볼 수 있는 기회, 표현의 자유, 개인의 성장 등을 의미한다. 경험적 가족 상담은 개인의 경험과 가족 체계에 대한 이중적 초점을 강조하는 접근으로, 가족 관계 속에서 구성원의 개별성을 중요하게 여긴다. 사티어Satir는 가족 구성원이 사랑을 경험하면서 높은 수준의 자아존중감과 자기 가치의 감정을 경험하는 것이 강조한다.

가족 구성원이 각자의 진정한 정서와 접촉을 통해 변화하며, 개인의 성격과 가족의 조화를 촉진하기 위해 정서와 충동을 자유롭게 해방하여 방어를 감소하고, 경험의 깊은 수준을 드러내도록 돕는다. 미해결된 주제가 문제가 되어 현재의 기능을 방해하므로 지금–여기에서 경험하고 작업하여 일치적으로 만든다. 개인의 자기표현을 강화하여 가족 체계의 힘을 회복하고, 문제의 해결보다는 개인의 성장에 중점을 둔다. 일상적이며 익숙한 개인의 역기능적 반응 체계에 도전하여 클라이언트가 새로운 양식의 반응 체계를 더욱 많이 경험할 수 있도록 역할 놀이, 정서적 직면 기법, 조각하기, 가족 그리기 등의 표현 지향적인 기법을 사용한다.

사티어의 경험적 가족실천모델은 사정과 개입에 있어서 자아존중감, 생존 유형, 가족 규칙을 중요하게 다루며, 개입 과정에서 가족 구성원의 자아존중감을 사정 및 재구성하며 역기능적 의사소통 유형을 인식하고 일치적 의사소통 유형으로 전달할 수 있도록 돕는다. 변화 과정을 치료적 변형의 순환적 단계로 정의하며, 정체 상태, 외부 요인의 도입 단계, 혼돈, 변형, 통합, 연습, 새로운 상태의 7단계를 거친다고 본다. 사티어의 경험적 가족실천에서는, ① 접촉하기 ② 빙산 탐색iceburg explration 기법 ③ 원가족 삼인군 치료primary triad therapy ④ 가족 조각family sculpture ⑤ 역기능적 의사소통 유형인 회유형placating, 비난형blaming, 초이성형super-reasonable, 산만형irrelevant과 기능적 의사소통 유형인 일치형congruent을 다루는 의사소통 기법을 활용한다.

표 11-2 사티어의 유사소통 유형과 자세

의사소통 유형	특징	조각 기법
회유형	• 자기 감정을 무시하고 다른 사람에게 나의 힘을 넘겨주고 모두 동의하는 말 • 갈등이나 타인의 불편함을 견디지 못하고 시간, 돈 등을 주면서까지 상대의 고통을 가볍게 해주려고 하며, 일이 잘못되면 자신의 책임으로 돌리고 비난받아야 한다고 함	• 애원하면서 무릎을 꿇는 형태, 사과하고 애걸하는 행동, 지나친 상냥함
비난형	• 약해서는 안 된다는 의지로 자신을 보호하고 타인, 환경을 괴롭히고 비난하거나 탓함 • 외적으로 오만하지만 내적으로 불안정	• 비난하듯 손가락으로 지시하면서 서 있는 모습, 탓하기, 소리치기
초이성형	• 지나치게 이성적, 논리적, 비인간적, 객관적 • 적으로는 쉽게 상처받고 소외감, 감정이 취약하여 감정에서 상황으로 초점을 바꿈	• 팔짱 끼고 꼿꼿하게 서 있는 모습, 딱딱하고 경직되며 냉담한 모습
산만형	• 자신, 타인, 상황 모두를 무시하며 지나치게 즐거워하거나 익살맞은 행동으로 의사소통 혼란 초래 • 매우 산만한 행동, 혼돈되어 있는 심리적 상태, 극단적 심리적 불균형 상태	• 팔다리를 서로 다른 방향으로 움직이는 모습, 부산스럽고 바보스러운 모습
일치형	• 의사소통의 내용과 내면의 감정이 일치하는 유형 • 기능적으로 현실 문제 바람직한 방법으로 해결 • 자신이 되기를 선택하고 타인과 만나고 관계 맺고 상호작용	• 편안하고 균형 잡힌 자세로 서 있는 모습

(3) 구조적 가족 상담(structural family therapy)

구조적 가족 상담은 내적 · 묵시적 가족 규칙을 찾아내어 조명하는 한편, 가족의 의사소통과 상호작용 유형의 관계적 측면의 전개도를 제공한다(Minuchin & Fisherman, 1981). 가족을 구성원 간의 상호작용을 지배하는 일정한 행동 유형과 규칙에 따라 구조화된 하나의 체계로 보며, 그 자체를 하나의 유기체로 간주한다. 가족 체계는 하위 체계를 창조하며, 그 하위 체계들 간의 위계질서를 형성한다. 가족 체계의 변환과 재구조화는 상호작용 유형과 개인이 다른 사람과 관계하는 유형에도 변화를 가져온다. 미누친(Minuchin, 1974)은 사회복지사는 ① 지도력을 가지고 가족에 합류, ② 가족의 밑바탕에 깔린 구조를 파악, ③ 이 구조를 변형하기 위해 개입하는 것이 중요하다고 했다.

건강하게 기능하는 가족은 적절한 위계 구조, 부모의 제휴, 부부 하위 체계가 분리되어 존재, 모든 개인과 하위 체계 간 명확한 경계의 수립과 지속을 특징으로 한다. 치료 과정은 합류와 적응하기, 실연, 구조 형태 파악하기, 특정 상호작용을 부각하여 조정하기, 경계선 설정하기, 균형 무너뜨리기, 가족 신념에 도전하기 단계로 이루어진다. 치료의 구조는 가족 체계를 재구조화하고 변화을 용이하게 하는 합류와 적응, 가족 구조 도표화, 개입이다. 구조적 가족이론에서는 ① 의도적 치유적 관여를 하는 구조화, 실연 enactment, 과제 주기 기법 등의 교류 창조creation of transaction ② 유지, 질문, 추적tracking, 가족 의사소통 방법과 내용 모방 등의 기법인 교류와의 합류joining with the trasaction ③ 체계의 재편성, 증상 강조 및 축소, 증상의 초점화, 구조 수정, 가족 지도를 포함하는 교류의 재구조화restructuring the traszction 등의 기법을 활용한다.

(4) 전략적 가족 상담(strategic family therapy)

가능하면 빠르고 효과적으로 문제를 해결하기 위한 전략적 접근을 사용하여 제시된 문제를 해결하는 특성을 갖는 모델을 통칭한다. 가족 문제는 사이버네틱스적이어서 잘못 시도된 해결이 지속되거나 정적인 피드백의 확대에 의해 생기는 것이라고 본다. 가족의 생활 주기에서 다양한 변화의 전환점이 있을 때 과정이 순조롭지 않을 때 문제가 생긴다. 가족은 피드백을 통해 서로 정보를 교환하면서 행동을 통제하거나 확장하는데, 역기능적 가족은 문제를 해결하기 위해 새로운 시도(정적 피드백)을 하지만 기존의 의사소통 방식(부적 피드백)으로 돌아가서 문제를 더 악화시키고 부정적 순환을 한다. 가족원이 위계에 맞는 권력과 통제를 가질 때 위계질서가 유지되며, 균형이 깨지면 위계질서에 문제가 발생하므로 사회복지사는 관계 이면의 권력과 통제 관계와 가족 관계를 파악하여 개입할 수 있다. 성찰이나 이해의 변화보다는 행동 변화에 관심을 두고, 문제의 원인보다 문제를 지속시키는 것에 관심을 갖고 최소한의 중재를 통해 문제를 해결하고자 한다. 전략적 가족 이론의 주요 개념은 의사소통 이론, 가족 항상성, 피드백 고리, 가족 규칙, 일차적 · 이차적 변화, 순환적 인과성 등이다. 전략적 가족 상담에서는 ① 증상 처방symptom prescription ② 재정의 ③ 목표와 반대되는 증상적인 행동을 계속하도록 지시하는 역설적 지시paradoxic directive ④ 문제시하는 행동을 과장 또는 계속하게 하는 연극적인 가장 기법pretend technique ⑤ 가족이 문제와 상관없는 대화나 활동을 하도록 비유나 이야기를 통해 변화를 유도하는 은유적 과업metaphoric task ⑥ 돌아가면서 가족 상호작용이나 관계에 대해 질문하도록 하는 순환 질문circular question ⑦ 변화하지 말라고 하여 가족이 향상하거나 너무 빨리 변화하지 않도록 하는 제재 ⑧ 가족이 모두 참여하도록 하고 가족이 경직된 가족 규칙이나 신화와 반대로 행동하거나 과장해서 행동하도록 하는 의식ritual 기법 등을 활용한다.

3) 포스트모더니즘(postmodernism)[2] 기반 이론 : 2차 사이버네틱스 이론

가족 치료에 있어서 포스트모던적 대변혁은 체계적 사고에 도전한다. 포스트모던적 관점으로 볼 때 객관적 견지에서 인식할 수 있는 영역은 없으며, 오히려 우리가 '현실'이

2 포스트모더니즘 : 제2차 세계대전 및 여성 운동, 학생 운동, 흑인 인권 운동의 영향을 받고 모더니즘의 이성 중심주의에 대해 근본적인 회의를 내포하고 있는 사상적 경향의 총칭. 1980년대 문학, 예술, 문화 전반에 나타난 시대정신이나 세계관. 다양한 의견을 존중하고, 문제를 제기하는 것 자체에 의의를 둔다. 다양성, 차이, 비본질주의를 강조하며, 탈중심적이고 다원적 사고, 탈이성적 사고의 인식 방법이 특징이다.

라고 일컫는 것이 사회적으로 구성된다. 주관적으로 인간에게 인식된 것이며 관찰되므로 역기능이란 없고, 단지 관찰자에 의해 관찰된 것일 뿐이다. 사회구성주의적 견해를 가진 사회복지사는 의미에 초점을 맞추거나 혹은 가족들이 문제를 보는 데 가지고 있는 전체를 공유한다. 이와 같은 입장에서는 기능적 또는 역기능인가는 보는 사람의 시각에 따라 달라진다는 점을 강조한다. 포스트모더니즘에 영향을 받은 사회복지사는 사건에 주어진 언어와 의미가 행동적 결과나 가족의 상호작용 유형을 달라지게 하는 것에 대해 가족과 협력적 대화를 하는 데 관심이 있다. 가족의 기능적 또는 역기능 여부는 단일한 기준에 의해 평가될 수 없고, 개인적인 경험이나 가족이 처한 상황에 따라 다르게 평가될 수 있다고 본다. 그리고 성, 민족성, 인종, 성적 지향과 사회 계층 문제를 고려하며, 클라이언트의 생활에서 새로운 의미를 발견하는 것을 돕고, 더 실행할 수 있는 해결책을 찾는 것을 돕는다. 포스트모던 상담의 핵심은 언어 공동체 안에서 자신에게 맞는 의미와 지식을 함께 도출함으로써 가족들이 선호하는 삶을 구성하는 데에 있다(고미숙, 2011).

2차 사이버네틱스는 포스트모더니즘 관점과 일치하며, 1차 사이버네틱스의 한계를 벗어나 피드백 과정에도 여러 수준이 있음을 강조한 개념으로, 후기 가족 치료에 영향을 미쳤다. 사회적 구성주의에서 가족의 문제는 언어에 의해 인식되며, 문제는 언어를 통해 구성된 것이므로 언어에 대한 변화가 필요하다고 본다. 상담은 관찰자와 관찰하는 체계 간의 상호작용으로 사회복지사는 가족이 스스로 문제를 찾고 해결하도록 도와주는 촉진자이다. 2차 사이버네틱스는 사회복지사가 가족 체계 안에 존재하면서 가족과 공동으로 문제를 진단하고 해결하는 모형으로 구성주의, 사회 구성주의, 후기 구조주의, 후기 가족 상담 이론이 해당된다.

사회구성주의적 가족 상담에는 해결중심 가족 상담, 협력 언어 체계 모델, 이야기 가족 상담, 반영팀 모델 등이 있다. 체계의 속성을 자율성, 자기 준거성, 구조적 결정, 자기 조직, 자기 제작으로 보는 이론이다. 이 중 가족 대상 사회복지실천에서 가장 많이 쓰는 것이 해결중심 가족 상담과 이야기 상담이다.

(1) 해결중심 가족 상담(solution-focused family therapy)

전략적 모델을 토대로 발전했으며, 가족의 병리와 문제에 초점을 맞추지 않고 해결을 구축하도록 돕는 해결적 접근이다. 해결중심상담에서는 인간을 긍정적으로 보고, 인간의 삶은 끊임 없이 문제가 발생하고 해결되는 과정의 연속성 상에 있다고 본다. 해결중심 가족 상담에서는 ① 문제가 없으면 손대지 않기 ② 효과가 있으면 계속하기 ③ 효과가 없으면 그만두기를 원칙으로 항상 긍정적인 측면에 초점을 두며, 작은 변화가 큰 변화를 일으킨다고 본다. 사람은 자신의 문제를 해결하는 데 필요한 자원이 있고, 의미와 체험의 변화는 상호작용 속에서 일어난다. 클라이언트는 자신에 대한 전문가이며, 문제를 해결하는 클라이언트의 의도를 신뢰한다. 상담 방법의 경제성을 추구하여 단순한 것에서 복잡한 것으로 개입하며, 변화는 불가피하므로 예외 상황을 찾아서 긍정적 변화를 하도록 돕는다. 현재에 초점을 맞추고, 목표 수행은 힘든 일이라고 인식하도록 하여 포기하지 않고, 목표 성취를 위해 클라이언트와의 협력관계로 과제 수행을 위한 노력이 중요함을 알도록 한다. 기적 질문, 예외 질문, 그리고 척도 질문 기법이 일반적으로 사용되며, 과정에 관련된 세트로, 문제에 대한 치료적 설명이나 해결을 강요함 없이 해결을 발달시키는 고유의 기술을 사용하여 클라이언트를 돕는다. 변화는 지속적으로 일어나고, 연쇄적이라고 보고, 긍정적인 측면에 초점을 두며 미래 지향적으로 현재에 초점을 맞추며, 클라이언트와의 협력관계를 중요시한다.

해결중심 실천에서는 개입 전 변화에 대한 질문pre-session change question, 예외 질문exception-finding question, 기적 질문miracle question, 척도 질문scaling question, 대처 질문coping question, 예언 기법, 익숙한 패턴 중단하기 기법, 악몽 질문nightmare question, 관계성 질문relationship question, 그 외에 또 무엇이 있습니까 질문, 메시지 전달 기법 등을 사용한다.

(2) 이야기 가족 상담(narrative family therapy)

이야기narrative는 포괄적인 개념으로, 삶 속에서 경험하는 다양한 실제 또는 허구적 사건에 대해 개인 고유의 방식으로 해석한 것을 언어 또는 다양한 매체로 구성, 창조하는 것이다. 이야기는 외부적 요인에 영향받지 않고 단독으로 존재할 수 없으며, 의미 부여와 해석의 틀을 제공한다. 삶에서 구조화된 이야기는 과거와 현재의 정체성을 말해 주는 동시에 미래의 경험을 해석하는 방식에 영향을 미친다. 이야기는 가변적이며, 다양한 의미와 해석이 가능하고, 이야기적 은유법—우리의 현실은 우리들 자신에 대해 말하는 이야기에 의해 조직되고 유지된다—에 관심을 둔다. 문화적 이야기는 지배적인 담론를 제공하며, 객관적인 '진실'로 변장되면서, 같은 사건에 대해 교체되는 진술에 가끔 압박을 가하고 무시하여 자유로운 선택을 막는다. 이야기 가족 상담의 기본 전제는 ① 사람은 좋은 의도를 갖고 있고 주변의 이야기에 영향을 많이 받는다 ② 사람이 아니라 문제가 문제이다 ③ 문제와 내재화한 부정적 문화적 이야기로부터 자신을 분리하면 대안 이야기를 개발할 수 있다는 것이다. 이야기는 삶을 형성하며, 살아가는 방식에 영향을 미친다. 사회복지사는 가족과 함께 압박하고 있는 문제를 외재하는 것을 돕고, 가족의 생활에 대해 보다 성취적인 진술을 제공하는 새로운 이야기를 함께 구축하기 위해서 독특하고 유일한 결과에 유의한다. 사회복지사는 새로운 이야기를 만들어 내도록 강요하지 않고, 클라이언트를 존중하는 태도와 질문 접근법을 사용한다. 협력적으로 경청하려는 입장으로 클라이언트의 강점, 자원이 풍부했을 때를 탐색한다. ① 문제 외재화 ② 질문 기법으로 외재화 질문, 해체적 질문, 상대적 영향력 질문, 강화 질문, 담론 질문, 변화 질문 등 ③ 스토리텔링storytelling ④ 비계 작업scaffolding ⑤ 이야기 다시 쓰기re-authoring ⑥ 새로운 이야기 강화하기 위해 회원 재구성re-membering, 외부 증인 집단outsider witness group, 인정 의식definitional ceremony, 치료적 문서therapeutic document 기법 등을 사용한다.

3. 가족 사정

가족 사정family assessment은 가족을 하나의 개입의 단위로 보고, 가족의 내부나 외부 체계 간의 상호작용을 파악하여 가족에 대한 개입을 하기 위한 선행 작업이다. 가족이 제시한 문제와 관련하여 체계적인 관점에서 정보를 수집, 종합, 분석하여 가족 문제에 대한 가설을 세우고, 개입의 초점과 목표, 개입 방법을 결정하는 일련의 과정이다.

1) 가족 사정의 내용

가족 사정 내용에는 가족이 제시하는 문제, 체계적 맥락, 가족생활 주기, 의사소통, 가족 규칙, 강점과 자원, 특별히 고려해야 하는 요소 등이 포함된다. 가족 사정은 주로 초기에 이루어지지만 진행되는 과정 중에도 가족 역동의 변화를 통해 전 과정에서 이루어진다.

(1) 가족이 제시하는 문제

먼저 가족에게 상담하러 오게 된 동기와 최근 경험을 중심으로 문제의 본질을 파악하기 위해 충분히 가족이 표현할 수 있도록 하며, 구체적이고 다양한 질문을 한다. 가족이 제시한 문제와 가족 체계적 관점에서의 문제는 다를 수도 있다. 자세한 질문을 통해

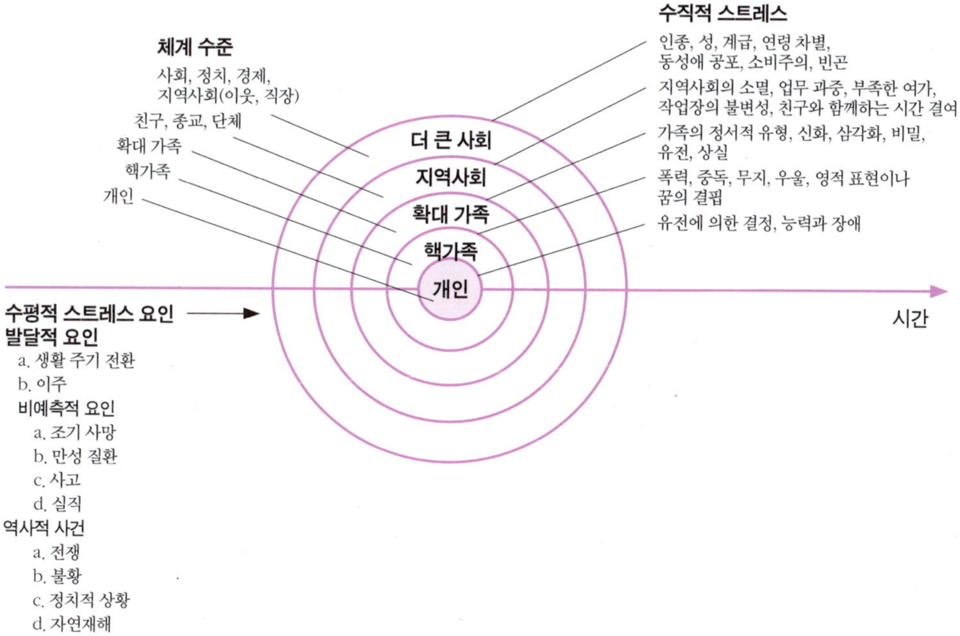

그림 11-1 가족의 스트레스 순환

출처 : McGoldrick, Gerson, & Shellenberger(이영분 · 김유숙 · 정혜정 공역, 2005).

가족이 충분히 이야기하도록 격려하고, 정보를 수집한다. 가족이 보는 문제나 욕구, 가족 구성원 간 차이가 있는지, 환경 체계는 가족 문제를 무엇으로 보는지 등을 주관적, 객관적 정보로 탐색한다.

(2) 가족 체계

사회복지사는 가족 체계론적 관점에서 가족의 구조와 관계 과정을 탐색한다. 가족 전체의 관계적 맥락 성격과 상호작용적 연쇄 고리에 초점을 두는 사정 방법을 사용하여, 이론적 성향에 관계없이 현재 가족 내부 구성원 간의 행동 양상, 구성원 간의 경계, 하위 체계 간의 관계, 외부와의 경계 등 가족 경계에 대한 사정, 가족의 역사적 맥락, 가족 규칙, 가족 위계 구조, 부부 권력 형태, 부모의 권위, 가족의 역할, 가족과 주변 환경과의 상호작용 양상 등 가족의 문제 및 증상과 관련하여 사정한다. 가족 구조, 관계, 전체 맥락에서 탐색하여 문제의 형성 과정을 파악한다.

가족 내부 구성원 간의 행동 양상에 대한 사정 시 내용에는 ① 문제 상황의 탐색, 문제의 원인에 대한 가족 구성원의 시각을 탐색하는 표출 문제 탐색 ② 시도했던 해결책 확인 ③ 폭력 및 알코올 남용에 대한 탐색 ④ 직접 질문이나 행동 관찰을 통한 가족 구성원의 의미 체계 탐색이 포함된다. 가족 내 하위 체계 간의 경계는 밀착된 가족enmashed family과 유리된 가족disengaged family으로 구분된다. 밀착된 가족은 애매모호한 경계를 갖고 자녀가 부모에게 도전, 간섭하며, 부모도 자녀 일에 지나치게 간섭하고 참여하는 양상을 띠고, 유리된 가족은 경직된 경계를 갖고 부모로서의 권위만 고집하거나 자녀 문제에 관여하지 않고 무관심하여 자기중심적이며, 다른 구성원에 관심을 갖지 않고 응집력과 유대 관계가 부족하다.

가족의 역사적 맥락은 주로 가계도genograms를 사용하는데, 현재 문제에 영향을 미치는 가족 내력을 파악하는 방법으로 다세대 간 갈등, 원가족과의 갈등, 고부간 갈등, 해결되지 않은 과거의 가족 갈등을 갖고 있는 가족에게 유용하다.

가족 체계의 주변 환경과의 상호작용을 파악하는 생태적 사정은 생태도eco-map를 사용하여 가족 체계가 사회 공간 안에서 어떤 위치와 상황에 있는가를 파악하는 것이다.

가족의 세대 간 사정은 확대 가족의 연계성과 영속성을 파악하는 것으로, 가족 구성원 외에 그 가정의 고유한 전통, 풍속, 가치, 신념 등을 내포하며, 행동 방식, 대처 방식, 부모와의 관계성, 친밀감 정도, 구속 등에서 영향을 받는다. 부부의 성격 차이, 양육 방식, 서로 다른 가치관, 행동 방식 등 많은 가족 문제와 갈등은 세대를 통한 가족 역동성을 통해 이해할 수 있다.

(3) 가족생활 주기

가족 체계는 지속적으로 변화하는데, 가족생활 주기는 가족의 성장과 변화 과정을 시간의 흐름에 따라 단계별로 유형화한 것으로, 정상적인 가족의 기초선을 제공한다. 가족의 발달 과정, 구조 분석, 각 가족 구성원의 발달적 과업, 도전, 어려움 등을 파악하여 적절하게 대처하고, 가족 문제를 진단하고 각 단계별 가족의 다양한 문제를 예방하고 개입의 준거틀을 마련할 수 있다.

표 11-3 가족생활 주기

가족생활 주기 단계	전환에 동반된 특징적 원리	발달 과정에 따른 가족의 이차적 변화
소속되지 않은 성인	자신에 대한 정서적 · 재정적 수용	• 원가족과의 관계로부터 분화 • 친밀한 또래관계의 발달 • 직업과 경제적 독립에 관한 정체성 확립
가족 형성 단계	새로운 체계에 대한 헌신	• 부부 체계 형성 • 배우자가 포함되도록 확대 가족 관계와 친구 관계 재조정
어린 자녀가 있는 가족	가족 체계 내 새로운 구성원 수용	• 자녀를 포함하는 부부 체계로 조정 • 자녀 양육, 재정, 가사에 공동 참여
청소년이 있는 가족	자녀의 독립과 조부모의 취약함을 포용하는 가족 경계의 융통성 증가	• 청소년기 자녀가 가족 체계의 경계 출입을 허용하는 형태로 부모-자녀 관계 변화 • 중년기 부부 문제와 직업 문제에 재초점 • 노년 세대(윗세대) 보호를 위한 준비

가족생활 주기 단계	전환에 동반된 특징적 원리	발달 과정에 따른 가족의 이차적 변화
자녀의 자립 단계	가족 체계 밖에서 생활하거나 가족 체계에 새롭게 참가하는 가족의 다양화 현상 수용	• 2인 체계로서의 부부 체계로 재조정 • 성장한 자녀와 부모 사이에 성인 대 성인 관계의 발달 • 자녀의 배우자와 손자를 포함한 형태의 가족 관계 재조정 • 부모 또는 조부모의 장해와 죽음에 대한 대처
노년기	세대에 따른 역할 변화의 수용	• 자신 또는 부부의 기능 유지와 신체적 쇠약에 대한 관심 유지 • 중간 세대가 중심적 역할하도록 지지 • 새로운 가족 관계 또는 사회적 역할 탐색 • 윗세대에 대한 적절한 지지, 연장자의 지혜와 경험을 가족 체계 속에서 살리는 기회 제공 • 배우자, 형제, 동년배의 상실에 대한 대처, 죽음에 대한 준비

출처 : Carter, B., & McGoldrick, M.(Eds.)(2005).

가족의 변화 중 두드러진 것 중 하나가 이혼과 재혼의 증가이다. 이혼과 재혼에 대한 회복과 적응은 매우 중요한데, 이 과정 자체에 다양하고 복잡한 정서적 과제와 관계들이 존재하기 때문이다. 이혼 가족의 경우 자녀 양육을 담당하게 된 한부모는 해결해야 하는 많은 문제에 직면하고, 감당하기 어려운 스트레스를 경험한다. 따라서 사회복지사는 한부모 가정의 긴장과 스트레스를 잘 중재할 수 있도록 돕는다.

표 11-4 이혼 가족 가족생활 주기

단계	전환에 동반된 특징적 원리	발달상의 과업
소속되지 않은 성인	자신에 대한 정서적 · 재정적 수용	• 원가족과의 관계로부터 분화 • 친밀한 또래관계의 발달 • 직업과 경제적 독립에 관한 정체성 확립
가족 형성 단계	새로운 체계에 대한 헌신	• 부부 체계 형성 • 배우자가 포함되도록 확대 가족 관계와 친구 관계 재조정

단계	전환에 동반된 특징적 원리	발달상의 과업
어린 자녀가 있는 가족	가족 체계 내 새로운 구성원 수용	• 자녀를 포함하는 부부 체계로 조정 • 자녀 양육, 재정, 가사에 공동 참여
청소년이 있는 가족	자녀의 독립과 조부모의 취약함을 포용하는 가족 경계의 융통성 증가	• 청소년기 자녀가 가족 체계의 경계 출입을 허용하는 형태로 부모–자녀 관계 변화 • 중년기 부부 문제와 직업 문제에 재초점 • 노년 세대(윗세대) 보호를 위한 준비
자녀의 자립 단계	가족 체계 밖에서 생활하거나 가족 체계에 새롭게 참가하는 가족의 다양화 현상 수용	• 2인 체계로서의 부부 체계로 재조정 • 성장한 자녀와 부모 사이에 성인 대 성인 관계의 발달 • 자녀의 배우자와 손자를 포함한 형태의 가족 관계 재조정 • 부모 또는 조부모의 장해와 죽음에 대한 대처
노년기	세대에 따른 역할 변화의 수용	• 자신 또는 부부의 기능 유지와 신체적 쇠약에 대한 관심 유지 • 중간 세대가 중심적 역할하도록 지지 • 새로운 가족 관계 또는 사회적 역할 탐색 • 윗세대에 대한 적절한 지지, 연장자의 지혜와 경험을 가족 체계 속에서 살리는 기회 제공 • 배우자, 형제, 동년배의 상실에 대한 대처, 죽음에 대한 준비

출처 : Carter, B., & McGoldrick, M.(Eds.)(2005).

결혼 관계를 끝내고 가족을 재조직하는 일은 복잡한 정서 과정을 수반하는 변화로 표 11–5와 같은 상처와 치유의 단계별 특징을 가진다.

표 11–5 상처와 치유의 단계별 특징

단계	발달상의 과업
1단계 : 별거 전 단계	• 회의기 : 결혼 미래에 대한 불확실성 • 실망기 : 분노, 불신, 불안, 우울, 상처 • 결심기 : 버려진 사람의 경우 증상이 증가, 떠나는 사람은 안도감과 수치심
2단계 : 별거 단계	• 충격, 안도, 부인, 넋 나간 느낌

단계	발달상의 과업
(3단계로의 장애물)	(폭발 위험이 있는 강렬한 감정들이 억눌려 있음) • 부인, 무감각, 우울, 냉담, 죄책감, 수치심
3단계 : 장벽을 넘는 단계	• 원초적 감정의 소용돌이 : 분노, 복수심, 불신, 원한, 실망, 슬픔, 후회, 비난, 비통, 경쟁심, 안도감, 행복감, 유순함, 갈망, 비난, 수용, 슬픔, 옛 생활 방식을 새로운 현실에 맞추기, 화해에 대한 소망 • 주요 증상 : 재검토 작업 – 과거에 대한 재평가, 축적된 감정 방출 격렬한 감정 부인(관계 종결, 결혼 생활 방식의 종결, 부모 역할의 종결) 스트레스 신체적 증상 • 위험 신호 : 사고 발생 경향 판단력 결여 질병에 대한 저항력 약화 격렬한 정서의 부정 복수 및 폭력에 대한 끊임없는 생각 재판 후엔 감정이 가라앉겠지 하는 생각 신속한 대체 결혼에 대한 유혹 분노로 인해 마약 중독자가 될 위험성 우울, 죄책감, 비난 게임
4단계 : 사춘기 같은 성인 단계	• 자신의 정체성 재정립 • 삶의 양식을 변화시킴 • 새로운 부모 역할 • 독신으로서 다시 시작 • 새 친구들과 사회적 친분 관계 • 새로운 삶의 터전과 지위에 할당
5단계 : 성숙한 정체성과 생활 양식 형성 단계	• 친밀 관계와의 결별 완료 • 새 생활 양식에 익숙해짐 • 자존감 증대 • 새로운 부모 역할에 익숙해짐 • 옛 생활방식의 평가 완료 • 변화에 따른 안전감과 편안감 • 친구 관계망 형성

출처 : 신라대학교 가족상담센터 편역(2005).

재혼 가족은 이전 가족의 붕괴에 새로운 가족생활이 시작된다. 성공적인 재혼 가족은 현실적인 기대를 갖고, 상실감을 인정하며 견고한 부부 관계와 만족스러운 계부모-자녀 관계를 형성하며, 자녀를 위해 전 배우자와의 협조 관계를 구축한다.

표 11-6 재혼 가족의 형성 : 발달적 개요

단계	필수적 태도	발달적 쟁점
새로운 관계의 형성	첫 결혼 상실에서의 회복(적절한 '정서적 이혼')	• 복잡성과 모호성을 다룰 준비를 갖추고 새로운 결혼과 가족 형성에 다시 헌신
새로운 결혼과 가족에 대한 개념화와 계획 세우기	재혼과 재가족 형성에 대한 자신과 새 배우자 및 자녀가 갖는 두려움 수용 다음 사항에 내재된 복잡성과 모호성에 적응하기 위해 시간과 인내심이 요구됨을 인정 • 다양한 새로운 역할 • 경계 : 공간, 시간, 소속감 및 권위 • 정서적 문제 : 죄책감, 충성심, 갈등, 상호성에 대한 욕구, 해결되지 않은 과거의 상처	• 거짓 상호성을 피하기 위해 새로운 관계에서 개방성을 갖도록 작업 • 전 배우자와 공동 재정 및 공동 부모 관계 유지에 대한 계획 • 자녀가 두 체계 안에서 겪는 두려움, 충성에 대한 갈등 및 소속감을 다룰 수 있도록 돕기 • 배우자 및 자녀를 포함시키기 위해 확대 가족과의 관계를 재정비 • 자녀가 전 배우자의 확대 가족과 관계를 유지하도록 계획
재혼 및 가족의 재구성	• 전 배우자에 대한 애착 끊기와 이상적인 '정상 가족'에 대한 집착에서 벗어남. 투과성 있는 경계를 가진 새로운 가족 모델 수용	• 새 배우자-재부모를 포함하도록 가족 경계선을 재구조 • 여러 체계가 섞일 수 있도록 관계와 재정적 배려를 하위 체계를 통해 재조정 • 자녀가 보호자의 친부모, 조부모 및 확대가족과 관계를 지속하도록 허용 • 새 가족의 통합을 강화하는 추억과 역사의 공유

출처 : Carter & McGoldrick(2000).

(4) 의사소통

의미를 공유하는 상징적, 상호작용적인 과정으로 가족 체계와 체계 내의 가족 구조를 형성하고 변화시킨다. 의사소통의 내용이나 방식은 가족 관계나 전체에 영향을 미치며 가족 문제를 야기하는 요소가 되므로 사회복지사는 가족이 어떤 내용과 방식으로 의사소통을 하는지 관심을 가진다. 의사소통은 정보라는 내용 수준과 정보의 해석과 이해인 관계 수준에서 발생한다. 의사소통은 표현 방식에 따라 언어적, 비언어적 의사소통으로 나눈다. 의사소통의 명확성, 일치성, 경청 정도, 감정표현 방식, 의사결정

형태를 사정한다. 사티어는 의사소통의 일치성이 가족 기능에 중요한 영향을 미친다고 하며, 가족 구성원의 자아존중감을 향상하면서 감정이나 생각을 일치적 의사소통 유형으로 전달하는 가족이 기능적이라고 본다.

기능적 의사소통은 가족원이 자유롭게 사실이나 감정을 표현하는 긍정적 의사소통 방식으로 개방성, 직접성, 분명하고 정확한 표현, 자유롭게 감정표현을 하고, 언어적-비언어적 수준, 상황적 수준 간 일치성이 높다. 역기능적 의사소통은 비난적 표현을 더 많이 경험하며 의사소통이 원만하게 이루어지지 않고, 애매모호하고 간적접인 방식으로 의사소통이 이루어진다. 이중 구속double bind 메시지, 위장, 너-전달법처럼 언어적-비언어적 메시지가 일치하지 않는다.

가족의 의사소통에 대한 사정을 할 때에는 다음의 사항을 점검한다.

- 가족 내 개인과 개인 간, 하위 체계 상호 간 의사소통
- 내용(정보를 전달)과 관계(정보가 전달되는 방식)
- 의사소통은 맥락 속에서 이해
- 의사소통 양식을 유지하는 규칙
- 건강하지 않은 의사소통
  ① 언어적, 비언어적 메시지의 불일치
  예) 예쁘다고 하면서 흘겨보는 상황
  ② 이중 구속 메시지 : 두 가지 상반된 메시지를 동시에 전달
  예) 자녀 : 엄마, 좀 늦을 것 같은데….
  엄마 : 그래, 재미있게 놀다 와. 엄마는 혼자 외롭고 쓸쓸하게 이렇게….
  ③ 내용과 관계 수준 불일치 : 의사소통하는 두 사람의 관계에 대한 규정이 불일치하거나 모호할 경우
  예) 남편 : 오늘 너무 힘들었어.
  (내가 밖에서 힘들었으니까 나를 위해 당신이 뭔가 해줘야지.)
- 언어적 의사소통과 비언어적 의사소통
  ① 언어적 : 누가 누구에게, 대변인, 나 메시지, 주도자와 저지하려는 사람, 평가

적 단어와 지지적 단어 사용, 논의는 어떤 식으로 어떤 단어를 주로 쓰면서 누가 주도하는가, 듣는가, 자기 말만 하는가, 방해하는가, 안 듣는가 등

② 비언어적 : 인정하는 태도, 비난하는 태도, 회피, 앉는 위치, 가장 먼저 들어오고 가장 나중에 나가는가, 시선 접촉, 신체적 접촉, 편안한 접촉, 불편한 접촉 등

(5) 가족 규칙

가족 체계를 조절하고, 유지하는 역할을 하는 것으로, 가정 안에서 힘의 분배와 역할, 행동 방식을 결정한다. 가족 규칙이 명시적인지 암묵적인지, 규칙의 타당성, 유동성, 차이에 대한 수용, 정보 공유에 관한 규칙, 비밀이나 금지된 화제, 경험과 감정표현에 관한 규칙 등을 사정한다.

가족 규칙의 명확성과 융통성을 살펴볼 필요가 있는데, 명시적 규칙과 암묵적 규칙이 가족 성원의 관계와 발달에 미치는 영향을 사정한다. 암묵적 규칙은 잘 인식되지 않아서 가족생활 속에서 반복적인 행동 방식에 의해 추론해 낼 수 있다. 암묵적 규칙은 이중적 행동 구조를 만들고, 장기적으로 부정적 영향을 미쳐서 가족 성원의 기능에 손상을 가져오고, 다양한 문제와 역기능을 초래한다. 역기능적 가족일수록 암묵적 규칙에 따라 행동하며, 규칙의 융통성이 없고 제한적이며, 절대적일 수 있다. 가족 규칙보다 더 강력한 것을 가족 신화라고 한다.

가족 규칙은 행동적 요소와 인지적 요소로 구성되므로 가족 성원에 의해 정당화되고 패턴화된 방식은 개인 삶의 전략으로 선택된다. 역기능적 규칙으로 형성된 인지 왜곡은 개인의 다양성이나 개별성에 대한 존중 없이 매우 경직되고, 비타협적 신념을 형성한다. 어려움을 겪고 있는 가족에서 역기능적 가족 규칙과 인지 패턴을 찾아서 다루는 것은 문제해결과 성장에 중요하다.

(6) 강점과 자원

가족이 갖고 있는 경험과 강점, 자원을 탐색하고 문제해결을 위해 활용할 수 있도록 한다. 과거 성공 경험이나 긍정적 경험, 활용 가능한 공식 및 비공식 자원 등을 질문하고,

클라이언트의 경험을 재명명하여 변화의 기회로 사용하는 동시에 자원화할 수 있다.

(7) 특별히 고려해야 할 문제들

가정 폭력 · 성폭력 · 도박 등 행위, 알코올 · 약물 등 중독 문제, 자살 관련, 경제 문제와 실직, 신체적 · 정신적 건강 상태와와 질병 건강 상태 등 위기와 스트레스 사건을 사정한다. 현대 가족의 중요한 변화 중 하나인 성 차이와 역할 기대의 변화는 부부 관계에서 자주 나타나는 갈등 요인이므로 각각이 성 차이에서 오는 경험을 어떻게 자각하고 있는지 경험을 사정한다. 최근 다문화 가족이 증가 추세로 가족과 상담 시 문화적 배경 차이에 대한 특성을 이해하고, 개입에 도움이 되는 강점과 자원 활용 부분에 대한 탐색도 필요하다.

2) 가족 사정의 방법

가족 사정 방법은 다양하다. 면접은 직접 상담을 통해 면접 가족 문제와 대처 방법, 기능, 관계, 사고와 감정 등을 파악하기 위해 개방 질문, 적극적 경청, 공감, 인정, 요약, 질문하기, 직면, 격려, 요약 등의 탐색 기술을 사용한다.

관찰은 가족의 상호작용을 직접 보고 관계 패턴과 기능, 가족 체계, 역할, 의사 결정 방법 등의 정보를 획득한다.

표준화된 척도나 심리 검사 도구, 가족 기능 · 의사소통 · 가정 폭력이나 학대 등 관련 다양한 체크리스트, 가계도, 생태도 등 도구를 활용하는 방법도 사용한다.

표 11-7 사회력 전개틀

I. 일반적인 정보
▪ 가족 구성원의 이름, 생년월일, 사망일 등 ▪ 결혼 연도, 이전 결혼 연도 ▪ 종교, 인종, 문화적 배경 ▪ 처음 접촉한 날짜, 의뢰자

II. 체계로서의 가족(각 영역에서 강점, 자원, 도전 기록)

- 가족 구조

1. 가족 체계 내에서 기능하고 있는 모든 사람들 확인, 확대 가족 구성원과 관계가 없어도 체계 일부로 기능한다면 포함
2. 하위 체계 : 부부, 부모, 형제, 부모–자녀 하위 체계, 그 외 하위 체계의 기능과 관계 기술
3. 가족 결속력 : 가족이 그 체계, 경계, 관계를 유지하는 방법, 가족 구성원 사이의 연결과 분리 이슈, 가족 규칙과 규범, 정서적 분위기 포함하여 기술
4. 가족 환경 : 가족 성원들의 환경 설명
   1) 생활 상태
   2) 사회경제적 지위
   3) 확대 가족 : 친척, 확대 가족 내 중요한 사람, 가족 체계 영향의 강점, 이로 인한 자원, 책임, 영향력
   4) 지역사회나 이웃의 특징 및 그 가족과 지역사회나 이웃의 관계 : 가족에게 중요한 지역사회 조직과 기관, 이들과의 관계 특성 포함, 지역사회와 이웃 자원, 지역사회에서 가족을 위한 책임 및 영향력 기술

- 가족 기능

1. 의사소통 패턴
2. 의사결정 패턴
3. 역할 수행
   1) 일과 집안일의 기준, 수행
   2) 부모 역할과 자녀 양육의 기준과 수행
   3) 체계 구성원 지지 : 성장, 격려, 돌봄, 관심
   4) 가족이 습관적으로 적응하고 대처하는 메커니즘
   5) 가족의 생태도 작성

- 가족 발달–가족력

1. 뿌리, 문화 집단과 이전 세대가 가족 체계에 미친 영향
2. 가족 생애에 중요한 사건
3. 가족 생애 발달단계
4. 가계도 작성

III. 관심사 및 욕구

- 이 가족은 왜 기관에 왔는가? 어떤 서비스를 요구하는가?
- 가족 구성원 개인의 욕구
- 가족 내 하위 체계들의 욕구(특히, 부부 체계, 부모 체계에 관심 필요)
- 가족 체계의 욕구 : 개별적 욕구와 하위 체계들의 욕구가 가족 체계에 미치는 강한 영향 고려. 체계로서 가족에 영향을 주는 환경적 책임, 기대, 다양한 요인 고려. 가족 체계의 욕구 충족 방해물 규명

IV. 욕구 충족과 관련된 강점과 도전
▪ 가족은 서비스 제공의 결과로 어떤 일이 일어나기를 원하는가? ▪ 서비스와 관련된 가족의 생각, 관심, 계획은 무엇인가? ▪ 변화나 서비스 이용에 대한 가족의 동기는 무엇인가? ▪ 대처와 변화를 위한 가족의 역량은? 영향을 주는 것은 무엇인가? ▪ 변화를 위한 가족 자원은 무엇인가? 특히, 체계 내부? ▪ 가족의 변화를 지지하거나 경감할 수 있는 환경적 자원, 책임, 영향력은 무엇인가? ▪ 변화와 관련된 가족 체계의 동기, 역량, 기회에 영향을 줄 수 있는 다른 요인이 있는가? ▪ 이 가족의 체계 및 환경에서의 현실적인 기대는? ▪ 욕구 충족과 관련된 가족의 강점과 도전은 무엇인가?

출처 : Johnson & Yanca(2010); 장수미 외 재인용(2010).

3) 가계도를 활용한 가족 사정

가계도genogram는 3세대 이상에 걸친 가족 성원에 관한 정보와 관계를 도표로 기록하는 작성 방법이다. 가계도를 통해 가족에 관한 구조적, 관계적, 기능적 정보를 수평적 맥락과 가족 체계에서 주요 삼각관계를 파악하여 그 유형이 한 세대에서 다음 세대로 계속되는지 등을 살펴서 변화 전략을 설계할 수 있도록 돕는다. 가족 정보를 수집하고 가계도를 작성하기 위해서는 가족과 합류하고, 평가하고, 개입하는 포괄적 과정을 진행한다. 가계도는 첫 회기에 대부분 완성하고 새로운 정보가 나타날 때마다 수정한다. 가계도를 통해 가족 기능에서 중요한 사건과 변화, 가족의 기능과 관계, 구조에서 반복적인 유형, 스트레스 취약성과 자원, 역기능적 전략 등을 파악할 수 있다. 가계도에서는 구조적, 관계적, 기능적 정보를 수직적, 수평적 맥락에서 검토할 수 있다. 가족 구조를 도표화하고, 가족 성원에 대한 정보를 기록하며, 가족 관계를 표현한다.

가계도에 기록되어야 할 사항은 ① 각 가족의 이름, 연령, 직업, 종교, 만성적 질환, 교육 수준, 범법 행위, 인종 등 가족 성원에 대한 정보 ② 출생, 사망(원인 포함), 질병, 결혼, 별거, 이혼 등의 연도 ③ 사회적 활동과 관심사 ④ 사회경제적 수준 ⑤ 알코올중독, 신체 증상, 폭력, 자살 등 증상적 유형과 기능 유형 ⑥ 가족 관계와 역할(친밀 또는 소원, 갈등, 단절 등) ⑦ 동거 여부 ⑧ 중요한 생활 사건이나 트라우마 ⑨ 기능 유형(신체, 정서, 행동에 관한 비교적 객관적 정보) ⑩ 가족 관계와 역할 등이다.

가계도 작성 시 정보 수집 방향은 다음과 같다(McGoldrick, Gerson, & Shellenberger, 1999).

- 제시된 문제 자체에서 문제의 배경으로
- 동거 가족에서 확대 가족과 더 넓은 사회 체계까지
- 현재의 가족 상황에서 가족 사건의 역사적 연대기까지
- 쉽고 무난한 질문에서 어렵고 불안을 유발할 수 있는 질문까지
- 분명한 사실의 인식에서 역할이나 관계를 판단하여 가족 유형에 대한 가설을 세우기까지

사회복지사는 가족 치료에서 가계도를 ① 가족에 개입하기 ② 가족 양상을 명료화하기 ③ 가족 체계와 가족 구조를 파악 ④ 가족 문제의 재구성과 치료 ⑤ 개입 계획에 가계도 사용하기 등 다양한 방법으로 사용한다.

가계도 작성 시 가족의 구조와 역할, 관계에 관한 정보를 탐색하고 가족 사정을 위해 어떻게 조직화할지를 결정한다. 가족에 관한 자료 중 우선적으로 정리해 두어야 할 것은 다음과 같다(McGoldrick, Gerson, & Shellenberger, 1999; 이영분 · 김유숙 · 정혜적 공역, 2005).

- 가족 전체, 세대를 통하여 증상, 관계, 기능 유형이 반복되는 시기, 삼각관계, 연합, 정서적 단절, 갈등 유형, 과다 또는 과소 기능 등
- 연, 월, 일의 우연의 일치
- 변화에 의한 충격이나 갑작스러운 생활 주기 변천 : 가족의 중대한 사건과 변화한 가족의 역할이나 관계, 부적절한 가족생활 주기의 변화

가계도를 작성할 때에는 먼저 가족 구조를 도식화한다. 남성은 왼쪽, 여성은 오른

쪽에 표시하며, 출생과 사망 연도는 기호 위에 표시한다. 사망한 사람의 경우 사망 당시 나이를 기록한다. 부부 관계는 수평으로, 부모-자녀 관계는 부부 관계 선에 수직으로 연결한다. 만남(met.연도), 결혼(m.연도), 별거(s.연도), 이혼(d.연도) 연도를 표시하고, 관계 선 위에 사선을 그어 표시한다. 결혼을 여러 번 한 경우에는 오래된 순으로 왼쪽에서 오른쪽으로 나열한다. 현 결혼 관계 이전의 관계는 현재 배우자보다 작게 표기하며, 여러 번의 결혼과 이전 결혼에서의 자녀를 데리고 재혼한 경우에는 아래에 차례로 기록한다. 자녀는 왼쪽부터 출생 순서대로 표시한다. 가계도에는 가족 관계를 표현하는데, 밀착된 관계, 소원한 관계, 친민한 관계, 갈등 관계 등을 표시하고, 에너지의 방향은 화살표로 표시한다. 관계와 역할 구조에 대한 질문은 다음과 같다(McGoldrick, Gerson, & Shellenberger, 1999; 이영분 · 김유숙 · 정혜정 공역, 2005).

관계에 관한 질문	역할 구조에 관한 질문
• 현재나 과거에 서로 이야기를 하지 않은 가족 성원이 있는가? 현재나 과거에 심각하게 갈등을 겪은 가족 성원이 있는가? • 매우 가까운 가족 성원이 있는가? • 도움이 필요할 때 누가 돕는가? 가족 성원은 누구를 신뢰하는가? • 모든 부부는 어떤 어려움이 있다. 당신은 어떤 문제와 갈등을 경험했는가? 부모와 형제들의 결혼생활은 어떠한가? • 부부는 각 자녀들과 어떻게 지내는가? 가족 성원이 자녀 양육에 어떤 어려움을 갖고 있는가?	• 가족 성원 중 주로 누가 보살핌을 받았는가? 문제를 일으키는 사람은? 아픈 사람은? 나쁜 사람은? 화내는 사람은? • 가족 중 누가 강한 사람으로 보이는가? 누가 약한 사람으로 보이는가? 순종적인 사람은 누구인가? • 가족 중 누가 성공한 사람으로 또는 실패한 사람으로 보이는가? • 누가 따뜻한 사람으로, 또는 냉정한 사람으로 보이는가? 누가 돌보는 사람으로 보이는가? 소원한 사람은?

가계도 작성 형식은 아래와 같다.

기호

클라이언트 중심인물	남성	여성	사망	양성애자	게이	레즈비언

트랜스젠더		일란성 쌍둥이	이란성 쌍둥이	임신 중 (개월 수 표시)	입양	위탁 자녀
남성→여성	여성→남성					

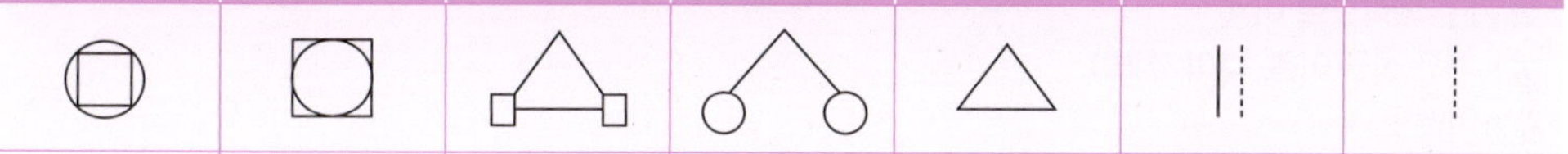

자연 유산	인공 유산	신체적 · 정신적 질병	알코올 또는 약물중독	알코올 또는 약물중독 의심	심각한 정신적 · 육체적 문제 & 지속적 남용	신체적 · 정신적 질병 회복

알코올 · 약물 중독으로부터 회복	지속적 남용과 신적 · 육체적 문제로부터 회복	내연 관계	동거 가족	별거	이혼	

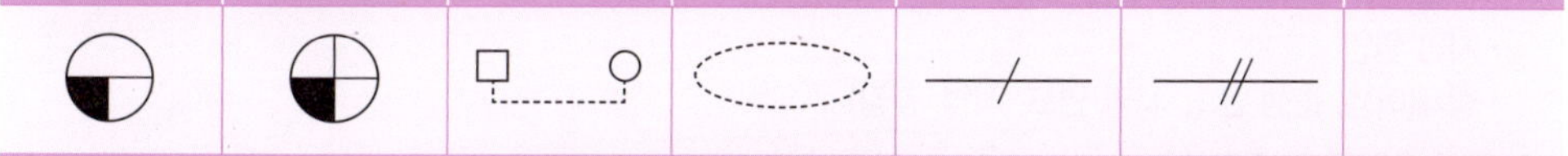

가족 관계 & 상호작용 표시

단절된 관계	소원한 관계	일반적 보통의 관계

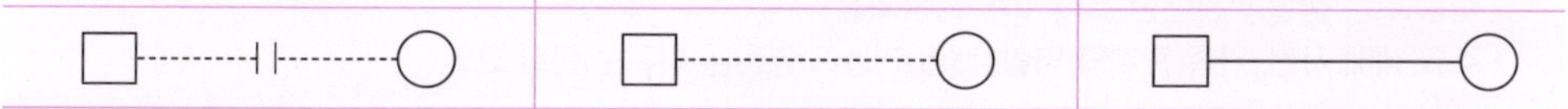

친밀 · 밀접한 관계	밀착된 관계	적대적 · 갈등 관계

갈등과 밀착이 공존하는 관계	방향성	

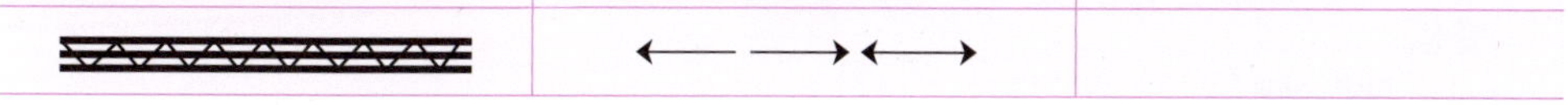

표 11-8 가계도 작성을 위한 면접과 질문

1. 가족이 제시하는 문제에서 출발
   - 왜 지금 도움을 원하는가
   - 문제가 언제 시작되었는가
   - 누가 문제를 알았는가
   - 가족 성원 각자는 문제를 어떻게 보는가
   - 문제 이전에 관계는 어떠했는가
   - 문제가 변화했는가, 어떻게
   - 문제가 계속된다면 어떤 일이 일어날까
2. 가구 맥락으로 이동
   - 가구 성원(이름, 나이, 성별)
   - 어떤 관계
   - 이전에 유사한 가족 문제가 있었는가
   - 과거에 어떤 해결 방법을 시도했는가(치료, 입원 등)
   - 최근의 변화 혹은 스트레스 요인이 있는가
3. 부모의 가족에 대한 정보를 수집
   - 형제의 수, 이름, 출생 연도
   - 출생 순위
   - 부모의 결혼(별거, 이혼, 재혼)
   - 형제의 결혼(별거, 이혼, 재혼, 자녀)
   - 사망 원인
4. 다른 세대에 대해 묻기
   - 부모의 부모(이름, 출생 연도, 사망 연도, 직업, 건강)
   - 사망 원인
   - 형제(이름, 출생 연도, 사망 연도, 직업, 건강)
5. 문화 요인에 대해 탐색
   - 죽음을 다루는 의례
   - 내세에 대한 믿음
   - 죽음 또는 상실과 관련한 스티그마 또는 외상
   - 주요 생애 사건, 가족 관계와 역할, 개별 기능에 영향을 미치는 문화 요인
6. 성(gender)에 관한 태도
   - 성 역할이 가족 구조, 주요 생애 사건의 처리, 개별 성원의 기능에 미치는 영향
   - 애도의 표현, 장례, 기념 의식 등에서 가족 내 성 규칙
7. 주요 생애 사건과 이런 변화에 가족이 어떻게 적응했는지 질문
   - 결혼
   - 출생
   - 사망, 질병, 장애
   - 이사

• 직업 변동
• 자연재해, 전쟁 등의 외상적 사건

8. 가족 관계 질문
   • 단절
   • 연합
   • 결혼 유형
   • 부모–자녀 유형
   • 지배–종속 유형

9. 가족 역할에 대해 질문
   • 보호자/ 병자/ 문제
   • 선한 사람/ 악한 사람
   • 성공한 사람/ 실패한 사람
   • 좋은 사람/ 냉정한 사람

10. 가족 강점에 대해 질문
   • 적응 유연성을 나타내는 행동
   • 성원의 성격 특성 : 충성, 용기, 희망, 유머, 지성 등
   • 가족 지원 : 외부 자원과 연결하는 능력, 금전, 사랑, 이웃, 지역사회, 종교, 일 등

11. 개별 성원의 기능에 대해 질문
   • 일(직업, 변화, 실업, 만족)
   • 학교(성취, 문제)
   • 의료 문제
   • 정신병(우울, 불안, 공포)
   • 중독(알코올, 약물)
   • 법적 문제(체포, 전문직 자격 박탈, 현재 소송 상태)

출처 : McGoldrick & Shellenberg(1999); 김혜란 외(2006).

4) 생태도(eco-map)를 활용한 가족 사정

생태도는 사회적 맥락 내에서 개인이나 가족의 위치를 나타내는 것으로, 심리사회적 위치를 보여주는 도식이다. 생태도를 통해 가족과 환경을 분석하는 목적은 가족 체계와 주변 환경 간에 일어나는 다양하고 복잡한 정보를 수직 정리하여, 가족 성원이 활용할 수 있는 정보와 자원, 직면하는 문제에 대해 이해하고자 하는 것이다. 중앙에 가족 체계를 상징하는 큰 원을 그리고, 원 안에 가족 성원을 표시한 가계도를 그린다. 원 주변에 가족 체계나 성원에 영향을 미치는 환경 체계를 그리고, 가족 체계와 주변 환경 체

계, 외부 환경 체계 간의 상호작용을 파악하고, 선, 화살표, 원 크기, 거리, 화살표 등으로 표시한다. 생태도에서 가족을 표시하는 경우 가족 구성에 대한 정보를 나타내므로 가계도 형식이 아니어도 된다. 생태도에 표시되는 주요 영역은 중요한 관계가 있는 사람, 기관, 친구, 사회 집단, 공공 기관, 고용, 교육 기관, 지역사회 서비스, 기타 등이다. 환경 요소는 중요도에 따라 크기나 거리를 달리하여 배치할 수 있다. 환경과의 관계는 강도, 영향, 질 등 요소를 표시한다. 관계의 강도는 소원한 관계(------), 일반적 관계(——), 밀착된 관계(═══ 또는 ━━━) 등이다. 관계의 영향은 에너지나 자원의 제공되는 방향을 화살표로 표시하고, 관계 질은 갈등적 혹은 스트레스가 있는 관계인지를 지그재그로(⋀⋀⋀⋀) 표시한다.

4. 가족 실천 사례 연습

A 가족은 김철수(아버지, 50세, 건축 관련일, 대졸), 이영희(어머니, 51세, 주부, 기독교, 고졸), 김성규(아들, 14세, 중학교 1학년, ADHD), 김성아(딸, 13세, 초등학교 6학년)로 이루어져 있다. 아버지는 다혈질적인 성격으로 가부장적이며, 자기중심적이다. 아버지는 자녀가 어린 시절 2년 정도 외도를 했으며, 이로 인해 부부 관계가 소원한 관계이다. 외도 전에는 자녀 양육에 거의 관여하지 않았으며, 문제가 표면화된 이후에는 자녀와 관계를 회복하려고 노력하고 있지만 현재 아버지는 가족으로부터 고립되었다고 느끼고 있다. 아들은 ADHD로 충동적인 행동과 반항적인 모습을 보이고 있고, 게임에 빠져 있는 시간이 많다. 아들의 행동을 통제하기 위해 화를 내고 윽박지르는 형태로 아들을 훈육하였고, 아들은 아버지를 무서워하고, 아버지가 지시하면 마지못해 따른다. 1년 전부터는 아들과 운동으로 가까워지려고 노력하고 있지만 중학교에 올라간 이후에는 집에서 있으려고 하고 같이 운동하기를 거부하고 있다.

어머니는 혼자 육아를 하면서 스트레스를 많이 받고, 신체적으로도 힘들었는데, 그 시기에 부가 외도한 것에 대해 극도의 분노감과 배신감을 느꼈으며, 외도 사실을 안지

3년이 지났음에도 여전히 그 문제로 힘들어하고 있다. 아이들을 키우면서 1년 정도 우울증을 앓았으며, 독실한 기독교 신자로 종교에 의지하면서 힘든 시기를 버텨 왔다. 남편의 일정을 강박적으로 알고자 하고, 그러면서도 사소한 일에 화를 내고 비난하고 있다. 부모는 자녀 관련 일 외의 것은 거의 상호작용이 없는 상태이다. 아버지는 2녀 1남으로 남아를 선호하는 가정에서 자신이 원하는 것을 하면서 자랐다. 어머니는 3녀 중 둘째로 가정 형편이 어려워서 고등학교를 졸업하자마자 직장을 다녔고, 적절한 보살핌이나 관심을 받지 못하고 성장했다.

어머니는 아들에 대해서는 양가적인 태도로 정서적 접촉이나 표현은 잘하지 못하지만 간섭이나 통제를 많이 하면서도 안쓰러워하며, 과도하게 아들의 기분을 맞춰 주고 허용적이다. 딸은 자신이 할 일은 알아서 하는 성실한 성격으로, 순응적인 태도로 부모에게 맞춰 주는 편이다. 어머니는 딸에게 오빠를 챙기라고 보살피는 역할을 요구하고 있다. 아들은 초등학교 때부터 학교 생활을 하는 것을 어려워하며, 친구들과 잘 어울리지 못하고, 한 번 분노가 폭발하면 친구들에게 소리를 질러 갈등이 생기는 일이 반복적으로 있었다. 게임에 대해 몰두해 있어서 게임에 대해 제지하면 어머니에게 공격적인 행동을 한다. 딸은 자신과 오빠를 차별 대우한다고 느끼며, 그에 대한 불만을 어머니에게 표현하는 경우가 종종 있지만 혼자 속으로 삭이고, 가족 내에서 자신의 이야기를 거의 하지 않는다.

연습활동

이 사례에 대해 사정해 봅시다.

<table>
<tr><td>가족이
제시하는 문제</td><td colspan="2"></td></tr>
<tr><td rowspan="3">체계적 맥락</td><td>가족 구조</td><td></td></tr>
<tr><td>가족 경계</td><td></td></tr>
<tr><td>생태도</td><td></td></tr>
<tr><td rowspan="3">가족생활 주기</td><td>단계</td><td></td></tr>
<tr><td>특징</td><td></td></tr>
<tr><td>과업</td><td></td></tr>
<tr><td>의사소통</td><td colspan="2"></td></tr>
<tr><td>가족 규칙</td><td colspan="2"></td></tr>
<tr><td rowspan="2">강점과 자원</td><td>강점</td><td></td></tr>
<tr><td>자원</td><td></td></tr>
<tr><td>특별히
고려할 문제</td><td colspan="2"></td></tr>
</table>

연습활동

자신의 가족을 대상으로 가계도와 생태도를 작성해 봅시다.

〈가계도〉
〈생태도〉

생각해봅시다

1. 나에게 가족이란 어떤 의미이며, 자신의 가족에게 가장 힘든 문제는 어떤 것이 있었는지 논의해 봅시다. 그 문제로부터 배운 것이 있다면 무엇인지 설명합니다. 현재 진행 중인 문제라면 문제를 다른 측면으로 논의해 봅시다.

2. 일반 체계 이론이 가족 개입에 영향을 준 부분을 요약 정리해 봅시다.

3. 가족 치료 이론 중 한 가지를 선택하여, 자신의 가족에 적용하여 문제, 사정, 개입 목표, 개입 과정에 대해 적용해 봅시다.

문제 풀이

1. 가족 대상 사회복지실천의 과정에 관한 설명으로 옳은 것을 모두 고른 것은?

(2021년 기출 문제)

ㄱ. 가족과 함께 문제의 우선순위를 설정한다.
ㄴ. 사회복지사는 한 단계 낮은 자세를 취하여 가족의 정보를 얻는다.
ㄷ. 가족과의 관계 형성을 위해 가족이 있는 곳으로 합류할 필요가 있다.
ㄹ. 문제가 가족 모두에게 영향을 미치고 있고 가족 구성원이 그 문제의 발생과 유지에 영향을 주고 있을 경우 가족 단위의 개입을 고려한다.

① ㄹ ② ㄱ, ㄷ ③ ㄴ, ㄹ ④ ㄱ, ㄴ, ㄷ ⑤ ㄱ, ㄴ, ㄷ, ㄹ

정답 : ⑤

2. 사티어(V. Satir)의 의사소통 유형에 관한 설명으로 옳은 것을 모두 고른 것은?

(2021년 기출 문제)

ㄱ. 일치형 의사소통 유형이 치료의 목표이다.
ㄴ. 의사소통 유형은 자존감과 연관하여 설명한다.
ㄷ. 가족생활 주기는 역기능적 의사소통 유형에 영향을 미친다.
ㄹ. 역기능적 의사소통 유형에서 공통적으로 발견되는 것은 언어적 메시지와 비언어적 메시지의 불일치이다.

① ㄱ, ㄴ ② ㄷ, ㄹ ③ ㄱ, ㄴ, ㄷ ④ ㄱ, ㄴ, ㄹ ⑤ ㄱ, ㄷ, ㄹ

정답 : ④
해설 : • 사티어(Satir)는 사람들이 긴장을 처리하는 방식에 공통점이 있는데, 생존 유형으로서 자아존중감이 낮고 불균형적 상태에서 나타난다고 한다. 가족원의 낮은 자존감은 의사소통에 영향을 미치며, 언어적 표현과 비언어적 표현의 불일치로 인해 역기능적 의사소통을 한다.
• 가족생활 주기 관점에서 주기에 따른 적응 과정에서 겪는 스트레스가 가족 문제의 원인이 된다고 본다.

3. 다음 사례에서 사회복지사가 우선적으로 계획할 내용으로 적절한 것은?

(2020년 기출 문제)

> 은옥 씨는 심각한 호흡기 질환을 앓고 있으며, 28세 아들은 고교 졸업 후 게임에만 몰두하며 집에만 있다. 아들은 쓰레기를 건드리지도 못하게 하여 집은 쓰레기로 넘쳐나고, 이는 은옥 씨의 건강에 치명적인 위협이 되고 있다. 은옥 씨는 과거 자신의 잘못과 아들에 대한 죄책감을 호소하고 있으나, 서비스를 거부하며, 특히 아들에 대한 접근을 막고 있다.

① 치료적 삼각관계 형성하기
② 가족 하위 체계 간의 경계 만들기
③ 가족의 기능적 분화 수준 향상시키기
④ 가족과 합류(joining)할 수 있는 방법 탐색하기
⑤ 역설적 개입으로 치료자의 지시에 저항하도록 하기

정답 : ④
해설 : 거부적인 가족의 경우에는 우선적으로 가족에 합류하기 위한 개입을 해야 한다.

4. 가족의 특성에 관한 설명으로 옳은 것을 모두 고른 것은?

(2020년 기출 문제)

ㄱ. 사회 변화에 민감한 체계이다.
ㄴ. 현대 가족은 점차 정서적 기능이 약화되고 있다.
ㄷ. 가족의 현재 모습은 세대 간 전승된 통합과 조정의 결과물이다.
ㄹ. 기능적인 가족은 응집성과 적응성, 문제해결력이 높은 가족이다.

① ㄱ, ㄷ ② ㄴ, ㄹ ③ ㄱ, ㄴ, ㄷ ④ ㄴ, ㄷ, ㄹ ⑤ ㄱ, ㄴ, ㄷ, ㄹ

정답 : ⑤

5. 가계도 분석에 관한 설명으로 옳은 것을 모두 고른 것은?

(2020년 기출 문제)

ㄱ. 세대를 통해 반복되는 패턴 분석
ㄴ. 가족 구성원에 대한 객관적 정보를 파악
ㄷ. 가족 기능의 불균형과 그것에 기여하는 요인 분석
ㄹ. 가족 구성원별 인생의 중요사건과 이에 대한 다른 가족 구성원의 역할 분석

① ㄹ ② ㄱ, ㄷ ③ ㄴ, ㄹ ④ ㄱ, ㄴ, ㄷ ⑤ ㄱ, ㄴ, ㄷ, ㄹ

정답 : ⑤

6. 알코올중독자 당사자는 치료에 거부적이다. 우선적으로 동기화되어 있는 가족들을 알코올중독자 가족 모임이나 자녀 모임에 참여하도록 하였다. 이때 사회복지사가 개입 시 고려한 내용으로 옳은 것은?

(2020년 기출 문제)

① 가족 항상성 ② 가족 모델링 ③ 가족 재구조화 ④ 다세대 간 연합 ⑤ 순환적 인과성

정답 : ⑤
해설 : 순환론적 원인론은 개인 행동의 원인을 순환적인 피드백 과정에서 찾는 것으로, 상호작용과 상호 영향을 고려한다. 가족의 경우 가족 구성원들 사이에 관계하는 양식이 가족 전체의 모양과 형태를 만들며, 가족 구성원의 상호작용 방식은 개인에게 영향을 미친다.

7. 가족 사정 도구에 관한 설명으로 옳은 것을 모두 고른 것은?

(2019년 기출 문제)

ㄱ. 생태도는 진행 과정과 종결 과정에서도 활용한다.
ㄴ. 생활력표를 활용하여 현재의 기능 수행에 영향을 미치는 발달단계상 생활 경험을 이해한다.
ㄷ. 소시오그램은 가족 구성원의 사회적 활동을 측정하는 도구이다.
ㄹ. 가족 조각은 가족 역동을 시각적으로 표현하여 구성원의 인식을 파악하는 도구이다.

① ㄱ, ㄷ ② ㄱ, ㄹ ③ ㄴ, ㄷ ④ ㄱ, ㄴ, ㄹ ⑤ ㄱ, ㄴ, ㄷ, ㄹ

정답 : ④
해설 : 소시오그램은 집단사회복지실천에서 집단역동 파악을 위해 사용하는 도구이다.

8. 가족사회복지실천의 개념에 관한 설명으로 옳은 것을 모두 고른 것은?

(2019년 기출 문제)

ㄱ. 1차 수준 사이버네틱스(cybernetics) : 전문가가 가족 내부의 의사소통과 제어 과정을 객관적으로 발견한다.
ㄴ. 환류 고리(feedback loop) : 가족 규범이 유지되거나 변화되는 과정을 설명한다.
ㄷ. 가족 의사소통 : 내용 기능이 관계 기능보다 더 중요하다.
ㄹ. 가족 규칙 : 암묵적인 규칙은 역기능적이므로 제거되어야 한다.

① ㄱ ② ㄱ, ㄴ ③ ㄴ, ㄷ ④ ㄴ, ㄷ, ㄹ ⑤ ㄱ, ㄴ, ㄷ, ㄹ

정답 : ②
해설 : ㄷ. 가족 의사소통－상호작용 패턴이 중요하며, 내용 기능도 중요하지만 관계 기능도 중요하다.
ㄹ. 가족 규칙－암묵적 규칙과 명시적 규칙이 모두 존재한다. 역기능적 가족일수록 암묵적 규칙에 따라 행동하며, 규칙의 융통성이 없고 제한적이며 절대적일 수 있다.

9. 전략적 가족 치료의 치료적 이중 구속에 관한 설명으로 옳지 않은 것은?

(2019년 기출 문제)

① 증상을 이용한다.
② 빙산 기법을 이용한다.
③ 지시적 기법을 이용한다.
④ 역설적 기법을 이용한다.
⑤ 치료자의 지시를 따르지 않아도 문제가 해결될 수 있다.

정답 : ②
해설 : 빙산 기법은 경험적 가족 치료에서 사용된다.

10. 구조적 가족 치료의 모델로 개입하기에 적절하지 않은 것은?

(2019년 기출 문제)

① 아픈 어머니, 철없는 아버지 대신 동생에게 부모 역할을 하며 자신에게 소홀한 맏딸의 문제
② 비난형 아버지와 감정표현을 통제하는 어머니의 영향으로 자기감정을 억압하는 아들의 문제
③ 할머니와 어머니의 양육 방식이 달라서 혼란스러운 자녀의 문제
④ 부부 불화로 아들에게 화풀이를 하자 반항 행동이 증가한 아들의 문제
⑤ 밀착된 아내와 딸이 남편을 밀어내어 소외감을 느끼는 남편의 문제

정답 : ②
해설 : ② 사티어(Satir)의 경험적 가족 치료 중 의사소통 유형과 관련하여 개입하는 것이 적합하다.

11. 생태도를 통하여 파악할 수 있는 내용에 해당되지 않는 것은?

(2020년 기출 문제)

① 클라이언트 · 가족 구성원과 자원 체계 간의 에너지 흐름
② 클라이언트 · 가족 구성원에게 스트레스가 되는 체계
③ 클라이언트 · 가족 구성원 간의 자원 교환 정도
④ 클라이언트 · 가족 구성원의 환경 체계 변화가 필요한 내용
⑤ 클라이언트 · 가족 구성원의 생애 동안 발생한 문제의 발전 과정에 관한 정보

정답 : ⑤
해설 : 클라이언트 · 가족 구성원의 생애 동안 발생한 문제의 발전 과정에 관한 정보는 가계도나 가족력을 통해 파악할 수 있다.

참고문헌

고미숙(2011). 한국 가족치료에 적용된 포스트모던 실천 원리에 대한 고찰. 한국가족치료학회지 19(3), 29~60.

김영란(2020). 코로나19 시기 가족생활과 가족 정책 의제. 코로나19로 인한 가족의 변화와 정책과제. 여성가족부, 한국여성정책연구원 세미나 자료집, 3~36.

김영애(2015). 통합적 사티어모델: 이론과 실제. 김영애가족치료연구소.

김혜란 · 홍선미 · 공계순(2006). 사회복지실천기술론. 나남출판.

양옥경(2005). 가족과 사회복지. 이화여자대학교 출판부.

양옥경 · 김연수(2003). 가족탄력성 증진을 위한 부모역할 프로그램 개발연구. 사회과학연구논총.

이영분 · 신영화 · 권진숙 · 박태영 · 최선령 · 최현미(2008). 가족치료: 모델과 사례. 학지사.

이혁구(1999). 탈근대사회의 가족변화와 가족윤리: 21세기 가족복지의 실천방향. 한국가족복지학, 4, 219~242.

정문자 · 이영분 · 김유순 · 김은영(2017). 해결중심 가족상담. 학지사.

정혜정(2004). 가족치료의 인식론, 21세기 가족치료의 이론적 패러다임:포스트모더니즘과 사회구성주의. 한국가족치료학회.

홍승아 · 최인희 · 최진희 · 유은경(2016). 가족형태 다양성 논의를 위한 사회적 기구 운영방안 연구. 한국여성정책연구원, 2016 연구보고서(수시과제)-5.

Diane, R. Gehart, Amy, R. Tuttle; 유채영 · 김연옥 · 김연희 · 윤혜미 · 조성희 · 최해경 공역(2008). 가족치료이론과 실제: 가족치료사를 위한 이론기반 치료계획 수립. 시그마프레스.

Haley, J.(1976). Problem-solving therapy: New strategies for effective familytherapy. San Francisco, CA: Jossey-Bass.

Kerr, M. & Bowen, M.(1988). Family evaluation. New York: Norton.

Mark, W.(1999). Family Therapy Basics, Brooks/Cole Publishing Company.

McGoldrick, M., Gerson, R., Shellenberger, S.(1999). Genograms: Assessment and Intervention. NY: Norton & Company, Inc.; 이영분 · 김유숙 · 정혜정 공역(2005). 가계도: 사정과 개입. 학지사.

Michael, D. Reiter(2016); 정혜정 역. 가족치료 사례개념화. 학지사.

Michael, P. Nichols(2008). Family Therapy: Concepts and Methods, Seventh Edition, Pearson Education, Ltd.

Minuchin, S. & Fisherman, H. C.(1981). Family Therapy Techniques. Cambridge, MA: Haverd University Press.

Nocjols, M. P. & Schwartz, R. C.(2001). Family Therapy: Concepts and Methods. Boston: Allyn & Bacom.

Robert, C. & Daniel, B. Lee(2008). Social work with Families: Content and Process. Lyceum Books Inc., Chicago.

Salvador Minuchin, Michael P. Niichols, Wai-Yung Lee(2007). 부모 · 가족 상담의 4단계 모델. 시그마프레스.

CHAPTER

12

가족 대상 사회복지실천 : 다양한 가족과 일하기

학습 목표

1. 다양한 가족 이슈를 검토한다.
2. 가족 대상 실천과정을 이해한다.
3. 가족 대상 실천 기술을 살펴본다.
   (환경적 개입 / 가족 내부 변화 개입)

사회복지실천에서 가족은 개입의 중요한 초점 대상이다. 지역사회에서 사례관리 시에 제일 밀접하게 만나게 되는 클라이언트 체계가 바로 가족 체계family system이다. 사회복지사는 가족이 원하는 의미 있는 변화를 돕기 위해 먼저 가족의 문화, 생활양식을 이해하는 것이 필요하다. 가족의 다양한 사회 · 경제 · 문화 · 가치적 배경을 이해하는 것이 가족 개입의 시작이다. 본 장에서는 사회복지현장에서 만나게 되는 다양한 가족의 이슈를 검토하고, 가족 대상 실천과정과 변화 실천 기술에 대해 살펴본다.

1. 다양한 가족 이슈 검토

가족 대상 사회복지실천에서 관심 있게 다루어야 할 가족 이슈로는 빈곤, 가정 폭력, 이혼, 확대 가족에서 세대 간 갈등 및 가족 하위 체계 간 갈등, 만성 질환 및 장애, 다문화 가족 이슈 등이 있다(Nichols & Schwartz, 2008; 엄명용 등, 2015; 이영실 등, 2010).

1) 빈곤 가족

낮은 소득은 경제적인 이슈 이외에도 복합적인 심리 · 사회적 욕구를 가져온다. 불충분한 소득으로 인해 가족 내 가사 업무, 자녀 양육과 돌봄의 다양한 역할 수행 긴장이 발생되고, 이로 인한 스트레스는 부부 갈등 등 가족 관계의 어려움으로 이어진다. 저소득 가족의 경우 자녀의 학업적 욕구 및 정서적 욕구에 대응하기가 어려워지며, 가족 모두가 불안정한 경제 상황(주로 단순 노동, 영세 자영업, 무직 등)에서 세대 간에 빈곤의 대물림이 발생되는 등 빈곤의 악순환에서 벗어나는 것이 어려워진다. 빈곤 가족에 대한 개입 시 가족의 경제적 지원과 더불어 가족 관계와 가족 구조에서 오는 심리적 스트레스에 대한 지원이 고려되어야 한다.

특히, 자녀 양육에 대한 부모 역할 및 가족의 의사소통에 대한 교육의 욕구도 확인이 필요하다. 빈곤으로 인한 사회적 차별, 배제에서 가난의 대물림이 없도록 다각적인 가족의 역량강화 실천이 요구된다.

2) 가정 폭력 피해 가족

가정 내에서 발생하는 학대는 배우자 학대, 아동 학대, 노인 학대 등이다. 부부간, 부모와 자녀 간에 반복적인 학대는 신체적, 경제적, 성적, 심리적 영역에서 막대한 피해를 준다(김재엽, 2000). 폭력에 노출된 직간접적인 피해자 모두 학습된 무기력으로 폭력에 대한 대응을 포기하게 되면, 가정 내 폭력이 '안정적 구조'로 자리 잡게 된다. 이로 인해 가정 폭력의 피해자는 낮은 자존감, 우울증, 공격성을 비롯한 외상 후 스트레스 장애 PTSD, post traumatic stress disorder를 경험하게 될 수 있다. 더 나아가 폭력의 악순환에서 사회적인 고립이 심해질 경우 폭력 피해자의 자살, 사망 혹은 가해자 살해의 형태로 이어질 수 있다.

사회복지실천 중 가족 내 가정 폭력의 이슈가 있는 경우 사회복지사는 피해자의 명시적 반대 의견이 없을 때 신고의 의무(가정폭력범죄의처벌등에관한특례법 4조 2항, 3항)가 있다. 사회복지사는 가정 폭력의 점진성과 세대 간 전이를 고려하여 가족생활 주기에 따른 반복적 폭력에 대한 대처 및 예방 개입을 계획해야 한다. 가족 면담 시 주의할 점은 가족 내 폭력 이슈를 체계론적 시각에서 가해자와 피해자 간의 상호작용의 결과로 바라보고, 피해자에게도 공동 책임을 부여하는 잘못된 개입을 하는 것이다. 또한 폭력 이슈가 있는 가족 구성원과의 상담 시에는 면담 장소의 안전 장치가 마련되어야 한다.

3) 한부모 가족 및 조손 가족

한부모 가족은 부모의 별거 및 이혼, 한쪽 부모의 사망, 미혼모(부)로 인해 현실적으로 한 명의 부모로 구성된 가족을 의미한다. 한부모 가족은 결손과 결핍을 표현하는 편부모 가족의 의미를 벗어나 현재는 그 자체로 하나의 가족 형태로 받아들여지고 있다.

사회복지현장에서 한부모 가족의 가장 대표적인 욕구는 경제적 욕구로(고정자, 2006), 한 명의 부모가 가장 역할과 함께 자녀 양육과 가사에 모든 부담을 갖게 되는 역할 과잉에 처하게 되기 때문이다. 특히, 모자 가정의 경우 경제적 어려움이, 부자 가족의 경우 자녀 양육의 어려움이 더 발생하는 것으로 나타난다. 한부모 가족 중 미혼모(부)의 경우 부모가 된 당사자의 생애 주기의 발달 과정에 따른 욕구와 자녀 양육의 역할 갈등(예 : 성인 초기에 부모가 된 경우 자녀를 양육하면서 본인의 공부를 하는 데 어려움 발생)이 발생할 수 있으며, 역할 갈등에 적절한 사회적 지원이 없는 경우 경제적 어려움뿐만 아니라 자녀 방임이 발생할 수 있다.

조손 가족은 부모의 사망, 이혼, 가출, 장기 복역 등의 사유로 조부모가 손자녀와 세대를 구성하고 양육하는 가족 형태이다. 조손 가족은 한부모 가족보다 부모 역할의 공백이 더 큰 특징이 있다. 한 세대를 건너뛴 세대 간 문화 차이로 사춘기에 접어든 손자녀 양육과 의사소통에 어려움이 발생하고, 경제적 어려움과 더불어 조부모의 만성 질환, 건강 악화로 상호간 돌봄이 제한될 수 있다. 빠른 고령 사회 진입과 전통적 가족 구조의 해체로 조손 가족 형태의 지속적인 증가가 예측된다.

조손 가족을 포함하여 한부모 가족에 대한 기본적인 경제적 지원 이외에 부모의 역할 공백을 채우는 지역사회 멘토링 연결과 가족 생애 주기에 따른 개입, 가족 문화 구성, 의사소통 교육, 사회적 편견에 대응해 건강히 자아상을 확립하도록 심리적 지원 등의 적절한 개입이 필요하다.

4) 확대 가족에서 세대 간 갈등 및 가족 하위 체계 간 갈등

핵가족화와 1인 가구가 늘어나면서 물리적인 확대 가족(3세대가 함께 거주하는 가구 구성)은 줄어들고 있으나, 한국의 가족 중심의 문화에서 정서적으로는 세대 간 경계가 불안정하고 확대 가족 안에 머무는 경우가 있다. 이로 인한 대표적인 갈등이 고부간의 갈등, 장서(장모와 사위) 갈등이다. 새롭게 가족을 구성한 성인 자녀와 원가족 부모의 상호 기대의 차이, 원가족의 다양한 문화 차이 등을 이해하고, 독립된 가족으로 건강한 경계를 세우도록 개입하는 것이 필요하다. 또한 부모님의 노환으로 인한 간병 등 부양을 놓고 발생할 수 있는 형제간 갈등에도 적절한 사회적 자원 내에서 대안을 모색할 수 있도록 정보 제공이 필요하다.

가족 하위 체계 간 갈등에는 부부 갈등, 부모–자녀 간 갈등이 있다. 부부 갈등은 성격 차이, 의사소통 부족 등 다양한 사안으로 발생하며, 부부 체계는 가족 구성의 중심 체계이기에 갈등을 방치하지 않고 풀어나가려는 해결 시도가 필요하다. 연약한 부부 하위 체계는 사춘기에 접어든 자녀 체계와 통제하려는 부모 하위 체계 간의 갈등으로 더 심화되기도 한다. 가족 하위 체계 간 갈등 시 적절한 가족 면담을 통해 가족 전체가 가족의 생활주기에 대한 이해와 그에 따른 적절한 의사소통 방식 및 양육 태도를 습득할 수 있도록 돕는다.

5) 만성 질환 및 장애인 가족

가족 구성원 중 특정 질환자나 장애인이 있는 경우, 가족 내부의 자원은 만성 질환 가족원 혹은 장애 가족원에게 집중될 수 있다. 가족의 역량에 따라 안정을 유지할 수 있지만 가족생활 주기의 변화, 장애와 질환의 변화에 따라 가족 구성원 전체가 심리사회적 스트레스와 더불어 경제적 어려움을 경험할 수 있다.

알코올중독 등 특정 질환은 당사자의 건강뿐만 아니라 가족 전체를 2차적으로 폭력과 방임, 반복적인 입원 치료로 인한 경제적 어려움에 놓이게 하며, 가정 해체로 이어질 수 있다. 이에 질환의 관리에 대한 가족 내 대처 능력을 교육하고, 심리적 스트레스에 대한 가족 지원이 필요하다.

장애인 가족의 경우 그 사회의 사회문화적 통합 정도에 따라 가족 내 돌봄의 부담, 양육의 부담이 경감될 수 있어 사회적 자원에 대한 정보 제공이 필요하다. 또한 장애인 당사자뿐만 아니라 비장애인 가족 구성원(비장애인 형제, 장애 자녀를 둔 아버지, 장애 남편을 둔 부인 등)의 가족 발달 주기에 따른 욕구에 대해서도 간과하지 않고 하나의 가족 체계 안에서 대응하는 것이 중요하다.

6) 다문화 가족

다문화가족은 서로 다른 국적, 인종, 문화를 지닌 사람들로 구성된 가족을 칭한다. 국제결혼이 증가하면서 외국인 이주 여성으로 이뤄진 가정을 다문화 가족이라고 지칭했지만, 최근에는 이주 노동자 가족과 새터민 가족(탈북하여 한국에 정착한 가족) 등을 포괄하여 다문화 가족의 범주 안에서 지칭하기도 한다.

다문화 가족이 경험하는 어려움은 기본적인 사회적 편견과 차별하에 이주 노동자, 이주 여성에 대한 비인도적 노동 처우와 법적 신분 불안 등이 있으나, 가족 내에서는 대표적으로 한국 사회의 문화 갈등(예 : 국제결혼 가족의 경우 세대 간 고부 갈등)과 의사소통의 어려움이 존재한다.

다문화 가족이 고립되지 않고 한국 사회에 잘 적응할 수 있도록 지역사회에 지지 체계를 형성하고, 지지 프로그램을 구성하여 옹호하는 역할이 필요하다. 또한, 다문화 가족이 지닌 문화 강점을 이해하고, 지역사회에 잘 어우러져 통합된 문화 역량을 이끌도록 도울 필요가 있다.

2. 가족 대상 실천과정의 이해

1) 가족 개입 초기

(1) 가족 개입 초기 고려 사항

가족 대상 사회복지실천에서 가족 전체의 합의된 욕구를 이끌기가 쉽지 않다. 가족 구성원마다 가족의 문제를 이해하고 경험하는 것이 다르기에, 가족 중 한 구성원의 진술만을 토대로 한 개입이 아닌 가족 전체에 대한 체계 개입이 준비되어야 한다. 가족 체계의 개입을 준비할 때 몇 가지 고려사항은 다음과 같다(Collins et al, 1999; 엄명용 등 2015).

① 가족 체계에 대한 개입 판단

가족 체계에 대한 개입을 위해서는 먼저 가족 구성원 전체가 심각한 영향을 받고 있는지 확인하고, 가족 구성원이 문제 발생과 유지에 모두 영향을 미치는지에 따라 '가족 체계에 대한 개입의 적절성 여부'를 판단한다.

② 개입 가능성 여부 판단

사회복지사가 근무하는 기관이 특정한 가족 욕구에 '주요 개입 기관으로 적절한지'를 지역사회의 다른 전문 기관을 파악해 보고, 개입 여부를 결정한다. 예를 들어, 건강가정센터에 근무하는 사회복지사의 경우, 알코올중독 아버지와 가족들의 문제에 대한 개입을 지역사회에서 건강가정센터의 주요 개입 사례로 선정하는 것이 적절한지 고려해 보아야 한다. 사회복지사 자신과 자신이 속한 기관이 가족의 욕구를 사정하고 개입할 수 있는 지식과 경험을 갖추었는지를 확인하고, 여러 기관의 공조가 필요한 경우 어떤 기관의 주요 사례관리 개입 기관으로 적절한지 판단한 이후 서비스를 개시한다.

③ 가족 구성원의 참여 유도

가족 구성원 중 누가 현재 가족 이슈에 직·간접적으로 관련되어 있는지 파악하고, 관련된 가족 구성원이 기관에 방문할 수 있는지 등 참여 동기를 확인한다. 먼저 동기화된 가족 구성원을 중심으로 가족 면담을 시작하지만 가족 구성원 모두의 참여가 가능하다면 구성원 전체의 참여를 독려한다.

④ 가족 면담의 물리적 공간 조성 및 행정적 준비

가족 구성원이 함께 참여할 수 있는 물리적 면담 공간이 준비되어야 한다. 가능하다면 일방경one way mirror이 설치된 상담 공간에서 한 명의 사회복지사가 면담을 진행하고, 다른 팀원과 슈퍼바이저가 면담실 밖에서 협력적으로 면담을 구성하는 것이 좋다. 녹화가 가능한 곳이라면 녹화를 하고 개입 분석에 활용한다. 일방경으로 설치된 상담 공간을 통한 협업 상담과 녹화는 가족의 사전 동의하에 이뤄져야 한다.

(2) 인테이크

가족 개입을 시작하기 전에 사회복지사는 상담을 의뢰한 기관 혹은 자발적으로 방문한 가족을 통해 기본적인 가족 정보와 욕구, 해결하려는 문제가 무엇인지 확인하기 위해 최초의 접수 상담을 하게 된다.

• 인테이크 면담 중 점검할 내용

- 가족 상담을 하러 오게 된 과정(상담 의뢰자 주소, 전화번호, 가족 연락처 등 확인)
- 가족의 최근 변화와 욕구(문제와 욕구, 가족 구성원들이 받는 영향)
- 이전에 변화를 위해 시도한 방법(전문적 상담 이용 등)과 도움 정도
- 가족 구성원에 대한 정보(가족 생년월일, 가족 거주지, 교육 수준, 직업 등 기초 정보)
- 향후 면담 계획을 위한 기본 정보 수집(상담 참여자, 상담 일정, 장소 등)

(3) 라포 형성 : 가족 구성원 모두와 관계를 형성

사회복지사는 가족 구성원 중 특정 가족원의 연락을 통해 개입을 시작하게 되지만 가족 모두와 관계를 형성하도록 노력한다. 보통 먼저 연락한 가족원의 생각, 입장, 이익만 반영된다고 다른 가족 구성원은 생각할 수 있다. 이러한 오해를 불식시키고 가족 내의 문제로 여겨지는 구성원도 가족 상담의 참여 동기를 높이기 위해 가족 모두와의 관계 형성이 중요하다. 또한 가족의 고유한 문화를 존중하고 가족의 관계 맺는 형태를 이해하여 가족 구성원 모두와 라포rapport를 형성한다.

(4) 가족 이슈 명료화 : 문제(욕구)에 대한 가족 모두의 생각을 확인

가족 이슈를 명확히 하기 위해서 가족 구성원 개개인이 어떻게 생각하고 있는지를 확인해야 한다. 사회복지사는 가족원들이 스스로 면담을 받게 된 이유를 인식하고, 어떻게 가족이 변화되기를 바라는지, 어떻게 해결되기를 바라는지 등의 욕구를 표현하도록 한다. 가족이 모두 모인 자리에서 다른 구성원의 의견이 나오기 어려운 경우라면 가

족 구성원의 개별 면담을 통해 확인한다. 가족들은 다른 구성원의 간섭이나 방해 없이 자유롭게 자신의 시각을 표현할 수 있어야 하고, 이때 논쟁이나 방해는 정중하고 단호하게 대처한다. 가족 이슈를 규명하는 과정에서 가족 간 의사소통과 상호작용, 책임 의식을 촉진하고 문제의 원인보다 해결 과정에 초점을 두도록 돕는다.

가족 이슈의 명료화를 위한 정보 탐색

- 가족 구성원이 스스로 생각하는 가족 문제 (문제가 있다고 말한 가족 구성원, 문제에 관여되지 않는 가족 구성원)
- 가족의 문제 상황에 대한 대처
- 지금 상황에 영향을 주는 요인
- 가족 문제가 일어나지 않았던 때의 시기
- 상황이 변화하지 않는 경우 일어날 상황

(5) 가족 사정

가족 체계에서 가족 내·외부 환경 체계의 자원과 가족 내부의 역동, 외부와의 상호작용을 파악하기 위해 자료를 수집하고 분석하여 가족 개입의 가설을 수립하는 것이

가족 사정 영역

- 가족이 공통적으로 제시하는 문제와 관련된 사정
- 가족 내부 구성원 간의 역동 사정 (폭력 및 알코올중독 이슈, 가족 체계 간 경계, 가족 구성원의 역할, 가족의 권력 구조, 가족의 의사 결정 과정, 가족 구성원의 정서 및 감정표현, 가족 강점, 가족 구성의 체계 탐색 등)
- 가족의 역사적 맥락 사정 (가계도를 활용하여 가족 구성, 가족생활 주기, 가족 내 세대 간 발전되어 온 알코올 남용 및 자살 등 부정적 유형, 가족 관계 양상[가족의 상호작용 방법, 가족 관계, 가족 역할 및 가족 상징, 삼각관계, 정서적 융합 등])
- 가족과 주변 환경간 상호작용 사정 (생태도를 활용하여 가족 경계, 가족과 환경 체계 간의 지지 체계, 한부모 가족, 장애 여부 등 가족 상황, 문화적 요인)

다. 가족 상담을 위해 가족에 대한 관찰, 기록, 관련 경험적 자료와 가족 구성원의 역할, 가족 규칙, 가족의 반응과 의미 등이 중요한 자료가 된다.

(6) 가족 면담 과정 구조화 및 계약

가족의 욕구와 문제 인식, 변화 동기를 사정하고 이를 기반으로 가족이 공유하는 합의된 목표를 수립한다. 목표는 문제해결을 위해 가족 모두가 참여하여 행동할 수 있는 것이어야 한다. 가족 이슈, 목표 설정과 개입 방법에 대해 가족 모두 합의하에 계약하는 과정이 필요하다. 행정적으로 가족 면담의 시간과 장소뿐만 아니라 가족 구성원의 행동 과업에 대해서도 가족 안에서 합의를 얻도록 한다.

2) 가족 개입 중기

가족 개입 중기에서는 사회복지사와 가족이 합의하여 결정한 개입 우선순위에 따라 목표를 달성하기 위해 함께 협력하게 된다. 효과적인 개입을 위해 무엇보다 가족에 대한 이해와 욕구에 초점을 두고 가족의 자율성을 존중하면서 개입 과정에 기대와 희망을 갖는 것이 중요하다.

(1) 환경적 개입

가족이 고립되거나 가족 내부 자원이 부족한 경우 지역사회환경 체계의 자원과 지지를 확보하도록 환경적 개입이 필요하다. 환경 개입의 초점은 가족 내 존재하지 않는 자원과 지지를 개발하며, 미약한 자원과 지지를 활성화하는 것이다.

(2) 세대 간 · 가족 내 변화를 위한 개입

가족 개입의 효과적인 진행을 위해 가족이 경험하는 가족 관계의 갈등 상황을 명료화하고 함께 다루어야 한다. 가족은 스스로 문제를 하나의 원인과 결과로 정리하여 단선론적인 시각으로 문제와 상호작용하게 된다. 그러나 사회복지사는 이러한 가족의 욕구와 문제를 가족 체계 안에서 이해하도록 도와주어야 한다. 이를 위해 가족 구성원의 참여를 촉진시키며, 의사소통에 대한 코칭도 필요하다. 가족 구성원 체계 간 경계 짓기(세대 간 경계, 부부 체계, 부모-자녀 체계 등 하위 체계 경계 설정), 가족 구조와 규칙의 변화를 시도한다.

3) 가족 개입 종결

가족 상담의 종결 시기가 다가오면 몇 회기 정도만 남아 있음을 상기시키고 종결에 대해 준비할 수 있도록 한다. 가급적 계약 때 설정된 시기에 종결하는 것이 바람직하다.

(1) 변화를 확인하기 : 평가 및 변화 인식

가족 구성원과 사회복지사는 변화된 것에 대해 토론을 하면서 어떤 변화가 일어났으며, 무엇이 변화를 가져오게 했는지 인식하도록 돕는다. 가족 구성원 각자의 성장과 변화를 평가하며 가족의 역량강화를 지지한다.

(2) 변화를 유지하기 : 대처 능력 강화 및 사후 관리 계획

달성된 목표를 유지하고 확립하기 위해 미래에 대한 대처 방안 등을 논의하고, 현재의 변화가 끝이 아니고 전환임을 고려하게 한다. 가족의 종결에 대한 부정적 감정은 다루어주고 미해결된 과제가 있는 경우 사후 면접 계획을 통해 다룰 수 있는지 논의한다. 또한 새로운 서비스가 필요한 경우 기관 의뢰를 고려한다.

3. 가족 대상 실천 기술

가족 개입 중기에 주로 활용되는 환경적 개입과 세대 간/가족 내부 변화 개입의 실천 기술을 살펴본다.

1) 환경적 개입

가족 단위 사회복지실천에서도 체계론적 관점에서 환경과의 상호작용을 확인하고, 자원 연결이 필요한 경우 환경 자원을 개발, 연결, 조정, 옹호하는 기법이 적용되어야 한다(김혜영 등, 2010).

(1) 환경 자원개발, 연결, 조정 기술

가족의 문제와 욕구가 빈곤 등 부족한 자원의 보충과 관련된다면 사회복지사는 지역사회환경 체계의 자원과 지지 체계를 개발하고 연결해야 한다. 필요하지만 없는 자원이라면 개발하고 연결해야 하며, 이미 존재하지만 작용이 미약한 경우는 지지를 강화하는 데 초점을 맞추어 개입한다. 다문화 가족의 경우 같은 국적의 지지 체계를 지역사회에 구성하고, 상호 간 도움을 받도록 할 수 있으며, 장애인이 있는 가족의 경우, 지역에서 활용할 수 있는 돌봄, 양육 자원을 연결하여 가족의 부족한 자원을 보충하도록 도울 수 있다.

단, 가족 욕구의 복합성으로 지역사회의 다양한 기관과 전문가들이 대상 가족에 함께 관여할 가능성이 있다. 가족에게 영향을 미칠 수 있는 지역사회 전문 서비스 체계를 파악하고, 가족에게 필요하지만 누락된 서비스가 있다면 의뢰하여 서비스를 연결해야 한다. 또한 여러 기관에서 동일한 서비스를 중복하여 받는 경우에는 효율적인 서비스 전달이 이뤄지도록 조정이 필요하다.

(2) 가족 옹호 기술

가족 옹호는 가족의 지역사회에서의 정당한 권리를 요구함으로써 지역사회 조직의 변화를 가져오도록 하는 것이다. 옹호 과정에서 사회복지사는 가족과 지역사회자원을 중재하거나 지역사회자원들과 협의 혹은 갈등 과정을 거쳐야 하기 때문에 사회복지사 본인뿐만 아니라 사회복지기관이 난처해질 수 있다. 가족 옹호 기술은 자원이 부족한 가족에게 꼭 필요한 서비스로 사회환경 적응을 향상시키고, 사회 정의를 증진하기 위한 필수적인 사회복지실천 개입이다(김혜란 등, 2006).

(3) 가족 관계망 개입 및 가족 환경 변화 기술

가족 관계망에 대한 개입은 가족, 친구, 이웃 등의 관계망에 있는 에너지 · 자원을 활용하여 가족의 어려움을 줄이는 데 필요한 지지 체계를 구성하고, 관계망 개입을 시도하는 것이다(성정현 외, 2004 재인용). 또한 가족 체계가 환경 체계의 지나친 요구로 어려움을 경험하게 될 때 이런 역기능적 상호작용을 변화하도록 개입하는 것이다. 가족 욕구가 환경과의 상호작용에서 부조화를 경험할 때, 예를 들어 직장 혹은 학교와 같은 환경적 상황이 장애인 가족에게 접근의 어려움 등 조화롭지 못할 때 주거, 교육 등의 환경 개선을 통해 상호작용의 변화를 가져오게 할 수 있다(Johnson and Yanca, 2010).

2) 가족 내부 변화 개입

가족 내부의 변화를 위한 실천기술은 현재 가족의 주요 문제를 상식적인 선에서 다루는 기술과 가족의 구조 · 규칙에 변화를 시도하여 가족의 질적 변화를 가져오게 하는 기술이 있다. 이러한 가족 세대 간/내부의 변화를 위한 기술은 다음과 같다(김혜란 등, 2006; Maguire, 2001).

(1) 가족 중재

가족 발달 주기상 발달적 전이와 관련된 이슈를 다룰 때 유용한 접근으로 가족 중재 family meditation를 들 수 있다. 예를 들어, 사춘기 자녀를 둔 가족에서처럼 부모와 사춘기 자녀 사이의 갈등 혹은 아직 원가족을 떠나지 않은 성인 자녀와 부모 사이에 나타나는 갈등의 중재이다. 중재하는 사회복지사는 중립적인 태도를 취하고 가족과 감정적으로 깊은 관여를 하기보다는 단순히 구조화된 과정을 안내하는 역할을 수행한다. 부모와 십대 자녀 간 갈등의 사례에서는 부모의 권위를 존중하면서 자녀의 주장도 존중되도록 중재한다. 참여한 모든 가족 구성원이 자신의 생각과 감정을 표현할 수 있는 안전한 기회를 제공받을 수 있다. 가족 중재를 위해 가족 전체를 만나는 회기를 갖고 필요한 경우 가족의 하위 체계(개별 구성원, 아버지와 아들, 딸과 어머니)와의 회기를 별도로 마련할 수 있다. 의사소통 시 가족이 적극적 경청을 할 수 있도록 안내한다.

(2) 심리적 교육

상황적, 발달적 위기를 경험하는 가족에게 필요한 정보를 제공하고 지지하는 심리적 교육Psycho-education 기술도 가족의 이해를 확대하는 차원에서 유용하게 활용된다. 주로 정신건강 영역에서 조현병 및 양극성 장애를 가진 클라이언트 가족에게 질환에 대한 정보 교육(양성 증상, 음성 증상에 대한 교육, 스트레스 관리, 병식에 대한 교육 등) 등에 적용되고 있으며, 기타 만성 질환을 가진 가족 구성이 있는 가족과 가족 발달 주기상의 위기를 경험하는 가족에게도 필요한 정보에 대한 교육 프로그램이 실시된다.

(3) 역할 연습 및 과제 할당

가족 개입에서 역할 연습role playing은 두 가지 방법으로 활용된다. 먼저 사회복지사가 한 가족 구성원에게 다른 구성원의 역할을 해보도록 요청하여 다른 구성원의 감정과 행동을 경험하는 기회를 갖게 한다. 가족 상호 간의 역할을 바꾸어 보는 경우 역할 반전role reversal이라 한다. 다른 방법으로는 사회복지사가 구성원에게 자신의 역할을 이전과는 다르게 해보도록 요청함으로써 실제 가정에서 겪을 수 있는 위험에 대한 부담을 낮추어 새로운 행동을 학습하도록 돕는 것이다. 예를 들어, 아내의 말을 무시하는 남편에 대해 아내가 기존의 수동 공격적인 태도(말을 하지 않거나 느리게 반응)와는 달리 자신의 의견을 주장하는 역할 연습을 할 수 있다. 과제 할당homework assignment은 가족이 상담 장소를 떠나 가정에서 자발적인 변화가 나타날 수 있도록 집에 돌아가서 할 수 있는 과제를 내주는 것이다. 예를 들어, 남편이 아내의 말을 무시하는 상황에서 남편에게 즉시 '존중해 주세요'라는 말을 하도록 한다. 과제는 세부적이고 명확해야 하며, 다음 상담에서 과제 확인을 필수적으로 해야 한다.

(4) 탈삼각화

보웬의 다세대 가족 치료 모델에 따르면, 성원들의 자기 분화differential of self 수준이 낮은 가족일수록 두 성원 간의 불안 수준이 높아지면 균형을 유지하기 위해 다른 구성원을 끌어들여 삼각관계를 형성한다. 예를 들어, 삼각관계에 있는 자녀는 부모의 갈등을 중재하기 위한 행동을 하거나 문제행동을 나타냄으로써 부모가 다시 협력하도록 행동한다. 탈삼각화detriangulation란 두 성원 간의 감정 영역에서 제3의 성원을 분리시키는 과정이다. 부부의 갈등 시 한쪽 부모가 자녀와 삼각관계를 형성하여 부부의 불안 수준을 낮추려는 시도가 있는 경우 부부간 갈등을 직접적으로 해결하고 자녀에게 우회하지 않도록 하여 자녀가 긴장 상황에서 벗어나도록 개입한다.

(5) 가족 조각

경험적 모델에서 주로 사용하는 가족 조각family sculpture이란 가족이 스스로 가족 구성원을 어떻게 인식하고 있는지 시각적으로 표현함으로써 가족에 대한 이해를 돕는 기술이다. 가족 조각은 어느 시점을 선택해 한 가족 구성원이 다른 가족에게 느끼는 내적 정서 상태를 자세와 동작, 다른 도구를 사용하여 공간적으로 행동화하여 조각하듯 나타내는 것이다. 이 과정에서 다른 가족 구성원들은 조각을 하는 가족원의 마음과 생각을 이해하게 된다. 이러한 체험을 통해 언어적 표현의 한계를 극복하고 가족이 함께 각 가족의 생각과 마음을 느껴 볼 수 있다는 강점이 있다.

가족 조각 실제

① 가족 성원 중 '조각가'를 선발한다.
② 조각가는 가족 간의 심리적 거리를 고려하여 가족 구성원을 공간에 배치한다.
③ 조각가는 가족의 힘의 위계에 따라 높이, 위치를 지시하고, 가족 구성원의 특징을 상징하는 신체적 동작이나 자세, 얼굴 표정 등을 짓고, 평소에 주로 하는 말을 하도록 지시한다.
④ 완성된 가족 조각을 보며 조각가 역할을 한 구성원과 참여한 가족들이 느끼고 체험한 것을 나눈다.
⑤ 조각가 역할을 한 가족 성원이 원하는 가족의 모습을 이야기하고, 원하는 가족의 모습으로 다시 가족 조각을 하고, 원하는 가족 모습을 실현하기 위해 가족 내 어떠한 변화가 일어나야 할지 의논한다.

사례) 조각가는 어머니와 큰아들이 밀착된 관계이고 아버지와는 소원한 관계일 경우, 어머니와 큰아들은 가까운 위치에서 서로 마주 보거나, 팔짱을 끼는 등의 자세로 있도록 지시한다. 아버지는 부인과 아들의 먼 쪽에 배치하고 두 사람에게 등을 돌리고 있는 자세로 있도록 지시하고, 어머니가 주로 하는 표정과 말을 하도록 어머니에게 지시한다. 어머니는 항상 팔짱을 끼며 "당신은 왜 맨날 그래"라고 말하도록 지시한다.

(6) 경계 만들기

구조적 모델에서 사용되는 경계 만들기boundary making는 가족 내 하위 체계 간 경계가 지나치게 떨어져 있거나 밀착된 경우 적정한 거리를 두도록 개입하는 것이다. 가족 구성원 각자가 체계 내에서 적절한 위치에 있도록 조부모, 부모, 자녀의 세대 간 경계를 분명히 유지할 수 있도록 돕는다. 세대 간의 분명한 경계는 가족 각자의 역할과 책임감을 분명히 해주고 부모, 부부, 부모–자녀 간의 상호작용을 적절하게 한다. 예를 들어, 부모가 청소년기 자녀의 사생활에 지나친 간섭을 하는 경우, 자녀는 자신의 생각과 감정을 전달할 수 있도록 하게 하고, 부모는 자녀의 생각과 감정을 경청하도록 한다. 이를 통해 부모와 자녀 사이의 경계를 의식하게 하고 자녀는 자율성을 갖도록 돕는다.

경계 만들기 실제

가족의 위계적 경계가 흐려져 있거나, 적정한 거리 설정이 되어 있는지 관찰한다. 이후 적절한 하위 체계를 만들고 강화하기 위해 가족 구성원의 구조적 이동을 시도한다. 이를 통해 부모 하위 체계와 자녀 하위 체계가 부모의 책임하에 적절히 분리되도록 한다. 다음은 경계 만들기 기법의 예시이다.

- 좌석 배정을 다시 하여 부모는 부모끼리, 자녀는 자녀끼리 경계 만들기를 실시한다.
- 부모의 일과 자녀의 일에 차이를 강조하기 위하여 과제를 부여한다.
- 자녀 양육 문제를 처리하기 위한 실제 회기에서 부부가 협동하도록 한다.
- 자녀들이 어떤 일을 하려고 하면 우선 부모의 허락을 얻도록 한다.
- 프라이버시에 대한 욕구와 가정 내에서 문을 닫고 지낼 수 있는 각 사람의 영역에 대해 강조한다.
- 부부 혹은 자녀들만이 시간을 갖도록 강조한다.
- 자녀를 훈육하는 데 있어 부모의 비중을 강조한다.
- 부부 사이의 문제는 자녀를 개입시키기보다는 전문가에게 상의할 것을 강조한다.
- 부모에게 자녀와 같은 나이 또래 아이들처럼 화를 내기보다는 어른처럼 행동하도록 격려한다.
- 부모는 자녀가 그 나이에 맞고 어린이다운 행동을 하도록 허락해야 한다.
- 사회복지사는 부모가 자녀를 지나치게 간섭하지 않도록 하며, 각 자녀의 나이에 맞는 적절한 책임을 주도록 한다.

사례) 학교에 잘 나가지 않는 12세의 딸을 둔 가족 개입에서 딸은 어머니에게 말대꾸와 저항을 하지만 남편은 이에 대해 전혀 관여하지 않고 침묵만 하고 있다. 이때 사회복지사는 부부 하위 체계를 강화하여 자녀 하위 체계와 경계를 만드는 개입을 한다.

사회복지사는 남편에게 "지금 부인을 도와주고 싶으십니까?"라고 묻는다. 남편은 "사실 난 제 아내가 정말 내 도움을 필요로 하는 것인지 잘 모르겠어요"라고 한다. 사회복지사가 남편에게 부인을 바라보고 직접 물어보도록 지시하자, 남편은 부인에게 "당신 내 도움을 원해요?"라고 물었고, 부인은 "글쎄요"라고 응답한다. 사회복지사는 남편을 부인 곁으로 앉게 하고 손을 잡게 한 후 부부 사이를 강화하면서 부인에게 기분이 어떤지를 묻자 부인은 옅은 미소를 지었다. 사회복지사는 일주일에 최소한 2시간씩은 자녀 없이 부부만의 활동을 계속해서 갖도록 권유한다. 이를 통해 부부 하위 체계가 강화되고 자녀를 기능적으로 훈육하도록 돕는다.

출처 : 박영희 외(1996).

(7) 균형 깨뜨리기

구조적 모델에서 활용되는 균형 깨뜨리기unbalancing는 가족 하위 체계들 간의 역기능적 균형을 깨뜨리기 위한 기술이다. 예를 들어, 지나치게 권위주의적이고 지배적인 남편과 수동적인 모습에서 자기주장을 갖기 시작한 아내 사이에서 사회복지사는 의도적으로 부인의 편에 서서 동조를 하면서 역기능적 균형을 깨뜨릴 수 있다.

(8) 재구성

전략적 모델에 따른 재구성reframing 기법은 가족이 부정적으로 파악하고 있는 사건을 사회복지사가 긍정적으로 그 의미를 전환하여 새로운 견해로 보게 하는 것이다. 특히, 문제행동을 긍정적으로 재조명하면 가족은 그에 대한 충격이 크며 그로 인한 새로운 시점을 갖게 된다. 재구성은 재명명relabeling, 재규정redefining으로도 불린다. 재구성 기법은 가족의 저항을 피하면서 성장하도록 돕는 데 그 목적이 있다. 재구성은 개입의 시기가 중요하다. 초기 과정에 사용되면 저항이 나타날 것이므로 치료적 동맹이 중요하다.

재구성 사례

- 사회복지사는 새엄마의 '불만'은 '가족에 대한 사랑'으로, 남편의 '명확하지 못한 태도'는 '딸과 아내에게 모두 공평하게 대하려는 아버지의 희생'으로, 재결합 가족 내 사춘기 딸의 '일탈'은 '새로운 가족의 규칙을 알아내려는 시도'로 해석함 (재명명)
- 사회복지사 : (부부의 말싸움에 대한 재구성) 두 분의 결혼은 두 분 모두에게 매우 중요한 것 같군요. 두 분이 이렇게 싸우는 것을 보면 틀림이 없습니다.

(9) 역설적 지시

전략적 모델에 따른 역설적 지시paradoxical prescriptions는 가족이 역설적이라고 생각하는 행동, 즉 문제를 유지하는 행동 혹은 문제를 더 강화하는 행동을 수행하도록 지시하는 기법이다. 가족이 역설적 지시에 따르면 문제를 통제한다는 것을 인정하는 것이 되며, 따르지 않으면 문제를 포기하는 것이 된다. 예를 들어, 끊임없이 가족 간의 말싸움이 이루어지는 가족에게 논쟁과 싸움을 집에서도 계속 더 많이 하도록 지시하는 것이다. 역설적 지시는 경직되고, 변화에 저항적이며, 반복되는 행동을 하는 가족에게 유용하다.

(10) 문제의 외현화

이야기 치료에서 사용되는 문제의 외현화externalisaion는 가족 문제를 어떤 한 구성원의 문제나 가족 문제가 아닌 문제 그 자체로 보고, 가족을 괴롭히는 별개 존재로서 이야기하는 기술이다. 예를 들어, 남편의 자기중심적인 태도로 힘들어하는 아내에게 문제를 외현화해서 표현하는 것이다. "자기중심성이란 태도가 남편을 통해 아내를 더욱 힘들어지도록 행동하게 하는군요"라는 말을 통해 문제를 외현화함으로써 부부는 문제의 존재를 옆에 치워 두고 다른 건강한 상호작용을 할 수 있으며 외현화된 문제를 개선하는 방법을 모색할 수 있다.

(11) 순환적 질문

전략적 모델에서 제시된 면접 방법으로 순환적 질문circular questioning은 가족 구성원이 문제에 대해 제한적이고 원인 중심적인 시각에서 벗어나 문제의 순환성을 이해하도록 연속적으로 질문하는 기법이다. 순환적 질문은 가족 사정 단계에서 가족에 대한 새로운 이해를 촉진시킬 수 있으며, 가족이 문제를 다양한 시각에서 바라보게 하고, 특히 가족의 이야기를 직접적으로 하는 데 어려움이 있는 경우 효과적이다.

순환적 질문 실제

순환적 질문의 유형으로는 가족 관계와 상호작용에 대한 질문, 가족 간 비교와 서열에 관한 질문, 시간 전후의 변화에 관한 질문과 참여하지 않는 가족 구성원(질문에 대답하지 않는 가족원이나 참석하지 않은 가족원)에 대한 질문이 있다.

[관계와 상호작용]

① 가족 내 특정한 두 사람 관계에 대한 질문
- "어머니와 언니는 사이좋게 지내니?"
- "부모님은 서로의 관심을 어떻게 나타내시니?"

② 가족 내 어떤 사건을 중심으로 관련된 사람들에 대한 질문
- "너희 언니가 잠을 못 자고 있을 때, 너의 어머니는 어떻게 하시니?"
- "당신이 말한 것처럼 부인이 술을 마실 때 당신의 딸은 무엇을 합니까?"

[비교와 서열]

① 가족 간의 비교
- "너를 가장 잘 훈육하는 사람이 누구니? 어머니시니? 아니면 아버지시니?"
- "형제들 중에서 누가 이 상황에서 가장 곤란을 당한 사람이지?"

② 특성 상황에서의 서열
- "형제가 성장해서 떠난다면, 누구와 가장 잘 연락할지, 그다음은 누구?"
- "음주 습관이 변하지 않는다면, 누가 가장 피해를 볼지? 그다음은 누구?"

[시간 전후의 변화]

① 구체적인 사건과 관련된 질문
- "진수는 어머니가 돌아가시기 전에는 어떻게 달랐니?"

② 이전과 이후의 계획과 관련된 질문
- "만약 변화가 일어나지 않는다면, 가장 두려워할 것이 무엇이라 생각하니?"

[참여하지 않는 가족 구성원]

① 참석했으나 반응하지 않는 가족원
- "내가 질문한 것에 대해서 영희가 가능한 한 솔직하게 대답한다면 뭐라고 했을까?"

② 참석하지 않은 사람에 대한 질문
- "만약 지은이가 여기에 있었다면 그 애가 이 사안에 대해 뭐라고 이야기했을 것 같니?"

출처 : Brock & Barnard(1988).

(12) 기적 질문과 예외 질문

해결중심 모델에서 사용되는 기적 질문miracle question은 "어느날 밤, 당신이 자고 있는 동안에 기적이 일어나 문제가 해결되었다고 가정해 봅시다. 기적이 일어난 걸 어떻게 알 수 있을까요? 무엇이 달라지겠습니까?"라고 묻는다. 가족은 기적 질문을 통해 문제가 해결된 상황에서의 생각과 감정, 행동을 고려하게 되고 바로 그 변화된 생각과 감정, 행동을 위해 노력하게 된다. 예외 질문exception question은 가족이 현재 가지고 있는 문제를 가지지 않았던 때에는 지금과 어떻게 달랐는지 탐색하도록 하여 그 '예외'를 확장하기 위해 가족이 무엇을 해야 할지에 대한 단서를 찾도록 하는 질문이다.

기적 질문과 예외 질문 사례

[기적 질문]

- "내일 아침 당신이 일어났을 때 기적이 일어났다고 가정해 보세요. 당신이 바라던 일이 일어난다고 가정해 보세요. 오늘과 무엇이 다른가요?"
- "그 '내일'이 '오늘'이 될 수 없는 이유는 무엇일까요?"

[예외 질문]

- "가족 간에 이러한 논쟁이 발생되지 않을 때가 있었을까요? 논쟁 없이 가족이 대화하는 때는 어떤 때인지 알고 싶어요."
- "문제가 없는 시간을 어떻게 더 만들 수 있을까요?"
- "문제가 없는 그때는 무엇이 다른가요?"
- "무엇이 예외가 더 일어나도록 만들 수 있을까요?"

4. 가족 대상 사회복지실천의 실제

가족 대상 개입의 실제를 살펴보기 위해 국내 사회복지현장에서 개입되고 있는 사례에 대해 간략하게 소개한다. 다문화 가족에 대한 사례로, 가족에 대한 환경적 개입과 가족 내부의 변화 개입에 모두 초점을 맞춘 사례이다.

다문화 가족에 대한 가족 대상 사회복지실천 사례

- 아사코(일본 여성, 42세)씨는 결혼 이민자로 한국 남성과 결혼하지 15년이 된 다문화 가족이다. 한국에서 남편을 만나 결혼한 후 한국에서 9년을 살고 일본에서 6년을 살다가 최근 한국 생활에 대한 아무런 준비 없이 귀국하여 가족의 전반적인 생계와 생활이 어려운 상황에 건강가정지원센터를 방문하였다.
- 가족 상황은 남편(45세)과 자녀 셋(14살 아들, 12살 딸, 6살 아들)이 있으며, 주거가 적당치 않아서 시부모님(시아버지, 치매 초기의 시어머니)의 빌라에 함께 거주하고 있다. 경제적으로 남편과 아사코 씨 모두 직업이 없어 힘든 상황이어서 직장을 빨리 구해야 한다.
- [가계도]

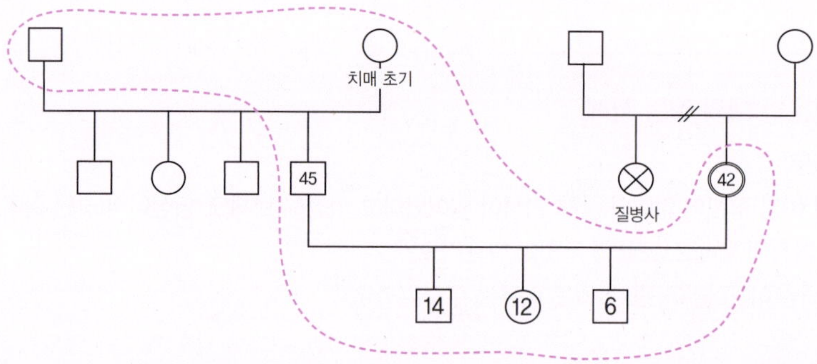

- [가족 이슈] 아사코 씨는 우선적으로 자녀를 한국 학교에 빨리 보내고 싶은데 정보를 얻기가 쉽지 않다고 의견을 구하였다. 한국어가 서툴러 한국어를 배우기를 원했으며, 시부모님과 함께 거주하는 빌라가 방이 2칸이어서 사춘기 자녀들과 가족이 모두 한 방을 사용해야 하고, 비좁은 것이 힘들어 경제적으로 독립이 필요하다고 하였다. 아사코 씨도 초기 정리가 되면 일을 갖고자 하는데 시아버지와 남편이 최근 시어머니의 치매 상태가 많이 진행되어 외출을 자제하라고 권유하여 갈등 상황이라고 하였다.
- [원가족 이슈] 아사코 씨는 청소년기에 부모님의 이혼과 믿고 의지하던 친정언니가 질병으로 사망한 이후 많이 마음이 힘들었으며, 그때 만난 남편을 의지하여 결혼하였으나 한국에 와서 최근 남편의 태도가 달라지는 것을 보며 실망하고 있다.
- [가족 대상 실천 개입 : 환경적 개입]
  - 6년간 일본에 거주하다가 최근 한국에 입국하여 적응하기 위해서 가족에게 자원 연결과 지지체계 개발이 필요하였다. 아사코 씨 가족의 경우 남편과 자녀 모두 초기 적응 서비스 연계가 필요하기 때문에 우선 남편이 함께 가족 개입 면담에 참여하도록 독려하여 다문화가족지원센터의 한국어 교육을 지원받도록 하였고, 세 자녀에게도 중도 입국 자녀 한국어 교육 서비스를 연계하였다. 자녀의 학교에 대해서는 남편을 통해 거주지를 중심으로 배치받을 수 있도록 정

보를 주고, 막내 자녀의 경우 어린이집 대기를 신청하도록 정보를 주었다. 현재 두 부부가 모두 일이 없기 때문에 주민센터를 통해 취업 훈련 및 경제적 지원을 받을 수 있는 방안을 논의토록 하였다.

– 남편은 원가족에서 막내아들로 가족 관계망에 가족을 도와줄 수 있는 형과 누나가 있었지만 일본에서 생활하는 동안 교류가 없어서 아사코 씨 가족에게 힘이 되어 주지 못했다. 남편의 어머니의 치매 상태가 심해지면서 남편의 형제간의 관계가 장기적으로 상호 간 지지 체계가 되도록 형제간 모임 등을 하도록 하였다.

■ [가족 대상 실천 개입 : 가족 내부의 변화 개입]

– 아사코 씨는 최근 남편의 태도 중 시부모님과의 관계에 갈등을 느끼고 있다. 아사코 씨도 자녀들의 학교 생활 적응이 되고, 막내가 어린이집에 가게 되면 직장을 갖고자 하는데, 남편과 시아버지는 시어머니를 집에서 케어해 주기를 원하고 있다. 가족은 시어머니의 치매의 진행 상태가 심해지는 것에 대해서도 논의하지 않고 아사코 씨가 모두 감당해 주기를 바라는 것 같다. 한국어가 익숙치 않고 이렇게 치매 가족은 집에서 모시는 문화가 아사코 씨는 받아들여지지가 않았다.

– 가족의 현재 갈등 이슈 내용을 가족 모두가 다룰 필요가 있었으나 시부모님의 참여는 어려웠고, 남편과 아사코 씨와 가족 면담이 이뤄졌다. 우선 시어머니의 치매 상황에 대해 어떤 것을 시도했는지 확인해 보니 아사코 씨는 일본의 경우 치매 어르신들의 데이케어센터가 활발한 상황을 잘 알고 있어 시아버님과 남편에게 낮시간은 데이케어센터를 이용하자고 건의하였으나 시아버지와 남편, 시어머니 모두 거부하였다. 거부한 상황에 대해 남편은 아직 어머니가 데이케어를 이용하실 정도는 아니라고 판단했고, 아사코 씨는 다르게 생각했다. 이런 중요한 사안에 대해 가족 내 논의는 없었고, 남편은 본인의 취업에 대한 고민으로 아사코 씨가 다 알아서 담당해 주길 바랐다. 남편은 일본에 사는 동안 어머니를 잘 모시지도 못했다는 부채감이 있었다.

– 가족 내부 체계의 개입은 더 많은 면담 회기가 필요했다. 남편에게 가족 내에서 모두 모여 논의하는 것이 좋겠다고 하였으나 남편은 실행에 옮기는 것을 미루었다.

– 면담 회기가 진행되던 중 남편은 맞춤형 기초생활보장제도를 신청했고, 고용 센터를 통해 취업 훈련도 받게 되면서 새로운 기회에 새로운 역할을 감당할 힘을 갖게 되었다. 가족 내에서 형제들과 구체적으로 어머니의 치매 상황을 정확히 진단을 받고, 예후 상황을 파악하게 되었다. 그리고 데이케어센터에 대한 부정적 인식이 변화되고, 오히려 치매를 잘 관리할 수 있는 정보와 케어를 받을 수 있다고 확인하게 되었다. 아사코 씨는 다문화 센터의 한국어 교실을 이용하며 다른 결혼 이민자 여성들을 만나서 한국의 확대 가족 문화에 대해 이해하게 되었다. 그리고 한국어도 늘게 되었다.

– 부부 면담에서 남편은 아사코 씨가 남편을 믿고 한국에 와준 것을 감사했고, 시어머니를 무조건 케어하도록 무언의 강요를 한 본인의 태도에 대해 자기 자신도 몰랐었다고 미안함을 표시했다. 시어머니는 낮 동안은 데이케어를 이용하게 되었고, 6살 막내아들도 어린이집에 등원하게 되면서 아사코 씨는 낮 동안 취업을 하기 위한 준비를 하게 되었다. 남편은 취업을 하게 되었고, 6살 막내아들이 심리적인 어려움이 발생되어 바우처 서비스를 연결하였다.

문제 풀이

1. 다음의 설명은 가족 대상 사회복지실천의 어떤 과정에 관한 설명인가?

(2019년 기출 문제)

- 가족을 하나의 단위로 보고 가족 내부 및 외부 요인, 그리고 이들 양자 간 상호작용을 파악하기 위해 자료를 수집 · 분석하고 종합하여 그 가족에 대한 개입을 계획하는 일련의 과정이다.
- 직관이나 느낌보다는 가족에 대한 관찰과 기록, 관련 문헌 등 경험적 자료에 근거에 이뤄진다.

① 인테이크 상담 ② 관계 형성 ③ 명료화 ④ 가족 사정 ⑤ 계약

정답 : ④
해설 : 가족에 대한 개인 신상, 가족 역할, 가족의 물리적 환경, 가족 규칙과 같은 객관적인 자료와 사건이나 개입에 대한 가족원의 반응과 의미 등이 중요한 자료가 된다.

2. 가족 대상 사회복지실천(상담)의 종결 방법에 관한 설명으로 옳지 않은 것은?

(2019년 기출 문제)

① 가족 상담은 절대적으로 약속된 시기에 종결해야 한다.
② 종결 단계가 다가오면 몇 회기의 상담만이 남아 있음을 상기시킨다.
③ 상담을 통해 변화된 점이나 중요 주제를 함께 요약해 본다.
④ 미래의 문제를 다룰 만한 자원이나 힘이 남아 있는지를 가족에게 재확인한다.
⑤ 상담 종결에 대한 가족원의 느낌을 토의한다.

정답 : ⑤
해설 : 가족 개입의 종결은 가급적 약속된 시기에 종결하는 것이 바람직하다. 일반적으로 계획된 상담 종결은 가족이 이미 규정된 목표를 달성했거나 약속된 시간이 된 경우에 일어난다. 하지만 예상하지 않았던 문제가 발생하여 지속적인 가족 상호작용이 불가능하게 된 경우에는 가족 개입이 종결될 수 밖에 없다.

3. 다음의 설명에 나타난 가족 개입 기법으로 옳은 것은?

(2019년 기출 문제)

- 부부의 사소한 말다툼이 큰 싸움이 되는 과정에서 서로 상처를 주는 말이 쌓여 부부 관계가 악화되었고, 끝내 이혼을 고려하고 있는 부부에게 사회복지사는 다음과 같은 과제를 주었다.
- "잘 알겠습니다. 그럼 이렇게 해보시죠. 댁에 돌아가시면 일주일에 5회 정도는 두 분이 싸울 거리를 한 가지씩 찾아내서 부부 싸움을 30분간 하시는 겁니다."

① 가족 조각　② 역할 연습　③ 역설적 지시　④ 코칭　⑤ 명료화하기

정답 : ③

해설 : 전략적 기법으로서 역설적 지시는 문제를 유지하는 상황을 변화시키기 위해 가족이 역설적이라고 생각하는 행동, 오히려 문제행동을 유지하거나 강화하는 행동을 수행하도록 지시하는 기법이다.

참고문헌

고정자(2006). 현대가족문제론. 동아대학교출판부.

김재엽(2000). 가정폭력. 학지사.

김혜란 · 홍선미 · 공계순(2006). 사회복지실천기술론. 나남출판.

김혜영 · 석말숙 · 최정숙 · 김성경(2010). 사회복지실천론. 공동체.

엄명용 · 노충래 · 김용성(2015). 사회복지실천기술의 이해. 학지사.

이영실 · 윤대중 · 강윤경 · 임정문 · 김성철(2010). 가족복지론. 양서원.

Brock, G. W., & Barnard, C. P.(1988). Procedures in family therapy. Boston: Allyn and Bacon.

Collins, D., Jordan, C., Coleman, H.,(1999). An Introduction to Family Social Work, F.E. Peacock Publishers.

Jonson, L. C., and Yanca, S. J.(2010). Social Work Practice: A Generalist Approach, Boston: Pearson Educatopn, Inc.

Maguire, L.(2001). Clinical Social Work: Beyond Generalist Practice with Individuals, Groups, and Families. Brooks/Cole.

Nichols, M. P., Schwartz, R. C.(2008). Family Therapy: Concepts and Methods, Pearson Education (US); 8th International edition.

Sherman, R.(1996). 부부 및 가족치료기법(박영희 외 , 옮김). 신한출판.

저자소개

이경아 숭실대학교 대학원 사회사업학 박사
현재 수원여자대학교 사회복지학과 교수

박정임 서울여자대학교 대학원 사회복지학 박사
현재 서일대학교 사회복지학과 교수

이근희 서울여자대학교 대학원 사회복지학 박사
현재 국립정신건강센터 정신사회재활과 팀장

이종은 단국대학교 대학원 상담학 박사과정
현재 경기평택아동보호전문기관 관장

이금진 이화여자대학교 대학원 사회복지학 박사
현재 한양여자대학교 사회복지학과 교수

신나리 광운대학교 대학원 산업심리학과 박사과정수료
신나리심리상담연구소 대표
현재 수원여자대학교 사회복지학과 겸임교수

김미영 이화여자대학교 대학원 사회복지학 박사
현재 한라대학교 사회복지학과 부교수

SKILLS FOR SOCIAL WORK PRACTICE
사회복지실천기술론

2023년 2월 3일 초판 인쇄
2023년 2월 9일 초판 발행

지은이 | 이경아 박정임 이근희 이종은 이금진 신나리 김미영
발행인 | 유제구
발행처 | 파워북
주 소 | 경기도 고양시 일산동구 호수로 358-25
동문타워2차 529호
전 화 | (02) 730-1412
F A X | (031) 908-1410
등 록 | 1997. 1. 31 제 2014-000067호
편 집 | 북스북스

정가 21,000원
ISBN 978-89-8160-500-1 (93330)

잘못된 책은 바꿔드립니다.